OCCIDENTE

NAOÍSE MAC SWEENEY

OCCIDENTE

Una nueva historia de una vieja idea

Traducción de Fernando Borrajo

PAIDÓS Contextos

Obra editada en colaboración con Editorial Planeta - España

Título original: *The West,* de Naoíse Mac Sweeney

Publicado originalmente por WH Allen en 2023.

Maquetación: Realización Planeta

Bajo el sello editorial PAIDÓS M.R.
Avenida Presidente Masaryk núm. 111,
Piso 2, Polanco V Sección, Miguel Hidalgo
C.P. 11560, Ciudad de México
www.planetadelibros.com.mx
www.paidos.com.mx

Primera edición impresa en España: marzo de 2024
ISBN: 978-84-493-4203-5

Primera edición impresa en México: febrero de 2026
ISBN: 978-607-639-179-2

Impreso en los talleres de Impregráfica Digital, S.A. de C.V.
Avenida 11 463, interior Bodega 2, Colonia San Nicolas Tolentino
C.P. 09850, Iztapalapa, Ciudad de México
Impreso y hecho en México – *Printed and made in Mexico*

Para Gianni y Valentino

SUMARIO

NOTA DE LA AUTORA

Con la ortografía de los topónimos y gentilicios, tiendo a utilizar las versiones latinizadas más habituales a fin de simplificar la lectura. Sin embargo, hay nombres que pueden escribirse de varias formas en el alfabeto latino. En esos casos, he intentado usar la ortografía y la acentuación más frecuentes en la bibliografía. A menos que se indique lo contrario, las traducciones son mías.

Este libro aborda cuestiones que abarcan diferentes períodos de la historia humana y que guardan relación con muchas culturas y sociedades distintas. En algunos pasajes, por tanto, me he basado para mi investigación en fuentes secundarias. Al analizar cuestiones que escapan a mi competencia, he buscado el asesoramiento de especialistas en cada materia. No obstante, es probable que no todas las secciones de este libro sean tan precisas y pormenorizadas como si las hubiera escrito un especialista en cada área, por lo que quizá contengan algunos errores de apreciación o interpretación. Sin embargo, creo que el valor de esta obra reside en el hecho de que ofrece una visión de conjunto de cada uno de los temas en los que entra. Al distanciarnos para ver la imagen completa, es inevitable que en determinados momentos se pierdan algunos detalles, pero hay ocasiones en las que la visión de conjunto es verdaderamente importante.

INTRODUCCIÓN

La importancia de los orígenes

Los orígenes son muy importantes. Cuando le preguntamos a alguien: «¿De dónde eres?», a menudo lo que queremos saber en realidad es: «¿Quién eres?». Esto es aplicable a las personas, a las familias y a países enteros. También es aplicable a un ente tan grande y complejo como Occidente.

El hecho de que se entrecrucen origen e identidad constituye el núcleo de las guerras culturales que están convulsionando hoy día a Occidente. La última década ha estado marcada por la peligrosa polarización del discurso político, el derribo de estatuas y el desprestigio de las elecciones por parte de algunos gobernantes. La crisis de identidad de Occidente es en gran medida una reacción a determinados modelos globales. El mundo está cambiando y los cimientos del dominio occidental se están tambaleando. En este momento histórico, tenemos la oportunidad de replantearnos la idea de Occidente para reconstruirlo en aras de un futuro mejor, pero solo lo conseguiremos si estamos dispuestos a asumir el pasado. Únicamente conociendo el origen de Occidente podremos planificar su destino.

El término «Occidente» hace referencia a un alineamiento geopolítico o a una comunidad cultural, y normalmente designa un conjunto de naciones-Estado que tienen características culturales y principios políticos y económicos comunes. Entre estos se encuentran la democracia representativa y el capitalismo de mercado, un Estado teóricamente laico con un sustrato moral judeocristiano y una tendencia psicológica al individualismo.[1] Ningún elemento de esta lista es exclusivo de Occidente ni está presente en todos los países que lo forman, pero la frecuente aparición de todos o casi todos esos rasgos es muy significativa. Lo mismo puede decirse de muchos clichés de la occidentalización: el champán y la Coca Cola, la ópera y los centros comerciales. Pero una característica singular de Occidente es la idea de un origen común que ha dado lugar a una historia, un patrimonio y una identidad compartidos.

El mito del origen de Occidente imagina su historia retrocediendo ininterrumpidamente en el tiempo a través de la modernidad atlántica y la Ilustración europea; a través del esplendor del Renacimiento y la oscuridad de la Edad Media; hasta llegar por fin a su origen en el mundo clásico de Roma y Grecia. En eso se ha convertido la versión oficial de la historia de Occidente, canónica y estereotipada. Pero es errónea. Esa versión de la historia se basa en datos incorrectos y responde a motivaciones ideológicas; es un relato grandioso que construye la historia de Occidente como si se tratara de un único y singular hilo que se extiende de forma ininterrumpida desde Platón hasta la OTAN[2] y al que, por comodidad, hemos dado en llamar «civilización occidental».

Para evitar confusiones, vaya por delante que este no es un libro sobre el auge de Occidente como ente cultural y político. Hay ya muchos libros que ofrecen diversas explicaciones del dominio de Occidente en el mundo.[3] Por el contrario, este libro traza el auge de una versión concreta de la historia occidental, una versión tan extendida y arraigada que a menudo se acepta sin apenas discusión, pero que no deja de ser dudosa desde el punto de vista de la moral y de los hechos. Este libro descifra y desentraña el grandilocuente relato de la «civilización occidental».

Esta versión de la historia occidental —el majestuoso relato de nuestra civilización— nos rodea por todas partes. Recuerdo el día en que tomé conciencia de lo arraigada que estaba esa versión. Me encontraba en la sala de lectura de la Biblioteca del Congreso, en Washington. Mirando por casualidad al techo me di cuenta, no sin cierta inquietud, de que me estaban vigilando, pero no los desconfiados bibliotecarios, sino las dieciséis estatuas de tamaño natural que hay en la galería situada bajo la bóveda dorada. Representando a la Antigüedad estaban allí Moisés, Homero, Solón, Heródoto, Platón y san Pablo.

De la vieja Europa se podía ver a Colón, Miguel Ángel, Bacon, Shakespeare, Newton, Beethoven y al historiador Edward Gibbon. Y de la América del Norte, al jurista James Kent, al ingeniero Robert Fulton y al científico Joseph Henry. En ese instante me di cuenta de que la decoración de la sala (no solo las estatuas, sino también los murales de las paredes e incluso la organización de las estanterías) estaba pensada para poner de relieve una cosa: que quienes ocupábamos las mesas formábamos parte de una tradición cultural e intelectual con milenios de antigüedad. Y quienes nos precedieron en esa tradición nos vigilaban literalmente —quizá para animarnos, quizá para valorarnos— mientras trabajábamos.[4]

Dos pensamientos inquietantes me vinieron a la cabeza. Lo primero que pensé instintivamente fue que yo sobraba allí. Tuve la sensación de que alguien como yo (mujer, mestiza) no pintaba nada en una tradición que habitualmente se relaciona con una élite de hombres blancos. Enseguida rechacé esa idea por ridícula (al fin y al cabo, en ese momento ocupaba un lugar privilegiado en una mesa de lectura), pero luego me asaltó una duda mucho más preocupante. Aquellas dieciséis figuras, ¿representaban realmente el pasado de Occidente? ¿El relato que las unía reflejaba con precisión la historia occidental?

El relato oficial de la civilización europea es tan omnipresente que casi nadie se para a pensar en él, y mucho menos a ponerlo en tela de juicio. Es más, pese al hecho de ser cada vez más cuestionado (y con bastante éxito), ese relato sigue estando en todas partes. Lo leemos en los textos escolares y en las obras de divulgación, que, cuando empiezan a explicar la historia de Occidente, suelen comenzar «con los griegos y los romanos, la llevan a través de la Edad Media, la centran en la era de las exploraciones y conquistas europeas y la analizan detenidamente en el mundo moderno».[5] El lenguaje de tales obras suele estar salpicado de metáforas genealógicas que describen la civilización occidental en términos de «legado», «evolución» y «abolengo».[6] Oímos constantemente que la «civilización occidental es algo que hemos heredado de los griegos, los romanos y la Iglesia cristiana a través del Renacimiento, la revolución científica y la Ilustración».[7] Desde pequeños nos inculcan esta idea de la civilización occidental como una herencia cultural lineal. Una influyente serie de libros infantiles prologa sus mágicas aventuras describiendo la civilización occidental como «una fuerza viva [...] un fuego» que se inició en Grecia, de allí pasó a Roma, se mantuvo encendido en Alemania, Francia y España, antes de estar algún tiempo en Inglaterra, y finalmente llegó a los Estados Unidos de América.[8] Los orígenes importan, y el lugar donde ubiquemos los de Occidente es una forma de caracterizar lo que este realmente «es».

Los discursos de los políticos populistas, la retórica de los periodistas y los análisis de los eruditos apelan explícitamente a la supuesta genealogía cultural de Occidente. Esta se encuentra en los símbolos y el vocabulario que utilizan personas de todo el espectro político. Se hace especial hincapié en la Antigüedad grecorromana como cuna de Occidente, y las alusiones a la Grecia y la Roma clásicas son frecuentes en la retórica política actual. La muchedumbre que asaltó el Capitolio de Washington el 6 de enero de 2021, afirmando defender los valores occidentales, portaba banderas adornadas con frases griegas y pancartas que comparaban al expresidente Donald Trump con Julio César, mientras que algunos asaltantes llevaban réplicas de antiguos cascos griegos y otros lucían el uniforme militar romano.[9] La iniciativa de la Unión Europea para afrontar el problema de la inmigración irregular y el flujo de refugiados en 2014 recibió el nombre de «Operación "Mos maiorum"» en referencia a las tradiciones de la antigua Roma.[10] Y Osama bin Laden, cuando declaró la guerra santa a Occidente en 2004, pidió a los musulmanes que «se opusieran a la nueva Roma».[11] Pero ese relato de la civilización occidental no solo se cuenta en las obras de historia y se invoca en contextos políticos, sino que está por todas partes en nuestra vida cotidiana. Lo vemos en el cine y la televisión, plasmado en las decisiones de los directores de *casting*, los diseñadores de vestuario y los compositores de bandas sonoras. Lo encontramos consagrado en piedra no solo en la Biblioteca del Congreso, sino también en la arquitectura neoclásica de las grandes capitales y de los edificios coloniales repartidos por todo el mundo.[12] Está tan extendido que casi todos lo damos por sentado. Pero ¿es cierto?

Esas fueron las ideas que me pasaron por la cabeza aquella tarde lluviosa en Washington. Por entonces llevaba ya bastantes años estudiando precisamente esos supuestos orígenes de Occidente, en los que se apoya buena parte de la identidad occidental. Lo que más me interesaba saber era cómo entendían los griegos sus propios orígenes, y para ello investigaba las genealogías míticas que construyeron, los dioses a los que adoraban y las historias que contaban sobre éxodos y fundaciones. Aunque me sentía (y de hecho sigo sintiéndome) privilegiada por ejercer mi profesión, en aquel momento me embargaba una profunda desazón. Me daba cuenta de que era cómplice de un discurso ideológica y objetivamente dudoso: el grandilocuente relato de la civilización occidental. A partir de entonces, empecé a replantearme los métodos de análisis que había utilizado para explorar identidades y orígenes en la Antigüedad, y a aplicarlos al mundo actual.

Este libro es el resultado de todo ello, y argumenta básicamente dos cosas. La primera es que el grandilocuente relato de la civilización occidental es objetivamente erróneo. El Occidente actual no tiene un origen evidente en la Antigüedad clásica y no se desarrolló lineal e ininterrumpidamente a través del cristianismo medieval, el Renacimiento y la Ilustración hasta llegar a la modernidad. La identidad y la cultura occidentales no se transmitieron como una «pepita de oro», según sugiere el filósofo y académico Kwame Anthony Appiah.[13] Hace más de un siglo que se pone en duda, cada vez con más contundencia, la veracidad de ese relato. Hoy en día, todos los historiadores y arqueólogos de prestigio reconocen que hubo un cruce y una mezcolanza de culturas «occidentales» y «no occidentales» a lo largo de la historia, y que el Occidente moderno debe gran parte de su ADN cultural a una gran diversidad de antepasados que no eran ni europeos ni blancos.[14] Pero todavía hay que desenmarañar la naturaleza y los matices de estas interacciones culturales, y también hay que dar forma a un nuevo relato de la civilización occidental. La contribución a ese empeño fue en parte lo que me movió a escribir este libro. También influyó el preocupante hecho de que las nuevas investigaciones históricas y el amplio consenso en contra de ese relato apenas han llegado al público en general. La mayoría de la gente sigue dándolo por válido. ¿Por qué seguimos (las sociedades occidentales en su conjunto) aferrándonos a una visión de la historia tan desacreditada?

La segunda cosa que argumenta este libro es que la invención, popularización y longevidad del grandilocuente relato de la civilización occidental dimanan de su utilidad ideológica. El relato está ahí —y sigue estando ahí mucho después de que su base objetiva haya sido refutada— porque tiene un propósito. Como marco conceptual, ha servido de justificación de la expansión y el imperialismo occidentales, así como de los actuales sistemas de dominación racial blanca. Esto no quiere decir que el relato de la civilización occidental sea obra de un cerebro malvado que se inventó una visión falsa de la historia para abanderar su causa. Todo lo contrario: esta historia, que se fue tejiendo paulatina y aleatoriamente, debe tanto a la serendipia como a la premeditación. Es un relato compuesto de muchos microrrelatos entrelazados e intercalados, todos los cuales están al servicio de determinados fines políticos. Incluyen la idea de que la Atenas clásica fue un modelo que se utilizó como carta fundacional de la democracia occidental moderna;[15] la idea de la europeidad de los antiguos romanos como base para la herencia europea común;[16] y el mito de las cruzadas como un simple choque de civilizaciones entre la cristiandad y el islam, justificando así la yihad antioccidental, por un lado, y la «guerra contra el terror», por el otro.[17] La utilidad ideológica de estos microrrelatos individuales y otros parecidos está bien documentada; cada uno de ellos se ha contado porque satisface las expectativas y se ajusta a los ideales de un narrador determinado. Por separado, estas historias son variopintas y apasionantes, y espero que permitan al lector disfrutar de su deslumbrante diversidad a lo largo del libro. En conjunto, sin embargo, constituyen el gran relato de la civilización occidental y explican el mito originario de Occidente.[18]

Occidente no es, claro está, el único ente sociopolítico que ha reconstruido su pasado para adaptarlo a las necesidades actuales y fortalecer su autoestima. La reinvención politizada de la historia es en realidad una costumbre bastante habitual que se practica desde que se empezó a escribir la propia historia (y probablemente incluso antes, por medio de los cuentos y leyendas). Se dice que en el siglo VI a. C. los atenienses añadieron versos a la *Ilíada* para que se supiese que su ciudad había controlado la isla de Egina en la época de los héroes. No es de extrañar que esos versos se añadieran justo cuando Atenas intentaba hacerse con el control de Egina.[19] Mucho más recientemente, tras la creación del Estado moderno de Turquía en 1923, se puso en marcha un complejo programa histórico y arqueológico, conocido como «Tesis de historia turca», con el fin de reforzar la identificación entre el carácter turco y la masa continental de Anatolia.[20] Aún más recientemente, bajo el liderazgo de Xi Jinping, se ha promovido una nueva versión del papel que desempeñó China en la segunda guerra mundial, versión que puede ser preocupante o esperanzadora en función del punto de vista de cada cual.[21] Y en julio de 2021, cuando el ejército ruso se concentró en la frontera con Ucrania como preparación para una invasión militar, Vladímir Putin publicó un documento en el que defendía la unidad histórica de los pueblos ruso y ucraniano.

No hay que ser necesariamente malintencionado o mentiroso para querer reescribir la historia en función de un programa político, y tampoco hace falta falsearla con ese fin. Reescribir el pasado también puede consistir en incluir hechos que habían sido previamente suprimidos del relato oficial. En 2020, el National Trust (Fundación nacional para la protección de los lugares de interés histórico o de belleza natural) de Inglaterra publicó un informe sobre las conexiones entre el colonialismo, la esclavitud y los edificios históricos a cargo del Trust que no hizo sino avivar las tensiones de un acalorado debate en torno al pasado colonial británico.[22] Por una parte, algunas personas opinan que los incómodos antecedentes de colonialismo, esclavitud y explotación deberían ocupar un lugar más destacado en los planes de estudios y en la información que se ofrece en los museos y en otros lugares de interés patrimonial. Si bien estos argumentos tienen una motivación histórica, también son políticos en el sentido de que buscan la justicia social y el reconocimiento de los errores históricos. El argumento contrario —que esos incómodos temas no deberían airearse más y que habría que hacer hincapié en los aspectos positivos— también tiene una motivación política, aunque esta busque el mantenimiento del *statu quo*.

Este debate demuestra dos cosas importantes. La primera es que todas las historias son políticas. La decisión de reescribir, replantear o revisar la historia oficial revela una actitud política. Pero, del mismo modo, la decisión de «no» reescribirla es también una acción política. La segunda cuestión importante es que los hechos históricos propiamente dichos no siempre son objeto de controversia. Es más, el debate puede centrarse en «qué» hechos deberían subrayarse, dónde y cuándo. Reflexionando sobre estas dos cuestiones, deberíamos llegar a la conclusión de que no hay nada intrínsecamente malo en reescribir la historia desde un punto de vista político. De hecho, esa es la «única» forma en que podemos reescribir la historia. El problema surge cuando la historia que uno escribe contradice los datos de que disponemos.

Este es uno de los principales problemas que plantea el grandilocuente relato de la civilización occidental. Sus cimientos hace tiempo que se tambalean y, si bien es posible conservar algunos elementos individuales, el relato en su conjunto ya no coincide con los hechos que conocemos. Sin embargo, algunas personas siguen aferrándose a ese relato por su valor ideológico, lo cual nos lleva al segundo de los grandes problemas de esa narración: su ideología subyacente ya no refleja los principios del Occidente moderno. Las ideologías dominantes en la sociedad occidental en el primer cuarto del siglo XXI no son las mismas que a mediados del siglo XIX, cuando el relato grandilocuente estaba en su cenit, ni que a mediados del siglo XVIII, cuando ese relato empezaba a surgir. Para muchos occidentales de hoy en día, conceptos como el imperialismo o la supremacía racial blanca ya no son el núcleo de la identidad occidental, porque han sido sustituidos por una ideología basada en el liberalismo, la tolerancia social y la democracia. (También hay muchos occidentales disconformes que preferirían volver al modelo decimonónico de identidad cultural, pero hablaré sobre ellos con más detenimiento en la conclusión.)

Debemos prescindir del grandilocuente relato de la civilización occidental por ser objetivamente incorrecto y por estar ideológicamente desfasado. Se trata de un mito originario que ya no cumple su cometido: no es ni un relato veraz de la historia de Occidente ni un fundamento ideológico de la identidad occidental. Mi propósito, por tanto, es interpretar los microrrelatos que lo componen para después ordenar y entender el bagaje ideológico que pesa sobre él.

Dado que su temática es una abstracción (aunque muy convincente y significativa), un libro como este podría quedarse fácilmente en el ámbito de la mera teoría. Para evitarlo, he estructurado mi narración en torno a la vida de catorce personajes históricos reales. Algunos son bastante conocidos, otros no tanto, pero, desde el poeta esclavizado hasta el emperador exiliado, y desde el monje diplomático hasta el burócrata amenazado, sus semblanzas confieren una nueva perspectiva a la historia de Occidente. En cada capítulo presento no solo el relato de una vida excepcional, sino también una descripción de la época y el lugar en que vivió cada uno de ellos, comparándolos con otros personajes destacados de su tiempo.

La primera mitad del libro aborda las imprecisiones históricas de la civilización occidental en cuanto gran narración, desmontando, mediante el examen de sus supuestos orígenes, la fantasía de una línea cultural ininterrumpida. Las primeras dos vidas proceden del mundo clásico que consideramos como la cuna de Occidente y demuestran que ni los griegos ni los romanos se veían a sí mismos como parte de una identidad exclusivamente europea u occidental (capítulos 1 y 2). Las tres siguientes biografías pertenecen a los «años oscuros» de la Edad Media, ejemplificando la adopción, el rechazo y la reconstrucción del legado griego y romano en su contexto islámico, centroeuropeo y bizantino respectivamente (capítulos 3, 4 y 5). Las últimas dos vidas de esta sección nos llevan al Renacimiento y a los primeros años del período moderno, cuando las líneas de la civilización se trazaron de manera dispar y conflictiva, dividiendo el continente europeo y la cristiandad de una forma que contradice la idea de un Occidente estructurado (capítulos 6 y 7).

La segunda mitad del libro analiza el funcionamiento de la civilización occidental como instrumento ideológico y describe su nacimiento y desarrollo hasta convertirse en ese relato que hoy todos conocemos. Los primeros tres capítulos de esta parte examinan la forma en que, durante los siglos XVI y XVII, las ideas cambiantes en lo tocante a la ciencia y la religión, a la expansión territorial y el imperialismo, así como al compromiso político, contribuyeron al gradual surgimiento de la idea de civilización occidental (capítulos 8, 9 y 10). El siguiente par de biografías refleja cómo la idea de la civilización occidental alcanzó su madurez y sirvió de anclaje al imperialismo y a los sistemas basados en la dominación racial (capítulos 11 y 12). Las últimas dos vidas ejemplifican los dos principales obstáculos que han de superar actualmente Occidente y su civilización —las críticas internas y los competidores externos—, poniendo de manifiesto la cambiante realidad del mundo en que vivimos, así como la necesidad imperiosa de un replanteamiento sistemático de la identidad de Occidente y del origen mítico de la civilización occidental (capítulos 13 y 14).

Estas catorce vidas son mi equivalente particular de las estatuas de bronce cuya visión tanto me desconcertó en la biblioteca del Congreso, pero, a diferencia de aquellos antepasados imaginarios, las personas cuyas vidas narro en este libro no son las más importantes o influyentes de su época. No pretendo mostrar una «selección de grandes hombres». Antes bien, mis catorce seleccionados son personas en cuya vida y obra vislumbramos el *Zeitgeist*. Sus experiencias, acciones y escritos nos permiten comprender las ideas cambiantes con respecto a la herencia civilizadora y a las imaginarias genealogías culturales. Estas no son, naturalmente, las únicas vidas que habría podido elegir para este libro, y estoy segura de que cada uno elegiría otras si se embarcase en un proyecto similar. No obstante, sirven para ilustrar mi punto de vista. Demuestran que el gran relato de la civilización occidental ya no tiene peso objetivo ni ideológico. Demuestran, a escala personal, la necesidad de desechar de una vez por todas esa narración grandilocuente, y nos proponen un conjunto de linajes más brillantes y diversos con los que crear una nueva versión de la historia occidental.

CAPÍTULO 1

El rechazo de la pureza

Heródoto

> No hay duda de que la princesa Europa procedía de Asia y de que no estuvo nunca en el territorio que los griegos llaman «Europa».
>
> HERÓDOTO (siglo V a. C.)[1]

Hay un emigrante en la playa. Mira al mar, con el pensamiento y la mirada dirigidos hacia su patria, que está a un continente y una vida de distancia. Hace años que se vio forzado al exilio, alejándose de la accidentada costa de Turquía en un bote abarrotado de personas. Huía de la persecución de un tirano y de la furia de la turba funda mentalista, con la esperanza de encontrar un futuro mejor en la ciudad más bulliciosa y cosmopolita de Europa. Pero, cuando por fin llegó a la gran metrópoli, sus sueños pronto se hicieron añicos. Donde había esperado el éxito, se topó con la desconfianza, y donde había imaginado oportunidades, no encontró más que restricciones. Posteriormente, cuando el gobierno empezó a crear un entorno contrario a los inmigrantes y a promulgar leyes draconianas que afectaban a los nuevos ciudadanos, Heródoto abandonó la polis. Así que aquí está, en otra playa extranjera, en busca de un nuevo comienzo. A lo mejor esta vez encuentra lo que está buscando.

Esta historia podría ser la de cualquier emigrante del siglo XXI, pero en este caso corresponde al primero de los catorce personajes de este libro, el historiador Heródoto. Naturalmente, solo podemos hacer conjeturas (como las hago yo) sobre cómo se sentía Heródoto cuando llegó a las costas del sur de Italia. En realidad, sabemos relativamente poco acerca de la vida del hombre al que hoy consideramos el «padre de la historia». Heródoto nació en el siglo V a. C. en Halicarnaso (actual Bodrum, en Turquía) y trabajó varios años en Atenas antes de irse a pasar sus últimos años en la pequeña ciudad de Turios, en el golfo de Tarento. Fue allí donde, tras dos emigraciones, escribió su famosa *Historia*.

Son muchos los que consideran la *Historia* de Heródoto como la primera obra de narrativa histórica de la tradición occidental. El libro nos cuenta básicamente cómo entre los años 499 y 479 a. C. una coalición de estados griegos rechazó a los ejércitos invasores de los persas aqueménidas. Los persas eran superiores en número, recursos y organización y controlaban un vasto imperio que se extendía desde la actual Bulgaria hasta Afganistán, y desde Egipto hasta el mar Negro. En contraposición, había cientos de pequeñas comunidades independientes que se consideraban (en mayor o menor medida) griegas y que, como no cesaban de luchar entre sí, llevaban una vida bastante precaria en sus territorios autónomos. Sin embargo, contra todo pronóstico, los griegos se impusieron y rechazaron a los invasores persas. Es un relato que ha cautivado a miles de personas a lo largo de tres milenios y que sigue siendo enormemente atractivo en la actualidad.[2]

Entre las razones por las que la *Historia* de Heródoto sigue siendo tan popular se encuentra su relevancia para la historia imaginaria de Occidente. Para muchas personas, la *Historia* es una especie de carta fundacional de la civilización occidental, pues constituye un antiguo precedente de la idea moderna de «choque de civilizaciones». Las líneas iniciales del proemio parecen corroborar ese argumento. Heródoto comienza su historia afirmando de manera explícita que su objetivo es narrar los grandes hechos de los helenos y los bárbaros (palabra con la que se refiere a los no griegos). Esto supone directamente una oposición binaria entre los dos grupos: griegos y bárbaros, Europa y Asia (o tal vez, más exactamente, entre Occidente y «el resto»). A continuación, Heródoto se remonta a una historia aún más antigua para situar el conflicto. Todo comenzó, nos dice, cuando unos comerciantes fenicios raptaron a una princesa de la ciudad griega de Argos. Los griegos reaccionaron secuestrando a una princesa fenicia, lo que condujo a una serie de violaciones que culminaron en el rapto de Helena de Esparta, origen de la guerra de Troya. La consiguiente destrucción de Troya, según Heródoto, fue una acción desproporcionada que realmente consiguió poner a los asiáticos contra los griegos (Hdt 1:5).

El proemio de Heródoto parece una primera versión del relato de la civilización occidental. Los dos ingredientes principales ya están ahí. En primer lugar, tenemos dos bandos irreconciliables: Grecia (entiéndase «Occidente») y Asia (entiéndase «el resto»). Luego tenemos el presente histórico que se proyecta sobre el pasado; los persas que se fusionan con los míticos troyanos, y los griegos que se equiparan con los aqueos que asaltaron Troya. Heródoto parece contarnos no solo una versión antigua del «choque de civilizaciones», sino también un primer borrador de la genealogía cultural de Occidente. Al menos eso es lo que «parece» contarnos.

Muchos lectores se han dejado engañar por esta interpretación superficial de Heródoto. Samuel Huntington, cuando escribió su polémico *El choque de civilizaciones y la reconfiguración del orden mundial*, definió las características fundamentales de cada civilización basándose en Heródoto.[3] Según el politólogo Anthony Pagden, el objeto de estudio de la *Historia* era «la eterna enemistad entre Europa y Asia».[4] Y Zack Snyder, cuando estrenó la película *300* en 2007, desató la polémica al retratar a los espartanos como europeos blancos y defensores de la libertad, y a los persas como asiáticos y africanos que se caracterizaban por la degeneración moral y la deformidad física.

Que se haya interpretado erróneamente a Heródoto es en cierto modo comprensible. Muchos fragmentos de su texto sugieren una narración del tipo «choque de civilizaciones». Pero también hay muchos fragmentos que sugieren lo contrario. Si lo leemos con atención, veremos que Heródoto introduce el choque de civilizaciones solo para desacreditarlo. Heródoto no dividía el mundo entre Occidente y el resto, y tampoco entendía la historia como una incesante repetición del mismo conflicto. En definitiva, Heródoto no inventó una primera versión del relato de la civilización occidental, y tampoco consideraba a los griegos como un grupo geocultural equiparable al Occidente moderno; al contrario, su vida y su obra apuntan en la otra dirección. No deja de ser una ironía de la historia que, dos mil quinientos años después de su muerte, Heródoto haya sido utilizado tantas veces para legitimar esa ideología del «nosotros contra ellos» que él mismo intentó desprestigiar.

Padre de la historia, padre de la mentira

Aunque a veces nos refiramos a él como «padre de la historia», Heródoto no fue el primer historiador.[5] La historiografía mesopotámica es anterior a él en más de un milenio, y las primeras obras históricas en lengua griega datan de casi doscientos años antes de su nacimiento.[6] Pero Heródoto, si bien no inventó la historia, lo cierto es que supo replantearla con bastante talento, puesto que se centró menos en el relato de acontecimientos secuenciales y más en los modelos de causalidad histórica, haciendo más hincapié en el «porqué» que en el simple «qué».[7]

La *Historia* narra, claro está, los sucesos que acontecieron en las guerras entre griegos y persas, y enumera los diversos acontecimientos y episodios del conflicto. El relato es a grandes rasgos como sigue: las hostilidades rompieron con la revuelta de los jonios en 499 a. C., una rebelión contra el Imperio persa encabezada por las ciudades jónicas de Asia Menor y apoyada por los atenienses (así como por otras ciudades-Estado del Egeo). Aquella rebelión fue finalmente aplastada, y los persas empezaron a mirar hacia el oeste. El rey persa Darío, cuando decidió invadir la Grecia continental en el año 492 a. C., fue derrotado por los atenienses en la batalla de Maratón. Dada la gran cantidad de revueltas que había en el imperio, la segunda invasión persa, esta vez bajo las órdenes de Jerjes, hijo de Darío, tardó una década en producirse. En su avance por la península griega, el ejército de Jerjes fue frenado temporalmente en las Termópilas, donde trescientos espartanos protagonizaron su famosa última batalla. Pero los persas llegaron finalmente a Atenas, la saquearon, mataron a la mayoría de sus habitantes y se llevaron sus tesoros más valiosos. Más tarde, en un sorprendente giro de los acontecimientos, los persas sufrieron dos calamitosas derrotas, primero por mar, en la batalla de Salamina, y luego por tierra, en la batalla de Platea. Con su ejército en desbandada y las ruinas de Atenas humeando a sus espaldas, los persas decidieron reducir sus pérdidas y regresar a su país.

¿Por qué sucedieron así las cosas? Para responder a esta espinosa cuestión, Heródoto amplió su perspectiva con el fin de enmarcar los acontecimientos en un contexto cada vez más extenso. No es posible entender por qué Persia saqueó Atenas, razonaba, si no se conoce el trasfondo de las relaciones diplomáticas perso-atenienses. Y no es posible valorar esas relaciones a menos que se conozcan siquiera superficialmente las estructuras políticas de ambos estados. Y tampoco es posible comprender realmente las estructuras políticas de un Estado sin conocer algo de su historia, su desarrollo y, en definitiva, sus orígenes. Como se puede imaginar, los zarcillos de la explicación herodotiana se extendían cada vez más lejos.

Por consiguiente, la *Historia* no es solo una crónica de las guerras médicas, sino también una exposición de los conocimientos de Heródoto sobre la historia de Persia (no exenta de bastantes conjeturas), incluida la fundación del imperio y una descripción de su administración. El relato incorpora también vívidas descripciones etnográficas de la cultura y la sociedad persas, así como biografías de los principales personajes de la historia de Persia. Heródoto analiza a fondo no solo a los persas, sino también a cada uno de los numerosos pueblos que vivían dentro de las fronteras del Imperio aqueménida, desde los egipcios en el sur hasta los escitas en el norte, y desde los indios en el este hasta los griegos en el oeste. Lógicamente, Heródoto no trata de la misma manera a los griegos que a otros grupos étnicos. Al escribir en la lengua que hablaban la mayoría de sus lectores, no tenía que explicar los aspectos básicos de la cultura y las costumbres griegas, pero sí describió la historia individual de varios estados griegos, analizando su desarrollo y su carácter.

Esa búsqueda del «porqué» confiere a su *Historia* una gran amplitud de horizontes (abarca muchos siglos y miles de kilómetros cuadrados) y una enorme erudición (relata anécdotas que van desde la vida sexual de los reyes hasta las desventuras de los pescadores). Así pues, cuando nos cuenta la historia de las guerras médicas, Heródoto nos invita a un banquete de manjares historiográficos entre los que figuran la etnografía (¿sabías que los escitas envolvían en cera a sus reyes antes de enterrarlos?)[8] y el debate filosófico (como cuando los persas «votaron» por la monarquía como mejor forma de gobierno),[9] la teorización geográfica (Heródoto se sumergió, literal y figuradamente, en el debate sobre las fuentes del Nilo)[10] y el periodismo de investigación (gracias a una fuente anónima, sabemos de mensajes secretos que se transmitían por medio de tatuajes ocultos).[11]

La riqueza y diversidad de su *Historia* le valió a Heródoto —tal vez inevitablemente— su segundo sobrenombre. Si Cicerón, que escribió cuatro siglos después de la muerte de Heródoto, lo llamó «padre de la historia», Plutarco, dos siglos más tarde, lo calificó de «padre de la mentira».[12] A Plutarco le parecía que los relatos de Heródoto no podían ser ciertos porque eran demasiado fantasiosos, antojadizos e incluso divertidos. En eso tiene parte de razón. Algunas narraciones de Heródoto son ciertamente disparatadas, como la de las hormigas buscadoras de oro en la India o el rumor de que algunos habitantes del Sáhara tenían cabeza de perro.[13] Otras anécdotas extrañas podrían deberse a malentendidos culturales. Entre ellas cabe citar la de que los escitas ordeñaban a sus yeguas introduciéndoles aire en la vagina con flautas de hueso, o la de que las mujeres babilonias debían ejercer la prostitución en el tempo al menos una vez en su vida.[14] Pero el propio Heródoto sabía que no todos sus relatos eran objetivamente verídicos. A menudo prologaba sus historias más fantásticas con complejos desmentidos y afirmaba que simplemente habían llegado a sus oídos. Tales pasajes están salpicados de frases como «algunas personas dicen» o «los habitantes del lugar afirman». Heródoto no se creía todo lo que oía, y confiaba en que sus lectores tampoco lo creyesen.

Sin embargo, una buena dosis de lectura crítica no habría servido de mucho para aplacar la ira de Plutarco, pues este tenía una razón más profunda para desconfiar de Heródoto. Básicamente, la *Historia* le parecía demasiado imparcial con los persas y demasiado positiva en la descripción de los no griegos. Heródoto, según Plutarco, era evidentemente un *philobárbaros* (un admirador de los bárbaros), por lo que uno no podía fiarse de nada de lo que escribiese. Igual de cuestionable era su predisposición a criticar a los griegos, puesto que, si bien describía la locura sanguinaria del persa Cambises y la crueldad infinita de Jerjes,[15] también escribía sobre la ambición desmesurada del milesio Aristágoras y la avaricia del general ateniense Temístocles.[16] Para el patriota Plutarco, vivir en una Grecia reducida a una provincia del Imperio romano era una afrenta para su ideal nostálgico del helenismo.

¿Quién era pues Heródoto en realidad, el padre de la historia o el padre de la mentira? ¿Era un fantaseador, un apologista de los bárbaros y un hábil inventor de cuentos chinos? ¿O era un innovador científico que sobrepasaba los límites del conocimiento humano reconceptualizando la relación del hombre con el pasado? Tal vez lo más importante para este libro es si formuló una primera versión del proto-Occidente que sirve de base para la idea que tenemos del Occidente actual. ¿Nos dio Heródoto el modelo del gran relato de la civilización occidental? Las respuestas a estas preguntas están en algún lugar entre la vida de Heródoto en cuanto persona y los textos literarios de Heródoto en cuanto historiador. Ahora bien, pese a la riqueza de las biografías que escribe en la *Historia*, conocemos poco de la vida de su autor.

Sabemos que Heródoto nació a mediados del siglo V a. C. en Halicarnaso, en la costa egea de la actual Turquía. Aunque era oficialmente una polis (ciudad-Estado) griega, Halicarnaso tenía una población mixta y también se enorgullecía de su pasado anatolio.[17] La propia familia de Heródoto es un ejemplo de la mezcla cultural de la ciudad. El nombre Heródoto es griego, al igual que el de su madre, Drío. Pero otros miembros de la familia tenían nombres derivados del cario, como por ejemplo su padre, Lixes, y su primo, el poeta Paníasis.[18]

De joven, a Heródoto le interesaba más la política que la historia. Tenía algunas discrepancias con Lígdamis, el sátrapa hereditario de la ciudad,[19] por lo que se vio obligado a huir a la isla de Samos. En algún momento Heródoto regresó a la ciudad e intervino en la insurrección que derrocó a Lígdamis, y apoyó el establecimiento de un nuevo régimen. Pero poco después tuvo que huir otra vez a causa de la indignación de los partidarios del tirano. Durante los años siguientes, Heródoto aprovechó el exilio para viajar por el mundo antiguo.[20] A lo largo de la *Historia* encontramos numerosas anécdotas personales y testimonios presenciales. Heródoto nos cuenta que exploró los lugares más interesantes de Egipto y que navegó por el Nilo hasta Elefantina; quedó maravillado con los bulliciosos puertos y los cosmopolitas mercados de Tiro; y vio con sus propios ojos la fabulosa decoración de los templos de Babilonia. Si hemos de creer sus escritos, Heródoto fue un agotador compañero de viaje; pedía información a los guías, regateaba con los vendedores ambulantes y hablaba con todo el mundo, desde los dignatarios locales hasta los humildes aguadores, para que le contasen historias. Por eso no es extraño que sus escritos atestigüen un gran conocimiento de Anatolia, incluida no solo la costa del Egeo, sino también los territorios septentrionales que limitan con el mar Negro y la zona del Helesponto. En la parte continental de Grecia, visitó distintos territorios, como Esparta, Delfos, Beocia y, por supuesto, Atenas.

Aunque el mundo griego estuviera fragmentado políticamente a mediados del siglo V a. C., Atenas era su capital cultural indiscutible.[21] Aquella fue la época del estadista Pericles y del filósofo Sócrates, del escultor Fidias y del dramaturgo Eurípides. En Atenas vivían intelectuales cosmopolitas y radicales políticos, famosas cortesanas y *playboys* millonarios. Los mercados estaban atestados de comerciantes de tres continentes, los peregrinos bullían en los templos y los artesanos llegaban de todas partes para trabajar en los suntuosos edificios de la acrópolis. Al igual que la Viena *fin-de-siècle*, la Nueva York de los locos años veinte o el Londres de la década de 1960, la Atenas del siglo V a. C. era como un imán para las personas creativas y con ambiciones. Para Heródoto, debía de ser irresistible.

Cuando llegó a la gran metrópoli, Heródoto se juntó enseguida con los literatos, trabando una especial amistad con el poeta trágico Sófocles.[22] Sabemos que Heródoto hizo varias lecturas públicas de sus propias obras, llegando a ganar la impresionante cantidad de diez talentos por una representación especialmente lucida (para hacernos una idea, un talento era suficiente para pagar el sueldo mensual de la tripulación de una trirreme de la marina ateniense).[23] Pese a su éxito, se marchó de Atenas al cabo de pocos años, abandonando a sus nuevos amigos y renunciando a su floreciente carrera. Y esto lo lleva a donde lo encontramos al principio de este capítulo, a las costas del golfo de Tarento, en el sur de Italia, preparándose para instalarse definitivamente en Turios.

¿Qué llevó a Heródoto a marcharse de Atenas y abandonar sus sueños de fama y de riqueza en la gran ciudad? ¿Por qué —cuando se podía decir que «lo tenía todo»— de repente renunció a lo que había conseguido y volvió a emigrar? Es muy probable que toda una serie de factores personales influyeran en su decisión, pero la política ateniense también debió de formar parte de la ecuación: una nueva política basada en el imperialismo, la xenofobia y una forma de contar las cosas que se parece un poco a la de la civilización occidental.

La forma del mundo

El actual Estado griego tiene ya más de doscientos años de antigüedad y puede presumir de una interesante y pintoresca historia.[24] Pero la Grecia moderna no se parece en nada a la antigua.[25] En tiempos de Heródoto, los griegos no estaban organizados en un solo Estado o nación. Por el contrario, el mundo griego estaba formado por miles de polis (ciudades-Estado) y microterritorios, cada uno de los cuales contaba con su propio gobierno independiente.[26] Estos estados tenían por lo general una fuerte identidad individual, y la mayoría de los griegos se consideraban ante todo atenienses, corintios, espartanos, etc. En ocasiones, algunos estados hacían alianzas, pero mantenían su propia identidad.[27] Hasta las conquistas de Alejandro Magno, unos cien años después de Heródoto, las distintas ciudades-Estado no se unieron bajo un único gobierno griego (aunque muchos se preguntaban hasta qué punto eran «griegos» sus gobernantes macedonios).[28] Pero ni siquiera ese megaestado logró que los griegos del mar Negro o del Mediterráneo central y occidental se incorporasen a él.

Además de estar fragmentados políticamente, los griegos de tiempos de Heródoto también estaban dispersados geográficamente. A finales del siglo V a.C. había polis griegas por toda la costa mediterránea y del mar Negro, desde España hasta Chipre y desde Libia hasta Crimea. Hoy pueden encontrarse vestigios de sus comunidades en Marsella y Náucratis (Egipto), diseminadas por la costa mediterránea de Turquía, desde Adana hasta Estambul y, rodeando el mar Negro, desde Poti (Georgia) hasta Sozopol (Bulgaria).[29]

Cabría preguntarse qué unía a estas comunidades tan diversas, teniendo en cuenta que eran independientes y estaban muy alejadas entre sí. Incluso los comentaristas antiguos discrepaban en cuanto a quién y qué era «griego». Según Demóstenes, los macedonios no eran auténticos griegos, pero tampoco lo eran los atenienses, en opinión de Heródoto, porque descendían de los «bárbaros».[30] Para complicar aún más las cosas, los antiguos griegos no se llamaban a sí mismos «griegos». Este término lo acuñaron los romanos, quienes usaban la palabra *graeci* para referirse a ellos como colectividad. Por el contrario, los griegos empleaban la palabra «helenos» para referirse a sí mismos en cuanto descendientes de la figura mítica de Héleno. (No hay que confundir a Héleno con Helena; el primero fue el legendario antepasado de los antiguos griegos, la segunda fue la mujer que desencadenó la guerra de Troya.)

La definición de «helenos» es por tanto genealógica, pues está vinculada a la idea de una historia compartida y un antepasado común. Sin embargo, no deberíamos pensar en lo griego como una forma de etnicidad en el sentido moderno de la palabra. Los antiguos helenos no eran un grupo étnico coherente, separado nítidamente de otros grupos étnicos. Para los antiguos griegos, las genealogías eran una manera de vincular a la gente, y los orígenes plurales formaban parte de su estructura fundamental.[31] Los mitos sobre un linaje helénico común se combinaron entonces con reivindicaciones de genealogías alternativas, de origen no helénico. Los habitantes de Tebas, por ejemplo, decidieron que su fundador fuese el héroe fenicio Cadmo. Los argivos decían descender de las hijas del rey egipcio Dánao. Los arcadios y los atenienses sostenían que eran autóctonos, esto es, nacidos de la propia tierra que habitaban. Algunos griegos afirmaban tener antepasados comunes con los persas, los judíos y los romanos. No hay que tomarse estas genealogías al pie de la letra (ni tampoco suponer que los griegos se las tomaban así). Como todos los mitos fundacionales, aquella era una manera de afirmar los orígenes y la identidad basándose en un ideal de lo que las personas querían ser, pero también en lo que realmente eran. No obstante, esas genealogías nos aclaran algunas cuestiones sobre la mentalidad de los antiguos griegos. Si bien la idea de un linaje helénico común era muy importante, pocos griegos estaban convencidos de la pureza de ese linaje.[32]

Otra cosa que unía a las polis griegas, más aún que el supuesto linaje helénico, era la conciencia de una cultura común. Ahí estaban la lengua y el alfabeto griegos, así como las correspondientes tradiciones literarias y un gran conjunto de mitos y leyendas comunes. Ahí estaba la estructura del politeísmo olímpico, que explica la similitud de los rituales y los templos en todas las ciudades. Y ahí estaban los usos y costumbres comunes, que mostraban enormes semejanzas en cuestiones tan dispares como la familia, las normas sociales, la educación, la arquitectura y la artesanía. El ser griego era hacer las cosas como los griegos. Tal como señaló Isócrates en el siglo IV a. C.:

> Nuestra ciudad aventajó tanto a los demás hombres en el pensamiento y la oratoria que sus discípulos han llegado a ser maestros de otros, y ha conseguido que el nombre de griegos se aplique no a la raza, sino a la inteligencia, y que se llame griegos más a los partícipes de nuestra educación que a los de nuestra misma sangre (*Panegírico* 4:50).

Para el propio Heródoto la identidad griega (*to Hellenikōn*) venía dada en parte por la sangre, pero en igual medida por «la lengua, los santuarios, los sacrificios a los dioses y el estilo de vida, todos ellos comunes» (8.144).[33]

Había, por supuesto, tradiciones regionales en la cultura griega.[34] En un mundo tan disperso y variopinto, ¿cómo no las iba a haber? Si la mujer ideal en Atenas era tranquila y casera, en Esparta era todo lo contrario: atlética y aventurera. Mientras que los clazomenios enterraban a sus muertos individualmente en vistosos sarcófagos de barro cocido, los corintios los sepultaban en fosas comunes.[35] Y, mientras que en Sicilia la diosa Artemisa era una joven núbil, en Éfeso era una cazadora que llevaba un collar hecho con testículos de toro.[36] Muchas de estas variaciones locales se debían a la relación con culturas no griegas. Ya hemos visto que los anatolios formaban parte de la polis de Halicarnaso, pero un grado similar de interculturalidad se observa en todo el mundo helénico. En el golfo de Nápoles se han encontrado elementos culturales griegos junto a otros fenicios, etruscos e itálicos.[37] Y en Náucratis, los helenos de distintas ciudades se codeaban con egipcios, libios y árabes.[38] Los estilos, las costumbres y las identidades híbridas formaban parte de la conciencia cultural característica del helenismo.

Pero no debemos caer en la trampa de pensar que el mundo griego era una utopía de pluralismo étnico y cultural bajo la égida del helenismo. El racismo y la xenofobia eran tan habituales que incluso pensadores de la talla de Aristóteles veían natural que los griegos esclavizaran a los no griegos, debido a su superioridad innata. Curiosamente, esa compleja superioridad no tenía como base las diferencias entre el este y el oeste. Aristóteles pensaba que el mundo helénico era superior tanto a Europa como a Asia. Según él:

> Los que habitan en lugares fríos y en Europa están llenos de coraje, pero faltos de inteligencia y de técnica, por lo que viven más bien libres, pero sin organización política o incapacitados para mandar en sus vecinos. Los de Asia, en cambio, son inteligentes y de espíritu técnico, pero sin coraje, por lo que llevan una vida de sometimiento y esclavitud. En cuanto a la raza helénica, de igual forma que ocupa un lugar intermedio, así participa de las características de ambos grupos, pues es a la vez valiente e inteligente.[39]

Las ideas de los antiguos griegos sobre los continentes eran, como es lógico, diferentes de las nuestras. Y también había discrepancias entre ellos. No todos coincidían con Aristóteles en que los territorios que bordeaban el Mediterráneo y el mar Negro (es decir, aquellos habitados por los griegos) estuviesen en medio de los continentes. A Heródoto la idea de las divisiones continentales le parecía absurda, como veremos más adelante.

Sin embargo, durante gran parte de la historia griega las diferencias más profundas no fueron las que separaban a los griegos de los no griegos, sino más bien las que enfrentaban a los helenos entre sí. Una de esas divergencias debió de ser la que afectó de tal modo a la vida de Heródoto que lo llevó a cambiar Atenas por la relativa paz y tranquilidad de Turios. A causa de la versión de la historia que conforma el gran relato de la civilización occidental, cuando pensamos en Atenas nos la imaginamos como la cuna de la democracia, el lugar donde se forjaron el gobierno del pueblo (*dēmokratía*) y la igualdad ante la ley (*isonomía*). Si bien en esto hay sin duda parte de verdad, la realidad de la democracia ateniense tenía poco que ver con los principios de la democracia liberal que hoy asociamos con Occidente. Para empezar, las mujeres quedaban excluidas del sistema de gobierno, al igual que los miles de esclavos de cuyo trabajo dependía la economía ateniense.[40] Por otra parte, Atenas, si bien favorecía la igualdad para sus propios ciudadanos varones, no se portaba de la misma manera con los demás. Tanto si se trataba de griegos de otras ciudades como de personas ajenas a Grecia, cualquier no ateniense era tratado como un extranjero. La democracia ateniense clásica no era la institución inclusiva e igualitaria que en ocasiones imaginamos. Antes bien, era un exclusivo club masculino al que solo tenían acceso los hombres de determinadas familias.

El dinamismo cultural de Atenas en el siglo V a. C. no se basaba en la igualdad política, sino en el imperialismo.[41] El Imperio ateniense surgió de la alianza de los estados griegos que lucharon contra los persas en las guerras médicas. Atenas no tardó en reclamar el liderazgo indiscutible de esa alianza, aprovechando la simpatía de otros griegos tras el saqueo de la ciudad por parte de los persas y el respeto que se habían ganado los atenienses por su valor en las batallas de Maratón y Salamina. Pero el liderazgo de una alianza pronto se convirtió en control absoluto. Se exigían pagos anuales, y a los «aliados» desertores se los trataba despiadadamente. En el caso de los más afortunados, los atenienses saqueaban sus ciudades, arrasaban sus murallas, desterraban o ejecutaban a sus políticos e imponían gobiernos títeres. En el de los menos afortunados, como los habitantes de la isla de Melos, el castigo era muchísimo peor; los atenienses asesinaban a todos los hombres y vendían a las mujeres y a los niños como esclavos.[42]

En Atenas, el sentimiento público era triunfalista. En 453 a. C., Pericles mandó erigir en la acrópolis dos enormes inscripciones de piedra, de cuatro metros de altura cada una, en las que se mostraban las cantidades que cada ciudad había pagado a Atenas como tributo. Aquello era un cartel publicitario de la supremacía ateniense. Dos años después, Pericles endureció los requisitos para obtener la ciudadanía, restringiéndola a aquellas personas cuyos dos progenitores fuesen ciudadanos (y no solo uno, como hasta entonces), privando súbitamente del derecho de voto a muchos atenienses que lo habían tenido toda su vida.[43]

A medida que avanzaba el siglo V a. C., el abismo que separaba a los atenienses del resto de los griegos se fue agrandando. Los atenienses empezaron a considerarse diferentes, especiales y, sobre todo, mejores. Podemos verlo en la reorganización de las fiestas principales de la ciudad, las panateneas. Mientras los ciudadanos atenienses disfrutaban de las fiestas, los extranjeros residentes en la ciudad debían servir a aquellos, ya fuese como criados, aguadores o portadores de sillas o quitasoles.[44] Hacia finales de ese siglo, Eurípides puso en escena una obra en la que replanteaba los orígenes de Atenas. Según la mitología tradicional, los atenienses descendían de los autóctonos por una parte y del héroe Héleno por otra, y por eso pertenecían a la gran familia helénica, pero en *Ion* Eurípides modificó la genealogía mítica sustituyendo a Héleno por el dios Apolo, cambiando así la ascendencia helénica de los atenienses por unos antepasados divinos. En la obra de Eurípides, la excepcionalidad de los ateneos no significaba solo que eran mejores que los demás griegos, significaba que ni siquiera eran griegos.

¿Cómo se las compuso pues Atenas? Además del monopolio casi exclusivo de las fuerzas navales, Atenas emprendió una enérgica campaña de propaganda para convencer a los demás griegos de que la «alianza» era necesaria. Ninguna ciudad griega podía bajar la guardia, aseguraban los atenienses, so pena de que regresaran los alevosos persas. El dominio naval ateniense era necesario, sostenían, para proteger a los griegos de la constante amenaza aqueménida. Los propagandistas ateneos atizaron el odio a los persianos haciendo circular el estereotipo de que los bárbaros orientales eran no solo afeminados, sibaritas y cobardes, sino también falsos, taimados y traicioneros.[45] Por el contrario, los griegos eran viriles, tenaces y valerosos, honrados en el trato con los demás y sinceros en su búsqueda de la libertad personal. Encontraremos todos esos clichés si hojeamos los discursos de Isócrates, si asistimos a una representación de *Los persas*, de Esquilo, o si vemos alguna de los cientos de vasijas atenienses que representan a los soldados griegos derrotando a sus endebles adversarios persas. Según ese estereotipo, los aqueménidas habían sido siempre enemigos de los griegos. Se los presentaba como aliados de los troyanos, mezclando el pasado legendario con la historia real.[46] La Atenas del siglo V a. C. fue la que inauguró la retórica del «choque de civilizaciones», basada sin embargo en el despotismo de los griegos sobre los propios griegos.

Si todo esto nos resulta familiar, es porque ya lo hemos oído antes. En el Occidente moderno, es difícil evitar los clichés de los afeminados aunque astutos asiáticos que se repiten periódicamente en la cultura popular. Los vemos en la literatura y el arte del imperialismo europeo, como señaló preclaramente Edward Said (véase el capítulo 13), pero también en las películas de Hollywood, en las novelas más vendidas y en las viñetas cómicas de los periódicos. En la actualidad, esa imagen del «otro» se refleja en la imagen especular del occidental idealizado mediante una serie de oposiciones conceptuales: el oeste frente al este, lo masculino frente a lo femenino, el fuerte frente al débil, el valiente frente al cobarde, el de piel clara frente al de piel oscura. En el Occidente actual, es una retórica que se oculta en parte tras el discurso político admisible, pero que de vez en cuando sale a la superficie. En la Atenas del siglo V a. C., ese racismo era el pan nuestro de cada día.

La Atenas del siglo V a. C. es considerada justamente como la edad de oro de la cultura, la literatura, el arte y la democracia, pero esos logros fueron fruto del imperio; un imperio construido con el esfuerzo de otros griegos y justificado por medio de una propaganda racista que subrayaba peligrosamente la «otredad» de los extranjeros, convirtiendo a Atenas en el paradigma del helenismo idealizado.[47] Como habitante de Atenas, Heródoto debía de ser plenamente consciente de todo ello.[48] El ambiente era cada vez más hostil. Las cuestiones polémicas, como la pureza racial, la superioridad nacional y la exclusión de los inmigrantes dominaban la política ateniense. ¿Debería extrañarnos que alguien como Heródoto, un inmigrante bicultural procedente de Asia, ya no se sintiera como en casa? ¿Debería extrañarnos que se hiciera de nuevo a la mar y que llegara a la playa italiana donde lo encontramos al principio de este capítulo? Y ¿debería extrañarnos que, cuando comenzó a escribir su obra maestra, la concibiera como una contundente réplica a la ideología que lo obligó a exiliarse?

Las manifestaciones

Heródoto debió de tardar bastantes años en terminar su *Historia*. De hecho, la organización del libro indica una división en distintos episodios agrupados posteriormente en una estructura general. Aunque es posible que escribiera algunas partes de la *Historia* en Atenas, fue en Turios donde adoptó una visión de conjunto. Esa visión se expone en el famoso proemio, del que ya hemos hablado, en el que Heródoto introduce sus «manifestaciones»:

> Heródoto nos cuenta la lucha entre griegos y asiáticos, que culmina en las Guerras Médicas. Nos dice, igual que Homero, que escribe para evitar que las grandes acciones queden privadas de gloria, y ello tanto en el caso de las acciones de los griegos como en el de las llevadas a cabo por los bárbaros; y que va a contar, además, la causa por la que guerrearon.[49]

La interpretación de estas líneas podría parecer evidente. Estamos ante la oposición entre griegos y bárbaros (esto es, todos los no griegos): un inequívoco choque de civilizaciones. Como ya he mencionado, Heródoto nos cuenta el trasfondo de la enemistad entre continentes como una serie de secuestros que culminan en el rapto de Helena y el saco de Troya. Todo eso nos resulta familiar. Pero es lo que Heródoto narra inmediatamente después lo que debemos analizar con atención.

Todas estas historias, nos dice Heródoto, son mitos poco fidedignos, que él descarta de forma explícita de la misma manera que luego descartará las extravagantes historias de las hormigas buscadoras de oro y los hombres con cabeza de perro. Significativamente, Heródoto no narra los míticos raptos en primera persona, sino que los pone en boca de otros, diciendo, por ejemplo: «Los escritores persas afirman que fueron los fenicios quienes iniciaron el conflicto». Luego siembra la duda sobre la veracidad de las historias dando la versión alternativa que cuentan los fenicios. Para Heródoto, la idea de un odio enraizado en la noche de los tiempos era no solo absurda, sino también incoherente: un montón de fábulas contradictorias contadas por narradores interesados.

Si realmente queremos entender la enemistad greco-persa, nos dice Heródoto, tenemos que examinar los acontecimientos históricos del pasado reciente, empezando por el «primer bárbaro que sometió a los helenos y los obligó a rendirle homenaje». Este fue, según Heródoto, el rey lidio Creso, conocido hoy por su inmensa riqueza.[50] A diferencia de los ridículos mitos que contaban otros, Heródoto especifica claramente que sus propias manifestaciones comienzan con ese acto de dominación imperial. Por un lado, se refiere a que los lidios echaron de Asia Menor a sus vecinos jonios, pero, para sus lectores originales, la elección del vocabulario habría tenido una resonancia mucho más contemporánea. En el siglo V a. C., no eran los bárbaros quienes habían «sometido a los helenos y los habían obligado a rendirles homenaje», sino los atenienses. La palabra que utiliza Heródoto para significar «homenaje» es *phóros*, un término acuñado específicamente por los atenienses para designar los tributos que les pagaban sus «aliados».[51] Esa palabra, que no existía en tiempos de Creso, un siglo antes, habría supuesto un desconcertante anacronismo. Esa terminología habría sido dinamita política.

Si leemos el proemio de Heródoto con atención, lo más interesante no es el conflicto entre griegos y no griegos. La «causa por la que guerrearon» es en efecto objeto de estudio, pero solo «entre otras cosas». Lo más importante para él, y para la *Historia* en su conjunto, eran las cosas que lograban las personas y, en concreto, los «grandes y asombrosos hechos de los helenos y los bárbaros». Es notable la imparcialidad de esa afirmación. Los no griegos también realizan grandes hazañas. Y los logros que Heródoto intenta documentar para la posteridad son, básicamente, los de las personas (*oi ánthrōpoi*). Heródoto lo afirma en el proemio y lo repite a lo largo de toda su *Historia*. En sus páginas leemos acerca de la generosidad de los faraones egipcios y el heroísmo de las reinas escitas, del talento de los ingenieros babilonios y la simpatía de los hombres etíopes.[52] La *Historia* de Heródoto ensalza los grandes hechos de las personas, de todas las personas, no solo de los griegos.

Cuando Heródoto introduce en su proemio la idea de una oposición entre griegos y asiáticos es porque le parece cierta. Introduce esa idea para criticarla, desecharla y demostrar con ejemplos que es falsa. Los griegos, argumenta, recibieron la influencia cultural de otros pueblos más antiguos del oeste de Asia. La civilización más antigua, sostiene, es la de los frigios de Anatolia, los inventores del primer idioma (Hdt 2:2). Nos cuenta que otro pueblo anatolio, los lidios, instruyeron a los griegos en el comercio y la acuñación de moneda, y les enseñaron muchos juegos y pasatiempos (Hdt 1:94), mientras que la escritura y el alfabeto llegaron a Grecia a través de los fenicios (Hdt 5:58). Pero a quienes más cosas debían los griegos era a los egipcios. El conocimiento de los dioses se transmitió de Egipto a Grecia (Hdt 2:50), junto con numerosas costumbres religiosas (Hdt 2:51), así como el cálculo de los calendarios, la astrología y la práctica de la adivinación (Hdt 2:81). La cultura griega, nos viene a decir Heródoto, era de todo menos genuinamente griega.

Según Heródoto, no era solo el linaje cultural de los griegos el que estaba mezclado, sino también su linaje biológico. Afirmaba el historiador que los dos estados más poderosos de la época, Esparta y Atenas, pertenecían a diferentes grupos étnicos y tenían genealogías distintas (Hdt 1:56). Los espartanos descendían de la verdadera estirpe helénica, pero eran un pueblo nómada (la palabra que utiliza Heródoto es *polyplánētos*, o «errante»). Por el contrario, los atenienses no eran realmente griegos, pues descendían de los pelasgos, un pueblo de origen incierto (Hdt 1:58). Otras ciudades-Estado griegas, sostiene Heródoto, tenían también un origen mixto. Las ciudades jonias de su tierra natal eran tan anatolias como griegas (Hdt 1:147-148), los argivos eran los descendientes de mujeres egipcias (Hdt 2:91; 4:53; 4:182), los peloponenses debían su nombre a un emigrante frigio (Hdt 7:11) y los tebanos de la Grecia central descendían de los fenicios (Hdt 5:182). Del mismo modo, algunos no griegos reivindicaban una ascendencia parcialmente griega, como los escitas (Hdt 4:8-10) e incluso los persas, de los que en ocasiones se decía que descendían del semidiós griego Perseo (Hdt 7:150).

Según Heródoto, los griegos no se diferenciaban de los demás pueblos ni por su cultura ni por su sangre. Tampoco eran diferentes en lo que se refiere a su ética y sus principios. En las páginas de la *Historia*, algunos griegos proclaman su amor a la libertad, un ideal que hoy tendemos a asociar con el Occidente moderno. La palabra para «libertad» (*eleuthería*) aparece varias veces en el contexto de los griegos que querían librarse de la opresión persa (p. ej. 1:170, 5:2, 7:135, 8:143, 9:98). Sin embargo, también aparece en contextos nada griegos, lo que sugiere que a los persas, los egipcios y otros pueblos también los motivaba el amor a la libertad (p. ej. 1:95, 2:102, 3:82, 7:2). Lo más sorprendente es que esa palabra se usaba también en el contexto de las guerras entre griegos, lo que da a entender que la libertad se podía perder no solo a manos de los bárbaros, sino también de tus propios compatriotas (p. ej. 1:61, 3:142, 6:5). Esa palabra era especialmente adecuada en la época en que escribió Heródoto, en plena guerra del Peloponeso entre Atenas y Esparta, cuando las ciudades pequeñas eran meros daños colaterales.

Heródoto pone aún más objeciones al modelo de «choque de civilizaciones» cuando habla de geografía. «Me río», afirma con desdén, «de quienes trazan mapas del mundo sin usar la cabeza», señalando que la división del orbe en dos partes —Europa y Asia— es especialmente ridícula (Hdt 4:37). La división de lo que él veía como «un mundo» en continentes separados era innecesaria, y el hecho de designarlos al azar con nombres femeninos era directamente absurdo (Hdt 4:45). La postura de Heródoto tiene especial sentido precisamente porque él mismo era un emigrante transcontinental y un refugiado político. En su opinión, Europa y Asia no eran tan diferentes. En ambos continentes había personas crueles y bondadosas, intransigentes y acogedoras. En los dos continentes había no solo griegos y extranjeros, sino también personas que, como el propio Heródoto, tenían un poco de ambas cosas.

Heródoto no describió el mundo dividiéndolo tajantemente en «nosotros y ellos», sino que quiso borrar esa distinción desde la perspectiva de la cultura, la genealogía, la etnicidad y la geografía. Pero algunos griegos veían las cosas de otra manera. Entre ellos se encontraba sin duda Plutarco, así como los ideólogos atenienses del siglo V a.C. Heródoto reprodujo el mundo en tecnicolor, que no en blanco y negro. Con esa visión de una humanidad variopinta y plural, caracterizada por la complejidad y la mezcla culturales, Heródoto estaba evocando su propia juventud en Halicarnaso, pero también estaba rechazando el mundo xenófobo de la Atenas del siglo V a.C. Su *Historia*, con esa vertiginosa diversidad, presenta una visión de un mundo antiguo complejo y plural, lo cual supone un marcado contraste con la imagen de la Antigüedad griega que encontramos en el gran relato de la civilización occidental, un relato que considera a los antiguos griegos como los forjadores de una civilización europea y blanca. Heródoto se habría estremecido solo de pensarlo.

Dar por sentado que el mundo griego fue una primera versión de Occidente es no haber entendido nada. Para empezar, el Occidente moderno se ha centrado históricamente en Europa, sus descendientes norteamericanos y el mundo angloparlante en general. En cambio, los antiguos griegos no se consideraban europeos. De hecho, como se refleja en los escritos de Aristóteles y Heródoto, Europa se asociaba habitualmente con la barbarie. Otra característica del Occidente moderno, de la que no se quiere hablar en las clases altas, es la del color blanco de la piel, en oposición a los no occidentales, a los que a menudo se «racializa» como negros, morenos, aceitunados y amarillos. Por el contrario, la identidad helénica venía dada por la etnia y una ascendencia común, pero ello no se expresaba recurriendo a las diferencias fisonómicas y menos aún al color de la piel, que era algo mucho menos importante en el mundo griego de lo que lo es en el nuestro, y, si bien a veces constituía una marca de identidad para algunos grupos (los galos eran señalados con frecuencia por su piel lechosa y los etíopes, por su negritud), no se le daba demasiada importancia en el discurso helenístico.[53]

El modelo ideológico que observamos en la Grecia antigua y en el Occidente moderno es el de una oposición cultural binaria entre «nosotros» y «ellos». En la Grecia clásica, esa era la oposición entre los helenos y los bárbaros, concebida como un conflicto que duraba ya muchas generaciones y en el que ese «nosotros» representaba a unos hombres valientes, viriles e independientes, mientras que el «ellos» correspondía a otros hombres pusilánimes, afeminados y serviles. Aunque esa caracterización es en extremo ruin, el mismo modelo conceptual subyace tras la moderna ideología que establece una oposición entre Occidente y «los demás». Y no porque Occidente haya heredado de Grecia su modelo conceptual, sino porque ese modelo cumple las mismas funciones metodológicas y políticas y está al servicio de una ideología racista, expansionista y patriarcal. Como veremos en capítulos posteriores, el auge de Occidente como concepto, al igual que la invención de la historia de la civilización occidental, fue al principio también un instrumento ideológico a disposición del imperio. Desde entonces ha tenido diferentes formas y ha adoptado distintos significados sociales y culturales, pero originalmente surgió en un contexto imperial. Lo mismo cabe decir del helenismo político y militar del Imperio ateniense.[54]

Heródoto rechazó aquella visión de la identidad griega y la diferencia cultural, y su *Historia* es una contundente refutación de la oposición entre griegos y bárbaros. Heródoto imaginaba un mundo mucho más flexible y cambiante, en el que las distinciones que dividían a las personas en términos de cultura, etnia, principios y geografía se difuminaban por completo. Teniendo en cuenta su experiencia personal, así debía de ser el mundo que veía él. Y no fue el único. Homero no describió la guerra de Troya como un choque de civilizaciones, sino como un conflicto entre grupos estrechamente relacionados a los que unían no solo una cultura y unas costumbres comunes, sino también el mestizaje y los lazos familiares.[55] Las tragedias de Eurípides cambiaron de nuevo las tornas cuando preguntó quiénes se comportaban realmente como bárbaros, ¿los griegos o los metecos?[56] Y el historiador Tucídides describió la identidad helénica como un invento relativamente reciente, un incómodo paraguas bajo el que se guarecían grupos de diferentes orígenes.[57]

El gran relato de la civilización occidental sitúa los orígenes de Occidente en el mundo griego antiguo, pero no en ese mundo tal como era realmente —el dinámico y vitalista mundo de Heródoto, Homero y Tucídides—, sino que se ajusta más bien a la visión de la Grecia antigua que preconizaban políticos como Pericles para justificar la expansión imperialista, un mundo desgarrado por una enorme fractura entre «nosotros» y «ellos». Era una visión que no compartían los protagonistas del siguiente capítulo, las personas a las que se considera sucesoras de los griegos por ser las siguientes en la línea genealógica de la civilización occidental.

CAPÍTULO 2

Los europeos asiáticos

Livila

> En honor de Livila, del linaje de Anquises, que es como la diosa Afrodita y que hizo las mejores aportaciones a esa estirpe divina.
>
> Inscripción en Ilión (18-19 d. C.)[1]

Livila era famosa por su belleza. Era también una mujer despiadada y ambiciosa, la nieta favorita de Augusto, el primer emperador de Roma. Su vida estuvo planificada desde la infancia. Cuando creciera, se casaría con el marido adecuado y gobernaría con este a su lado el Imperio romano. Lo malo es que los maridos de Livila tenían tendencia a morir jóvenes en misteriosas circunstancias.[2] Desde luego, esto no justifica la inscripción anterior.[3] Las inscripciones honoríficas no son, de por sí, infrecuentes. Las ciudades del imperio dedicaban inscripciones similares a diversos miembros de la familia imperial con la esperanza de ganarse su favor. Sin embargo, la forma específica de esta inscripción, que pone de relieve el linaje y la genealogía, es cuando menos curiosa. Los habitantes de una zona rural del noroeste de Turquía, ¿por qué iban a erigir una inscripción honorífica que describía a Livila de esa manera?

La respuesta está en la historia de esa zona rural en concreto. A comienzos del siglo I d. C., Ilión era una población de escasa importancia práctica o estratégica cuya economía se basaba principalmente en una irrelevante producción agrícola. A finales de ese siglo, la pequeña ciudad era un próspero centro cultural y un núcleo del poder político. Este cambio de suerte se debió al patrocinio del floreciente Imperio romano, patrocinio que tenía su origen en una ilustre tradición mitológica. Mientras que para los romanos el topónimo Ilión evocaba ese legado, en el mundo moderno conocemos ese lugar por su otro nombre: Troya.

En la Antigüedad, como hoy en día, ese emplazamiento era un imán para los peregrinos. Se cuenta que Jerjes se detuvo allí cuando se dirigía a Grecia. Alejandro Magno permaneció en Ilión varios días haciendo sacrificios y celebrando competiciones atléticas para honrar a los héroes de la *Ilíada*. Y, a mediados del siglo I a. C., Julio César acudió a Troya para hacer una declaración política. Esa declaración tenía menos que ver con los famosos mitos de la guerra de Troya y más con el mito de lo que sucedió después. Cuenta la historia que los supervivientes de la ciudad saqueada huyeron; que los refugiados troyanos, guiados por el piadoso príncipe Eneas, terminaron en el centro de Italia (después de una trágica estancia con la reina Dido en Cartago); y que los descendientes de Eneas —Rómulo y Remo— con el tiempo fundaron la ciudad de Roma.[4]

A primera vista, este mito podría parecerles extraño a los lectores modernos. Tal vez resulte contradictorio que los romanos, a los que hoy se invoca con tanta frecuencia en la retórica de la genealogía europea en general y en la de la Unión Europea en particular, reivindicaran un origen asiático.[5] Puede parecer igual de contradictorio que los romanos, con todo su poderío militar y político, se considerasen descendientes de unos refugiados, el bando perdedor de la guerra más famosa de la Antigüedad. Esa idea resulta especialmente chocante en la actualidad, cuando Italia lleva años queriendo detener el aluvión de refugiados que intentan desesperadamente llegar a sus costas en busca de seguridad, prosperidad y una nueva vida. Los paralelismos entre estos refugiados y el mito de Eneas son evidentes, pero este hecho ha irritado de forma considerable a los grupos contrarios a la inmigración, los cuales gritan airadamente que *Enea non sia un rifugiato!* (¡Eneas no es un refugiado!).[6] Por último, esta idea de la ascendencia troyana de los romanos resulta contradictoria si analizamos la historia con la lente de la civilización occidental. Según el relato grandilocuente, los romanos, al fin y al cabo, deberían ser los herederos culturales de los griegos, no los herederos biológicos de sus adversarios.

Pero los romanos no tenían nada parecido al concepto moderno de civilización occidental. No veían motivo alguno para pertenecer al oeste en lugar de al este, a Europa en lugar de a Asia. No se consideraban herederos de los griegos, sino más bien sus conquistadores. En fin, los romanos pensaban que su linaje era mixto y que se había visto influido por muchos pueblos. Se trata de un linaje imaginario que se refleja en la cuidada imagen pública de Livila.

Nación mestiza

A pocos imperios les ha preocupado tan poco la pureza racial y cultural como al de los romanos. Incluso dejando a un lado el mito de Eneas, de Roma se dijo desde el principio que era un crisol de culturas. El historiador Tito Livio afirmaba que la población original de Roma estaba formada por inmigrantes procedentes de todas partes, atraídos por la política de Rómulo, que se basaba en la no discriminación. La fuerza y el éxito de la ciudad se debieron, según Tito Livio, a aquella receptividad inicial (Tito Livio 1:5-6). Las generaciones posteriores a su fundación decían que Roma era una ciudad multicultural. La tradición sostenía que solo una pequeña parte de los legendarios reyes de la ciudad habían nacido en Roma, pues todos los demás llegaron como inmigrantes antes de ser elegidos para ocupar el trono por sus méritos y virtudes.[7] A medida que el imperio se expandía por tres continentes, Roma fue asimilando con entusiasmo nuevas influencias culturales y absorbiendo a nuevos grupos, pero quizá con demasiado entusiasmo para algunos que, como el poeta Juvenal, se lamentaban de la rapidez del cambio cultural (Juvenal, *Sátiras* 3).

Entre las innumerables y diversas influencias que pasaron a formar parte de la cultura romana, la griega fue sin duda la más influyente, con importantes solapamientos y préstamos entre la mitología, la religión, el arte y la vida intelectual griega y romana. En ningún momento fue ese influjo más evidente que durante el gobierno del emperador Adriano, un filoheleno cuya veneración por la Atenas del siglo v a. C. hizo que esta ocupase en la literatura y el arte romanos un lugar más destacado que otras ciudades y períodos del pasado griego, recibiendo el calificativo de *classicus* (volveremos sobre esta cuestión en el capítulo 11).[8] Sin embargo, algunas características que nos parecen exclusivas del mundo grecorromano eran comunes a muchos pueblos del Mediterráneo y el oeste de Asia. Las equivalencias entre los dioses son un ejemplo de ello. La diosa griega del amor, Afrodita, era Venus en latín, pero también se llamaba Astarté entre los fenicios e Ištar en Mesopotamia. Y el mismo héroe al que los griegos denominaban Heracles era Hércules para los romanos y Melkart para los fenicios.

De hecho, Roma estaba abierta a las influencias culturales de todos los pueblos que conformaban su imperio e incluso de otros ajenos a él. Los romanos tributaron culto a la diosa egipcia Isis, al dios persa Mitra y a la diosa frigia Cibeles. El comercio a lo largo y ancho del imperio también llegó a ejercer influencia directa sobre Roma. Cuando las familias romanas, incluso las más modestas, se sentaban a la mesa, no era extraño verlas comer pan hecho con trigo egipcio, sazonado con salsa de pescado procedente de Portugal y rociado con aceite de oliva procedente de Libia, todo ello servido en platos fabricados en la Galia.[9] Los romanos más acaudalados aspiraban a vestirse con sedas de China y a teñirse el pelo como los germanos.[10] Y, en las capas más altas de la sociedad, la lista de emperadores incluye no solo a italianos, sino también a hispanos, libios, árabes, sirios y balcánicos.[11]

No todo ese cosmopolitismo era fruto de una convivencia armoniosa. El imperialismo romano podía ser brutal, y a menudo la *Pax Romana* se hacía cumplir por la fuerza.[12] No todo el mundo quería ser integrado o asimilado. Cuando Boudica, la adalid de los icenos, se opuso a la anexión romana de sus tierras en 60 d. C., los invasores la flagelaron y violaron a sus hijas para demostrar la subordinación de Gran Bretaña a Roma.[13] Cuando los judíos se rebelaron unos años más tarde, en 66 d. C., los romanos respondieron saqueando el templo de Jerusalén y declarando la guerra a Judea.[14] Las masacres, la esclavitud, la explotación económica y la represión cultural eran habituales en todo el imperio, desde sus límites orientales hasta los occidentales.[15] Sin embargo, a pesar de tanta brutalidad, el imperialismo romano no basaba su ideología en el exclusivismo cultural, étnico o racial. Antes al contrario, la mezcla de culturas y de pueblos era uno de los principios fundamentales del Estado romano. De hecho, Roma presumía de ser una nación mestiza. El meollo de todo esto es el mito de los orígenes de Roma, una historia de refugiados procedentes de Asia que vagaron primero por Grecia y luego por el Magreb antes de llegar finalmente a Italia y establecer un Estado híbrido mezclando su sangre con la de los pueblos indígenas.

Desde una perspectiva occidental moderna, preocupada por la pureza y la autenticidad, lo anterior parece discrepar de la historia que Occidente cuenta de sí mismo. Mas, para Roma, el mito de los orígenes mixtos era un acta imperial, pues servía de justificación histórica y de munición ideológica, transformando el imperialismo romano en un reencuentro y convirtiendo la conquista del Mediterráneo oriental en la justa reivindicación de una herencia perdida.[16] A los romanos les gustaba reconocerse en unos refugiados asiáticos. El suyo era un imperio intercontinental y multicultural, gobernado por una clase dominante que también se consideraba intercontinental y multicultural.[17] Se trataba pues de una ideología unidireccional ascendente. La familia Julio-Claudia, la primera dinastía imperial de Roma, remontaba su linaje hasta Eneas y utilizaba el mito de los orígenes troyanos no solo en beneficio del imperio, sino también por conveniencia personal.

Julio César, el fundador de la dinastía, era tan calculador con su imagen pública como lo era con sus ejércitos. Visitó el emplazamiento de Troya en 48 a. C. y le concedió una fiscalidad y una categoría administrativa especiales. A su regreso a Roma, patrocinó la construcción de un foro en cuyo centro había un espectacular templo dedicado a Venus Genetrix, siendo Venus la madre de Eneas y, por extensión, de todo el pueblo romano, según la mitología. Las carreras de caballos instituidas por Julio César para conmemorar la inauguración del templo se celebraban todos los años —los «juegos troyanos»— y pronto se convirtieron en un elemento indispensable del calendario deportivo. Por si no fuera suficiente, durante la década posterior, en las monedas que César mandaba acuñar solía figurar la cabeza de Venus en una cara, y en alguna ocasión también aparecía una imagen de Eneas huyendo de Troya que se hizo emblemática.[18]

César había sentado un precedente. Pronto, incluso las familias nobles de menos alcurnia intentaron «descubrir» sus vínculos genealógicos con Asia. Para satisfacer esta necesidad, los poetas Varrón e

Higino escribieron opúsculos titulados «Sobre las familias troyanas» (*De familiis troianis*), creando árboles genealógicos que relacionaban a la nobleza romana con los héroes míticos de la guerra de Troya.[19] El epigramista Juvenal, cuando no se lamentaba de la cantidad de extranjeros que habían invadido su ciudad, se quejaba de que las advenedizas clases medias se diesen aires de personas importantes, llegando incluso a afirmar que habían «nacido en Troya» (*troiugenas*: *Sátiras* 1, verso 110). A estos nuevos ricos no les preocupaba lo más mínimo ser descendientes de refugiados asiáticos.

Augusto, hijo adoptivo y sucesor de César, llevó la propaganda mitológica un paso más allá.[20] Durante su ascenso al poder, ya había copiado los dibujos de algunas monedas, reproduciendo la famosa imagen de Eneas huyendo de Troya. Esta escena de Eneas escapando de las llamas de su casa, con su padre a cuestas y agarrando a su hijo de la mano, se había hecho inmediatamente reconocible en todo el imperio. Diferentes versiones de esa imagen iban estampadas en las monedas que tintineaban en los bolsillos de los mercaderes; se hacían réplicas de la escena a fin de representarla en los exvotos que se fabricaban en serie para el mercado urbano y de parodiarla en los murales domésticos.[21] Pero quizá la más famosa fue la reproducción a escala monumental de esa imagen emblemática en el nuevo foro de Augusto. La estatua de Eneas situada en aquel lugar privilegiado medía casi cuatro metros de altura, siendo solo comparable en magnitud a la estatua de Rómulo.

Tal vez el más famoso compromiso de Augusto con Troya sea la *Eneida*, escrita por Virgilio bajo su patrocinio y concebida como una celebración no solo del Imperio romano en general, sino también de la dinastía Julio-Claudia en particular.[22] A lo largo del poema épico, Virgilio desdibuja deliberadamente la distinción entre Anatolia e Italia, Troya y Roma, los asiáticos y los europeos, no solo equiparándolos entre sí, sino también describiéndolos de manera ambigua e intercambiable.[23] Por ejemplo, cuando el glorioso futuro de sus descendientes romanos se le revela en una profecía, Eneas oye estas palabras: «qué gloria ha de seguir en adelante a la raza de Dárdano, qué descendencia aguarda a la ítala estirpe» (*Eneida* 6:756-757). En este pasaje no queda claro dónde comienza un linaje y dónde termina el otro: los descendientes de los troyanos serán también los descendientes de los itálicos.

Pero quizá sea ese el meollo de la cuestión; un elemento fundamental para Virgilio es la mezcla de linajes (*commixtus sanguine*: *Eneida* 6:762), que tanto poder dará a Roma. En ese mismo pasaje se describe a Roma como si fuese una persona con su propia genealogía. Roma, se nos dice, no solo «nacerá» de Rómulo (*Eneida* 6:781), sino que también será «afortunada en su prole» (*Eneida* 6:784). Virgilio usa entonces un símil que compara la ciudad de Roma con la diosa anatolia Cibeles, «gozosa con el parto de dioses, abrazando a sus cien nietos» (*Eneida* 6:783). La idea de estirpe y genealogía está por todas partes, y se utiliza hábilmente para crear ambigüedad no solo entre las ciudades de Troya y Roma, sino también entre las gentes de Asia y Europa.

Al igual que César, Augusto también visitó Troya, patrocinando la restauración de la ciudad, la construcción de nuevos edificios públicos y el lavado de cara de los templos.[24] Los habitantes de Troya demostraron vivamente su gratitud. Se erigieron nada menos que tres estatuas en honor de Augusto, así como un pequeño templo. A lo largo de los años se levantaron también estatuas en honor de su hijo adoptivo y sucesor, Tiberio, de su yerno Agripa, de su desafortunado nieto Cayo (el primer marido de Livila) y de los últimos emperadores, Claudio y Nerón, así como de una serie de miembros menos importantes de la dinastía Julio-Claudia, incluidos dos Antonias, dos Agripinas, una Octavia y un Británico. Entre estos es donde encontramos la curiosa inscripción de la enigmática Livila.

La niña fea

«De extraordinaria belleza» es como describe Tácito —el principal historiador de la época— a Livila. Pero Tácito añade sin compasión que de pequeña era una niña desgarbada.[25] No obstante, al parecer fue muy feliz durante su primera infancia. Como nieta del emperador Augusto, ella y sus dos hermanos crecieron en el palacio imperial con sus primos, incluida la hermosa y carismática Agripina (que volverá a aparecer en nuestra historia). Livila gozaba del cariño especial de su abuela, la emperatriz Livia. Aunque su nombre completo era Claudia Livia Julia, en casa la llamaban cariñosamente por el diminutivo.[26]

En cuanto alcanzó la pubertad, Livila se prometió formalmente con su primo Cayo, pero las fuentes no se ponen de acuerdo en cuanto a si la pareja de adolescentes llegó a consumar el matrimonio.[27] Sea como fuere, cuando poco después el apuesto Cayo partió de Roma hacia las provincias orientales, Livila, que tenía entonces trece años, debió de sentir un batiburrillo de emociones. En el aspecto personal, la separación debió de producirle desde tristeza hasta alivio (por desgracia, sabemos muy poco acerca de las emociones de las nobles romanas, sobre todo en lo tocante a los matrimonios concertados). Pero, en cualquier caso, probablemente experimentó una gran agitación. Según los cronistas políticos de la época, Augusto confiaba en Cayo y quería que fuera su sucesor.[28] Las cosas empezaban muy bien. Cayo se apuntó algunos éxitos diplomáticos en Arabia y Mesopotamia, y únicamente sufrió una herida leve mientras sofocaba una rebelión en Armenia,[29] pero, cuando la herida empezó a infectarse, su salud física y mental se deterioró hasta tal punto que murió en el camino de regreso a Roma. Nuestras fuentes históricas no nos hablan de los sentimientos de Livila ante el súbito fallecimiento de su marido ni de qué sintió cuando le concertaron otro matrimonio solo un año después de la muerte de Cayo. Tenía entonces diecisiete años.

El nuevo marido de Livila era otro primo suyo, el irascible Druso. Tras la inesperada muerte de Cayo, el padre de Druso, Tiberio, era el siguiente en la línea sucesoria del trono imperial, lo que significaba que Livila había pasado de ser la esposa del heredero natural a ser su nuera. En ese momento, Livila desaparece del registro histórico durante varios años. Sabemos que dio a luz a una hija, Julia, y nos imaginamos que probablemente fue muy infeliz. Incluso las fuentes más generosas reconocen que Druso tenía muy mal humor; otras dicen que era licencioso y cruel, así como propenso a tener arranques de violencia en público.[30] No podemos sino imaginar cómo trataba a su mujer y a su hija de puertas adentro, pero, pese a sus problemas para controlar la ira, Druso seguía pareciendo el mejor candidato a heredar el imperio. Tiberio sucedió en efecto a Augusto, pero fue un emperador muy impopular que no se ganó ni la simpatía del pueblo ni el apoyo político del Senado romano. Consciente de la fragilidad de su posición, Tiberio preparó a Druso cuidadosamente para la sucesión, animándolo a ocupar el cargo de cónsul y a ganarse el afecto del pueblo patrocinando los juegos de gladiadores. Esta estrategia pareció funcionar durante algún tiempo, pero en 17 d. C. todo cambió.

Livila tenía treinta años cuando su hermano Germánico regresó a Roma tras años de campañas en las provincias de Germania e Ilírico. Con él iba su mujer, la prima Agripina. El contraste entre estas dos parejas imperiales —Livila y Druso, por una parte, y Germánico y Agripina, por otra— era muy acentuado. Druso permaneció en Roma mientras Germánico pacificaba el amotinamiento de las tropas y seguía avanzando por la frontera septentrional. Livila dio a luz a una hija enfermiza en el tiempo en que Agripina parió nada menos que nueve robustos niños.[31] Germánico y Agripina tuvieron un éxito inmediato, y el pueblo, entusiasmado, les regaló la adulación que durante tanto tiempo había negado a Tiberio y a su hijo.[32] Germánico, aunque su campaña había tenido un éxito limitado, escenificó un triunfo espectacular, presentando sus logros como victorias aplastantes.[33]

Germánico y Agripina suponían una amenaza para la autoridad de Tiberio. En cuanto pudo, el emperador buscó una excusa para enviar a la joven pareja lejos de Roma, inventándose el pretexto de que las sublevaciones en las provincias orientales solo podía sofocarlas la influencia apaciguadora de Germánico.[34] La popularidad de este era un obstáculo para Druso. Espoleado por el éxito de Germánico, Druso salió también a campaña, solicitando la gobernación de la problemática provincia de Ilírico y maquinando la caída de un hostil rey teutón para asegurar las fronteras septentrionales de Roma.[35] Para Livila, las oportunidades de ganarse el favor popular eran más limitadas y, sobre todo, más peligrosas, pero Livila era una noble Julio-Claudia que se había criado en las salas de palacio, y con el tiempo demostraría ser muy hábil en el juego de la política imperial.

Lo primero que hizo fue buscarse un amante.[36] El hombre en el que se fijó fue Sejano, militar condecorado y prefecto de la guardia pretoriana, el cuerpo que servía de escolta y protección a los emperadores. Sejano procedía de una modesta familia italiana, pero había servido en el ejército con distinción antes de tomar el mando de los pretorianos. Habiéndose ganado primero la confianza de Augusto, también se granjeó la de Tiberio, de quien recibió condecoraciones y lujosos regalos.[37] Lo segundo que hizo Livila fue quedarse embarazada. No podemos asegurar si el padre fue Druso o Sejano, pues la secuencia exacta de los acontecimientos sigue siendo poco clara.[38] Lo único que sabemos con seguridad es que Druso partió hacia Ilírico en la segunda mitad del año 17 d. C., que Livila dio a luz a gemelos a finales del año 19 d. C. y que por esa época se inició su aventura con Sejano.

El nacimiento de los hijos de Livila se celebró en todo el imperio con un alborozo que superó incluso al clamoroso triunfo de Germánico. Tiberio chinchaba a los senadores alardeando constantemente de sus nietos.[39] En conmemoración del acontecimiento, ordenó que se difundieran imágenes de los niños y de su madre por todas las provincias. En Roma, Corinto y la Cirenaica se acuñaron monedas conmemorativas.[40] En Chipre se estableció un sacerdocio en su nombre, y en Éfeso se les dedicó un santuario privado.[41] Hacia esa época también se tallaron camafeos con la elegante imagen de Livila. Un ejemplo especialmente bonito, que incluye también pequeños retratos de los niños, la representa con apariencia de Ceres, la diosa romana de la agricultura, sujetando una cornucopia para simbolizar la abundancia. Livila y sus hijos gemelos estaban siendo proyectados como el futuro del imperio, la siguiente generación de gobernantes de la dinastía imperial.

El día que Livila dio a luz —el 10 de octubre— resultó fatídico en más de un sentido. El mismo día en que sus hijos vinieron al mundo su hermano Germánico lo abandonó. Germánico había contraído una extraña enfermedad en Siria, una enfermedad que le costaría la vida. En Roma circulaban toda clase de rumores. Se corrió la voz de que Tiberio había conspirado contra Germánico, ordenando a sus comisionados que usaran la magia negra a fin de causar la enfermedad de Germánico y su posterior muerte.[42] Muchos ciudadanos recelosos transfirieron su lealtad de Germánico a sus hijos y a su viuda, Agripina. Livila debió de pasarlo muy mal. No solo había perdido a su hermano en circunstancias muy parecidas a las de la muerte de su primer marido, sino que, en su momento de gloria —el momento en que por fin había cumplido con su deber de matrona romana y había dado a luz no a uno, sino a dos sanos herederos varones—, Agripina volvió a robarle el protagonismo. La desgracia de la muerte de Germánico, envuelta en rumores de conspiración y magia negra, deshonró a Livila incluso cuando amamantaba a sus hijos recién nacidos.

Las líneas de batalla están trazadas. El pueblo romano estaba dividido en dos bandos: los que apoyaban a Agripina y a los hijos de Germánico para la sucesión y los que apoyaban a Livila y sus gemelos. Las dos mujeres estaban enfrentadas directamente en lo que iba a ser una lucha mortal por el poder.

La *genetrix* intercontinental

La contienda entre Agripina y Livila no se desarrolló en el campo de batalla ni en el Senado, sino en la implacable palestra de la opinión pública. Vencería quien obtuviese el apoyo del pueblo romano. Su premio sería la gloria, el poder y el control del imperio. Y, en el peligroso juego de la política romana, el castigo para la perdedora sería la ignominia y la muerte.

Druso fue el primer gran damnificado. En 23 d.C., cuando los gemelos tenían solo tres años, Druso murió de lo que en principio parecía una enfermedad natural. Las sospechas recayeron enseguida sobre Livila y su amante, Sejano, aunque los chismosos de Roma no se ponían de acuerdo sobre cómo le habían administrado el veneno. Algunos pensaban que se lo habían ido dosificando lentamente a lo largo de varios años, y otros, que se lo habían hecho beber de una sola vez. Una noche, durante una cena familiar, Sejano le dijo supuestamente a Tiberio que Druso le había echado veneno en la copa de vino. Se dice que el desconfiado Tiberio cambió su copa por la de Druso para comprobar si era verdad, y que se quedó horrorizado cuando este se la bebió de un trago y murió de inmediato. A pesar de su inverosimilitud, parece que este rumor apacentó la imaginación popular con su caricaturesco retrato del círculo imperial: el borracho de Druso burlado por el astuto Sejano y la intrigante Livila, que manipulaba los miedos del senil emperador.[43] Los rumores se avivaron cuando, poco después, Livila y Sejano pidieron permiso para casarse, permiso que el elitista Tiberio les denegó.[44] Con independencia de lo que pensemos de ellos como personas, parece que la relación de Livila y Sejano estaba basada en el verdadero cariño; su situación se prolongó siete años, hasta que, pese a las objeciones de Tiberio y la desaprobación del pueblo, la pareja finalmente se desposó.[45]

Mientras tanto, Livila hizo todo lo posible por mejorar su imagen pública y la de sus hijos. Casó a su hija con el hijo mayor de Agripina, en un intento de superar la ruptura dinástica. Hacia la misma época empezaron a aparecer téseras con representaciones de los gemelos; esas téseras se repartían entre los pobres para que las cambiaran por trigo u otros alimentos, un poco a la manera de bonos de comida.[46] Se trataba de una estrategia para que la gente se encariñase con los gemelos.

Agripina jugaba a algo parecido. Interpretó el papel de heroína trágica para inspirar simpatía por su condición de inconsolable viuda del célebre Germánico. Los retratos de la época la representan con cara dulce y melancólica, enmarcada por densos rizos dispuestos a ambos lados de la cabeza formando un vistoso peinado que le cae sobre la nuca.[47] Por el contrario, los retratos de Livila correspondientes al mismo período la representan de manera muy distinta. Sus rasgos son más severos y lleva el pelo recogido con raya al medio y formando un moño sencillo.[48] Si Agripina quería ser una viuda romántica y sexi, Livila estaba decidida a mostrarse como una madre virtuosa y modesta. Si Agripina se vestía con elaborada elegancia, Livila hacía gala de una estudiada sencillez. Y, así como los retratos de Agripina producen una reacción emocional, los de Livila imponen directamente respeto. Las dos mujeres no solo estaban al frente de facciones políticas antagónicas, sino que también encarnaban ideales femeninos opuestos (que alguna de las dos estuviese a la altura de esos ideales es una cuestión completamente distinta).[49]

Este cuidadoso tratamiento de la imagen pública nos lleva de nuevo a la inscripción de Troya. En un texto que se ocupa explícitamente de las relaciones familiares y el linaje, se compara a Livila con la diosa Afrodita, venerada aquí no como la diosa del amor, sino como la antepasada materna del pueblo romano. También se dice que era «de la línea de Anquises», siendo este el amante mortal de Afrodita y el padre troyano de Eneas. A Livila se la retrata por tanto como la *genetrix* suprema, la madre de la línea genealógica. Esta inscripción, erigida en la plaza principal de la cuna ancestral de los romanos en Asia, la señala como el eje simbólico de las conexiones genealógicas entre Troya y Roma. Se trataba, pues, de una poderosa posición ideológica.

Que esta inscripción estuviese dedicada a Livila en lugar de a Agripina es digno de mención, sobre todo teniendo en cuenta que la propia Agripina había visitado la ciudad con Germánico solo unos pocos años antes.[50] Cabría esperar un montón de inscripciones en honor de los visitantes imperiales, pero, en Troya, las dedicatorias a Agripina brillan por su ausencia.[51] Además, si bien esta inscripción reserva los elogios más efusivos para Livila, también rinde homenaje a su madre, Antonia, y menciona a sus hermanos, Claudio y Germánico. Conmemorar la muerte de Germánico casi al mismo tiempo que la presencia de Livila, sin referencia alguna a su viuda, Agripina, era una evidente declaración política. Los habitantes de Troya estaban manifestando su apoyo a la facción de Livila y su rechazo de la de Agripina.

Pero ¿habría causado impacto alguno en Roma el apoyo de las élites de esta ciudad provincial? Cuando los ancianos de Troya consagraron en piedra su apoyo a Livila, ¿le importaba algo a esta? Si se hubiese tratado de cualquier otra ciudad provincial del imperio, la respuesta probablemente habría sido «no». Pero Troya era diferente, y el apoyo troyano habría sido un valioso premio político. De igual modo que Troya era la ancestral ciudad madre de Roma, Livila se presentaba de dos maneras como la madre romana por excelencia: en primer lugar, como la madre biológica del próximo emperador y, en segundo, como la madre simbólica, o *genetrix*, del pueblo romano en su conjunto.

La historia de Livila no tiene un final feliz. En 31 d.C., Sejano fue ejecutado por conspirar contra el emperador Tiberio, y Livila fue encarcelada. O murió de hambre o se suicidó mientras estaba en la cárcel.[52] A su archienemiga Agripina no le fue mucho mejor, pues había sido encarcelada en la isla de Pandataria unos años antes, donde también murió de hambre.[53] Aunque sucedió demasiado tarde para que lo disfrutara, al final fue uno de los hijos de Agripina, no de Livila, quien sucedió a Tiberio: el tiránico e inestable Calígula. Sin embargo, cuando este murió sin descendencia, la sucesión pasó a la rama familiar de Livila, y el imperio quedó en manos de su modesto y con frecuencia subestimado hermano pequeño, Claudio.

Dinastía, genealogía y ascendencia. Al Imperio romano lo consumía al principio la idea del linaje. Para una sociedad tan preocupada por los antepasados, la celebración de la diversidad de orígenes no era una casualidad. La ascendencia intercontinental de Roma y sus raíces en Asia demuestran que el mundo romano no era, para quienes lo gobernaban, ni occidental ni europeo.

Sin embargo, pese a la abrumadora evidencia de esa diversidad —tanto ideal como real—, muchos occidentales modernos se aferran a una visión errónea de la antigua Roma. En concreto, quienes pretenden considerar a los romanos como los antepasados del Occidente moderno a menudo los describen como ciudadanos de raza «blanca», aplicando términos étnicos y fisonómicos a personas que se habrían catalogado de manera muy diferente. Por ejemplo, en el verano de 2019, se produjo en el Reino Unido una polémica a propósito de unos dibujos animados en los que se retrataba a una familia romana mixta.[54] La causa de la indignación era la idea de que personas de piel oscura hubieran podido formar parte de las clases dominantes romanas, lo cual, por otra parte, está perfectamente documentado.[55]

De manera similar, sigue habiendo la tendencia a pensar en el Imperio romano como un fenómeno principalmente europeo. Esta idea se reflejó en la pompa, el simbolismo y el teatro político de que se rodeó la firma del tratado que dio lugar a la Unión Europea en 1957: el Tratado de Roma se firmó en la Colina Capitolina, en la sala de los Horacios y los Curiacios del Palacio de los Conservadores, una sala con las paredes cubiertas de frescos que representan escenas de la fundación y la historia primitiva de Roma según Tito Livio. En 2017, ante la inminente salida del Reino Unido de la Unión Europea, los demás países miembros firmaron la Declaración de Roma en la misma sala, un guiño ideológico a la idea de que la unidad europea puede basarse en una herencia romana común. En la introducción de este libro, ya hemos señalado que el programa de la Unión Europea para combatir la inmigración irregular y una crisis de los refugiados recibió el nombre de «Operación *Mos Maiorum*» en un intento de subrayar la común herencia cultural de Europa en contraste con las zonas de las que procedían los inmigrantes: África y Asia.[56] El hecho de que África y el oeste de Asia formaran parte integrante (y también fundacional) del Imperio romano no ha alterado la significación ideológica de Roma para el proyecto europeo.

Por último, muchas personas siguen viendo a Roma como el modelo de los valores culturales que según ellas constituyen el núcleo de Occidente, sobre todo en lo que atañe a determinados principios políticos. Por ejemplo, antes del asalto al Capitolio de Estados Unidos en enero de 2021, los partidarios del entonces presidente Donald Trump usaron las redes sociales para pedirle que «salvara nuestra República», utilizando la etiqueta #CrossTheRubicon para difundir su mensaje: una referencia a Julio César cuando este se sirvió de su ejército para tomar el poder en Roma.[57] El hecho de que César usara la fuerza para derrocar un gobierno representativo y erigirse en dictador parece habérseles olvidado a los simpatizantes de Trump, los cuales afirman erróneamente que defendían la democracia al protestar contra unas elecciones amañadas.

En suma, la antigua Roma no era como habitualmente nos la imaginamos: de raza blanca, geográficamente europea y de cultura occidental. No era en absoluto, pese a los intentos de algunas personas de describirla así, una analogía antigua de nuestra idea moderna de Occidente. Las maniobras políticas de Livila, reflejadas claramente en la inscripción de Troya, lo demuestran a la perfección. Su perspectiva geopolítica, como la de la propia Roma, era más amplia.

CAPÍTULO 3

Los herederos globales de la Antigüedad

Al Kindī

> No debemos avergonzarnos de admirar la verdad o de aprenderla, venga de donde venga, incluso si viene de naciones muy distantes y de pueblos extranjeros.
>
> AL-KINDĪ (*c.* 870 d. C.)[1]

Tras la muerte de Livila, el Imperio romano sufrió grandes altibajos. A finales del siglo III estaba irrevocablemente dividido en dos: la mitad occidental se fragmentó gradualmente en una miríada de reinos independientes y la mitad oriental se convirtió en el Imperio bizantino. Algunos elementos de la cultura y el saber romanos se perdieron, otros se conservaron y otros se transformaron para dar lugar a un mundo completamente nuevo: la Alta Edad Media.

Los relatos tradicionales de la civilización occidental presentan este período como una época oscura, caracterizada por el atraso y la barbarie, pero el período medieval solo parece una época oscura si nos fijamos exclusivamente en el norte y el oeste de Europa. En el Mediterráneo oriental, el Imperio bizantino deslumbraba por su esplendor y refinamiento.[2] El mundo islámico, como veremos en este capítulo, se extendía desde Sevilla hasta Samarcanda y desde Mosul hasta Mali, y gozó de un período de inigualable prosperidad y de enorme progreso artístico y científico. En el este de Asia, la dinastía Tang transformó China, y el Imperio budista de Srivijaya marcó el comienzo de una edad de oro para el archipiélago del sureste asiático.

Europa asió la civilización occidental «por los pelos», en palabras de un famoso historiador.[3] El relato tradicional afirma que el precario patrimonio clásico se conservó gracias a los esfuerzos de los frailes y monjas que trabajaban en oscuras bibliotecas y *scriptoria* de toda Europa, almacenando el legado cultural de la Antigüedad para las generaciones futuras, pero esta visión del período medieval es, por decirlo sin rodeos, errónea.

En primer lugar, las investigaciones llevadas a cabo durante las últimas décadas han contribuido en gran medida a desmontar el mito de una Edad Media oscura, dando a conocer los logros científicos y artísticos de aquella época. Numerosas innovaciones culturales surgieron del entorno supuestamente infecundo de los monasterios, desde los tratados filosóficos de Roger Bacon hasta los textos médicos de la erudita Hildegarda de Bingen. La Edad Media, simplemente, no fue tan oscura como se pensaba.[4] Y tampoco tiene nada de mediocre. Hablamos de la «Edad Media» como si la característica principal de esos siglos fuese el estar situados entre dos períodos históricos más importantes. Y pasa algo parecido con el término «medieval», que he mantenido en este libro por razones de comodidad.[5] Deberíamos dejar de pensar en las personas del medievo como si hubiesen vivido en un limbo temporal, atrapadas en el espacio que sigue a una época importante y precede a otra. Su mundo era ajetreado y apasionante, y sin duda lo bastante azaroso para merecer consideración por derecho propio.

En segundo lugar, los frailes y monjas de Europa occidental no fueron los únicos encargados de conservar la cultura de Grecia y Roma. Si bien muchos textos latinos se guardaron y copiaron en los monasterios, y, si bien algunos de los miembros más eruditos del clero recurrieron al pensamiento científico y, sobre todo, teológico de la Antigüedad, ciertamente no fueron los únicos que sacaron partido de él. El linaje de lo que consideramos la civilización occidental no fluyó por un solo canal desde Grecia a Roma y de esta a la Europa occidental, sino que se dispersó de manera bastante caótica en todas direcciones y llevó el legado cultural de la Antigüedad griega y romana a los cuatro puntos cardinales.

Los herederos de la Antigüedad

La teoría de la civilización occidental afirma que los habitantes de la Europa central y occidental fueron los principales herederos de la Antigüedad clásica. En su infame libro *El choque de civilizaciones*, Samuel Huntington aseguraba que «Occidente heredó muchas cosas de otras civilizaciones anteriores, incluida especialmente la civilización clásica [...]. Las civilizaciones islámica y ortodoxa también heredaron algo de la civilización clásica, pero en mucho menor medida que Occidente».[6] No todo lo que dice Huntington es una necedad: la Europa occidental es una de las zonas que heredaron parte del legado del mundo grecorromano (como veremos en el capítulo 4). Pero la idea central de las argumentaciones de Huntington —que la Europa occidental fue la principal heredera de la Antigüedad grecolatina, y que los mundos bizantino e islámico recibieron una herencia mucho menor— es completamente errónea.

Veamos primero los fragmentos del relato oficial que sí encierran cierta verdad. A pesar del saqueo de Roma, llevado a cabo por el rey godo Alarico en 410 d. C. y de la «caída» del Imperio romano de Occidente (en realidad, fue más una fragmentación que un hundimiento), hubo de hecho cierta continuidad cultural hasta la Alta Edad Media, que se manifiesta en el Derecho romano,[7] en las infraestructuras (vías y puentes)[8] y en la lengua latina, que siguió siendo la lengua principal de la literatura, la erudición y la Iglesia. Pero la Iglesia, mientras seguía usando gustosamente el latín, desconfiaba de los elementos más abiertamente paganos del pasado grecorromano. En la hagiográfica *Vida de San Martín*, por ejemplo, leemos que entre las buenas obras del santo se encontraba la destrucción o intento de destrucción de santuarios paganos en diversas localidades de Francia.[9] Sin embargo, en general, la desaparición de la cultura grecorromana no se debió realmente a la mala fe de los ruines fundamentalistas cristianos,[10] sino más bien a la difusión del cristianismo, que hizo que muchos elementos de la cultura antigua, incluidos el arte y la literatura, fuesen perdiendo importancia gradual y paulatinamente. Por consiguiente, no se trató tanto de la violenta quema de libros, sino de la mucho más prosaica negativa a copiarlos.

Un problema mayor para la continuidad cultural fue la gran cantidad de reinos sucesores que surgieron en lo que había sido la mitad occidental del Imperio romano, incluidos el reino godo de Italia, el reino visigodo de Hispania, los reinos anglosajones de Gran Bretaña y los reinos de los francos, suevos y burgundios en la actual Francia. Como consecuencia de ello, no había una sola tradición romana en la Europa occidental, sino muchas.[11] Básicamente, diferentes elementos del pasado romano se fueron mezclando con las costumbres autóctonas en función de cada contexto. En la isla sagrada de Lindisfarne, en Northumbria, el monje Alfredo copió los evangelios en latín, pero ilustró las páginas con intrincados adornos celtas y añadió glosas en inglés antiguo entre las líneas.[12] De manera similar, aunque el anfiteatro romano de Arlés fue cuidadosamente restaurado y conservado a lo largo del medievo, ello se debió únicamente a que lo habían convertido en una fortaleza con cuatro imponentes torres cuadradas.[13] Además, el latín fue desarrollando diferencias regionales, hasta el punto de que Carlomagno, a mediados del siglo IX, se quejaba de que hasta las cartas oficiales escritas por clérigos cultos contenían demasiadas variaciones dialectales.[14] El legado de la Antigüedad no estaba muerto y osificado, listo para conservarlo sin cambios en condiciones propias de un museo, sino que estaba vivito y coleando, y fue adaptándose a las necesidades de cada región a lo largo de los siglos. Y por eso la herencia cultural de Roma, al igual que la herencia política, se fue fragmentando gradualmente.

En lo que respecta a la herencia política, solo un Estado podía reivindicar una conexión ininterrumpida con la Antigüedad: el Imperio bizantino.[15] En el siglo VI, cuando estaba en su cenit, el Imperio bizantino controlaba todo el Mediterráneo oriental, así como partes de Italia y de Túnez. Su centro, sin embargo, era Anatolia y el mar Egeo, con la gran ciudad de Constantinopla a ambos lados del Bósforo. Desde el punto de vista político, el Imperio bizantino era una continuación directa del Imperio romano de Oriente, pues ocupaba los mismos territorios y utilizaba las mismas estructuras gubernamentales, jurídicas y administrativas. De hecho, sus habitantes no se referían a sí mismos con el nombre de «bizantinos», sino con el de ρωμαίοι o «romanos» (analizaremos esta cuestión con más detenimiento en el capítulo 5). Al fin y al cabo, en el siglo IX, cuando nació al-Kindī, el protagonista de este capítulo, la Grecia peninsular y la ciudad de Constantinopla llevaban más de mil años siendo romanas.

Desde el punto de vista cultural, los bizantinos bebieron de las tradiciones griegas y romanas. Hablaban griego, y los textos en griego antiguo siguieron formando parte de la educación de las élites. De hecho, era habitual que los académicos bizantinos demostrasen su erudición imitando el ático de autores como Heródoto, Sófocles y Platón, en una extravagante exhibición de anacronismo literario. Por ejemplo, entre otras obras eruditas, en el siglo XII la princesa Ana Comneno compuso en estilo ático clásico el poema épico *La Alexiada*, en el que ensalzaba las hazañas militares de su padre.[16] En aquella época, el estilo ático que empleaba ella había dejado de utilizarse hacía unos mil cuatrocientos años. Para hacernos una idea, es como si un autor español del siglo XXI intentara escribir en castellano medieval, como el que se usó para componer obras como *El cantar de mío Cid* o *La Celestina*. Los eruditos bizantinos también escarbaban en los textos antiguos en busca de información técnica. Examinaron miles de manuscritos antiguos y recopilaron información útil sobre toda clase de asuntos, desde tácticas de caballería hasta consejos sobre apicultura, en obras de referencia enciclopédicas como las *Excerpta Constantiniana*.[17] Además de herederos políticos de la antigua Roma, los bizantinos fueron también los herederos culturales de la Grecia clásica.

Y, sin embargo, la relación de los bizantinos con la Antigüedad griega y romana era selectiva. Al igual que sus vecinos del oeste, los cristianos ortodoxos de Bizancio también recelaban del paganismo antiguo. Censuraron enérgicamente algunos textos antiguos y destruyeron algunas obras de arte, pero, como en el oeste de Europa, en general prefirieron obviarlos, olvidarlos o reutilizarlos. Obras antiguas de mitología, poesía y drama fueron víctimas de esa actitud, y conocemos los nombres de cientos de libros antiguos que se han perdido de esta manera. Los bizantinos vieron la utilidad de reproducir el tratado de Eneas el Táctico sobre el arte de la guerra, los discursos jurídicos de Demóstenes y la historia política de Tucídides. Para ellos era menos evidente que debían hacer el esfuerzo de copiar los dramas de Hegemón de Tasos, las genealogías de Hecateo de Mileto o la poesía erótica de Safo de Lesbos.[18]

Más al este había también herederos de la cultura grecorromana. Por culpa de la versión dominante de la historia que se enseña en Occidente, muchos piensan que el subcontinente indio no formaba parte del mundo griego, pero se equivocan. Las conquistas de Alejandro Magno lo llevaron en 327 a. C. hasta el valle del Punyab, en lo que hoy es el norte de la India. Cuando se marchó de allí, algunos soldados macedonios decidieron quedarse y se establecieron en Bactriana (el actual Afganistán). Durante las generaciones siguientes surgieron una serie de reinos indo-griegos en un territorio que hoy abarcaría Afganistán, Pakistán y partes del norte de la India. Este lejano oriente helenístico, que formaba parte inequívoca del mundo griego antiguo, mantuvo contactos regulares con el Mediterráneo e influyó especialmente en el desarrollo de la filosofía griega.[19]

En cuanto al subcontinente indio, los arqueólogos han encontrado miles de monedas y ánforas romanas en el suroeste de la India y en Ceilán, los restos de una transitada ruta comercial entre el Mediterráneo y el océano Índico.[20] Esta ruta comercial se describe vívidamente en un texto romano conocido como el *Periplo del mar Eritreo*, el cual está repleto de interesantes conocimientos geográficos y en ocasiones de sorprendentes detalles. Al parecer, según el autor, los ciudadanos ricos de Barígaza (Bharuch, en el actual Guyarat) eran especialmente aficionados a los vinos italianos, y Muziris (en la costa malabar) era el mejor lugar para comprar perlas.[21]

El subcontinente indio, y Bactriana en particular, conservó algunos elementos de su herencia griega. El arte de Gandhara de los siglos I a V se inspira en las tradiciones escultóricas griega y centroasiática, y a menudo describe episodios de la mitología griega. Una talla en relieve especialmente famosa, procedente de la provincia de Peshawar, que ahora puede contemplarse en el Museo Británico, representa al caballo de madera mientras avanza hacia las puertas de Troya y a la profetisa Casandra llorando de dolor por el destino de su ciudad.[22] El legado griego se dejó sentir no solo en las artes visuales, sino también en el lenguaje y la administración. El griego se siguió usando como una de las lenguas oficiales del Imperio kušán, cuyos reyes también acuñaron monedas de estilo helénico y adaptaron el alfabeto griego hasta el siglo V.[23] La lengua bactriana, que empleaba el alfabeto griego, se siguió usando hasta el siglo VIII.[24] Los equivalentes medievales del mítico Heracles son el mejor ejemplo del legado helenístico en el sur y el este de Asia. En el sur de Asia, Heracles se asimiló a Vachrapani, uno de los más fieles servidores de Buda.[25] Pero Heracles viajó incluso hasta China, donde se han encontrado figurillas y pinturas funerarias —correspondientes a la dinastía Tang (siglos VII-X)— de un personaje extrañamente parecido a Heracles, el cual lleva una melena de león y porta un garrote.[26]

El África subsahariana es otra zona que no se suele relacionar con el legado griego, y, sin embargo, la cultura clásica también dejó allí su huella. Como en el sur de Asia, se han encontrado más elementos culturales griegos que romanos, pero, a diferencia de Asia, esos elementos culturales helénicos solían estar relacionados con el cristianismo. Por ejemplo, los monjes del monasterio de Abba Garima, en Etiopía, cuando tradujeron los Evangelios del griego a la lengua ge'ez entre los siglos VI y VII, decoraron sus manuscritos iluminados al estilo bizantino, pues los evangelistas llevaban toga.[27] La lengua griega se siguió hablando hasta el siglo XIV en Sudán, donde se usaba no solo en contextos religiosos y oficiales, como la liturgia y las inscripciones de las tumbas, sino también en circunstancias cotidianas, como por ejemplo para llevar la cuenta de los cargamentos de cereales o para escribir en las paredes.[28] Y en el reino medieval de Macuria (norte de Sudán) el griego era la lengua de la administración y el comercio.

La teoría de la civilización occidental presupone que la cultura y la civilización se desplazaron con paso firme y seguro de Grecia a Roma, y de esta a la Europa occidental del medievo. Pero, si bien el oeste de Europa era uno de los herederos de la Antigüedad, no era ciertamente el único. El legado cultural grecorromano se extendió no solo hacia el norte y el oeste, sino también hacia el este y el sur, y también siguió evolucionando en las costas del Mediterráneo (incluidas las de África y Asia). Aunque ya hemos mencionado la continuidad cultural grecolatina en los reinos del oeste de Europa, en el Imperio bizantino, en el sur de Asia y en el África subsahariana, todavía hemos de analizar una parte del mundo que también es legítima heredera de la Antigüedad. Si seguimos los pasos de la erudición y la ciencia clásicas a lo largo de los siglos desde la Antigüedad, inevitablemente terminaremos vagando por las calles de la Bagdad medieval.

La Casa de la Sabiduría

Las avenidas son anchas y sombreadas, y están flanqueadas por jardines bien regados y por las mansiones de los ricos. Los edificios de mármol tienen en la cima altas cúpulas y elegantes arcos, sus paredes están suntuosamente decoradas con motivos dorados y de las ventanas cuelgan sedas y brocados de todos los colores. A ambos lados del río, unas escaleras de mármol conducen a los amplios muelles, donde hay multitud de pequeñas góndolas y juncos chinos, embarcaciones de transporte de pasajeros y pesadas barcazas mercantes. Las mercancías de esas gabarras abastecen a las tiendas y bazares de la ciudad, cuyo aire está cargado del aroma de las especias y los perfumes, pero también del olor de la comida tirada al suelo, de los animales de carga, y de los cientos de miles de personas que comen, beben, compran, conversan y realizan sus tareas cotidianas. Fundada en 726 d. C. con el nombre de «Ciudad de la Paz» (Madínat al-Salám), a mediados del siglo IX Bagdad era la ciudad más grande del mundo, con una población aproximada de más de un millón de habitantes.[29] Concebido originalmente sobre una planta circular, el centro urbano estaba formado por círculos concéntricos dispuestos alrededor del corazón palpitante de la ciudad: el palacio del califa, con su alta cúpula verde que simbolizaba la autoridad celeste y terrenal. Pronto surgieron extramuros de la población barrios lujosos, zonas industriales y suburbios marginales, por lo que en el siglo IX Bagdad era ya una metrópoli que se extendía a ambos lados del Tigris.

Bagdad estaba, al fin y al cabo, en el centro del mundo islámico medieval, que se extendía desde Al-Ándalus en el oeste, que ocupaba la mayor parte de lo que hoy es España y Portugal, hasta la ciudad de Kasgar en el este, ubicada en lo que hoy es la región china de Sinkiang; por el sur llegaba hasta Tombuctú y el Imperio de Mali, en el oeste de África, famoso por la riqueza y el refinamiento de su rey, Mansa Musa.[30] Pero el más poderoso de todos esos estados islámicos fue el Califato abasí.[31] En la cima de su poderío, los abasíes controlaban un imperio que abarcaba desde Sicilia hasta Samarcanda y dominaba las rutas comerciales que pasaban por el Mediterráneo, el mar Rojo y el océano Índico.[32] Bagdad era su capital, un centro político y cultural que atraía como un imán a personas y mercancías procedentes de tres continentes. Cuando el joven al-Kindī llegó a la ciudad, siendo todavía un niño que deseaba completar su educación a principios del siglo IX d. C., la urbe debió de parecerle apabullante.[33]

Pero Abū Iūsuf Iaqūb ibn Išāq al-Kindī probablemente no era fácil de impresionar, ni siquiera cuando era un niño. Todas sus biografías mencionan su esclarecido linaje, no solo porque procedía de los Kinda —una poderosa tribu de Arabia central—, sino también porque procedía de una familia noble en el seno de esa tribu. Se ha llegado a decir que era descendiente directo del legendario al-Ash'ath ibn Qais, antiguo rey de los Kinda y amigo personal del Profeta.[34] Había nacido, por tanto, en los estamentos más altos de la sociedad árabe. Gozó de categoría y riqueza durante su infancia, que pasó primero en la ciudad-acuartelamiento de Basora y luego en la ciudad provincial de Kufa, donde su padre era el emir de la región. La llegada a Bagdad debió de ser, por tanto, bastante traumática. En Kufa, al-Kindī era el hijo del respetado gobernador de la ciudad, un niño mimado y un pez muy grande en un estanque relativamente pequeño. Pero en la capital del imperio no sería sino uno más de los muchos jóvenes estudiantes que aspiraban a ocupar un puesto en la institución más sagrada e importante de Bagdad: la Bait al-Hikma o Casa de la Sabiduría.

La Casa de la Sabiduría era una gran biblioteca fundada por el califa al-Mamūn a principios del siglo IX con el objetivo explícito de reunir todo el conocimiento del mundo bajo un mismo techo, donde lo estudiaría un equipo internacional formado por los sabios, traductores y científicos más destacados del imperio.[35] Entre los eruditos asociados con la Casa había hombres como al-Kindī, procedente de la península arábiga, pero también árabes iraquíes como los hermanos Banu Musa, tres ambiciosos matemáticos e ingenieros cuya rivalidad profesional con al-Kindī estuvo a punto de acabar muy mal. Se codeaban con persas como Albumasar, que cambió la teología por la astrología; así como con sabios procedentes del centro y el sur de Asia, como el médico afgano Abu Said al-Baljī, quien descubrió una forma completamente nueva de abordar la cartografía. Y africanos orientales, como el talentoso polímata al-Yahīs. Junto a estos eruditos musulmanes trabajaban cristianos como Hunain ibn Isĥāq, un nestoriano gracias al cual han llegado hasta nosotros numerosos textos antiguos; y judíos como el astrónomo Sind ibn Ali, nacido en una familia hebrea en el actual Pakistán.

La Casa de la Sabiduría no era solo frecuentada por diversos eruditos cosmopolitas, sino que también albergaba textos y tradiciones metodológicas de todo el mundo conocido y del mundo antiguo. Allí se podían leer las obras matemáticas de Euclides en griego, los tratados médicos de Súsruta en sánscrito y los textos astronómicos persas de Brahmagupta, así como los debates arqueológicos sobre las pirámides de Guiza; todos ellos escritos en papel, la última revolución en tecnología de la información importada de China. La idea que tenía al-Mamūn de la adquisición de conocimientos era verdaderamente global; se cuenta que, cuando derrotaba a otros reyes en el campo de batalla, a menudo no pedía oro, esclavos o tesoros como tributo, sino libros de sus bibliotecas reales.

Aquel apasionante entorno intelectual, que promovía la investigación y la creatividad, propició numerosos progresos y descubrimientos de gran importancia.[36] La geometría pitagórica y euclidiana se combinó con el concepto indio de «cero», la numeración decimal y el sistema de valor posicional, de donde surgieron grandes adelantos en matemáticas, incluida la invención del álgebra. Los avances en física abarcaron desde la cabal comprensión de la óptica, incluidos el comportamiento de la luz y el funcionamiento de las lentes, hasta la mecánica del movimiento, incluido el cálculo de la velocidad y la aceleración. Todo ello contribuyó a los descubrimientos astronómicos; incluso hoy seguimos usando nombres árabes para las estrellas de la Osa Mayor: Dubhe, Alioth, Megrez, Mizar y Alkaid. En medicina, las hipótesis de las tradiciones hipocrática y védica se combinaron con un nuevo interés por la química y la experimentación farmacológica. Desde la psiquiatría hasta la flora bacteriana, desde la ginecología hasta la cirugía oftálmica, se redactaron nuevos tratados enciclopédicos en los que se catalogaban las dolencias y se proponían tratamientos. Para las ciencias teóricas y naturales se trató ciertamente de una edad de oro.

La Casa de la Sabiduría se asocia especialmente con el «movimiento de traducción», un movimiento gracias al cual los textos científicos y filosóficos escritos en griego antiguo (y en menor medida en siríaco) se recopilaban en Bagdad y se traducían al árabe.[37] De hecho, a estos copistas y traductores árabes debemos la conservación de numerosos textos griegos que han llegado hasta nosotros, sobre todo obras científicas como las de Aristóteles, escritos filosóficos como los de Platón y textos médicos como los que se atribuyen a Galeno. En una época en que el griego clásico se había perdido casi por completo en el oeste de Europa, y, cuando los devotos cristianos bizantinos veían con recelo las obras científicas y filosóficas, fue en la bulliciosa Bagdad, la capital del Califato abasí islámico, donde se mantuvieron vivos los conocimientos de la Grecia antigua. Mientras que muchos relatos tradicionales presentan la civilización occidental como una antorcha que fue pasando de la Antigüedad grecorromana al mundo medieval, a menudo se olvida la importancia del mundo islámico como portador de esa antorcha.

Fue un trabajo al que al-Kindī se entregó con ahínco. Tras su llegada a Bagdad, estudió y trabajó con denuedo para hacerse un nombre entre los eruditos. Debió de destacar en los estudios, pues, cuando tenía unos treinta años, ya formaba parte del círculo intelectual del califa. De hecho, dedicó su primer tratado filosófico —*Una carta sobre las causas y los efectos*— a al-Mamūn antes de la muerte del califa bibliófilo, que acaeció en 833 d. C. Al-Kindī siguió prosperando con el nuevo califa, el belicoso al-Mutásim, y fue en esa época dorada, entre 833 y 842 d. C., cuando su prestigio en la corte alcanzó su apogeo. Sabemos incluso que fue tutor de un hijo del califa, Ahmad, un cargo de confianza y de gran honor. Durante esa década al-Kindī escribió algunas de sus obras más conocidas e importantes, muchas de las cuales dedicó personalmente al califa.

El volumen de su producción a partir de ese momento fue prodigioso.[38] A diferencia de otros miembros de su círculo inmediato, al-Kindī no se involucró directamente en el proceso de traducción de textos griegos al árabe. Dejó esa labor a lingüistas especializados, como su contemporáneo Hunain. Dedicó su energía al análisis y la crítica, basándose en los fundamentos filosóficos establecidos por los pensadores griegos. Su función era, según él, «explicar cabalmente todo lo que los antiguos dijeron al respecto, utilizando los métodos más directos y los procedimientos más sencillos para quienes se ocupan de estas cuestiones, y completar lo que no abordaron de manera exhaustiva».[39] Al parecer, la obsesión de al-Kindī con los textos griegos hizo que se convirtiese en objeto de burla. Un biógrafo afirmaba que los bromistas callejeros se reían a veces de él inventando absurdos aforismos pseudofilosóficos de supuesto origen griego.[40]

No todo lo que escribió al-Kindī formaba parte de esta tradición intelectual. Entre sus casi trescientas obras conocidas había opúsculos sobre perfumes y tratados sobre las mareas, folletos sobre las lentes y guías de geología. Una de sus obras abordaba incluso la cuestión fundamental de cómo quitar las manchas de la ropa sucia. Fuera de los círculos intelectuales, también era conocido como médico, y una anécdota describe cómo curó al hijo de un rico comerciante bagdadí, a pesar de que este lo había difamado en público.[41] Pero, aunque fue médico, naturalista y físico experimental, al-Kindī será siempre más conocido por sus obras teológicas y filosóficas. En ellas reflexionó sobre el funcionamiento del universo, la naturaleza de la divinidad y el lugar que ocupa la humanidad en el orden cósmico.

No sabemos prácticamente nada de la vida personal de al-Kindī ni de sus relaciones. No se le conocen amigos, amantes o aventuras románticas. Una historia apócrifa sugiere que tuvo un hijo (y, por tanto, una esposa), cuando refiere que previno a su hijo contra la música, diciéndole: «Escuchar música es una enfermedad funesta, pues un hombre la oye y se regocija, gasta el dinero y hace locuras, de modo que se empobrece, se aflige y enferma, y después muere».[42] Pero, como este es el único texto en el que se habla de que al-Kindī tenía una familia, deberíamos tomarnos la anécdota con cierta reserva. De hecho, si echamos un vistazo a la bibliografía existente, las únicas personas significativas en la vida de al-Kindī parecen haber sido sus alumnos y sus colegas científicos, entre los que se encontraban algunas de las mentes más brillantes de la época, como el astrólogo Albumasar, el ingeniero Sind ibn Ali y el cartógrafo al-Baljī.[43]

Aunque evidentemente lo respetaban, a ninguno de los colegas de al-Kindī parecía caerle demasiado bien. Uno de ellos, el lexicógrafo al-Latif, lo describió como un šaiĥ que gozaba del favor del califa, pero que estaba bastante pagado de sí mismo y era muy maleducado con quienes lo rodeaban.[44] Su colega al-Yāhis dedicó incluso un extenso apartado a al-Kindī en su *Libro de los avaros*.[45] Al parecer, cuando uno de sus inquilinos le dijo que esperaba a unos invitados, al-Kindī le subió de inmediato el alquiler, defendiendo su postura en una larga carta pseudofilosófica en la que explicaba (con todo lujo de detalles, como por ejemplo el consumo de agua y su eliminación, etc.) las razones de ese aumento. Tras leer la versión de la carta que nos ha llegado gracias a al-Yāhis, no estoy segura de qué fue más enojoso para el inquilino, si la subida del alquiler o las razones que alegaba el casero.[46] Al parecer, al-Kindī habría sido feliz si lo hubieran dejado a solas con su erudición, su filosofía y sus libros.

Por desgracia, en la Bagdad medieval no había ningún refugio para el recluso libresco. La erudición abasí era despiadadamente competitiva. Los estudiosos rivales competían por presentar las teorías más innovadoras, por desarrollar las interpretaciones más avanzadas y por descubrir o traducir los textos más apasionantes.[47] Al fin y al cabo, lo que estaba en juego era mucho más que el prestigio intelectual; el estatus social, la relación con el califa e incluso la estabilidad económica dependían de la producción académica en aquella sociedad tan obsesionada con la búsqueda del conocimiento. Al-Kindī, cuyo éxito era notable, estaba destinado a atraer el resentimiento de sus rivales.

Las crónicas narran un episodio especialmente dramático que ocurrió durante el reinado del califa al-Mutawákkil.[48] Al-Kindī y su brillante círculo fueron el blanco de otra facción de eruditos liderada por los hermanos Banu Musa, empeñados en conseguir el favor de la corte por las buenas o por las malas. Al parecer, los Banu Musa conspiraron contra varios miembros del grupo de al-Kindī, consiguiendo que les prohibiesen visitar la corte. Aislados al-Kindī y su facción, y habiendo perdido el patrocinio y los encargos del califa, los Banu Musa iniciaron una campaña de difamación y convencieron al devoto al-Mutawákkil de que mandase flagelar a al-Kindī por sus herejías. Los hermanos también confiscaron el mayor tesoro de al-Kindī —su biblioteca personal—, llevándose todos sus libros y depositándolos en un almacén especial al que socarronamente llamaron «Kindía». Para al-Kindī, la pérdida de su biblioteca debió de tener un efecto demoledor.

Por suerte para él, el triunfo de los Banu Musa duró poco tiempo. Los hermanos se habían asegurado el favor de al-Mutawákkil prometiéndole construir un gran canal en su nombre, pero sus cálculos —y los de sus colaboradores— eran erróneos. Cuando se dieron cuenta del error, la boquera del canal era más profunda de lo que debiera, y el agua había dejado de fluir. Al-Mutawákkil se encolerizó. Bajo amenaza de una muerte (muy) dolorosa, los hermanos Banu Musa se rebajaron a pedir ayuda a Sind ibn Ali, un socio de al-Kindī al que también habían excluido. Además de ser un experto ingeniero, Sind también debía de ser un hombre muy íntegro, pues se negó a ayudar a los hermanos Banu Musa a menos que devolviesen la biblioteca de al-Kindī.

Sin embargo, los rivales intelectuales eran solo la punta del iceberg. Un peligro mucho mayor se avecinaba desde un punto completamente distinto. Los religiosos conservadores desaprobaban sus ideas poco convencionales, en especial su fusión radical de teología y filosofía. Los demagogos lo criticaban por no ser un buen musulmán, y los cotillas callejeros iban contando que hacía cosas raras en casa. Incluso la enemistad con los hermanos Banu Musa, aunque se basara en una rivalidad profesional, se ocultaba tras la retórica de la indignación religiosa. Pero la verdad sobre las ideas de al-Kindī era incluso más extraña de lo que imaginaban los murmuradores.

Aristóteles y Alá

El problema no era que al-Kindī estudiase los textos de autores griegos clásicos. Al fin y al cabo, en la Bagdad del siglo IX no faltaban eruditos dedicados a ese trabajo. El conocido científico y satírico al-Yāhis se deshacía en elogios a los textos griegos: «Nuestra sabiduría habría sido mucho menor, y los medios para adquirir conocimientos se habrían debilitado, si los antiguos [los griegos] no hubieran conservado su maravillosa sabiduría».[49] Se dice que incluso el califa al-Mamūn soñó con Aristóteles.[50] Por el contrario, los comentarios de al-Kindī en su tratado más famoso e importante, *Sobre la Filosofía Primera*, parecen un poco blandos: «No debemos avergonzarnos de admirar la verdad o de aprenderla, venga de donde venga. Incluso si viene de naciones muy distantes y de pueblos extranjeros, para quien estudia la verdad no hay nada más importante que la verdad».[51]

A nosotros esta afirmación podría parecernos poco interesante, mas para muchos bagdadíes del siglo IX era escandalosamente radical. Pero al-Kindī iría aún más allá, argumentando no solo que los intelectuales islámicos podían adoptar provechosamente las ideas de los antiguos pensadores griegos, sino también que las tradiciones intelectuales griega e islámica formaban parte en esencia de una sola tradición. Para él no bastaba con estudiar la filosofía y la ciencia helénicas, seleccionando los conocimientos útiles y cultivándolos para poder injertarlos en las diversas ramas de la erudición islámica. Al-Kindī quería demostrar que no había ninguna diferencia real entre el pensamiento griego y el islámico, y que la filosofía griega era en realidad lo mismo que la teología islámica. Esta afirmación contradice el relato de la civilización occidental, la cual da por sentado que la Europa cristiana, y no el Oriente Medio islámico, es la heredera legítima de la Antigüedad griega.

Aunque la continuación de las tradiciones y la influencia helénica se aceptaban mayoritariamente en la Bagdad del siglo IX, la afirmación de que la cultura griega y la cultura islámica eran básicamente la misma levantó algunas ampollas, y al-Kindī dedicó un capítulo entero de *Sobre la Filosofía Primera* a analizar esta cuestión. El verdadero conocimiento, sostenía, no tenía límites culturales, lingüísticos, étnicos o religiosos. Si queremos comprender la verdad cósmica del universo, afirmaba, la única forma de conseguirlo era desarrollando el conocimiento acumulado durante siglos de aprendizaje. Argumentaba que «solo ha sido posible acumular este conocimiento a lo largo de épocas pasadas, siglo tras siglo hasta nuestros días».[52] Este conocimiento, por tanto, no podía pertenecer solo a los griegos o solo a los musulmanes: era un legado que pertenecía a toda la humanidad.

El resto de *Sobre la Filosofía Primera* lleva esta teoría a la práctica. Al-Kindī recurre a los argumentos de los pensadores neoplatónicos contra la eternidad del mundo y utiliza las clasificaciones científicas de Aristóteles para examinar la naturaleza del ser entre la multiplicidad y la unidad, antes de llegar a la conclusión (en consonancia con la doctrina islámica dominante en aquella época) de que la esencia de Dios es la unidad o unicidad. La visión filosófica de al-Kindī combinaba, por tanto, la ciencia aristotélica, la filosofía neoplatónica y la teología islámica de una manera al mismo tiempo radical y tradicional.[53] Aunque se mostró radical en su conclusión de que no había ninguna línea divisoria entre el pensamiento griego y el islámico, al-Kindī utilizó un método completamente tradicional para demostrarlo. Su forma de interpretar, glosar y desarrollar las ideas de las obras griegas seguía las arraigadas tradiciones de los comentarios de textos. A este respecto, su método filosófico era similar a los que utilizaron muchas generaciones de filósofos griegos. Del mismo modo que Plotino hizo observaciones sobre Aristóteles, Porfirio las hizo sobre Plotino; y de igual modo que Porfirio había hecho observaciones sobre Plotino, al-Kindī las hacía ahora sobre Porfirio. Al-Kindī no se limitó a defender la continuidad entre el mundo griego y el islámico, sino que la desarrolló por medio de su propia práctica filosófica.

Como es lógico, aquella filosofía tan intelectual no convencía a todo el mundo, por lo que al-Kindī optó por otra estrategia para reivindicar el legado cultural de la antigua Grecia. Tal vez con el fin de persuadir a las clases más populares, inventó una genealogía mítica en la que el epónimo antepasado de los helenos pasó a llamarse Iunan (equivalente al término griego «jonio»). Dijo que Iunan era hermano de Qahtán, el legendario antepasado de los árabes.[54] Iunan, cuenta la historia, se separó de su hermano tras una riña familiar y, llevándose consigo a sus hijos, a sus partidarios y a todo aquel que quisiera seguirlo, abandonó su hogar en Yemen. Primero se dirigió al Magreb y estableció allí un asentamiento, a partir del cual sus descendientes se multiplicaron y se dispersaron. En ese momento, se nos dice con amargura, perdieron la pureza de su lengua. Las campañas de Alejandro de Macedonia en los confines de Arabia, varias generaciones después, son descritas como una especie de vuelta a casa, como el regreso a la patria de una rama errante de la familia. Por consiguiente, la cultura y la filosofía griegas no eran en modo alguno ajenas a los árabes, sino todo lo contrario. Eran su patrimonio histórico.

El texto original de la asombrosa genealogía de al-Kindī se ha perdido, pero contamos con el resumen que hizo un siglo después el historiador al-Masūdī en su libro *Las praderas de oro*. Al-Masūdī presenta la genealogía de Iunan tras una serie de contradicciones en que incurre al-Kindī, dando a entender que es el relato más razonable sobre el origen de los griegos al atribuirlo «a un erudito muy versado en la Antigüedad». Lo compara con una historia del linaje griego que considera a todas luces falsa, a saber, que están emparentados genealógicamente con los bizantinos.

Aunque acepta a regañadientes que los bizantinos ocuparon las mismas tierras que los antiguos griegos y que compartieron algunas estructuras políticas, al-Masūdī hace todo lo posible por destacar las diferencias en cuanto a principios, filosofía y lengua. Al-Masūdī escribe que «los bizantinos no son sino imitadores de los griegos, pues nunca los igualarán en elocuencia ni en facultad discursiva». Esa idea de los bizantinos como usurpadores del legado griego era al parecer muy común entre los contemporáneos de al-Kindī. Al-Yāhis, por ejemplo, presenta orgulloso una lista de autores griegos antiguos, subrayando que no eran ni bizantinos ni cristianos, y afirmando enérgicamente que «la cultura de los griegos era diferente de la de los bizantinos».[55] Llega a decir que los bizantinos «se apropiaron de los libros de los helenos gracias a la proximidad geográfica». Hacia finales del siglo IX empezó a circular un nuevo texto que explicaba la transmisión del conocimiento médico a través de una genealogía, pero no de descendientes biológicos, sino de profesores y alumnos. Por medio de esta genealogía intelectual se afirma que la ciencia médica viajó de Alejandría a Bagdad y fue rechazada por los bizantinos cristianos, que recelaban de todo lo que fuese ciencia y filosofía.[56]

Hay claras connotaciones políticas en textos de este tipo, que niegan el legado griego de Bizancio y reivindican en cambio para el mundo islámico la antigua cultura helénica. A mediados del siglo IX, en vida de al-Kindī, el Califato abasí y el Imperio bizantino se disputaban los territorios de Anatolia y Sicilia. En ambas zonas el legado griego seguía siendo (y lo es todavía en la actualidad) una parte visible y tangible de su historia. En ese ambiente, la idea de que la cultura helénica perduraba en la erudición árabe estaba muy extendida. En ese contexto, el filohelenismo abasí era también una forma de antibizantinismo.[57]

Pero, aparte de sus implicaciones políticas, las reivindicaciones de al-Kindī y sus contemporáneos influyen considerablemente en nuestra forma de imaginar las líneas de la genealogía cultural. Para ellos, en contraste con el gran relato de la civilización occidental, que afirma la unidad cultural grecorromana, los mundos griego y romano eran distintos. Y, para ellos, contrariamente al relato moderno de la civilización occidental, que reivindica para la Europa cristiana ese conglomerado cultural grecolatino, el verdadero sucesor de la Grecia clásica era el oeste de Asia. Esto se refleja, por ejemplo, en las tradiciones literarias en torno a Alejandro de Macedonia en árabe, siríaco, persa e incluso malayo,[58] pero es también más que evidente en las reivindicaciones de linaje cultural que defendían al-Kindī y sus compañeros. Si los conocimientos y la cultura griegos son una antorcha, entonces para al-Kindī se trataba de una antorcha que no viajaba hacia occidente, sino hacia oriente.

El principio de que la erudición traspasa las fronteras étnicas y políticas es algo que damos por sentado hoy en día, en las modernas universidades donde equipos internacionales de investigadores colaboran estrechamente en las cuestiones candentes del momento, a menudo a miles de kilómetros de distancia y en diferentes países, gracias a la revolución de las comunicaciones que se ha producido durante los últimos años. (Dicho sea de paso, es también por desgracia una idea que se ha visto amenazada recientemente por el auge de los nacionalismos políticos.) Pero esta idea era nueva, incluso radical, en tiempos de al-Kindī, quien dedicó una parte de su libro *Sobre la Filosofía Primera* a rebatir enérgicamente a sus críticos. Su tono en esa parte del libro rezuma amargura y animadversión, lo que indica que, si bien por lo general intentaba evitar los enfrentamientos públicos y procuraba no morder el anzuelo cuando lo acusaban públicamente, los ataques debieron de hacerle mucho daño.

> [Debemos] estar en guardia contra las perniciosas interpretaciones de los muchos que se han granjeado un nombre a base de especulaciones, personas que están muy alejadas de la verdad aunque se coronen con sus laureles. [...] Una malsana envidia mora en sus almas depravadas, la cual nubla su pensamiento con oscuros velos y les impide ver la luz de la verdad. Han sacrificado a quienes poseen las virtudes humanas, de las que ellos carecen por completo [...]. Defienden los puestos fraudulentos en los que se han instalado para conseguir la supremacía y traficar con la religión, aunque ellos mismos no tengan religión alguna.[59]

Hay pocas dudas sobre a quién se refiere al-Kindī en ese capítulo: a los teólogos conservadores que le hicieron la vida imposible y le causaron problemas en la calle y en la corte imperial. Pero, pese a denostarlos por escrito, cuando trataba con ellos en persona al-Kindī se esforzaba en refutar sus acusaciones de manera civilizada. Cuando un conocido teólogo empezó a acusar a al-Kindī, azuzando a la población general contra él, al-Kindī pareció recular públicamente.[60] Luego, de puertas adentro, intentó despertar el interés del teólogo y de sus amigos por las matemáticas. El teólogo, a medida que iba ampliando gradualmente sus horizontes intelectuales, empezó a pedirle libros a al-Kindī e incluso a mantener conversaciones trascendentales con él. Al final el teólogo cesó en sus ataques públicos y se convirtió en un conocido astrólogo que fue flagelado en una ocasión a causa de una correcta (aunque sombría) predicción. Se llamaba Albumasar y entró a formar parte del círculo intelectual de al-Kindī.

Fue Albumasar quien permaneció con al-Kindī hasta el final y quien anotó los detalles de su muerte, producida por una acumulación de mucosidad en una rodilla. Al parecer, al-Kindī intentó remediar su dolencia bebiendo vino añejo (un buen remedio para muchas cosas, pero probablemente poco eficaz para los problemas de rodilla) y luego tomando «zumo de miel» (el cual parece también muy apetitoso, pero no tan efectivo como esperaba al-Kindī). Pero nada de eso funcionó, y Albumasar nos cuenta que la infección y el dolor se extendieron finalmente hasta el cerebro del polímata, causándole la muerte.[61]

La muerte de al-Kindī no fue solo un final; fue también el comienzo de un legado que se extiende a lo largo de los siglos. En los años posteriores a su muerte, sus alumnos al-Baljī y al-Sarajsī fundaron una escuela en Bagdad que conservó su prestigio durante otros dos siglos. Más adelante, los escritos de al-Kindī también sentaron las bases sobre las que se formarían los futuros eruditos islámicos. Aunque los nombres de algunos de estos pensadores —entre los que se encuentran al-Fārābī, Avicena y Averroes— sean más conocidos, su obra fue posible gracias a los esfuerzos de al-Kindī y su círculo de eruditos. Fue ese círculo el que recopiló y tradujo cientos de textos griegos, preservándolos para la posteridad. Fue al-Kindī en particular quien estableció el lenguaje de la filosofía árabe y diseñó la estructura de la ciencia medieval. Y fue al-Kindī quien defendió personalmente la idea de la filosofía como una labor intercultural: una herencia que no iba pasando a través de los linajes nobles o en bloques civilizadores, sino que era compartida por todos.

La vida y obra de al-Kindī demuestran que el grandilocuente relato de la civilización occidental es falso. El medievo no fue una edad oscura en la que la antorcha de la Antigüedad grecorromana, aunque ardiese con poca intensidad, fue cuidadosamente conservada en Europa para que las generaciones futuras pudieran reavivar su fuego. Por el contrario, fue una época en que el pasado griego y el romano se consideraban separados y distintos, con personas diferentes que reivindicaban diferentes legados. En el centro y el oeste de Europa, zonas que ahora asociamos estrechamente con Occidente y que el relato de la civilización occidental considera como las principales herederas de la cultura clásica, la idea de la continuidad con la Roma antigua perduró largamente (analizaremos esta cuestión con más detenimiento en el capítulo 4), pero no había demasiado interés por el pasado griego. En los territorios del Imperio bizantino, por el contrario, se reivindicó explícitamente el legado político, cultural y genealógico de Roma, aunque se conservó la adhesión intelectual a la Antigüedad griega. Pero en el mundo islámico, que a menudo se omite en los relatos estereotipados de la civilización occidental, la gente reivindicaba para sí el legado de la Grecia clásica, no solo sobre la base de la tradición intelectual y la continuidad cultural, sino también apoyándose en las genealogías mitológicas. Si tuviésemos que dibujar un árbol familiar que comenzase con Grecia y Roma, entonces, durante el período medieval, el mundo islámico sería una de las ramas más sanas y robustas.

CAPÍTULO 4

Otra vez los europeos asiáticos

Godofredo de Viterbo

> Sin duda la nobleza de los reyes y emperadores romanos y teutones tiene el mismo origen: el rey de los troyanos.
>
> GODOFREDO de VITERBO (1183 d. C.)[1]

Godofredo está furioso. Lleva varios días encerrado en su habitación, y el orinal empieza a apestar. Lo levanta despacito, manteniéndolo lejos de la cara, y camina con cuidado hasta la ventana, temiendo que se derrame el pestilente líquido. Mientras lo vacía, mira un momento el paisaje. La suave pendiente que desciende hacia el río está llena de viñedos con las vides rebosantes de uvas. A lo lejos ve campos, pastos y los tejados de la pequeña ciudad de Casale Monferrato. Reconoce, suspirando, que el Piamonte es muy hermoso. Dejando el orinal bajo la ventana, Godofredo se seca los dedos distraídamente con la capa de lana oscura y vuelve a su mesa. Se siente un poco mejor. Tiene ante sí un rollo en blanco de pergamino. Una de las pocas cosas buenas de estar prisionero, piensa, es que por fin tiene tiempo para escribir.

Aunque esta escena es producto de mi imaginación, sabemos que Godofredo dedicó tiempo a escribir durante su encarcelamiento y que redactó una crónica de la historia del mundo de la que dejó fuera la Antigüedad griega y ensalzó un eje de poder y sucesión que se originó en Anatolia, se desarrolló en Roma y maduró con las dinastías germánicas del centro de Europa. A lo largo de los años, Godofredo escribía mientras cabalgaba, mientras se refugiaba bajo los árboles en la cuneta e incluso cuando se escondía en los rincones más silenciosos de los castillos asediados. Pasó buena parte de su vida en los caminos, entregando cartas, publicando decretos y enviando mensajes cifrados para su señor, el emperador del Sacro Imperio Romano Germánico Federico I, de la famosa (o infame) dinastía Hohenstaufen, apodado «Barbarroja».[2] Incluso cuando no estaba viajando, sus obligaciones siempre lo mantenían ocupado. Como miembro de la Administración imperial, pasaba los días redactando y copiando documentos en la cancillería, y, como clérigo, debía participar a diario en diversos servicios religiosos. Su trabajo, si hemos de creer sus quejas, era muy exigente y lo mantenía «en la constante inquietud y confusión, en condiciones de guerra o similares, en el bullicio de una corte tan grande».[3]

Es una suerte para nosotros que Godofredo —sacerdote, diplomático y cronista— estuviese siempre tan ocupado. Sus escritos reflejan todas sus variopintas y apasionantes experiencias. Su extenso relato de la historia mundial comenzó ambiciosamente con los orígenes de la humanidad y terminó en su época, a finales del siglo XII, pero su crónica era concisa y sucinta, marcada por la agitación política de su tiempo. Esto hace que la historia de Godofredo resulte especialmente interesante. Escribió nada menos que tres versiones a lo largo de cuatro años, revisándolas y modificándolas a medida que cambiaba la situación política. La primera versión —*Speculum Regum*— la completó en 1183 y se la dedicó a Enrique, hijo de Barbarroja. Dos años después, en 1185, Godofredo modificó el texto y le puso el título de *Memoria saeculorum*, aunque conservó la dedicatoria a los Hohenstaufen. Más tarde revisó su historia por última vez, en 1187, titulándola *Pantheon* y dedicándosela no a sus antiguos señores, sino al archienemigo de estos, el papa. Sobra decir que Godofredo alteró el contenido de la crónica para que agradase a sus nuevos lectores, reescribiendo literalmente la historia entre una versión y otra.

Un elemento constante en las versiones de la crónica de Godofredo es su visión de la forma de la historia, que difiere considerablemente de la genealogía que hoy se nos presenta como civilización occidental. En el relato de Godofredo, después de la oscuridad característica del amanecer de la humanidad, vemos tres fases secuenciales de monarquía humana sancionada por Dios, en las que cada imperio hereda fácil y directamente de su predecesor el manto del gobierno temporal. Esta idea del poder terrenal que se transmite de un gobierno imperial al siguiente —conocida como *translatio imperii*— estaba muy en boga entre los cronistas medievales europeos. Para Godofredo, el primero en su secuencia era el *imperium* de los troyanos; el segundo era el *imperium* de los descendientes y legítimos herederos de Troya, los romanos; el tercero era el *imperium* de los descendientes y legítimos herederos de Roma, los teutones. Para Godofredo, la historia propiamente dicha comenzaba en Troya, a orillas del Helesponto, y culminaba en la dinastía de los Hohenstaufen —la familia de Barbarroja—, en las riberas del Rin.

Por el contrario, el relato moderno de la civilización occidental describe un legado cultural diferente. En él vemos un período medieval (la época en que vivió y escribió Godofredo) que está vinculado en el tiempo con nuestro Occidente moderno a través del Renacimiento y la Ilustración. Pero también lo vemos vinculado en el tiempo con el mundo clásico, que deriva de una fusión cultural de Grecia y Roma. Pero Godofredo y sus contemporáneos no veían, como nosotros, a los griegos y a los romanos como una sola civilización. Tampoco se veían a sí mismos como los custodios de una herencia clásica compartida que conservaba la cultura y el conocimiento grecorromanos para las generaciones futuras. Antes bien, pensaban que los mundos griego y romano eran fundamentalmente distintos, independientes e incluso opuestos. Pues, aunque consideraban el pasado romano como parte central de su patrimonio, ellos eran completamente diferentes de los eruditos que acudían a la Casa de la Sabiduría en la Bagdad de los siglos IX y X, en el sentido de que la Antigüedad helénica les interesaba más bien poco.

Imperator Romanorum

Voltaire bromeaba diciendo que el Sacro Imperio Romano Germánico no era sacro ni romano ni mucho menos imperio. Hay algo de verdad en su ocurrencia. Se trataba ciertamente de un imperio desde el punto de vista de sus objetivos y extensión.[4] Prolongándose en el tiempo desde que lo fundó Carlomagno en el año 800 d. C. hasta su disolución por parte de Francisco II en 1806, el imperio, en su momento de mayor extensión, abarcaba todos o parte de los estados modernos de Austria, Bélgica, la República Checa, Dinamarca, Francia, Alemania, Italia, Luxemburgo, los Países Bajos, Polonia, Eslovaquia y Suiza. Pero el gobierno imperial no era directo, con un emperador que decidiera la política de todos sus territorios, y a la naturaleza endeble de su poder es quizá a lo que se refería Voltaire en su famoso comentario. El Sacro Imperio era un territorio cambiante que abarcaba cientos de estados independientes y microterritorios cuyos gobernantes juraban fidelidad a un emperador que era elegido por un grupo invariable formado por siete (posteriormente nueve) de los principales príncipes y prelados del imperio. Pero en la *Königswahl* (la elección del rey) las sorpresas eran muy poco habituales. Los tres electores eclesiásticos (los arzobispos de Maguncia, Tréveris y Colonia) y los cuatro electores laicos (el rey de Bohemia y los gobernantes del Palatinado, Sajonia y Brandemburgo) solían elegir a los miembros adecuados de la dinastía reinante en ese momento. Entre las dinastías más famosas del imperio se encuentran los francos carolingios, la dinastía que fundó el propio Carlomagno; los salios, entre cuyos descendientes figuran los Plantagenet de Inglaterra, y los Habsburgo de Austria. Pero, en tiempos de Godofredo, la dinastía imperante era la de los Hohenstaufen, una temible familia de príncipes procedentes de Suabia, en lo que hoy es el sur de Alemania.

El señor de Godofredo durante la mayor parte de su vida fue Barbarroja, el más temible de todos.[5] Aguerrido soldado, aunque a veces también colérico e impetuoso, a Barbarroja lo movían su tremenda energía personal y su ambición sin límites. Gracias a su fuerza de voluntad y a su carisma, consiguió no solo reconciliar a los poderosos gobernantes alemanes con los autárquicos príncipes de Austria y el norte de Italia, sino también expandir su poder hacia al sur, instaurando el gobierno de los Hohenstaufen en Sicilia.

Si ya tenía dificultades para mantener el poder temporal, el imperio se enfrentaba a problemas aún más difíciles a la hora de imponer la autoridad espiritual. Los mayores adversarios de Barbarroja no fueron los quejumbrosos príncipes de Sajonia o los reyes normandos de Palermo, sino los papas de Roma.[6] Barbarroja se disputó la primacía con el papa Adriano IV, tuvo algunos roces con Lucio III y chocó con Urbano III a cuento de los matrimonios dinásticos. Pero su enfrentamiento más encarnizado fue con el papa Alejandro III (p. 1159-1181).

Barbarroja se negó a reconocer a Alejando como papa, y apoyó a su propio candidato, Víctor, para el cargo de sumo pontífice. Hubieron de pasar dieciocho años, durante los cuales se produjeron violentas batallas y numerosas excomuniones, para que Barbarroja aceptase por fin el papado de Alejandro.

Aunque el imperio no fuese del todo imperial ni del todo sacro, sus emperadores ciertamente lo presentaban como si fuese romano. Cuando Carlomagno fundó el imperio en 800 d. C., el papa lo coronó como *Imperator Romanorum* y se acuñaron nuevas monedas que imitaban las de la antigua Roma.[7] Aunque sus sucesores cambiaron el título por el de *Rex Romanorum*,[8] el territorio que gobernaban abarcaba también grandes zonas de lo que había sido el Imperio romano de Occidente, nuevamente reunidas tras la fragmentación de los siglos anteriores. En el siglo XII, el de Godofredo, el interés por el pasado romano aumentó considerablemente. Cada vez se copiaban y se ponían en circulación más textos latinos, y hasta Barbarroja impulsó el resurgimiento de los símbolos culturales y los códigos jurídicos romanos a lo largo y ancho de los territorios imperiales.[9] Inevitablemente, las ideas sobre la *translatio imperii* se hicieron también muy populares en aquella época, y las crónicas medievales europeas reivindicaban la continuidad entre los dos imperios romanos, el antiguo y el nuevo.[10] Solo una generación después de Godofredo, por ejemplo, Frutolf de Michelsberg hizo una lista de los emperadores romanos desde Augusto hasta su propia época, como si la línea no se hubiese interrumpido en ningún momento.[11] Godofredo confeccionó otra aún mejor en su crónica; en ella estableció la lista de los gobernantes romanos desde Eneas, el legendario fundador de la *gens* romana, hasta Barbarroja, pasando por los césares. La nueva Administración imperial daba mucha importancia a la *romanitas*, pues esta atribuía cierta legitimidad al nuevo imperio y le confería el esplendor de la majestuosa Antigüedad.

Sin embargo, la idea de que el Sacro Imperio era una continuación del antiguo *imperium* no agradaba a todo el mundo. Era un claro desaire a los bizantinos, quienes, como ya vimos en el capítulo 3, se hacían llamar *romaíoi* (y no *hellénoi*) y se consideraban los únicos herederos de la antigua Roma.[12] Y tenían bastante razón. A diferencia de los nuevos emperadores «romanos», los bizantinos podían presumir de una capital —Constantinopla— que no solo había sido la sede del antiguo

Imperio romano, sino que también seguía siendo una metrópoli dinámica y próspera. Por el contrario, el Sacro Imperio Romano carecía de capital fija, y Roma era el baluarte de los papas, que a menudo rivalizaban enconadamente con los noveles emperadores. A los bizantinos las reivindicaciones de estos advenedizos debieron de parecerles bastante absurdas.

Para agravar aún más la tensión entre los dos imperios, había además una serie de disputas religiosas entre el patriarca de Constantinopla y el papa de Roma. La fecha exacta en que debía celebrarse la Pascua, la conveniencia de usar pan ácimo en la eucaristía, la pertinencia de cantar el «aleluya» durante la Cuaresma... En fin, los desacuerdos eran muy numerosos. Sin embargo, por debajo de todas esas cuestiones religiosas, subyacía otra lucha por el poder. El papa y el patriarca reivindicaban la primacía, el primero como heredero de san Pedro y el segundo sobre la base de que el traspaso del poder temporal de Roma a Constantinopla constituía también el traspaso del poder espiritual. La relación entre ambas instituciones había sido siempre muy tensa, pero las cosas se hicieron insostenibles en el siglo XI. Cuando el papa amenazó con la excomunión de todos los feligreses de las iglesias de Italia que practicaran los ritos establecidos por Constantinopla, el patriarca respondió ordenando la clausura de todas las iglesias constantinopolitanas que practicaran los ritos establecidos por Roma. Al año siguiente, un legado pontificio se trasladó a Constantinopla para exigir el reconocimiento oficial de la prioridad de Roma, y luego excomulgó al patriarca de inmediato cuando este, como era de esperar, se negó a acatar sus órdenes. En ese momento nacieron las dos grandes iglesias de la Europa medieval: la Iglesia ortodoxa de Constantinopla y la Iglesia católica de Roma. Esta separación final de las iglesias de lengua latina y de lengua griega se conoce como el «gran cisma».[13] En tiempos de Godofredo, a finales del siglo XII, el gran cisma era ya agua pasada. De hecho, para entonces, los territorios de Bizancio y de la Iglesia ortodoxa eran «Oriente», y los territorios del Sacro Imperio Romano y de la Iglesia católica se identificaban cada vez más con «Europa».[14]

Conviene señalar que las ideas medievales sobre la ubicación de «Europa» no coinciden con nuestro concepto moderno de ese continente. Por el este, la Europa medieval no llegaba más allá de los Urales y el mar Caspio, como sucede en la actualidad. Por el norte y el oeste, la retórica de Europa prestaba poca atención a sus márgenes bálticos y atlánticos, que eran en su mayor parte cultural y geográficamente periféricos. Por el contrario, la idea de Europa en tiempos de Godofredo se parecía más al concepto germánico de *Mitteleuropa*, que abarcaba el territorio de los estados modernos de Alemania, Austria, Suiza, el norte de Italia, el este de Francia, Hungría, Eslovaquia y la República Checa.

Esta visión continental surgió en la corte carolingia del siglo IX, cuando se equipara a Europa con el reino del Sacro Imperio Romano.[15] En la famosa *Epopeya de Paderborn*, un encomiástico poema compuesto a principios del siglo IX para conmemorar el encuentro entre Carlomagno y el papa León, se llama al primero *rex, pater Europae*.[16] Cuando el gramático irlandés Sedulio Escoto describió a Carlomagno a mediados de siglo, lo denominó *Europae princeps* (el soberano de Europa), mientras que Notkero Bálbulo le atribuyó la reunificación de *tota Europa*.[17]

En la época de Godofredo, casi dos siglos más tarde, «Europa» no era en general el nombre de un continente ni la etiqueta cultural de una civilización, sino más bien un término propio de la geografía político-religiosa. Hacía referencia a la parte de Europa central ocupada principalmente por los cristianos latinos que acataban (al menos conceptualmente) la autoridad espiritual del papa de Roma. Y se utilizaba, cada vez con más frecuencia, para separar la esfera de influencia del Sacro Imperio Romano en Europa central de la de su rival bizantino en el este de Europa y el suroeste de Asia. Tanto el emperador del Sacro Imperio como su equivalente bizantino afirmaban ser los auténticos sucesores de los césares de Roma, y ambos querían que se reconociese su propio imperio como el verdadero y universal Imperio cristiano.[18] No es que la lucha fuese muy reñida en aquel período. Desde la perspectiva de los Hohenstaufen, el Imperio bizantino no suponía una gran amenaza. Hostigados internamente por las luchas dinásticas y externamente por los selyúcidas —una dinastía túrcica originaria de Asia central—, que los atacaban desde el este, los bizantinos parecían poco capaces de defender sus territorios más importantes. Por el contrario, el ascendente Sacro Imperio Romano, capitaneado por Barbarroja, estaba en plena expansión externa y consolidación interna. No es de extrañar que los cronistas latinos, puesto que estaban cada vez más interesados en la herencia romana de su propio imperio, empezasen a menospreciar al emperador bizantino llamándolo *Rex graecorum*.[19]

Sería interesante situar el nacimiento del Occidente moderno en este período, alineándolo con el floreciente Sacro Imperio Romano Germánico. Al fin y al cabo, algunos elementos clave que consideramos de gran importancia para la identidad occidental ya estaban de algún modo presentes por aquel entonces: el cristianismo, la concentración geográfica en Europa y el sentimiento de un legado grecorromano. Sin embargo, ninguno de estos tres elementos encaja del todo bien con la imagen que tenemos. El Sacro Imperio Romano Germánico de aquella época estaba sumido en cismas y conflictos religiosos, en vez de representar a una cristiandad unida. Aunque el Sacro Imperio era ciertamente una potencia europea, sus territorios se concentraban en la Europa central, considerando periféricas tres zonas que ahora nos parecen de vital importancia para la civilización occidental y que para nosotros pertenecen inequívocamente a Occidente: el sureste helénico de Europa, donde supuestamente surgió en la Antigüedad la civilización occidental; la Europa atlántica, donde supuestamente entró en la modernidad; y el norte escandinavo de Europa. Y, por último, el Sacro Imperio Romano, aunque afirmaba ser el heredero de Roma, desdeñaba no sin cierta soberbia el legado de la antigua Grecia. Los habitantes del Sacro Imperio, como Godofredo, no se imaginaban un mundo dividido entre Occidente y «el resto» y, lo que es más importante para el propósito de este libro, se consideraban parte de una genealogía cultural que era marcadamente diferente de la de la civilización occidental. Era una genealogía cultural que Godofredo contribuyó a refinar y promover con sus ambiciosas crónicas, las cuales pretendían narrar la historia universal de la humanidad.

El sacerdote diplomático

Godofredo de Viterbo nació en la década de 1120, unos dos siglos después de la edad de oro de al-Kindī y su círculo de Bagdad. Procedía de la ciudad de Viterbo, en el centro de Italia, uno de los refugios favoritos de los papas depuestos y los exiliados políticos de Roma. Sabemos muy poco sobre la historia familiar de Godofredo; al parecer nació en el seno de una respetable familia de origen mixto italiano y alemán.[20] Su posición social debió de ser elevada, pues, cuando era todavía un niño, llamó la atención del emperador Lotario III. Este vio en él las dotes de un erudito y dispuso que estudiara en la escuela-catedral de Bamberg, en la actual Baviera. Godofredo era evidentemente un niño muy aplicado y un tanto precoz, por lo que debió de alegrarse mucho de tener la posibilidad de estudiar en uno de los principales centros intelectuales de la Europa del siglo XII. Pero aquel joven probablemente también echaba mucho de menos su hogar. Sabemos por sus últimas obras que Godofredo estuvo siempre muy apegado a su ciudad natal, adonde se retiró al final de una larga y distinguida carrera al servicio del imperio.

Aunque pudo estudiar gracias al mecenazgo imperial, Godofredo no desempeñó su primer trabajo en la corte del emperador, sino al servicio del papa en Italia. Un minucioso análisis de los manuscritos de Godofredo revela que usaba algunos elementos de lo que se conoce como «cursiva papal», una forma de taquigrafía que se inventó y se utilizó exclusivamente en la curia pontificia.[21] Solo pudo haberla aprendido en la Administración papal cuando era un adolescente o un hombre joven. Tal vez fue entonces cuando decidió ordenarse sacerdote. Para los jóvenes de su clase social, el hecho de tomar el hábito era una decisión tan profesional como espiritual, pues la pertenencia al clero ofrecía la oportunidad de ascender socialmente y de encontrar trabajos que de otro modo no habrían estado al alcance del hijo de una respetable pero modesta familia de provincias.

Sin embargo, Godofredo no tardó mucho en volver al redil imperial, esta vez bajo una nueva dinastía más vigorosa: los Hohenstaufen. Godofredo se unió a las filas cada vez más numerosas de los burócratas que contrataban los Hohenstaufen para administrar su anárquico imperio. Como suele suceder en muchas grandes burocracias, tanto antiguas como modernas, los cargos más importantes de la cancillería eran nombramientos políticos, los cuales se asignaban a nobles y a príncipes secundarios que gozaban de la condición de asesores de confianza. La mayor parte del trabajo real lo llevaban a cabo los escribanos, que se afanaban en redactar los tratados, leyes, proclamaciones y otros documentos necesarios para la gobernabilidad del imperio.[22] Algunos de estos escribanos, aunque no todos, eran sacerdotes, y había un considerable solapamiento de cargos entre la cancillería y la capilla imperial, como se puede ver en la trayectoria del propio Godofredo.

Es entre estos humildes escribanos clericales donde encontramos por primera vez a Godofredo en la cancillería imperial, copiando documentos durante el reinado de Conrado III. Godofredo aún no podía firmar sus obras ni autenticar documentos importantes (aunque todo llegaría), y los estudiosos solo han podido identificarlo mediante un minucioso análisis de su caligrafía. Quién sabe qué lo llevó de Roma a la itinerante corte imperial, pero, durante los años siguientes, Godofredo dio muestras de una inquebrantable lealtad a la dinastía Hohenstaufen, de la que no se desengañó hasta el final de su vida. Fue Barbarroja, el segundo y más famoso de los Hohenstaufen, quien más esperanzas dio y más decepciones causó a Godofredo.

Ya hemos conocido a Barbarroja, cuyo carisma, valentía y energía aparentemente ilimitada lo convirtieron en un hombre imprescindible, lo cual le vino muy bien al imperio porque había muchas cosas que hacer. Mantener a raya a los príncipes de Alemania, Francia y Austria requería mucha mano izquierda, pero Barbarroja estuvo a la altura de las circunstancias. Tratar con los italianos fue más difícil, sobre todo porque algunos eran propensos a alinearse con el papado. Barbarroja lanzó nada menos que cinco campañas militares contra Italia, entre las cuales un tráfico casi constante de embajadas y delegaciones iba y venía de la corte imperial al norte de Italia en busca de soluciones diplomáticas para evitar el siguiente conflicto.

Godofredo, gracias a su procedencia italiana y su educación alemana, resultó de repente muy útil. Durante los primeros años del reinado de Barbarroja, Godofredo empezó a desempeñar funciones de más responsabilidad y a ascender en el escalafón de la cancillería imperial. El análisis caligráfico nos permite una vez más identificar documentos redactados por Godofredo y rastrear su trayectoria profesional. Entre esos documentos se encuentran la constitución feudal de 1154 (renovada en 1158), el estatuto que consignó por primera vez los derechos, reglas y privilegios de las universidades europeas, firmado en 1155 (y conocido como *Authentica habita*), y, lo que es más importante, la Paz de Constanza.[23] Este tratado, convenido entre Barbarroja y el papa Eugenio III en 1153, estableció las condiciones de adhesión de Barbarroja; hubo de ser ratificado en 1155 cuando un nuevo papa, Adriano IV, subió al trono. El cambio de situación de Godofredo entre la primera y la segunda versión del tratado resulta interesante. Aunque interviene como testigo y signatario de ambos documentos, en 1153 figura como *Gotefredus viterbiensis capellanus regis* (Godofredo de Viterbo, capellán del rey); mientras que, solo dos años después, recibe un tratamiento más afectuoso e informal: *Gotifredi capellini nostri* (Godofredo, nuestro capellán). Al parecer, Godofredo se abrió camino con bastante rapidez hasta el círculo íntimo del emperador tras la subida al trono de Barbarroja.

Pero Godofredo no estaba destinado a pasar mucho tiempo redactando estatutos y levantando actas, y no tardó en empezar a viajar formando parte de la legación diplomática. Al parecer acompañó a Barbarroja en tres campañas militares en Italia: presenció con agrado la capitulación de Nápoles en 1162; fue testigo del horror cuando la peste diezmó el ejército de Barbarroja en Roma, en 1167;[24] y se esforzó en proteger la casa de uno de sus informadores cuando el ejército de Barbarroja entró a saco en la ciudad de Susa, en el Piamonte, en 1174.[25] Durante aquellos años tan ajetreados, Godofredo debió de tener muy poco tiempo para el descanso. Recordándolos posteriormente, Godofredo describió su vida de aquella época como un ciclo sin fin de trabajo y de viajes:

> Como capellán estaba ocupado las veinticuatro horas del día en la misa y las comidas, en las negociaciones, en la redacción de cartas, en la preparación diaria de nuevos alojamientos, en las necesidades cotidianas de mi persona y de mi gente, en el cumplimiento de misiones muy importantes: dos veces a Sicilia, tres a Provenza, una a España, varias veces a Francia y cuarenta veces desde Alemania hasta Roma y vuelta. Se me exigía más esfuerzo y presteza que a cualquier otra persona de mi edad en la corte.[26]

Es posible que Godofredo haya exagerado su estatus e importancia,[27] pero es evidente que era un diplomático experimentado y digno de confianza que había vivido emociones más que suficientes. Una de sus aventuras fue quizá incluso demasiado emocionante. Corría el año 1179 y Godofredo viajaba como delegado de Barbarroja por las fértiles colinas de Las Marcas, en el centro de Italia. Sin previo aviso, fue capturado por el primo hermano y enemigo jurado de Barbarroja, Conrado de Monferrato, quien encarceló a Godofredo hasta que Barbarroja acordó su liberación.[28] No sabemos cuánto tiempo estuvo cautivo Godofredo ni en qué circunstancias; la escena del comienzo de este capítulo procede tan solo de mi imaginación. Lo que sí sabemos es que Godofredo estuvo allí más tiempo del que habría querido, pues más tarde se quejó reciamente. Tal vez aquella experiencia fuese similar a la del arzobispo de Maguncia, otro representante de Barbarroja que fue capturado por Conrado ese mismo año y que languideció en la cárcel durante más de doce meses.[29]

El encarcelamiento supondría un punto de inflexión para Godofredo. Después de aquel suceso, ya no hay más noticias de misiones diplomáticas o de actividad en la cancillería imperial. Tendría sesenta y pocos años e inevitablemente en algún momento se habría retirado de la agitada vida que había llevado durante las cuatro décadas anteriores. Pero la experiencia del cautiverio debió de perturbar considerablemente a Godofredo, así como el sentimiento de abandono y decepción cuando Barbarroja no acudió en su ayuda. Agotado y desanimado, Godofredo decidió retirarse.

Por suerte, ya tenía planeada su jubilación. En la década anterior a su captura, Godofredo se había asegurado de que Barbarroja le concediese una serie de ayudas y privilegios que le permitirían vivir con holgura después de jubilarse. Entre esas ayudas y privilegios estaba un *palazzo* en Viterbo que Barbarroja había dado en feudo a Godofredo, a su hermano Werner y a su sobrino Reiner. Además de eso, Godofredo percibía una renta de las catedrales de Lucca y Pisa, así como de la catedral de Espira, en Renania, todo lo cual se sumaba a sus ingresos anuales.[30] Con el futuro económico asegurado, Godofredo se retiró a Viterbo y se consagró a la redacción de su crónica. Buena parte de ella estaba terminada en 1183, cuando Godofredo le puso el título provisional de *Speculum Regum* (Espejo de los príncipes). El texto estaba claramente dedicado al joven príncipe Enrique, heredero de Barbarroja, y pretendía ofrecerle un espejo del pasado a fin de que pudiera ver distintos modelos históricos para su futuro reinado. Contrariamente a lo que cabría esperar, el modelo ideal de Godofredo no era la Antigüedad grecorromana, sino que había que buscarlo en los reinos del oeste de Asia.

La progenie de Príamo

> Así comienza el *Speculum Regum*, compuesto por el maestro Godofredo de Viterbo, capellán de la corte imperial, y dedicado a Enrique IV, rey de los romanos y los alemanes, hijo del emperador Federico, del linaje de todos los reyes y emperadores de los troyanos, los romanos y los alemanes desde los tiempos del diluvio universal hasta el presente.[31]

Audaz manera de comenzar. La primera oración de su historia universal mostraba a las claras la actitud de Godofredo. Se trataba de una historia política del mundo, estructurada como una genealogía de imperios sucesivos, siendo el primero el de los troyanos, el siguiente el de los romanos y, en tiempos de Godofredo, el de los alemanes. Ya hemos constatado en el capítulo 2 que los romanos se enorgullecían de su ascendencia troyana. No debería sorprendernos, por tanto, que el Sacro Imperio, cuando afirmaba descender de la antigua Roma, adoptase también la idea de los orígenes troyanos.

Hemos visto que la idea de la *translatio imperii* reforzó la legitimidad del gobierno imperial, explicando y justificando al mismo tiempo la relación del Sacro Imperio Romano Germánico con el antiguo *imperium* romano. Pero la cuestión de los orígenes troyanos es un poco más delicada. A finales del siglo XII, el Sacro Imperio parecía cada vez más «occidental» y «europeo» cuando se lo comparaba con su rival bizantino. Como hemos visto, la identificación con Europa había comenzado en el siglo IX, cuando un poeta anónimo calificó a Carlomagno de «padre de Europa» tras la fundación del Sacro Imperio Romano Germánico. Pero esa tendencia se había acentuado a lo largo de los siglos XI y XII como consecuencia de las disputas confesionales entre Roma y Constantinopla. En este contexto, la idea de los orígenes asiáticos (Troya estaba situada, al fin y al cabo, en la actual Turquía) no deja de parecer una extraña elección para un imperio enraizado en el centro de Europa. Tal vez les resulte especialmente extraño a los observadores modernos, acostumbrados a considerar la historia desde la perspectiva de la civilización occidental y a pensar que la separación entre Europa y Asia está determinada no solo por la geografía, sino también por la cultura, la civilización y la raza. El punto de vista de Godofredo, al igual que el de muchos contemporáneos suyos, era muy diferente.

Para Godofredo, los orígenes de la realeza y la raíz del árbol familiar de los Hohenstaufen solo podían encontrarse en el «*genus imperii troianaque*».[32] Antes de esta raza imperial de los troyanos, Godofredo reconoce la existencia de pueblos interesantes en la prehistoria; por ejemplo, los pueblos bíblicos de Babilonia, los israelitas y una versión casi mítica de los antiguos griegos (entre los cuales, curiosamente, aparece Zeus, rey de los dioses, como gobernante humano de Atenas). Mas, para él, la «verdadera» historia comienza en Troya.

Como político experimentado que era, Godofredo daba tanta importancia a Troya por motivos políticos. En el *Speculum Regum*, el legado troyano no tenía nada que ver con la continuidad cultural o la civilización, sino con una reivindicación muy concreta con relación al linaje de los Hohenstaufen. Enrique, Barbarroja y toda la dinastía eran —según Godofredo— los descendientes directos de la casa de Príamo. Godofredo no era el único que indagaba en la línea genealógica que vinculaba a una familia medieval europea con el palacio real de Troya. Descubrir esos vínculos hacía furor en el siglo XII, como lo había hecho casi mil años antes en la Roma de César; encontramos reivindicaciones similares en las obras de historiadores de todo el continente.[33] Los normandos, los sajones, los francos, los teutones, los venecianos, los genoveses, los paduanos e incluso, según el autor islandés de la *Edda prosaica*, los dioses nórdicos descendían todos de los troyanos.[34] Hacia finales del siglo, el cronista inglés Enrique de Huntingdon comentaba con sarcasmo que la mayoría de los pueblos de Europa buscaban a sus antepasados en Troya.[35]

Estas crónicas históricas y genealogías nobiliarias eran solo parte del panorama. La historia de Troya también interesaba a la cultura popular, pues se escribían novelas de caballerías en las distintas lenguas vernáculas de Europa con el telón de fondo de la guerra de Troya. Benoît de Sainte-Maure publicó el *Poema de Troya* hacia la misma época en que Godofredo comenzó a redactar el *Speculum Regum*, y enseguida se hizo famoso en otros países. Pronto se hicieron traducciones del original francés al latín, el alemán, el holandés, el italiano, el español y el griego moderno. Con él entró bruscamente en la escena cultural un nuevo género literario —básicamente historias románticas— cuyo tema principal era la «cuestión de Troya». Como dice la historiadora del arte Elena Boeck, hacia esa época «se pusieron de moda en toda Europa los libros que trataban sobre Troya, los cuales se hicieron muy populares y ejercieron mucha influencia ideológica».[36]

Entre todos estos relatos troyanos, el de Godofredo destaca del resto por la claridad de su visión genealógica y por la ingeniosidad de sus implicaciones políticas. En divertidos versos latinos, Godofredo describe la desbandada de los troyanos tras la caída de su ciudad: algunos viajaron por mar hasta Italia,[37] mientras que otros se dirigieron por tierra hasta las orillas del Rin.[38] Esta separación de los troyanos fue muy importante para su crónica, en la que intentó dejar claro que:

> La progenie de Príamo se dividió en dos;
> Una decidió permanecer en Italia,
> la otra fundó la patria germana.[39]

Los italianos y los alemanes eran, según Godofredo, como hermanos, pues tenían su propia rama en el mismo árbol troyano. Esto era un juego de manos que reflejaba la situación política del momento. Godofredo había pasado buena parte de las tres décadas anteriores intentando suavizar las relaciones entre los orgullosos príncipes italianos y su emperador germánico, teniendo que sufrir en ocasiones personalmente las consecuencias. Si bien en 1177 se alcanzó una frágil paz entre Barbarroja y el papa, la Liga Lombarda de las ciudades septentrionales italianas prosiguió sus campañas contra el emperador durante varios años. Hasta 1183, el mismo año en que se completó la primera versión del *Speculum Regum*, no se firmó la Paz de Constanza, que sirvió para reconciliar finalmente a los dos bandos. El linaje troyano del que se habla en el *Speculum* era por tanto una forma de diplomacia familiar que buscaba la solidaridad fraternal entre alemanes e italianos.

La genealogía tenía también un lado personal. No solo reflejaba la experiencia de Godofredo como diplomático reconciliador de las dos partes enfrentadas durante tanto tiempo, sino también sus orígenes familiares. Godofredo nació en Italia y estaba muy ligado a su ciudad natal, pero al mismo tiempo tenía antepasados germánicos y había estudiado en Alemania gracias a los emperadores germanos, a los que debía también su rango en la Administración. Se vio atrapado entre esos dos mundos, tanto en lo personal como en lo profesional. Si bien la genealogía troyana de Godofredo fue tal vez una declaración sobre las guerras de Barbarroja en Italia, es posible que también le tocara la fibra sensible.

Además, la genealogía troyana era también una oportunidad para poner a los francos en su sitio. Al igual que tantas casas nobles de la época, los gobernantes francos decían descender de la realeza troyana. Afirmaban que su legendario antepasado, el epónimo Francio, era hijo de Héctor, el gran héroe de Troya. Godofredo reexaminó la historia para que los francos —a los que llama «*francigenae*»— pasaran a ser una rama menor del estema germánico principal. Este grupo escindido, sostiene nuestro protagonista, cruzó el Rin para instalarse en una zona situada en los alrededores de París, a la que denomina con condescendencia «pequeña Frankia».[40] Suponemos que los lectores de Godofredo reaccionarían con regocijo o con frustración, en función de sus respectivos puntos de vista.

Aparte de suponer una afrenta simbólica, la idea de que los francos eran una rama de los germanos tenía mucha importancia para Godofredo porque le permitió afirmar que Carlomagno —el fundador del Sacro Imperio Romano Germánico— era teutón. El padre de Carlomagno, Pipino el Breve, podría considerarse como descendiente de la línea teutónica de los francos, y así Godofredo podía incluirlo en la rama germánica de su genealogía troyana. Godofredo también detalló la ascendencia de Berta, madre de Carlomagno, a la que hacía descender de la rama italiana de la línea troyana. Según Godofredo, Carlomagno unió los dos linajes troyanos:

> La familia troyana (en dos dividida)
> Se unió cuando Pipino y Berta chocaron;
> Troya unida de nuevo en su hijo.
> Si la línea de Troya te interesa,
> En Carlos tendrás su último heredero;
> Con su padre teutónico y su madre romana.[41]

A través de la sangre de Carlomagno, el Sacro Imperio era en definitiva el heredero del *imperium* troyano por partida doble. Pero lo más importante para la reivindicación de los Hohenstaufen es que la línea germánica era tenida por superior a la italiana, del mismo modo que el pensamiento patriarcal de la época habría tenido a Pipino el Breve por superior a su mujer, la italiana Berta. Esto también permitió a Godofredo incorporar a su relato el reconocimiento de los orígenes germánicos. Estos orígenes germánicos y septentrionales constituían asimismo un importante hilo conductor en la historiografía medieval.[42] Naturalmente, la sangre de Carlomagno corría también, afirmaba Godofredo, por las venas de los Hohenstaufen, convirtiéndolos en la encarnación de los antiguos troyanos. Toda la historia de la humanidad (al menos en la versión de Godofredo) había llegado hasta este punto: la dinastía Hohenstaufen a la cabeza del Sacro Imperio Romano Germánico. Aquello era nada menos que una bomba política.

Sin embargo, el *Speculum Regum* no fue la versión definitiva de la crónica de Godofredo. A lo largo de los cuatro años siguientes, nuestro cronista añadió extensos artículos sobre el pasado más reciente. Pero también modificó e incluso suprimió grandes partes de lo que había escrito para el *Speculum*. En la época del borrador final, la genealogía ya había sido superada y la historia bíblica estaba en auge; como hábil pensador político que era, Godofredo habría sabido modificar su obra para adaptarla a los tiempos, lo cual dio lugar a un cambio en la dedicatoria. Descartados Barbarroja y su hijo Enrique (al que había descrito anteriormente como la culminación del linaje «de todos los reyes y emperadores de los troyanos, los romanos y los alemanes»), la nueva versión de la crónica, conocida como *Liber universalis* o *Pantheon*, iba dedicada al papa. En algunos manuscritos aparece el nombre del papa Urbano III, mientras que en otros encontramos el de su sucesor Gregorio VIII, pero, en cualquier caso, el cambio de lealtad es evidente. Tras décadas de servicio, Godofredo ya no era exclusivamente el hombre del emperador.

A quienes investigan esta cuestión se les ocurren diversas razones para semejante cambio. ¿Recibió el *Speculum Regum* una fría acogida en la corte imperial, lo que llevó a Godofredo a ofrecer su talento a otras personas?[43] ¿Le pudo la amargura del abandono de Barbarroja durante su cautiverio? ¿O, como hombre mayor a punto de jubilarse, se volcó en la vida espiritual, arrepintiéndose de los años que trabajó para una administración que había desafiado a la Iglesia? Probablemente nunca lo sabremos. De lo único que estamos seguros es de la nueva orientación política de la crónica en su forma definitiva.

Mientras que el *Speculum Regum* era más introspectivo y fomentaba la unidad entre alemanes e italianos, el *Pantheon* miraba más hacia fuera. El libro se proponía abrir una brecha entre las dos mitades de la cristiandad: por una parte, la Iglesia latina y el Sacro Imperio Romano Germánico, y, por la otra, la Iglesia griega y los bizantinos. Godofredo trata a los bizantinos y a los antiguos griegos de manera despectiva. Si en el *Speculum* los griegos aparecían como una raza cuasi mítica de pueblos prehistóricos, en el *Pantheon* no se los menciona más que esporádicamente. Los bizantinos tienen solo un poco más de protagonismo y se los describe con desdén.

> A los reyes griegos mencionaremos de nuevo,
> Pues en Italia pensaban reinar,
> Pero el que antes era griego ahora es territorio italiano.[44]

Carlomagno hace también una aparición, esta vez como el hombre que, al establecer su *imperium*, acabó con el poder griego. Curiosamente, Godofredo no usa nunca esa palabra con relación a los bizantinos o los griegos. El nombre de «imperio» se aplicaba solamente a aquellos pueblos o reinos que Godofredo incluía en su genealogía de la civilización: los troyanos, los romanos y los alemanes. En su concepción del mundo, los griegos pertenecían a una civilización completamente distinta.

Los relatos habituales de la historia actual sitúan los orígenes de Occidente en la Grecia clásica, la que supuestamente estableció los cimientos sobre los que se apoya el complejo edificio de la civilización occidental. Hoy en día la Grecia moderna es parte integrante de Europa, política y culturalmente, y a nadie se le ocurriría pensar que los griegos modernos no pertenecen a Occidente. Mas para Godofredo las cosas no eran así. En el mundo medieval del siglo XII, los griegos no pertenecían a Europa ni a ningún concepto embrionario de Occidente. A la

Europa de Godofredo apenas le interesaba el legado cultural de la Grecia clásica.

Ese legado lo conservaron e incluso enriquecieron eruditos musulmanes como al-Kindī (capítulo 3) e intelectuales bizantinos como Teodoro Láscaris (capítulo 5), pero estos dos hombres procedían de sociedades cuya civilización se consideraba muy diferente de la de la Europa central. Para Godofredo, aposentado en su *palazzo* italiano intentando dar sentido a la historia, la antigüedad asiática de Troya y de la Biblia era mucho más cercana y familiar que el extraño y hostil mundo de los helenos. A Godofredo, la idea moderna de genealogía cultural según se expone en la teoría de la civilización occidental le habría parecido rocambolesca. ¿Por qué centrarse en la cristiandad cuando era evidente que había muchos cristianismos opuestos y plurales? ¿Por qué reivindicar una Antigüedad grecorromana conjunta cuando era evidente que los romanos, desde sus orígenes troyanos, habían estado siempre en conflicto con los griegos? Y ¿por qué insistir en la primacía continental cuando era evidente que las fronteras dentro de Europa eran igual de importantes que sus límites exteriores?

CAPÍTULO 5

El espejismo de la cristiandad

Teodoro Láscaris

¿Cuándo vas a venir a la Hélade desde Europa?

TEODORO LÁSCARIS (principios del siglo XIII)[1]

Las guerras religiosas suelen ser extremadamente sangrientas, y las cruzadas no fueron una excepción.[2] Duraron casi doscientos años, desde 1095 hasta 1291, y se cobraron la vida de innumerables hombres, mujeres y niños en tres continentes. Estas guerras se debían al fervor religioso, pues los cristianos del oeste y el centro de Europa combatían para reivindicar los territorios que ocupaban los paganos y los infieles. En la península ibérica, mediante la Reconquista, se recuperaron los territorios invadidos por los musulmanes de al-Ándalus. En el norte y el este de Europa se realizaron campañas contra los paganos eslavos. Y en Tierra Santa los ejércitos cristianos y musulmanes se disputaron el control de territorios que eran sagrados para ambas religiones.

Al mencionar la palabra «cruzada», la mayoría de la gente piensa de manera automática en estas últimas guerras entre cristianos y musulmanes en Oriente Próximo y el este del Mediterráneo durante los siglos XII y XIII. De hecho, se han convertido en elementos icónicos cuyo simbolismo cultural supera incluso la importancia política y económica (ciertamente significativa) que tuvieron en su momento. La idea de «cruzada» —un conflicto encarnizado en el que un bando está inequívocamente en lo cierto y el otro se equivoca por completo— se ha convertido en una metáfora habitual. Ya en 1784, Thomas Jefferson escribió sobre una «cruzada contra la ignorancia»,[3] y las memorias de Dwight D. Eisenhower sobre la segunda guerra mundial, publicadas en 1948, se titulan *Cruzada en Europa*. Más recientemente ha habido cruzadas contra las drogas, el cáncer, el sida y la violencia de género. Pese a su uso tan frecuente, ese término sigue conservando una connotación de islamofobia, un sentido que se puso de moda a principios del siglo XXI durante la «guerra contra el terrorismo». Las cruzadas, por tanto, siguen constituyendo en la imaginación popular un capítulo decisivo en la historia de la civilización occidental, un capítulo en el que la cristiandad se forjó en el fragor de la batalla contra los musulmanes y se atemperó gracias a la colaboración paneuropea. Las cruzadas ocupan un lugar destacado en el imaginario cultural de la civilización occidental. No es por tanto de extrañar que sean habituales en la retórica de la ultraderecha y en los autoproclamados defensores de Occidente que usan el simbolismo medieval para dar legitimidad a sus campañas históricas.

Pero no deberíamos cometer el error de considerar las cruzadas en sentido histórico (las guerras religiosas que libraban los cristianos durante los siglos XII y XIII) como cruzadas en sentido metafórico (simples conflictos morales entre bandos claramente diferenciados). La realidad era mucho más compleja. Las cruzadas históricas de Oriente Próximo no eran una lucha frontal entre la cristiandad y el califato ni un duelo entre el cristianismo y el islam, sino más bien una serie de complejos y sangrientos juegos de poder en los que la religión, según las circunstancias, tenía más o menos importancia. Y también había guerras entre diferentes grupos cristianos, así como entre cristianos y no cristianos.

El protagonista de este capítulo lo sabía muy bien. A finales del año 1221, la quinta cruzada terminó con la humillante derrota de los ejércitos cristianos dirigidos por el príncipe Leopoldo VI de Austria y el rey Andrés II de Hungría. El sultán ayubí de Egipto, al-Kamil, había aplastado a los cruzados cuando se dirigían a El Cairo para reclamar el puerto de Damieta, ocupado por el soberano musulmán, quien decretó una tregua de ocho años. Precisamente en esas fechas, en el palacio imperial de Nicea, situada en el noroeste de la actual Turquía, nació un emperador en el exilio. Se llamaba Teodoro Láscaris.

La cristiandad en pedazos

Uno de los mayores errores sobre la cristiandad medieval consiste en pensar que esta era una entidad coherente. Hubo ciertamente muchos pueblos y reinos que se consideraban cristianos durante los cerca de mil años que duró la Edad Media, pero la unidad entre ellos apenas existía. El aspirante a converso podía elegir entre muchos tipos de cristianismo. Gnósticos, nestorianos, valdenses, paulicianos, bogomilos, caldeos y lolardos, todos ellos ofrecían diferentes enfoques de la teología y el culto cristianos, y todos fueron considerados, en una etapa o en otra, por una autoridad o por otra, herejes.[4] Con el tiempo surgieron iglesias más importantes y más consolidadas, cuyos líderes derramaron mucha tinta en debates filosóficos y mucha sangre en conversiones forzosas a fin de salvaguardar su ideología. Sin embargo, la verdadera unidad cristiana seguía siendo inalcanzable, por lo que se emprendieron cruzadas contra los herejes y los no creyentes. Para el genocidio de los cátaros en el sur de Francia entre 1208 y 1229, por ejemplo, se adujeron motivos religiosos. Su doctrina dualista explicaba el universo por la acción combinada de dos principios irreductibles, el bien y el mal, y por tanto rechazaba de plano el riguroso monoteísmo de la Iglesia latina.[5] Su castigo fueron las masacres de la cruzada albigense. Pero ni siquiera las iglesias más importantes, pese a la brutalidad empleada para acabar con las herejías, pudieron erradicar las disidencias, por lo que las prácticas y creencias que divergían del cristianismo canónico siguieron desarrollándose.

La diversidad del cristianismo medieval no era solo confesional, sino también racial, cultural y geográfica. El gran relato de la civilización occidental tiende a describir el cristianismo medieval como un fenómeno principalmente europeo, olvidando acomodaticiamente que la fe también se propagó por África y Asia. Las comunidades cristianas medievales rezaban y leían las escrituras no solo en latín, la lengua de la Iglesia en Roma, sino también en griego bizantino, copto, ge'ez, arameo, árabe, armenio, persa clásico, diversos dialectos túrcicos y mongoles, y chino.

Una de las iglesias extraeuropeas más importantes y duraderas fue la etíope.[6] El cristianismo se había convertido en la religión predominante del reino de Aksum, en la actual Etiopía, durante el siglo IV d. C., más o menos hacia la misma época en que se convirtió en la religión oficial del Imperio romano. En la Edad Media, el cristianismo era no solo la religión oficial de Aksum, sino también la fe predominante de la población en general. Los Evangelios de Garima, espléndidamente iluminados por monjes etíopes en la Alta Edad Media, narran la vida de Cristo en lengua ge'ez, y las espectaculares iglesias talladas en roca de Lalibela, construidas para ser la «nueva Jerusalén» tras las conquistas musulmanas en Tierra Santa, han sido declaradas Patrimonio de la Humanidad por la UNESCO.

Pero tan antiguas como la Iglesia etíope eran la Iglesia copta de Egipto, las iglesias sirias de Oriente Próximo y Mesopotamia, y las iglesias asirias de Irán y Turkmenistán, todas las cuales estaban ya sólidamente establecidas en el siglo IV.[7] La estela de Xi'an confirma la presencia de una comunidad nestoriana en el noroeste de China en el siglo VIII (el cristianismo, aunque parece haber desaparecido de China en el siglo X, revivió en el siglo XIII).[8] Guillermo de Rubroek, un monje flamenco que recorrió el Imperio mongol a mediados del siglo XIII, se lamentaba de que allí los cristianos bebían demasiado, fraternizaban con los budistas y otros no creyentes, e incluso eran polígamos, pero aun así reconocía a regañadientes que eran cristianos.[9] Aunque estas iglesias orientales no gozaban de la protección del Estado, su longevidad y el vigor de sus tradiciones son muy significativos. Las iglesias de África y Asia merecen ocupar un lugar en la historia del cristianismo medieval, que en ocasiones es demasiado eurocéntrica.[10]

Sin embargo, el eurocentrismo cristiano fue también un fenómeno característico de la Edad Media. Este eurocentrismo medieval parecía muy diferente de su equivalente actual, sobre todo porque las ideas medievales sobre «Europa» eran muy distintas de lo que hoy consideramos el «continente europeo» (como ya vimos en el capítulo 4). El término «Europa» no se usaba mucho para expresar la oposición entre los cristianos de la Europa continental, por un lado, y los musulmanes y paganos de Asia y África, por otro. Por el contrario, «Europa» se usaba habitualmente para referirse a los territorios que estaban bajo la influencia de la Iglesia católica y del Sacro Imperio Romano Germánico, a diferencia de aquellos que quedaban bajo la jurisdicción de la Iglesia ortodoxa y el dominio del Imperio bizantino (véase el capítulo 4). La relación entre las iglesias latina y griega reflejaba la de los dos imperios, pues ambos decían descender de Roma: el Sacro Imperio Romano en Europa central y el Imperio bizantino en el sureste de Europa y Anatolia. Durante siglos esta relación había sido tensa pero generalmente pacífica. La rivalidad, que resurgió a finales del siglo XII en medio de las cruzadas, tuvo consecuencias catastróficas.

Los problemas comenzaron con los mercaderes venecianos.[11] Excelentes marinos y hábiles comerciantes, los venecianos dominaban las rutas marítimas comerciales del Mediterráneo oriental y mantenían una considerable presencia en Constantinopla. A los bizantinos les molestaban la riqueza y el poder de los venecianos, así como su forma de comportarse en la ciudad, donde vivían también pisanos y genoveses que intentaban competir con los venecianos por las rutas comerciales y por hacerse con una cuota de mercado en el Imperio bizantino. El término genérico «latino» se usaba para todas estas comunidades, en referencia a su pertenencia a la Iglesia de Roma. Cuando en la década de 1170 las rivalidades entre latinos subieron de tono, con incursiones y batallas callejeras entre venecianos y genoveses, las autoridades bizantinas vieron la oportunidad de intervenir. Las expulsiones, los arrestos y las confiscaciones de bienes que se produjeron a continuación pusieron a Venecia y al Imperio bizantino en pie de guerra. La tirantez hizo que la relación entre las ramas oriental y occidental de la cristiandad europea degenerase en un caos.

En Constantinopla el resentimiento popular contra los mercaderes latinos se avivó al máximo. Las revueltas de 1182 culminaron en una masacre indiscriminada de los habitantes latinos de la ciudad: miles de personas murieron asesinadas y los supervivientes fueron vendidos como esclavos. La represalia fue muy sangrienta. En 1185, los latinos saquearon la ciudad de Salónica, que era la segunda en importancia del Imperio bizantino, destruyéndola casi por completo. La guerra fría entre las dos principales iglesias de Europa se había caldeado mucho, y los conflictos esporádicos entre los dos bandos prosiguieron durante dos décadas, pero el golpe de gracia llegó en 1204 con la cuarta cruzada.[12]

Los ejércitos latinos de la cuarta cruzada se dirigían supuestamente a Egipto con el fin de reducir a la escuadra musulmana más poderosa del Mediterráneo, pero los planes cambiaron cuando la flota se reunió en Venecia y comprobó que andaba falta de dinero. Los cruzados pusieron rumbo al este en lugar de al sur y sitiaron Constantinopla. El asedio duró diez meses, desde julio de 1203 hasta abril de 1204, culminando con el saqueo de la ciudad, el asesinato, violación y expulsión de muchos de sus habitantes, y el expolio y destrucción sistemáticos de sus iglesias, palacios y monasterios. La corte bizantina se vio obligada a abandonar la ciudad, huyendo de las ensangrentadas calles de Constantinopla para refugiarse en el oeste de Anatolia y en la ciudad de Nicea.

Tras el saco de Constantinopla, los cruzados empezaron a repartirse los despojos. No solo se habían apoderado de la ciudad de Constantinopla, sino también de gran parte de la península griega. Venecia, como abanderada de la campaña militar, reclamó tres cuartas partes del botín y otras tres cuartas partes del territorio bizantino que había quedado en manos de los cruzados. El resto del trofeo y del territorio se dividió entre diversos príncipes francos que habían tomado parte en la cruzada, y Constantinopla tuvo un nuevo emperador latino y un nuevo patriarca.[13] Esta situación inauguró un período de más de tres siglos durante los cuales gran parte de la península griega quedó bajo el control de una clase dominante latina; a este período se lo sigue conociendo como «francocracia» o «latinocracia».[14] El ducado de Atenas, por ejemplo, que fue fundado por un caballero borgoñés, permaneció bajo el dominio latino hasta que cayó en manos de los turcos en 1458. No solemos pensar que Grecia estuviera bajo el gobierno colonial del oeste de Europa, pero durante más de trescientos años así fue.

Después de que los cruzados se hiciesen con todo lo que pudieron, poco quedó de un Imperio bizantino independiente.[15] Lo poco que quedaba del Estado se encontraba en el oeste de Anatolia: los francos dominaban la península griega y las islas del Egeo; los selyúcidas —una dinastía túrcica procedente del Asia central— se habían hecho con el control del centro y el este de Anatolia; y el sur de esta estaba en manos de un reino armenio independiente. El Imperio bizantino menguó drásticamente de la noche a la mañana. La cuarta cruzada fue, en palabras del historiador Michael Angold, un «cataclismo cósmico».[16] Y aquello no fue culpa del supuesto enemigo musulmán, sino de otros cristianos.

Aquel era el mundo de Teodoro Láscaris, un emperador destinado a nacer, vivir y morir en el exilio. Sus padres habían huido de la feroz embestida contra Constantinopla, por lo que Láscaris nació en

Nicea, en el noroeste de Anatolia. Se pasó la vida unificando lo poco que quedaba de los territorios bizantinos e intentando recuperar la «Reina de las Ciudades».[17] Puede que no llegara a ver el día en que los bizantinos recuperaron por fin Constantinopla en 1261 (aunque, pese a sus ímprobos esfuerzos, nunca llegaron a expulsar a los latinos de la península griega), pero Láscaris dejó un importante legado. Concibió la idea de la nación helena como una entidad política que fuese étnica y culturalmente griega, una idea que no había existido en la Antigüedad, cuando la hipótesis de los griegos como unidad política habría parecido un disparate (véase el capítulo 1). El concepto de los helenos como unidad etnopolítica podría parecer novedoso en el siglo XIII, pero resultó verdaderamente productivo.[18] Las celebraciones del bicentenario de la Grecia moderna en 2021 tuvieron como telón de fondo la idea del helenismo en cuanto fuerza política e identidad nacional. Se basaron en ideas que, en buena medida, popularizó Láscaris.

Sin embargo, Láscaris se habría asombrado del indómito carácter europeo de la identidad griega moderna. Él había nacido en un mundo en el que las relaciones entre el este de Europa y el oeste de Asia, por un lado, y el centro y oeste de Europa, por otro, no eran precisamente amistosas; aquel era un mundo forjado por la ruptura entre el cristianismo griego y el latino. La animadversión entre estos dos bandos era cada vez más profunda y hacía imposible cualquier barrunto de una cristiandad unida. Viendo la Edad Media y las cruzadas desde nuestros días, tenderíamos a quitar importancia al cisma entre el cristianismo griego y el latino, considerando la división como una desavenencia temporal entre dos grupos de correligionarios que en definitiva tenían muchas más cosas en común que con sus enemigos musulmanes. Pero nos equivocaríamos. Aquello no era una riña entre hermanos. A principios del siglo XIII, el abismo que separaba a los mundos griego y latino era más insalvable que el que distanciaba a los cristianos de los mahometanos.

Cartas desde el exilio

Teodoro II Láscaris heredó el nombre de su abuelo, Teodoro I Láscaris, el infortunado emperador bizantino que se vio obligado a huir de

Constantinopla cuando los cruzados la invadieron en 1204.[19] Cuando nuestro Láscaris respiró por primera vez, no fue la brisa marina de Constantinopla la que le llenó los pulmones, sino el suave céfiro del interior de Anatolia.

Por consiguiente, Teodoro II no parecía estar muy apegado a la antigua capital. Escritor prolífico, a menudo se deshacía en elogios a la «querida tierra» de su «madre Anatolia» en los cientos de cartas, oraciones y ensayos religiosos que escribió de su vida.[20] Pero, con independencia de sus sentimientos personales, su existencia estuvo marcada por la conquista latina de Constantinopla y la expulsión de los bizantinos. Era dolorosamente consciente de que su dinastía estaba en el exilio y de que se había refugiado en Anatolia hasta poder reclamar su sede ancestral en el Bósforo.

Los padres de Láscaris, por el contrario, se acordaban perfectamente de Constantinopla. Su padre, Juan Vatátsês, había sido un joven noble, perteneciente a un poderoso clan militar en el que eran frecuentes los matrimonios con la familia imperial. Fue el tercer marido de Irene Lascarina, la hija mayor de Teodoro I Láscaris.[21] Irene y Juan eran niños cuando cayó Constantinopla en 1204 —Irene tendría entre cinco y diez años, y Juan, entre diez y quince—, pero ambos recordaban vivamente el acontecimiento, así como el tedioso proceso de establecer la nueva corte en Nicea.

Tras la caída de Constantinopla, Nicea se convirtió en una ciudad próspera y bulliciosa.[22] En ella vivía la flor y nata de la nobleza bizantina, así como los miembros más destacados del clero ortodoxo, que se habían exiliado con el emperador y su familia. Para muchos, Nicea era una ciudad triste, donde las generaciones mayores miraban con nostalgia al oeste y se aferraban al recuerdo de glorias pasadas. Pero Nicea era también una ciudad de nuevas esperanzas, y Láscaris creció al mando de una enérgica generación que no recordaba la antigua capital. Esa generación no soñaba con el regreso a un glorioso pasado, sino con forjar un nuevo futuro.[23]

Láscaris tuvo una infancia feliz. Era hijo único, pues, tras nacer él, su madre sufrió un accidente ecuestre que le impidió tener más hijos. Aquello debió de hacerlo aún más querido para sus padres, que le prodigaban todo el cariño del mundo. Sus frustrados tutores veían con desesperación cómo, cuando el joven Láscaris se portaba mal, sus padres eran más dados a mostrarse indulgentes que a meterlo en cintura. Irene ejerció sobre él una influencia especial durante sus años de formación. Ella era la clave para que la sucesión pasara de su padre a su marido, y por eso acumulaba tanto poder. También tenía muchas propiedades a su nombre, sumando así al peso político la capacidad económica.

A Teodoro lo prepararon desde pequeño para ser rey. La retórica, la lógica, las matemáticas y la música complementaron una educación basada en las Sagradas Escrituras y en la literatura griega clásica. Láscaris destacaba en todas las materias. Su obra escrita, caracterizada por las citas literarias y los complejos juegos de palabras, da fe de los conocimientos que adquirió de pequeño.[24] Con el tiempo se presentaría como un «rey-filósofo», a la manera que prescribía Platón para el ideal de gobernante, llegando a escribir extensos tratados sobre moralidad, teología y cosmología.[25] Pero el entrenamiento físico y militar era también muy importante para la instrucción del joven príncipe. Perfeccionó la equitación mediante la caza y el polo, un juego que había sido muy popular en Constantinopla antes de su caída. Láscaris era muy aficionado a esta actividad, y en sus escritos posteriores describe con detalle sus proezas en el campo de juego.[26]

Pero la educación física e intelectual no lo era todo. El heredero del Imperio bizantino tenía que casarse, como salvaguarda contra espurios aspirantes al trono. Y así, a los trece años, Teodoro se casó con Elena, una princesa búlgara (que entonces tenía doce), en un matrimonio concertado para sellar la alianza entre los dos reinos.[27] Pese a la juventud de los contrayentes y a su imposibilidad de elección, la unión debió de resultar muy feliz, pues Láscaris describiría más adelante a su mujer como «la primavera de mi alma» y diría que su matrimonio era un «vínculo de amor inigualable». De aquella unión nacieron cinco hijos. Cuando Elena murió repentinamente en 1252 a causa de una enfermedad desconocida, Láscaris respondió airadamente a quienes le aconsejaban que volviera a casarse, dedicándoles un ensayo titulado «Respuesta a aquellos amigos que lo instan a buscar esposa». Tras el fallecimiento de su cónyuge, las únicas mujeres de su vida, declaró, serían *Sofía* (el saber) y *Filosofía*.[28]

La educación, la formación y el matrimonio: todo iba dirigido a preparar a Láscaris para ostentar el poder. Siendo todavía un niño fue proclamado coemperador, y a los veinte años ya desempeñaba algunas funciones de manera independiente y en pie de igualdad con su padre.[29] Láscaris se propuso estimular la economía bizantina, fomentando especialmente la producción textil y el comercio por tierra. Aunque Nicea sería siempre la ciudad de su corazón, Láscaris pasó mucho tiempo viajando por el oeste de Anatolia para garantizar el buen funcionamiento del sistema tributario y del ordenamiento jurídico, persiguiendo la corrupción y cultivando la cercanía con sus súbditos.[30]

Además de reforzar el gobierno en su territorio, Láscaris también buscaba el éxito diplomático y militar en el extranjero. Ayudó a su padre a establecer una alianza defensiva con los selyúcidas contra los mongoles, y cultivó una relación personal con el sultán Kaikaus II, a quien ofreció refugio en la corte bizantina cuando fue derrocado temporalmente por su hermano.[31] De hecho, Láscaris se dio prisa en aprovechar la inestabilidad del sultanato selyúcida, obteniendo de Kaikaus más territorios como pago por el apoyo bizantino. Pero Láscaris no se limitó a una sola alianza. Para proteger sus apuestas diplomáticas, Teodoro II estableció relaciones consulares con los mongoles. Se enviaron embajadas entre las cortes mongola y bizantina, y al final se logró un enlace matrimonial entre los dos imperios. El historiador bizantino Paquimeres cuenta que Láscaris recibió a los embajadores mongoles de manera tan espléndida como teatral. Mientras los mongoles avanzaban por terrenos montañosos hasta el punto de encuentro convenido, los soldados bizantinos, ataviados con sus mejores galas, tomaban atajos para mostrarse a la vista en diferentes puntos del camino, a fin de dar la impresión de que su ejército era mucho más grande de lo que en realidad era.[32]

Las relaciones con el oeste eran más tensas que con el este. Láscaris salió victorioso de una serie de fulgurantes campañas militares en Tracia y Macedonia.[33] De consuno con su padre, consiguió rescatar en lo que hoy es el norte de Grecia vastos territorios que estaban en poder de los latinos. El ejército bizantino se plantó incluso ante las murallas de Constantinopla con el fin de sitiar la ciudad, pero al final llegó a un acuerdo de paz con los gobernantes latinos cuando se hizo evidente la imposibilidad de recuperar la plaza. Tras la muerte de su padre, Láscaris hizo también conquistas importantes en los Balcanes, infligiendo una aplastante derrota al rey de Bulgaria para hacerse con el control de lo que hoy es la República de Macedonia, a pesar de los vínculos familiares que tenía por estar casado con Elena. Láscaris puede por tanto añadir a su lista de logros la expansión hacia el este y hacia el oeste de los territorios controlados por los bizantinos.

Los muchos años de gobierno conjunto hicieron que Láscaris, a la muerte de su padre en 1254, tuviese ya una larga experiencia militar y gubernamental, y que el traspaso de poderes no resultara nada brusco. La suavidad de la transición fue una suerte porque, pese a los esfuerzos de consolidación y expansión por parte de Teodoro II y de su padre, el Imperio bizantino tuvo que seguir luchando. El imperio necesitaba líderes competentes, perspicaces y aguerridos para evitar su caída. Por suerte, el padre de Láscaris, el primer emperador bizantino en el exilio de Nicea, era extremadamente hábil, y a uno de los sucesores de Teodoro II, el indomable Miguel Paleólogo, le sobraba coraje. Era Láscaris quien tenía que aportar la visión de futuro.

El legado de la Hélade

La intuición de Láscaris cambió la forma en que los bizantinos se veían a sí mismos y el lugar que ocupaban en el mundo. En resumen, convirtió a unos romanos en griegos. Hasta ese momento, los bizantinos se referían a sí mismos como *romaíoi*, es decir, romanos. Al fin y al cabo, Constantinopla había sido la capital del Imperio romano y el lugar donde se habían conservado sus tradiciones tras la caída de Roma. No podía decirse lo mismo de Italia, que, conquistada por los godos en el siglo V, había sufrido un considerable cambio cultural a lo largo de los tiempos. De manera aún más significativa, la púrpura imperial fue enviada a Constantinopla en 476 d. C., cuando Odoacro, el general que derrocó al último emperador romano de Occidente, decidió hacerse llamar «rey de Italia» en lugar de «emperador de los romanos».[34] Para los bizantinos, por tanto, solo ellos seguían siendo auténticos romanos, pues sus compatriotas occidentales habían renunciado a su identidad. Para ellos la lengua de los verdaderos romanos era el griego bizantino, que no el latín medieval, y las tradiciones culturales que se habían conservado en la corte bizantina eran más romanas que la fragmentación de Italia y la Europa central. Los bizantinos se consideraban *romaíoi*, no *hellénoi* o griegos.

Parte del problema estaba en que, para muchos bizantinos, la palabra «heleno» tenía connotaciones peyorativas y se asociaba con el paganismo. La Iglesia ortodoxa en la que practicaban su religión no era, desde su punto de vista, una Iglesia ortodoxa «griega», como muchos historiadores la describirían en la actualidad. Consideraban que su Iglesia era universal y no estaba marcada por el estigma del helenismo pagano. Algunos autores bizantinos llegaron al extremo de despojar el término «heleno» de cualquier connotación étnica, usando esa palabra para referirse a todos los no cristianos, ya fueran árabes, persas o chinos.[35] En una sociedad profunda y activamente cristiana, esa asociación con el paganismo era una mácula que había que evitar a toda costa. Los escritores bizantinos anteriores a Láscaris suelen usar la palabra «heleno» en su sentido histórico, y rara vez la aplican a los habitantes de su ciudad. Aunque las personas cultas seguían leyendo los textos griegos clásicos y estudiaban la literatura griega, no sucedía lo mismo con la población en general, y el sentimiento de pertenencia a la cultura helénica no formaba parte de la identidad étnica o nacional de los bizantinos.

Láscaris desempeñó un papel decisivo en este cambio. La antigua identidad de los *romaíoi* ya no se ajustaba a la realidad en la que vivía Teodoro II. Era un bizantino nacido fuera de Bizancio, un emperador romano que no gobernaba ni la «vieja» Roma del Tíber ni la «nueva» Roma del Bósforo. ¿Qué otra cosa iba a ser la esencia ideológica de su imperio —debía de preguntarse mientras contemplaba las fértiles colinas onduladas que rodeaban Nicea— sino la *romanitas* de Constantinopla? ¿Qué la hacía especial y le daba sentido? En su búsqueda de una nueva identidad nacional, Láscaris volvía siempre a lo que había aprendido de sus sufridos tutores: el legado cultural de la antigua Grecia.[36]

Ese legado puede verse claramente en sus escritos. Abundan las referencias a Platón y Aristóteles, así como las citas de otros filósofos como Tales de Mileto y Heráclito, matemáticos como Pitágoras y Euclides, el geógrafo Ptolomeo y el médico Galeno. Pero lo que más inspiró a Láscaris parece haber sido la poesía de Homero. Lo mencionó explícitamente en varias cartas,[37] e hizo complejas referencias a determinados pasajes de las epopeyas homéricas. En una carta dirigida al cronista y diplomático Jorge Acropolita, hizo un extenso comentario sobre el famoso episodio del Libro I de la *Ilíada* en que Agamenón rechaza el rescate que le ofrecen para que devuelva a la cautiva Criseida. Puesto que ese rechazo llevó la peste y el sufrimiento a su pueblo, observa Láscaris con gravedad, Agamenón debería haber aceptado la oferta.[38] Teodoro buscó consuelo incluso en un sueño que tuvo tras la muerte de su mujer. En otra carta a Acropolita, describe el entusiasmo que le produce la visita que tiene planeada al famoso emplazamiento de Troya y confía en que el viaje alivie su dolor.[39]

Láscaris no era, claro está, el primer gobernante bizantino al que le fascinaba Homero. Ya hemos mencionado en el capítulo 3 que la princesa Ana Comneno escribió poesía épica al estilo de Homero, un siglo antes de que Teodoro comenzase su obra. Pero Láscaris fue el primer emperador bizantino que dio carácter político al helenismo. Para Teodoro, el helenismo iba mucho más allá de las reflexiones de los gramáticos, pues pertenecía a todos sus súbditos porque era el fundamento de su identidad étnica y nacional. En una carta dirigida a su amigo Jorge Muzalon en 1255, por ejemplo, Láscaris describe con orgullo «la valentía helénica» de sus «ejércitos helenos» durante la campaña de los Balcanes.[40] En otra carta a Muzalon analiza la posición de poder en que se encontró al dar refugio al derrocado sultán Kaikaus. Todos sus súbditos bizantinos, afirmaba Teodoro —toda la «tribu helena»— se alegraban de aquella victoria diplomática.[41] Para Láscaris, los habitantes de su imperio seguían siendo ciertamente romanos,[42] pero también eran —quizá por primera vez— griegos.[43]

Además de usar sus escritos para convertir a sus súbditos en griegos, Láscaris también llamaba a su reino «Hélade», esto es, Grecia.[44] Pero su visión de la Hélade no era la misma que la idea que tenemos nosotros de la Grecia moderna. Hoy damos por sentado que Grecia forma parte de Europa y que la Antigüedad griega pertenece a la genealogía de la civilización occidental. Mas para Láscaris la Hélade no se encontraba en Europa, sino en Asia. En una carta dirigida al diplomático Andrónico, Teodoro pregunta: «¿Cuándo vas a venir a la Hélade desde Europa? ¿Cuándo vas a ver Asia desde dentro, tras pasar por Tracia y cruzar el Helesponto?».[45] En una carta al obispo Focas, habla del regreso del obispo de Sardes «desde Europa al reino helénico».[46]

De hecho, las ideas de Láscaris sobre los límites geográficos del helenismo eran aún más complejas. Si bien el territorio helénico se encontraba —debido a cuestiones políticas— en Asia Menor, en los escritos filosóficos de Láscaris el espacio conceptual de la Hélade abarcaba todos aquellos lugares en que la cultura griega había estado presente. En la *Segunda oración contra los latinos*, una obra teológica cargada de ideología, Láscaris nos muestra una Hélade que incluía no solo el Egeo, sino también Sicilia, el Adriático, el golfo Pérsico y el mar Negro.[47] Teodoro II se ciñe al modelo geográfico de Aristóteles, según el cual Grecia no pertenecía a ninguno de los continentes, sino que estaba situada entre ellos en el centro del mundo (véase el capítulo 1). Los minuciosos diagramas de los manuscritos de la *Oración* que han llegado hasta nosotros ilustran claramente esa visión. La ecúmene, o tierra habitada, es un círculo dividido en cuadrantes. En el centro del círculo se encuentra la Hélade, equidistante de cada uno de los cuatro polos, representados por Gran Bretaña en el noroeste, la India en el noreste, España en el suroeste y Egipto en el sureste. A esa centralidad geográfica, sostenía Láscaris, se debía el que en la Hélade naciesen las personas más sanas y vigorosas. Teodoro escribió: «Solo el territorio de los helenos, gracias a su situación en el centro de la zona climática y a la calidad del viento procedente del mar, tiene la mejor mezcla de aires. Esa es la principal causa de nuestra energía física».[48]

Los helenos, según Láscaris, no eran ni del este ni del oeste, ni del norte ni del sur, sino que ocupaban una posición privilegiada en el centro del mundo. Desde su perspectiva, los griegos eran, como en la tradición aristotélica, ajenos al modelo continental. Pero, de todos los puntos cardinales, sospecho que a Láscaris el oeste era el que menos le gustaba para relacionarlo con el helenismo. Del oeste habían llegado, al fin y al cabo, los hombres que, bajo la bandera del cristianismo de lengua latina, conquistaron y seguían ocupando Constantinopla. Y los occidentales eran, más aún que los selyúcidas o los mongoles del oeste y el centro de Asia, los enemigos acérrimos de los bizantinos. Durante las décadas anteriores a los catastróficos acontecimientos de 1204, algunos escritores y estadistas bizantinos, en un diplomático intento de reconciliación, consideraban a los latinos como *romaíoi* y reconocían cierta herencia cultural compartida entre ellos y sus vecinos europeos, pero, tras la cuarta cruzada, aquella buena voluntad desapareció y los occidentales pasaron a ser simples *latinoi* o *italioi*.[49]

Esos *latinoi* o *italioi*, argumentaba Láscaris con firmeza, no tenían derecho a reclamar el legado cultural del helenismo. Sobre esta cuestión hace especial hincapié en la *Segunda oración contra los latinos*. El alegato se escribió en el otoño de 1256 y se expuso en una serie de coloquios mantenidos en Salónica entre los patriarcas bizantinos y los embajadores llegados de Roma. Láscaris insta a su audiencia a rechazar cualquier clase de avenimiento o fraternidad con el enemigo latino, animándola, por el contrario, a enorgullecerse de su propio legado helénico. Teodoro II presenta a sus interlocutores una larga lista de logros culturales de la Antigüedad griega, desde la poesía de Homero hasta las matemáticas de Pitágoras: una herencia cultural e intelectual que los latinos, afirmó con rotundidad, no podían reivindicar.

> Volved a la escuela y aprended que la filosofía pertenece a los helenos, que desde tiempos antiguos habitaron el centro de las zonas climáticas; y que los científicos nos pertenecen a nosotros, y que en realidad todas sus ciencias son nuestras. Sabed también que el viento de entonces nos pertenece a nosotros ahora, que hablamos la lengua helena y descendemos de su sangre.[50]

Según Láscaris, los helenos habían aportado al mundo no solo la filosofía y la geometría, sino también la astronomía, la aritmética, la música y las ciencias naturales y médicas, así como la teología, la política y la retórica.[51] Todos esos logros culturales e intelectuales los habían heredado los bizantinos, gracias a su identidad helénica, y no los compartían con los latinos del oeste.

La *Segunda oración contra los latinos* es un magnífico ejemplo de retórica política, pero no solo por la fuerza del lenguaje o la dramática naturaleza de sus reivindicaciones. Es también sorprendente para una audiencia moderna porque arremete contra los convencionalismos históricos de la civilización occidental. Leemos en esa obra que el legado de la Grecia antigua es más propio de Anatolia que de Europa, y que los bárbaros latinos del centro y el oeste de Europa no tienen derecho a reivindicar la herencia cultural del helenismo.

Hoy en día vemos las cruzadas como un período caracterizado por el choque de civilizaciones, y nos imaginamos al este enfrentado con el oeste, a Asia con Europa, al islam con la cristiandad. Esta retórica abundaba ciertamente en la Edad Media, dando lugar a la publicación de numerosos libros islamófobos que caricaturizaban a los miserables infieles y servían de propaganda contra los musulmanes. Pero eso es solo parte del panorama.[52] Las cruzadas tuvieron múltiples frentes y protagonistas, y en ocasiones —como sucedió en la cuarta cruzada—, enfrentaron a los cristianos entre sí. La unidad cristiana fue un espejismo, y el tan cacareado concepto de cristiandad medieval, que frecuentemente se asociaba con las ideas que surgían en Occidente, carecía de realidad tangible.

Las diferencias entre diversos grupos cristianos eran especialmente evidentes en tiempos de Láscaris, cuando la animadversión entre la ortodoxia bizantina y el catolicismo latino determinaba la geopolítica medieval. Para Láscaris y muchos contemporáneos suyos, la idea de la civilización occidental como constructo cultural que abarcaba las tradiciones griega y latina habría sido no solo ridícula, sino también ofensiva. Para ellos el mundo helénico era simplemente diferente del de los europeos latinos y, sobre todo, superior a este. Por el contrario, los latinos del centro y el oeste de Europa no buscaban sus orígenes en la Grecia antigua, a la que veían como el antepasado de un enemigo y un rival. Como vimos en el capítulo 4, se consideraban los sucesores, a través de Roma, de los antiguos troyanos.

Láscaris murió prematuramente en 1258, a los cuarenta y seis años, a causa de una misteriosa enfermedad que sigue siendo objeto de debate entre los historiadores actuales.[53] En aquella época, gracias en gran medida a los esfuerzos de Láscaris, el Estado bizantino se había recuperado de la catastrófica pérdida de Constantinopla y estaba desarrollándose progresivamente, pero sin olvidar la sorda animosidad contra la Europa latina y occidental. Sin embargo, las cosas no tardarían en cambiar. Un siglo después de la publicación de la *Segunda oración contra los latinos*, un joven poeta italiano llamado Petrarca comenzó a estudiar con entusiasmo a los clásicos. Petrarca descubrió en un códice guardado en Lieja varios discursos de Cicerón que se habían perdido, para desesperación de las muchas generaciones de estudiantes que desde entonces se han visto obligadas a leer al orador romano. Pero a Petrarca no le interesaban solamente los autores latinos que se estudiaban entonces habitualmente en el centro y el oeste de Europa, sino también los autores griegos. Aunque nunca llegó a aprender griego clásico, el poeta italiano se las arregló para hacerse con un códice del texto griego de Homero y en 1360 le encargó al calabrés Leoncio Pilato la traducción de las epopeyas homéricas al latín.[54] Láscaris se habría enfurecido a causa de lo que él consideraría como la apropiación latina de la cultura helénica, pero no habría podido hacer nada para revertir aquella corriente cultural. Petrarca y sus contemporáneos habían inaugurado el Renacimiento.

CAPÍTULO 6

Lo que queda de la Antigüedad

Tullia d'Aragona

Si viajas hacia el oeste, descubrirás a tus antepasados.

TULLIA D'ARAGONA (1560)[1]

Tullia d'Aragona fue, en muchos aspectos, un «hombre del Renacimiento». Fue una brillante polímata, una poeta reconocida y una famosa filósofa cuyo deslumbrante salón atraía a la élite intelectual del momento. A mediados del siglo XVI, era un rostro familiar en los palacios de Florencia, Venecia y Roma, y se relacionaba con nobles, diplomáticos y eruditos. Pero, evidentemente, d'Aragona no podía ser un hombre del Renacimiento, por el simple hecho de que era una mujer.

Si buscas información sobre d'Aragona, lo más probable es que encuentres puntos de vista muy diversos. En mi investigación encontré cotilleos obscenos sobre sus actividades como cortesana, análisis serios de su poesía amorosa y detalladas valoraciones de su filosofía desde una perspectiva feminista. Si bien estos libros te darán muchos datos sobre ella como mujer y sobre la Italia renacentista, la poesía de d'Aragona también nos habla del nacimiento de la civilización occidental como relato grandilocuente. Si queremos saber cómo llegaron a formar Grecia y Roma el inquietante híbrido que hoy conocemos como «Antigüedad grecorromana» —un híbrido que a los protagonistas de los tres capítulos anteriores les habría parecido no solo descabellado, sino directamente ofensivo— o si queremos averiguar cómo empezaron a construir los pensadores renacentistas un conglomerado heterogéneo, y, en definitiva, si queremos descubrir los primeros rastros del emergente relato de la civilización occidental, entonces la extraordinaria obra de d'Aragona es un excelente punto de partida.

¿Nacimiento o renacimiento?

A menudo usamos el término «Renacimiento» para referirnos al extraordinario florecimiento de las artes, la literatura y las ciencias que tuvo lugar primero en Italia y luego en el resto de Europa entre los siglos XIV y XVI.[2] Fue un florecimiento basado en dos principios esenciales. El primero es el humanismo, un movimiento que, desde una perspectiva filosófica, impulsó la racionalidad y la iniciativa humanas, y, desde una perspectiva intelectual, prestó especial atención a las experiencias emocionales y a la expresión cultural, así como a otras formas más tradicionales del conocimiento técnico, como el derecho, la gramática y la retórica. El segundo principio es una mentalidad de asombro consciente ante una gran diversidad de creaciones culturales que recordaban intencionadamente a la Antigüedad griega y romana. Este último principio, fundamental para el objeto de este libro, es el que constituye la base del término «Renacimiento».

Evidentemente, no todo el mundo en aquella época tenía la sensación de estar viviendo un «renacimiento». El propio término tiene diversas connotaciones. Se aplica básicamente a la idea de una época posterior que recibe el legado cultural de otra anterior, gracias a lo cual la cultura y las tradiciones del pasado «renacen» en el presente. Uno de los problemas que plantea este término es que pone de relieve el renacimiento o revitalización de las ideas antiguas a costa de las nuevas, dando a entender que el Renacimiento fue un período de repetición y conservadurismo más que de innovación, radicalismo e inventiva. Otro problema es el tipo de relación que se establece con la Antigüedad. Lo que se da a entender es que las sociedades europeas de los siglos XIV a XVI no solo se inspiraron en el mundo clásico o prestaron atención a sus tradiciones, sino que en el fondo eran básicamente la «misma» cosa, unida por una continuidad cultural a la que hoy llamamos civilización occidental. Si el «primer» nacimiento de este movimiento cultural hubiera de ubicarse en la Antigüedad clásica, ello implicaría que posteriormente permaneció aletargado durante la oscuridad de la Edad Media, a la espera de ser reactivado, o de «renacer», en condiciones más adecuadas.

Como ya hemos visto en este libro, esa idea sencillamente no se sostiene. En los capítulos 1 y 2 vimos que las cosmovisiones griega y romana diferían de la nuestra, y que en ninguna de las dos prevalecía la noción de un proto-Occidente. En los capítulos 3, 4 y 5 vimos que el legado cultural de la Antigüedad griega y romana no permaneció aletargado en modo alguno durante la Edad Media. Antes bien, los mundos islámico y bizantino lo recibieron de distintas maneras, mientras que la Europa central y occidental reivindicaba una herencia que procedía de Troya y Roma. En este capítulo veremos que los hombres del siglo XVI no percibían un renacimiento de la Antigüedad grecorromana, sino que, por el contrario, cuestionaban activamente su relación con la Antigüedad. Desde el célebre *El cortesano*, de Castiglione, hasta las obras de Tullia d'Aragona, los escritores del siglo XVI imaginaron de diversas maneras la Antigüedad y su relación con ella.[3]

La periodización de la historia y la clasificación de esas etapas suele producirse retrospectivamente, y el Renacimiento no es una excepción. El término Renacimiento no se popularizó hasta mediados del siglo XIX, cuando el historiador suizo Jacob Burckhardt publicó el libro *La cultura del Renacimiento en Italia*. En ese libro Burckhardt argumenta que el espíritu de una época puede verse a través de su cultura: en el arte, la literatura y la música, pero también en las costumbres, la moralidad, la política y la religión. Las revoluciones culturales del Renacimiento, arguye, representan una revolución psicológica y social mucho más generalizada en la condición humana. En el «nuevo espíritu monumental que caracterizó el Renacimiento», argumenta, se puede distinguir el desarrollo del individualismo, el auge de complejas e impersonales estructuras gubernativas y la tendencia hacia la investigación científica. Fue por tanto el Renacimiento el que disipó las tinieblas de la mentalidad medieval, rompió las cadenas de la superstición y la religión, y finalmente inauguró el mundo moderno. «El Renacimiento italiano», afirma triunfalmente en el último capítulo, «debe ser considerado como el adalid de la Edad Moderna», pues sirve de punto de apoyo para pasar de la Edad Media a la modernidad.[4]

Si, según el modelo de Burckhardt, el Renacimiento señala el parto de la modernidad, entonces el vínculo con la Antigüedad grecorromana tiene que haber sido la comadrona. Burckhardt reconoce, por otro lado, que algunas transformaciones habrían sido posibles sin la influencia de la Antigüedad y que la idea de «renacimiento» ha sido escogida «unilateralmente como nombre que compendia todo el período».[5] Y, sin embargo, sostiene que la inspiración e influencia del mundo clásico fueron de vital importancia. Argumenta que la «cultura, en cuanto se liberó de los terribles grilletes de la Edad Media, no pudo llegar de repente y sin ayuda al conocimiento del mundo físico e intelectual. Necesitaba un guía, y lo encontró en la civilización antigua, con toda su riqueza de ingenio y sabiduría en el ámbito espiritual. La forma y la sustancia de aquella civilización se adoptaron con admirable gratitud, convirtiéndose en la parte principal de la cultura de entonces».[6]

Pero, en realidad, no se trataba de la introducción de influencias ajenas en la Italia renacentista, sino más bien de «la alianza de dos épocas distantes en la civilización de un mismo pueblo». Más que la introducción de elementos ajenos, aquello era el despertar de algo preexistente; más que el renacimiento de antiguas formas de cultura, suponía la incorporación de otras nuevas.

Aunque contribuyó en gran medida a popularizarlo, Burckhardt no inventó el término Renacimiento. El historiador Jules Michelet empleó la forma francesa unos años antes de que Burckhardt publicase su obra trascendental, y la forma italiana de la palabra llevaba aún más tiempo en circulación. Ya en 1550, en la cúspide del propio Renacimiento, Giorgio Vasari, en referencia a las artes, hablaba del «*progresso della sua rinascita*», después de siglos de «*media aetas*», en sus famosas biografías *Las vidas de los más excelentes arquitectos, pintores y escultores italianos*. Sin embargo, la idea de *rinascita* de Vasari no equivalía al concepto de Renacimiento como período histórico que tenemos nosotros (o Burckhardt). Vasari pensaba más bien en ciclos de declive y resurgimiento, pero no en una progresión lineal a lo largo de la historia.[7] Es la diferencia entre hablar de «un» renacimiento cultural (o incluso de renacimientos) y hablar de «el» Renacimiento como un período histórico concreto. Vasari, d'Aragona y sus contemporáneos tal vez sintieran que vivían en el primero, pero no consideraban su época como el segundo.

D'Aragona y sus contemporáneos eran conscientes de que se inspiraban en la Antigüedad. Como ya vimos en el capítulo 3, algunos elementos de la tradición cultural griega, y sobre todo de la romana, habían perdurado en el centro y el oeste de Europa durante la Edad Media y siguieron siendo un estímulo y una fuente de legitimidad política e intelectual. Ello es evidente en la instauración del Sacro Imperio Romano Germánico, que se inspiró explícitamente en los símbolos culturales de la antigua Roma para fines artísticos e ideológicos.[8] Pero la costumbre de volver conscientemente al pasado cambió, cualitativa y cuantitativamente, durante el período al que ahora denominamos Renacimiento. En arquitectura, Andrea Palladio se inspiró en un viaje a Roma para construir edificios basados en la simetría y en las proporciones matemáticas de Vitruvio, en contraste con el gótico y los estilos ricamente ornamentados de las generaciones anteriores. En arte, Miguel Ángel estudió el realismo de la escultura romana como modelo para sus propias representaciones del cuerpo humano, desde la tensa musculatura del *David* hasta los magníficos pliegues de las vestimentas de la *Piedad*. En literatura, la *Divina comedia* de Dante toma elementos de cuatro poetas latinos —Virgilio, Estacio, Lucano y Ovidio— mientras narra los largos encuentros del protagonista con esos poetas a lo largo del poema.[9] Entre los siglos XIV y XVI, el contacto con la Antigüedad fue más frecuente e intenso que en los siglos precedentes.

Durante ese período no solo hubo más contacto con el tiempo antiguo, sino que también se produjeron cambios cualitativos con relación a qué aspectos de la Antigüedad valía la pena tener en cuenta. A lo largo de los siglos, la cultura italiana había utilizado modelos tomados de la antigua Roma, a la vez que se inspiraba en las genealogías de Troya y del mundo bíblico. Hasta el siglo XIV, la Grecia clásica había sido un elemento «distinto»: el antepasado cultural de los pueblos del este y el sureste de Europa, que vivían bajo el control del Imperio bizantino y estaban adscritos al rito ortodoxo (capítulos 4 y 5). La Antigüedad griega no podía formar parte de la herencia cultural que había recibido Europa en aquellos territorios gobernados por la Iglesia latina y el Sacro Imperio Romano Germánico. Sin embargo, alejándose radicalmente de las teorías anteriores, a partir del siglo XV surgió en Italia la tendencia a ver la Antigüedad como una combinación de Roma y Grecia, eliminando de la ecuación el Asia Menor. Fue entonces cuando nació, no renació, la idea del mundo grecorromano como una sola entidad: la Antigüedad clásica.

El surgimiento del filohelenismo renacentista fue gradual. Ya hemos hablado de Petrarca (al final del capítulo anterior), que importó un códice de los poemas homéricos y lo hizo traducir al latín en 1360. Pero Petrarca no era el único al que le interesaba el helenismo. Junto con su contemporáneo Boccaccio, Petrarca fue uno de los intelectuales italianos que, ya a mediados del siglo XIV, mostraron interés por la Grecia antigua.[10] A mediados del siglo siguiente, el conocimiento de la Antigüedad griega era habitual entre las élites italianas. En Florencia había incluso una Academia Platónica, fundada nada menos que por Cosme de Médici. La Academia Platónica atrajo a eruditos y artistas de toda Europa y contribuyó considerablemente a fomentar el estudio de la filosofía y la Antigüedad griegas en el mundo latino.[11]

Personalidades como Petrarca, Boccaccio y Cosme de Médici fueron esenciales para despertar este nuevo interés por la cultura griega, pero varios acontecimientos clave contribuyeron a reforzar ese proceso. La tensión entre las iglesias griega y latina se había suavizado lo bastante para que ambas enviaran representantes, junto con los delegados de las iglesias copta y etíope, al Concilio de Ferrara-Florencia, celebrado entre 1437 y 1439, con el fin de superar el Cisma de Occidente.[12] Aunque en el concilio no se llegó a ningún acuerdo, el solo hecho de que se celebrase fue posible gracias a una mejor relación entre las dos iglesias tras siglos de desavenencias. Una disminución de las tensiones políticas y confesionales se produjo con la caída de Constantinopla en manos de los turcos en 1453, que anuló por completo al Imperio bizantino como fuerza política y puso fin a la rivalidad existente entre este y el Sacro Imperio Romano Germánico.[13] A partir de entonces ya no había razones para que los europeos vieran a los antiguos griegos como los denostables antepasados de un enemigo molesto, como en los tiempos de Godofredo de Viterbo (capítulo 4) o Teodoro Láscaris (capítulo 5). Por último, la conquista de Granada en 1492 provocó la caída definitiva de al-Ándalus y el fin del dominio musulmán en la península ibérica.[14] La Iglesia latina señoreaba Europa triunfalmente, desde España hasta Eslovaquia y desde Suecia a Sicilia. Aunque su supremacía iba ser pronto cuestionada (como veremos en el capítulo 7), nada minaba su confianza durante la primera etapa del Renacimiento.

Los acontecimientos políticos tienen siempre consecuencias culturales. La caída de Constantinopla ante los otomanos provocó que muchos eruditos bizantinos huyeran al oeste, llevando consigo su conocimiento de la literatura y la filosofía griegas. Buena parte de ellos se establecieron en las poderosas ciudades-Estado de Italia, donde encontraron la protección de ricos mecenas. Entre esos inmigrantes estaba Juan Argirópulos, un humanista que se estableció en Florencia y terminó muriendo por comer demasiada sandía (según nuestras fuentes), aunque no antes de pasar mucho tiempo en la Academia Platónica, donde dio clases, entre otros, al joven Lorenzo de Médici y a un prometedor artista en ciernes llamado Leonardo da Vinci.[15] Con la caída de al-Ándalus, los textos griegos de las bibliotecas de Granada cayeron en manos de los cristianos españoles, así como siglos de erudición árabe, desarrollados y ampliados en esos libros. En el momento de la toma de Granada, la biblioteca de los nazaríes en la Alhambra contaba con más de 250.000 ejemplares, muchos de los cuales (se presupone sin certeza desde hace mucho tiempo) fueron destruidos durante las quemas de libros supuestamente organizadas por el cardenal Cisneros para afianzar el cristianismo. Sin embargo, muchos manuscritos de la biblioteca real han sido hallados recientemente en España, el Vaticano y Marruecos, lo que demuestra que las bibliotecas islámicas de Granada y la incalculable erudición que contenían no se perdieron por completo.[16]

No por casualidad el conocimiento de la lengua griega y el interés por la cultura helénica —conservadas durante siglos por los eruditos islámicos y bizantinos— empezaron a extenderse por el centro y el oeste de Europa. No es solo que esos conocimientos fuesen más accesibles que nunca, sino también que la cultura griega se había quitado de encima las connotaciones negativas que había tenido cuando el Imperio bizantino era un enemigo político. Despojado de sus peligrosos colmillos, el helenismo empezó a tener mucho más interés cultural. El mundo griego pasó a formar parte de la conciencia histórica del centro y el oeste de Europa, desempeñando el papel de antepasado cultural, al lado de Roma, Troya y el Asia de la Biblia. El hermanamiento de Grecia y Roma en la imaginación moderna está tan extendido que resulta difícil imaginar una época en que no se las relacionase automáticamente. Pero lo cierto es que hubo que esperar hasta el

Renacimiento para hermanarlas y formar un pasado «grecorromano» coherente.

Sin embargo, esa historia grecorromana no había alcanzado aún la categoría de «Antigüedad clásica», con exclusión de otras civilizaciones antiguas, ni se había planteado todavía la idea de que el centro y el oeste de Europa deberían considerarse como los únicos herederos de ese legado conjunto. Aún no había surgido el gran relato de la civilización occidental, que llegaría más tarde, como veremos en el capítulo 9. Pero en el siglo XVI, en la cima del Renacimiento, todas las piezas estaban en su sitio: una cristiandad ligeramente menos dividida que en siglos anteriores; una zona de cohesión política y cultural ubicada en el centro y el oeste de Europa; y una visión histórica de una Antigüedad que englobaba a Grecia y Roma. Pero, aun así, la Antigüedad en la que se inspiraban los pensadores renacentistas no se limitaba a esas dos naciones, pues abarcaba también las culturas etrusca, egipcia y mesopotámica. El sentimiento de exclusividad cultural que acompaña al concepto de Occidente aún no había arraigado, lo cual se puede constatar en la obra de Tullia d'Aragona, una mujer que destacó como erudita y escritora, pero que en este aspecto —en cuanto al tratamiento de una Antigüedad que, aparte de Grecia y Roma, incluía también otras culturas— era una hija de su tiempo.

«Un alma casta y sabia»

En el caso de Tullia d'Aragona,[17] como ha sucedido con muchas mujeres a lo largo de la historia, casi nada de lo que sabemos de su vida procede de la documentación histórica o de su propio testimonio, sino más bien de los escritos románticos e idealizados de sus contemporáneos varones.[18] Girolamo Muzio —cortesano, poeta, defensor de la lengua italiana frente al latín y, al parecer, el mayor admirador de d'Aragona— escribió en su honor una égloga titulada *Tirrhenia*, un arcaizante nombre para la región situada justo al norte de Roma.[19] Esta composición poética nos da varias pistas que completan lo que sabemos por los documentos oficiales acerca de su vida.

D'Aragona nació en Roma entre 1501 y 1504. Su madre, Giulia Pendaglia, procedía de Ferrara, en el norte de Italia, y probablemente fue una refinada prostituta antes de casarse respetablemente con el noble sienés Africano Orlandini.[20] En algún momento antes de contraer esas felices nupcias, Giulia dio a luz a una hija, Tullia, que tomó el apellido d'Aragona de su padre. No está claro a qué d'Aragona debe Tullia su paternidad; Muzio da entender en la *Tirrhenia* que su padre era un cardenal, lo que ha llevado a algunos historiadores modernos a suponer que se trata del cardenal Luigi d'Aragona, un hijo bastardo del rey de Nápoles. No obstante, en un documento posterior figura como padre de Giulia Costanzo Palmieri d'Aragona, un modesto miembro del séquito del cardenal Luigi. Los historiadores siguen divididos en cuanto a quién fue realmente el padre de Tullia. ¿Mandó el cardenal a su sirviente que reivindicase la paternidad de su hija ilegítima para evitar el escándalo? ¿O no son todo más que habladurías? Probablemente nunca sabremos la verdad. Lo único que sabemos es que d'Aragona pasó su infancia entre Roma y Siena y que regresó a la ciudad eterna cuando era adolescente. Aunque pasó parte de su vida en algunas ciudades del norte, siempre regresaba a Roma, pues era allí donde al parecer se sentía más a gusto. Enseguida se hizo famosa entre la alta sociedad, y el músico francés Philippe Verdelot compuso en 1523-1524 dos madrigales que la mencionan explícitamente y alaban su belleza. Hacia la misma época, d'Aragona tuvo una relación con el famoso banquero y aristócrata florentino Filippo Strozzi, una relación que duraría más de una década.[21]

Durante ese tiempo, d'Aragona viajó con frecuencia entre Roma, Venecia, Florencia y Ferrara, y su nombre se relacionó con diversos nobles y otros personajes de la cultura, así como con Strozzi. Aquellos fueron los primeros años de d'Aragona como cortesana, cuando tenía alrededor de veinte años, y pronto se hizo famosa por su inteligencia y por su belleza. Un cortesano chismoso comentó con aprobación que no solo era «extremadamente amable, discreta, perspicaz y poseedora de distinguidos modales», sino que tenía también un gran talento para la música y era muy educada. Se decía que «parece saber de todo y puede hablaros de cualquier tema que os plazca», que «su casa está siempre llena de *virtuosi*», y que «en la conversación no tiene par».[22] Otros cronistas estaban asombrados de que pudiera citar a Petrarca y a Boccaccio de memoria, así como la obra de varios poetas latinos.[23] Pero, aunque esas palabras de admiración parecerían indicar un estilo de vida glamuroso, no debemos olvidar que en el fondo d'Aragona se dedicaba al sexo, con todos los peligros y el estigma social que ello conlleva. La escenificación de un personaje intelectual también puede haber formado parte de su «marca» personal, y, de hecho, en el infame *Catálogo de precios de las putas de Venecia*, publicado en 1535, encontramos la siguiente referencia a Tullia, en la que se sugiere que sus méritos poéticos y culturales iban en el mismo lote que su atractivo sexual:

> Señores, ahora toca el caso de Tullia d'Aragona,
> cuyo medio palmo de intestino
> la fuente del Helicón lava cuando mea.
> Ella pide diez escudos por metérsela por el ojete
> y cinco por el coño y eso dejaréis
> a la más grande puta del burdel.[24]

Entre las vulgares referencias a la micción y el sexo anal, leemos que la «fuente del Helicón» —una referencia al monte donde moraban las musas— lava por dentro a d'Aragona. Esta aura de elegancia y educación tal vez hiciera que d'Aragona fuese considerada «la más grande puta del burdel». Uno de los riesgos profesionales de las trabajadoras del sexo era quedarse embarazadas, y se ha insinuado que d'Aragona se tomó unos meses de vacaciones en 1535, más o menos cuando se publicó el *Catálogo de precios*, para dar a luz a una hija, Penélope, aunque sigue sin quedar claro si esta era en realidad su hija o su hermana.[25] Sea como fuere, d'Aragona regresó a Roma unos meses después del nacimiento de Penélope, y hacia esa época se produjo en su vida un cambio significativo. Cuando tenía veintitantos años era una cortesana ingeniosa y educada. En la treintena se había convertido en una mujer de letras, una poeta y erudita que ocasionalmente tenía amantes de pago para ganar algún dinero extra. De esta época data la mayor parte de la poesía de d'Aragona, que consta de sonetos, diálogos y un poema épico, *Il meschino* [El mezquino].

La mayor parte de la obra de d'Aragona circuló de manera informal y no se publicó hasta que ya era mayor, pero eso no le impidió ganar renombre en los círculos literarios italianos. Sperone Speroni, un famoso humanista y dramaturgo paduano, puso el nombre de Tullia a un personaje de su *Dialogo d'amore* en 1542. El famoso poeta mantuano Ercole Bentivoglio dedicó varias poesías a alabar su técnica poética y su selecto vocabulario. D'Aragona también anduvo en dares y tomares con el teólogo radical Bernardino Ochino, al que dedicó un soneto en el que reflexionaba sobre la naturaleza del libre albedrío. Hacia esa época fue cuando conoció también a Girolamo Muzio, cuyo apoyo e influencia serían importantísimos para la siguiente fase de su trayectoria personal, como lo había sido Strozzi durante sus años de juventud.

En 1544, cuando tenía unos cuarenta años, d'Aragona contrajo matrimonio con el por otra parte desconocido Silvestro Guicciardi, hecho este que parece haber tenido poco peso en sus actividades profesionales o intelectuales. Cinco años más tarde fue inscrita en un registro de trabajadoras del sexo en Roma, todas las cuales debían contribuir con el 10 % de su renta anual a la restauración del puente de Santa María (curiosamente, incluso a sus cuarenta y tantos años, d'Aragona se encontraba entre el 11 % de las prostitutas mejor pagadas de Roma, a juzgar por la fastuosidad de su residencia).[26] Desde el punto de vista intelectual, d'Aragona estaba incrementando su producción literaria.

La buena acogida de su *Dialogo dell'infinità d'amore*, publicado en 1547, dio pie a la publicación de una segunda edición en 1552. Su antología poética, *Rime della signora Tullia d'Aragona*, se publicó también en 1547. En ella se incluyen una serie de sonetos sueltos, pero está organizada como una serie de diálogos con poesías escritas por d'Aragona y respuestas poéticas de diversos amigos y corresponsales suyos. La lista de corresponsales y dedicatarios que figuran en las *Rime* es una especie de quién es quién de los círculos literarios italianos de la época, y en ella se encuentran, entre otros: el aristócrata romano Tiberio Nari (*Rime* 27), el poeta y cardenal Pietro Bembo (*Rime* 15), los diplomáticos españoles don Luis de Toledo (*Rime* 13) y don Pedro de Toledo (*Rime* 14), e incluso la temible Maria Salviati, madre de Cosme de Médici (*Rime* 12). Sin embargo, el volumen entero estaba dedicado a Leonor, duquesa de Florencia y esposa de Cosme de Médici.

La boda de d'Aragona tuvo algunas ventajas para ella. El certificado de matrimonio la eximió del cumplimiento de una ley vigente en Siena según la cual la indumentaria debía distinguir a las cortesanas de las mujeres casadas. Cuando la denunciaron por llevar una lujosa capa bernia, los jueces reconocieron a regañadientes que, en cuanto mujer casada, tenía derecho a vestir como quisiera. Dos años después, d'Aragona chocó en Florencia con una ley similar que exigía a todas las trabajadoras del sexo el uso de un velo o un pañuelo amarillo para distinguirlas de las mujeres «honestas». Por entonces, sin embargo, ya no necesitaba demostrar su estado civil para evitar sanciones, pues gozaba de la protección de la familia más poderosa de Florencia: los Médici. Un nuevo decreto promulgado por el mismísimo Cosme I establecía que, gracias a su «excepcional conocimiento de la poesía y la filosofía», a d'Aragona se le otorgaba «un nuevo privilegio», a saber, «la exención de toda responsabilidad en lo relativo a la indumentaria, la vestimenta y el comportamiento».[27]

D'Aragona se encontraba en Roma cuando la sorprendió la muerte en 1556, con apenas cincuenta años, e hizo pequeñas donaciones a varios amigos y conocidos, a huérfanos pobres y a prostitutas arrepentidas (como exigía la ley, señala con mordacidad en su testamento). El resto de sus pertenencias, incluida una pequeña biblioteca con libros en italiano y en latín, pasaron a su hijo Celio. No sabemos cuándo nació Celio, ni quién fue su padre, pero sí sabemos que d'Aragona lo dejó al cuidado de Pietro Chiocca, sirviente y trinchador del cardenal Alvise Cornaro.[28]

Jugar con Platón y debatir con Aristóteles

Las obras de d'Aragona ilustran a la perfección la nueva visión renacentista de la Antigüedad. El mundo de la Roma clásica se da por sentado; es como un telón de fondo invariable en el que se ambienta la acción. Cuando d'Aragona quería alabar a Cosme de Médici, lo comparaba con el mítico Numa Pompilio (*Rime* 4); cuando quería invocar la ambigua naturaleza del destino aludía a Jano, dios de las puertas (*Dialogo*); y Muzio, cuando escribió en su honor el poema pastoral *Tirrhenia*, lo hizo al estilo de las églogas virgilianas.

Pero si Roma constituía el telón de fondo en la obra de d'Aragona, Grecia a menudo le proporcionaba la trama. El *Dialogo dell'infinità d'amore* dramatiza no solo un debate filosófico sobre la naturaleza del amor, sino también una contienda entre la filosofía de Platón y la de Aristóteles. En él d'Aragona presenta su propia interpretación de una nueva tendencia literaria: la redacción de tratados sobre el amor, con frecuencia en forma de diálogos como los de Platón, quien solía construir la imagen literaria de un Sócrates que estimulaba el entendimiento de sus interlocutores por medio del debate. Además de prestar atención a la Antigüedad, el *Dialogo* de d'Aragona se inspira en las obras de contemporáneos como Marsilio Ficino, Leone Ebreo[29] y Sperone Speroni, el cual, como ya hemos señalado, había incluido a d'Aragona en su propio *Dialogo d'amore* cinco años antes, si bien con una caracterización muy diferente de la que ella adoptaría posteriormente para sí misma.[30]

El *Dialogo* es la dramatización de una velada ficticia en su residencia de Florencia, donde d'Aragona y sus invitados inician un encendido debate filosófico sobre la naturaleza del amor. La propia d'Aragona es la figura central del coloquio, la que canaliza la conversación e ilustra a sus contertulios. Su principal interlocutor es el idealista republicano Benedetto Varchi, convertido en un apasionado hombre de letras, aunque también intervienen el doctor Lattanzio Benucci y otros caballeros cuyos nombres no se mencionan. Durante el *Dialogo*, Varchi aduce una serie de argumentos aristotélicos, incluida la diferencia semántica entre «amor» y «amar» y la relación entre forma y sustancia. Pero la teoría aristotélica que más interesa a d'Aragona es la de la inferioridad innata de las mujeres. En una famosa conferencia pronunciada en la Academia de Florencia, Varchi había apelado a la autoridad de Aristóteles al describir la pasividad de las mujeres en la procreación, subrayando la inferioridad intelectual de estas en comparación con los hombres. A lo largo del *Dialogo*, d'Aragona cuestiona las ideas aristotélicas sobre la inferioridad femenina, dando por sentada en todo momento la igualdad intelectual y sexual de hombres y mujeres, y ejemplificándolas en el discurso y las acciones de la versión ficticia de sí misma en el papel de moderadora del diálogo.[31]

Pero d'Aragona también cuestiona las teorías platónicas sobre el amor, preguntándose por qué afirmaba Platón que el verdadero amor solo puede darse entre hombres. ¿Por qué —le pregunta a Varchi— hemos de suponer que las mujeres solo pueden entregarse a las formas más bajas y carnales del amor? En el *Dialogo*, tanto d'Aragona como

Varchi manifiestan su aversión a las relaciones homosexuales entre varones, defendiendo este último la nobleza del amor «puro» que Platón y Sócrates sentían por los jóvenes (en la vida real, Varchi fue criticado por haberse encariñado más de lo conveniente con varios jovencitos). Pero la naturaleza intelectual del amor platónico, sugiere d'Aragona, significa que a nadie le está vedado en virtud solamente de la apariencia física, por lo que no debería excluir a las mujeres. Al final del diálogo ambas partes coinciden en que el amor cambia con el tiempo, pues pasa de vulgar y carnal a puro y espiritual, y también varía de persona a persona.[32]

El *Dialogo dell'infinità d'amore* se inspira por tanto en gran medida en textos griegos antiguos, basándose en una serie de principios retóricos aristotélicos y en un esquema y un género platónicos. Pero si nos fijamos en las ideas que subyacen tras su obra y en sus conclusiones finales, d'Aragona no es ni platónica ni aristotélica. Antes bien, Tullia rechaza ambas teorías sobre el amor y propone la suya propia, desarrollada a partir de la experiencia personal y el conocimiento directo. A d'Aragona el helenismo le proporcionó un estilo literario y una base filosófica, pero no le dio todas las respuestas.

Por muy interesada que estuviera d'Aragona en la Antigüedad grecorromana, su enfoque cultural traspasaba esos límites, como se evidencia en su última obra, publicada póstumamente en 1560. *Il meschino* es un poema épico de más de 28.000 versos distribuidos en 37 cantos (*La Ilíada* no llega a 16.000 versos).[33] La base del poema épico era un romance en prosa escrito por Andrea da Barberino en el siglo XIV que había alcanzado cierta popularidad en tiempos de d'Aragona, siendo incluso traducido al castellano,[34] pero la reestructuración de la fábula y su versificación constituyen un considerable logro creativo.

Es fácil comprender el éxito de una historia tan entretenida. El poema de d'Aragona se inspira en el relato de Barberino, que narra la vida de Guerino —hijo de uno de los caballeros de Carlomagno—, al que los piratas capturan cuando es todavía un bebé, lo esclavizan y le ponen el nombre de «Mezquino».[35] Vendido como esclavo en Constantinopla, se convierte en sirviente del emperador bizantino, se enamora sin ser correspondido de la desdeñosa hija de este y consuma heroicas hazañas contra los turcos, pero, cuando está a punto de alcanzar la gloria en Constantinopla (y de ganarse el corazón de la princesa), el joven Guerino renuncia a los placeres terrenales y se propone averiguar a toda costa sus orígenes. A partir de ese momento su viaje se convierte en una vuelta al mundo conocido (con la consiguiente estancia en el inframundo), lleno de bestias fantásticas y personajes míticos, todo ello rematado con un reconfortante final feliz. Pero esa búsqueda de su procedencia es una metáfora del interés renacentista por conocer su ascendencia cultural.

Guerino comienza su viaje hacia el este dirigiéndose a Tartaria (en Asia central), donde se enfrenta a gigantes y monstruos. Desde allí navega hasta Armenia, donde derrota a un pérfido rey; luego viaja a Media, donde rescata a una reina inexperta y cortésmente declina su propuesta de matrimonio. Prosiguiendo su camino, es hecho prisionero por el lujurioso rey de Solta, en Persia, el cual, como Guerino rechaza sus insinuaciones, lo casa con su hija. Habiendo llegado a la India, Guerino consulta el oráculo de Apolo en los árboles del Sol y la Luna, que le revelan su verdadero nombre y le dicen que viaje hacia el oeste en busca de sus verdaderos antepasados (de ahí la cita que figura al comienzo de este capítulo). A bordo de un navío arriba a Arabia, donde es recibido cordialmente por el sultán, y visita la tumba de Mahoma antes de enamorarse de Antinisca, hija del rey de Persépolis, y libra una serie de heroicas batallas para defender su trono. Pero, pese al amor que siente por ella, Guerino no abandona la búsqueda de sus raíces y se dirige a África.

En África Guerino se enfrenta a gigantes y dragones antes de conocer al rey de Etiopía, el preste Juan, que gobernaba un reino cristiano lleno de riquezas y tesoros y para el que Guerino lucha durante algún tiempo como paladín.[36] Desde allí prosigue su viaje en dirección a Egipto, donde se convierte en general de los ejércitos del sultán que combaten contra los árabes. En Egipto se reencuentra fortuitamente con un compañero de la infancia que también había sido esclavo en Constantinopla, y eso lo incita a continuar su búsqueda. Viajando hacia el oeste a través de Libia, Guerino lucha contra gigantes, convierte al rey, con el que traba amistad, y rechaza las insinuaciones de una princesa (habiendo matado a su propio hermano para que Guerino acceda al trono, la princesa decide entonces suicidarse).

Ya bastante extenuado, Guerino zarpa para Sicilia e Italia, donde busca a la sibila, una profetisa que lo obliga a permanecer con ella un año entero, durante el cual pone a prueba su resistencia a la tentación. Una vez libre, Guerino viaja a Roma, donde el papa le impone una penitencia por haber consultado a dos oráculos paganos: debe visitar el purgatorio pasando por el pozo de san Patricio, en Irlanda. Tras atravesar Francia y detenerse en el norte de España para acabar con los bandoleros que asaltan a los peregrinos en el Camino de Santiago, Guerino zarpa para Inglaterra, de donde pasa a Irlanda. En el pozo ve una imagen dantesca del infierno y el purgatorio, y empieza a atisbar quiénes son sus verdaderos padres. El final de todas estas aventuras, cuando ya conoce su verdadera identidad, es completamente hollywoodiense: rescata a sus padres de la mazmorra donde han estado consumiéndose todos esos años, guerrea victoriosamente contra los turcos en el norte del Mediterráneo y se casa con su verdadero amor, Antinisca, en Persia, donde convierte a todo su pueblo al cristianismo y vive feliz para siempre.

Il meschino se acomoda a muchas de las convenciones de la épica renacentista italiana. Al igual que otros ejemplos de su género, mezcla el heroísmo épico clasicista con la caballerosidad de las canciones de gesta. Al igual que otros ejemplos de su género, está escrito en octavas reales: estrofas de ocho versos endecasílabos con rima consonante. La octava real la usaron Boccaccio, a mediados del siglo XIV, en *Filóstrato* (que sirvió de inspiración un siglo después para *Troilo y Criseida*, de Shakespeare), y también otros poetas, como Ludovico Ariosto en *Orlando furioso*, Torquato Tasso en *Jerusalén liberada* y Alonso de Ercilla en *La Araucana*.[37]

Al igual que otros ejemplos de su género, *Il meschino* también utilizó libremente motivos tomados de la poesía épica griega y romana. Como en la *Eneida* de Virgilio, el héroe de d'Aragona hace un recorrido por el infierno. Al igual que Circe en la *Odisea*, la sibila de *Il meschino* es al mismo tiempo una aterradora hechicera y un atractivo símbolo sexual. Y, como Odiseo, que luchó contra los cíclopes y tuvo que huir de la tierra de los lotófagos, el héroe de d'Aragona tiene que viajar hasta los confines del mundo (Irlanda en una dirección y la India en la otra) y debe enfrentarse a los grifos, los unicornios y el centopochus, una criatura dotada de colmillos y un largo cuello.[38] D'Aragona parece haber incluido en el texto diversas referencias grecorromanas que no estaban presentes en versiones anteriores de *Il meschino*; menciona a

Catón y a Ovidio, hace referencia al sitio de Jerusalén por parte del emperador Tito e incluye una serie de figuras mitológicas divinas, entre las que se encuentran el dios Apolo/Febo y las musas Clío y Euterpe.[39]

Pero, aunque utilice el mundo grecorromano como acervo cultural y sitúe el reino de la sibila en Italia, *Il meschino* no da por sentado que la herencia grecorromana sea exclusivamente europea. El oráculo de Apolo se encuentra en la India, y los habitantes de La Meca adoran a Apolo y al profeta Mahoma. De manera similar, el cristianismo tampoco es el coto vedado de los europeos. Guerino conoce a muchos cristianos durante sus viajes por Asia, y el increíble reino del preste Juan se encuentra en Etiopía. También hay personajes idealizados y virtuosos entre los paganos de Asia y de África, como Antinisca, la prometida de Guerino, y su amigo Artilafo, aunque estos casi siempre terminan convirtiéndose al cristianismo. Por tanto, d'Aragona no nos muestra un mundo dividido en dos partes: la civilizada cristiandad europea, por un lado, y los bárbaros paganos de Asia y de África, por el otro.

Esto no quiere decir que d'Aragona no haga ninguna distinción entre los tres continentes. En determinado momento a Guerino le dicen: «Has buscado en Asia, incluida la gran India, y no hay en todo el contorno de la Tierra lugar peor que ese, y cualquiera que piense lo contrario se equivoca por completo» (*Meschino* 16:84).[40] Sin embargo, a Europa y a África parece tenerlas en igual estima. D'Aragona escribe: «Tenemos Europa, y África, que están densamente pobladas, y en ellas tu buen o mal comportamiento puede perjudicarte o beneficiarte, en función de cómo decidas actuar» (*Meschino* 16:86). Guerino tiene que batallar con monstruos y enemigos humanos en Asia y en África, pero también se enfrenta a bandidos, al poder sobrenatural de la malvada sibila y a ejércitos enemigos en Europa. Si bien d'Aragona hace descripciones casi herodóticas de pueblos y lugares exóticos en Asia y en África (en muchos casos tirando de versiones anteriores de la historia de Guerino) —leemos, por ejemplo, que en la India se cultiva pimienta (*Meschino* 11:25-26), y que en Etiopía tienen un método especial para amaestrar a los elefantes (*Meschino* 18:54-59)—, también describe las curiosidades de Europa, como la extraña costumbre de que los sacerdotes irlandeses tengan esposas (*Meschino* 27:49), y los agrestes paisajes del sur de Italia, donde vemos «terrenos sin cultivar y espinas puntiagudas, entre acantilados y extraños laberintos» (*Meschino* 24:51).[41]

Interesada en las diferencias raciales, d'Aragona incluye también en su libro algunas descripciones de los pueblos asiáticos y africanos. En Asia, por ejemplo, las mujeres de Solta, en Persia, son «negras, pero por lo demás hermosas» (*nere, ma del resto belle*; *Meschino* 10:15); los hombres de Sotora, cerca de la India, «son fuertes y morenos, y más bajos de lo normal» (*uomini forti, e sono bruni, e meno di grandezza che comuni*; *Meschino* 10:81); mientras que en África, los súbditos etíopes del preste Juan tienen «ojos rojos, la piel negra y dientes muy blancos» (*han occhi rossi, la pelle han nera e bianchissimo «l dente»*; *Meschino* 18:53). Por el contrario, no se hacen descripciones raciales de los pueblos europeos, que tienen por lo general una fisonomía familiar. En una época de intensas exploraciones europeas, cuando los españoles enviaban cada vez más expediciones a América y los portugueses a África y la India, aquello era de esperar (analizaremos la cuestión del imperialismo europeo en el capítulo 9). Naturalmente, como se señala en la cita del comienzo de este capítulo, quizá resulte significativo que Guerino solo pudiera descubrir la verdad sobre sus orígenes en el lejano occidente. Pero el principal criterio en que se basa d'Aragona para dividir la humanidad no es ni la raza ni la geografía, sino la religión.

Los enemigos más encarnizados de Guerino en cada continente eran musulmanes, desde los persas de Asia y los árabes de África hasta los turcos de Europa. En varios pasajes del relato, Guerino muestra su desprecio por el islam, piensa que los burros hacen mejor música que el sacerdote de Mahoma (*Meschino* 13:53) y se mofa de unas tradiciones que le parecen estúpidas (*Meschino* 13:70).[42] D'Aragona no era la única islamófoba entre sus contemporáneos. De hecho, en los siglos XV y XVI hubo un aumento considerable de la islamofobia entre los escritores europeos, que aparecía en los relatos poéticos de las cruzadas, pero que en realidad estaba motivada por una preocupación mucho más inmediata y contemporánea: el miedo al creciente poder de los otomanos en el Mediterráneo y el sureste de Europa.

De hecho, la ideología de las cruzadas, la naturaleza del islam y la cuestión de la expansión otomana eran asuntos de especial interés para los humanistas del Renacimiento, que redactaban extensos panfletos en los que debatían estos problemas.[43] La mayoría de esos escritos presentaban una visión muy estereotipada, especulativa y difamatoria del islam, situándolo en oposición binaria con la civilización europea y cristiana, que por entonces ya reivindicaban como suya. Observamos esos estereotipos en poemas épicos como el *Orlando enamorado*, de Matteo Maria Boiardo (publicado medio siglo antes que *Il meschino*, en 1495), en el que el protagonista se enfrenta a hordas de invasores sarracenos; en la *Jerusalén liberada*, de Torquato Tasso (publicada dos décadas después que *Il meschino*, en 1581), que narra las proezas de los ejércitos cristianos; y en otro poema épico escrito por una mujer, la *Scanderbeide*, de Margherita Sarrocchi (publicada casi medio siglo después que *Il meschino*, en 1606), que celebra las victorias de un caudillo albanés sobre los otomanos.

Pero no en todas las descripciones de la oposición cultural había un enemigo islámico. Otro poema épico escrito por una humanista italiana, *L'Enrico, ovvero Bisanzio acquistato*, de Lucrezia Marinella (publicado en 1635), volvió al tema de las cruzadas, que se había popularizado en la literatura renacentista. Sin embargo, Marinella no planteó su epopeya como un choque de civilizaciones entre cristianos y musulmanes, Europa y Asia, occidente y oriente. Por el contrario, decidió escribir sobre la cuarta cruzada y la conquista latina de Bizancio poniendo en el papel de enemigo a los griegos en vez de los otomanos.[44]

Para explicar la existencia de la islamofobia renacentista no hace falta ningún pomposo relato previo de la civilización occidental. Es posible que prevaleciese la idea de que la Antigüedad grecorromana era la antepasada cultural de Europa, pero, como el ejemplo de *Il meschino* nos muestra, Europa no era considerada forzosamente como la única heredera del legado grecorromano. Tampoco era el clasicismo la única fuente de la cultura europea. Giorgio Vasari, el polímata que habló por primera vez de una *rinascita* de las artes (véase más arriba en este capítulo), trazó una línea de tradición artística no solo desde su época hasta Grecia y Roma, sino también hasta Mesopotamia y Egipto, rindiendo homenaje asimismo al genio artístico de los etíopes y los etruscos.[45]

El gran relato de la civilización occidental plantea el Renacimiento como un punto de inflexión en la historia de Occidente, pues sostiene que entonces se vio por fin claramente que las verdaderas raíces culturales de Occidente, largamente olvidadas, se encontraban en Grecia y en Roma; afirma que, durante aquel período de revitalización, el occidente de Europa volvió a la ineluctable senda de la ilustración, la modernidad y el dominio del mundo. El gran relato no va del todo descaminado.

El Renacimiento fue, de hecho, un punto de inflexión trascendental. El renovado interés por la Antigüedad helénica por parte de los europeos y la entusiasta incorporación de la Grecia clásica a su panteón de antepasados culturales supuso un cambio radical con relación al pasado. En el centro de esa Antigüedad reinventada se encontraba el complejo cultural grecorromano. La fusión de los mundos griego y romano en una sola entidad conceptual se fue produciendo a lo largo de varias generaciones entre Petrarca, en el siglo XV, y d'Aragona, en el XVI, y ha permanecido con nosotros desde entonces.

Como ya hemos constatado en capítulos anteriores, contrariamente a las afirmaciones del «gran relato», las raíces de Occidente no se encuentran solo en el conglomerado cultural grecorromano, y Europa no es la única receptora de esa herencia. Ese hecho lo reconocieron muchos escritores renacentistas, como Vasari, quien imaginó una Antigüedad mucho más extensa y diversa, y como d'Aragona, quien dio por sentada la herencia grecorromana de Asia. Por otra parte, esos escritores no solo reavivaron tradiciones grecolatinas que llevaban mucho tiempo aletargadas, sino que, además, fueron más creativos e innovadores que lo que el «gran relato» deja entrever. Si bien pueden haberse inspirado en un principio en el mundo grecorromano, también buscaron la inspiración en otras fuentes y utilizaron todas esas influencias para desarrollar sus propias tradiciones en la literatura, la filosofía y el arte, en vez de copiarlas directamente de los artistas y pensadores que los precedieron.

El «gran relato» también se equivoca al suponer que el florecimiento intelectual del Renacimiento condujo indefectiblemente a la futura hegemonía de Occidente. Si bien es posible imaginar que las semillas de esa hegemonía ya habían sido sembradas en los siglos XV y XVI, no era en modo alguno inevitable que dichas semillas (y no otras) germinasen y creciesen. En la época en que escribió Tullia d'Aragona, a principios y mediados del siglo XVI, la forma de la historia seguía siendo imprecisa y el relato de la civilización occidental, aunque había empezado a emerger, no era todavía definitivo. La situación siguió así hasta la siguiente generación, la de nuestra próxima protagonista.

CAPÍTULO 7

La senda sin hollar

Safié Sultán

> Su majestad Sultán Murad [...], el engrandecedor del imperio, el kan de las siete regiones [...], el emperador de los territorios de Roma.
>
> SAFIÉ SULTÁN (1591)[1]

La estancia se llena de susurros y exclamaciones en voz baja. Es evidente que el regalo está roto, dañado por la humedad durante la larga travesía entre Londres y Estambul. Los tubos de metal están combados y las tablas finamente labradas se han separado, pues el pegamento que las unía se ha disuelto. Los palaciegos murmuran entre sí, preguntándose si aquella es realmente la vanguardia de la tecnología inglesa, lo mejor que el distante reino insular puede ofrecer. Se supone que ese amasijo de hierros y madera es un órgano mecánico, un asombroso autómata que da las horas y puede incluso tocar piezas de música por sí solo, gracias a un sistema de válvulas de liberación lenta.[2] Es un regalo pensado para impresionar al sultán Mehmet por su ingeniosidad y sofisticación, pero el órgano se ha roto. Por suerte, hay otro regalo. En el patio vemos un esplendoroso carruaje recubierto de oro con joyas incrustadas. Su valor se estima en seiscientas libras inglesas, una cantidad considerable para la época, pues equivale a lo que gana un trabajador cualificado en cuatro años. A diferencia del órgano, el carruaje ha sobrevivido bastante bien al viaje desde Inglaterra, y ahora se encuentra en el patio del palacio, listo para su uso. Pero este regalo no es para Mehmet, sino para su madre, la indomable Safié Sultán.

En 1599, cuando estos regalos ingleses llegaron a Estambul, Safié estaba en la cima de su poder. Como madre del sultán reinante, ella era la *validé sultán*, una posición muy importante en la corte otomana. Pero la influencia de Safié iba mucho más allá de lo que pudiera indicar su título. Su hijo, el veinteañero Mehmet, dejaba las cuestiones de gobierno en manos de su avezada madre, a la que todo el mundo consideraba como la dueña del trono. Safié estaba acostumbrada a esa posición. Había ejercido una influencia similar cuando era la *haseki sultán* (sultana consorte) del padre de Mehmet, Murad III, quien la había tenido en gran estima como consejera de asuntos nacionales y exteriores. Cuando el embajador inglés le hizo entrega del carruaje de oro y el órgano mecánico, Safié llevaba casi dos décadas al frente de la diplomacia y el gobierno otomanos.

Los diplomáticos ingleses que custodiaron aquellos regalos estaban acostumbrados a mujeres extraordinarias. Al fin y al cabo, estaban al servicio de Isabel I, quien por entonces llevaba casi cuarenta años en el trono de Inglaterra. Isabel había mantenido correspondencia con Safié durante los últimos cinco, las dos mujeres se enviaban cartas y regalos para engrasar la maquinaria del comercio entre sus países. Pero Isabel esperaba de la Sublime Puerta (nombre que se daba a la Administración imperial otomana) algo más que los beneficios del comercio. La Inglaterra protestante buscaba una alianza militar con los turcos musulmanes para hacer frente a su enemigo común, el catolicismo.

Los ingleses no eran los únicos que querían ganarse la simpatía de los turcos. A finales del siglo XVI, los holandeses, los franceses, los venecianos y los genoveses intentaban estrechar lazos con la Sublime Puerta. Los espléndidos regalos del órgano mecánico y el resplandeciente carruaje pretendían salvaguardar los intereses de Inglaterra en aquel competitivo entorno diplomático. Los embajadores ingleses tenían que fijarse muy bien en la reacción de Safié al ver el carruaje. El éxito de su misión dependía de la aprobación de la sultana.

Por suerte para los ingleses, a Safié le encantó el nuevo vehículo y durante las semanas siguientes ella y su hijo se pasearon varias veces en la carroza por Estambul. Mejor aún, el órgano mecánico cautivó finalmente a la corte con su música automatizada, tras ser reparado por Thomas Dallam, el artesano que viajó con él a Estambul (Dallam se ganó el favor de la corte otomana y llevó un diario de sus viajes, que sería una lectura apasionante hoy en día, antes de regresar a Inglaterra para construir más órganos, incluido el del King's College de Cambridge).[3]

Aunque nadie podía saberlo entonces, el estreno del órgano y del suntuoso carruaje en 1599 fue el mejor momento de las relaciones anglo-otomanas. En aquellos días, un acuerdo entre musulmanes y cristianos no era menos probable que un pacto entre protestantes y católicos, pues el abismo político que separaba las creencias no tenía por qué ser menos improbable que el que había entre las denominaciones. Aquella configuración geocultural era radicalmente distinta de la del Occidente unido que las ideologías renacentistas habían propuesto (capítulo 6). Por el contrario, aquella configuración se parecía más a la que le tocó vivir a Teodoro Láscaris en el siglo XIII (capítulo 5), cuando la distancia cultural que había entre las iglesias griega y latina era mayor que la que separaba a los griegos de sus vecinos selyúcidas. Solo podemos hacer conjeturas sobre cómo habría sido la historia del mundo si la alianza militar que planeaban los ingleses hubiera fraguado. Las potencias católicas del centro de Europa habrían quedado atrapadas, como en una pinza, entre los protestantes del norte y los musulmanes del sur. Hoy en día nos resulta difícil imaginar las consecuencias que algo así hubiera supuesto; no solo el efecto que habría tenido en la historia política de Europa y del resto del mundo, sino también los cambios sociales y culturales que esa alianza habría comportado. A pesar de los fundamentos conceptuales establecidos en el Renacimiento (capítulo 6), el gran relato de la civilización occidental habría sido muy diferente en un mundo así; de hecho, probablemente ni siquiera se habría desarrollado.

Antes turcos que papistas

Cuando Safié miraba al norte y al oeste, veía una cristiandad desgarrada por divisiones irreconciliables. El viejo cisma entre las iglesias griega y latina se podía haber superado en parte en el Concilio de Ferrara-Florencia (véase el capítulo 6), pero nuevas fracturas ya se habían abierto a su paso. Martín Lutero, cuando clavó sus noventa y cinco tesis en la puerta de la iglesia del palacio de Wittenberg en 1517, produjo una chispa que avivó las llamas de los conflictos confesionales en toda Europa. En el espacio de una generación, el movimiento que hoy conocemos como Reforma dio lugar a un sinfín de nuevas sectas cristianas: luteranos, calvinistas, anabaptistas, zuinglianos, etc.[4] Pero si a principios del siglo XVI surgió el protestantismo, también resurgió el catolicismo con renovadas fuerzas para combatir las herejías protestantes.[5]

Cuando nació Safié en 1560, pocos años después de la muerte de Tullia d'Aragona, las líneas de combate ya estaban trazadas. Por lo general, los países protestantes estaban concentrados en el norte de Europa. Isabel I había ascendido al trono inglés dos años antes, al frente de su propia Iglesia anglicana. El mar Báltico estaba rodeado por los luteranos en Prusia, Sajonia, Dinamarca y Suecia. Una línea aún más dura fue la que se adoptó en Escocia y los Países Bajos, donde se impuso el calvinismo. Por el contrario, en la Europa central y meridional dominaban los países católicos, entre los que se encontraban gran parte de Francia y los diversos principados de Italia, pero también los territorios gobernados por los Habsburgo de España y Austria.

Durante las décadas siguientes las tensiones religiosas no hicieron más que crecer. En Francia, las guerras de religión causaron millones de muertos y desplazados en un sangriento conflicto interno entre católicos y hugonotes protestantes. En los Países Bajos, Guillermo de Orange dirigió la revuelta contra los Habsburgo españoles y recuperó algunas libertades políticas y religiosas para los holandeses, que eran en su mayoría protestantes. En Gran Bretaña se reprimió a los católicos; la católica María, reina de Escocia, representaba un problema dinástico y la amenaza española estaba siempre presente. El papado tampoco era ajeno a la mano dura, pues excomulgó no solo a Isabel I de Inglaterra en 1570, sino también a Enrique IV de Francia en 1589. Si bien la primera excomunión no sirvió de gran cosa a la Iglesia católica, la segunda tuvo ciertamente el efecto deseado; aunque educado en el protestantismo, Enrique se convirtió al catolicismo, diciendo supuestamente aquello de «París bien vale una misa».[6]

Teniendo en cuenta la sangre derramada tanto por católicos como por protestantes durante las décadas centrales de ese siglo, no era de extrañar que para algunos protestantes la perspectiva de una alianza con los musulmanes pareciese más probable que un acercamiento a sus correligionarios. En 1569, Guillermo de Orange envió una misiva a Estambul solicitando ayuda para la revuelta de los Países Bajos y recibió la promesa del envío de refuerzos.[7] Mientras se producía la revuelta, los navíos de los revolucionarios holandeses enarbolaban enseñas con los colores «turcos» —rojo con una media luna— y una de sus consignas más habituales era *Liever Turks dan Paaps* (antes turcos que papistas).[8] Tras la independencia de los Países Bajos se hicieron para los héroes de la revuelta medallas en forma de media luna con ese lema inscrito en ellas.[9] Los nacionalistas holandeses preferían aliarse con los musulmanes que congraciarse con los católicos.

Algunos cristianos no estaban siquiera seguros de que la fe de los musulmanes fuese completamente distinta de la suya. Al fin y al cabo, los musulmanes adoraban al mismo dios, reconocían a Jesús como profeta y tenían en común muchos principios religiosos. En un mundo en el que las concepciones divergentes del cristianismo se multiplicaban y había tan poco consenso sobre cuál era el verdadero cristianismo, las diferencias en el seno de las religiones y entre ellas eran subjetivas. Para algunos polemistas católicos, el protestantismo y el islam eran herejías nauseabundas, y al calvinismo en particular se lo comparaba a menudo con el islam.[10] Para algunos protestantes, por el contrario, era casi reconfortante que el islam pudiese considerarse como una suerte de protestantismo. Esta idea, como veremos más adelante en este capítulo, agradaba especialmente a los protestantes ingleses, que aspiraban a tender puentes diplomáticos con los gobernantes del mundo islámico. Uno de esos emisarios ingleses, enviado por la Inglaterra isabelina para establecer relaciones comerciales con Marruecos en 1577, escribió a la corona afirmando que el rey marroquí Abd al-Málik era «un buen protestante» que detestaba a los católicos.[11]

Esto no quiere decir que todos los protestantes europeos fuesen partidarios de una alianza con los otomanos. El racismo y la xenofobia contra los musulmanes en el siglo XVI están bien documentados, y en los folletos, obras de teatro y ensayos políticos de la época encontramos numerosas descripciones negativas de los turcos. El propio Lutero dijo que los otomanos eran una plaga enviada por Dios para castigar a los cristianos por haberse desviado del buen camino, y en 1528-1530 calificó al sultán de «siervo del Diablo».[12] Apenas una década más tarde, en 1542, el sacerdote inglés y reformador protestante Thomas Beccon describió al sultán como «el enemigo mortal de la religión de Cristo, el destructor de la fe cristiana y el pervertidor del buen orden».[13] De hecho, las campanas de las iglesias inglesas repicaron cuando se supo que la Liga Santa había derrotado a la armada turca en la batalla de Lepanto (1571).[14] La hostilidad hacia los musulmanes en general y los otomanos en particular estaba por tanto muy extendida en la Europa del siglo XVI. Sin embargo, esa hostilidad era solo una parte de la historia. Las relaciones entre los cristianos europeos y sus vecinos turcos eran complejas y cambiantes, y mucho más intrincadas que la simplista idea de un «choque de civilizaciones».[15]

Desde la perspectiva otomana, tratar con los cristianos no era nada especialmente extraño o novedoso.[16] Al fin y al cabo, una parte considerable de la población del imperio pertenecía a iglesias a las que hoy calificaríamos de ortodoxas griegas o rusas, y la ley otomana consideraba a los cristianos y a los judíos como *dhimmis* o grupos protegidos.[17] Fuera de sus fronteras, los turcos llevaban más de cien años comerciando con los venecianos, y las relaciones mercantiles con los genoveses eran casi igual de antiguas.[18] A principios del siglo XVI se había formado incluso una alianza militar con Francia, de la que resultaron algunas acciones navales franco-otomanas en las décadas de 1530 y 1540, antes de que la alianza cayese en el olvido.[19] Los turcos, por tanto, estaban ciertamente dispuestos a colaborar con los estados cristianos europeos siempre que les conviniese.

Los otomanos concedían interés a cualquier cosa que debilitase a una u otra de las dinastías de sus dos grandes rivales: los safávidas de Persia en el este y los Habsburgo en el oeste. En este libro son los Habsburgo los que más nos importan.[20] Esta dinastía dominó la política europea durante más de tres siglos. La rama española de la familia gobernó un territorio que abarcaba lo que hoy son los Países Bajos y Bélgica, parte de Italia y la mayor parte de América. La otra rama de la familia abarcaba Austria y Hungría, pero, como gobernantes que eran sus miembros del Sacro Imperio Romano Germánico, controlaba una gran franja de territorio en el centro de Europa (véase el capítulo 4).[21]

A los turcos les molestaba especialmente Austria.[22] Situada justo en el extremo noroeste de la frontera del Imperio otomano, Austria impedía cualquier tentativa de expansión por tierra. Dos intentos fallidos de sitiar Viena, con un siglo y medio de diferencia —el primero en 1529 y el segundo en 1683—, muestran hasta qué punto los Habsburgo eran un hueso duro de roer. El siglo XVI también fue testigo de otros choques violentos entre los turcos y las coaliciones lideradas por los Habsburgo, como el sitio de Malta en 1565[23] y la batalla de Lepanto en 1571, y las consiguientes pérdidas supusieron un gran obstáculo para la expansión de los otomanos por el Mediterráneo.

Los Habsburgo eran igual de mortificantes en el aspecto ideológico. Afirmaban ser el único imperio verdaderamente universal y los legítimos sucesores del Imperio romano por designación papal. Para la Sublime Puerta, aquello era una afrenta ignominiosa. Los turcos también aseguraban que el suyo era el único imperio legítimo, con un alcance universal.[24] También afirmaban ser los herederos de Roma: un legado que habían ganado en el campo de batalla mediante la conquista de la «nueva Roma» (Constantinopla) en 1453, pero que igualmente reivindicaban, como veremos más adelante en este capítulo, aduciendo razones genealógicas y culturales. Al competir no solo por el control territorial, sino también por la legitimidad histórica, seguramente era inevitable que los Habsburgo y los otomanos fuesen enemigos irreconciliables.

Así pues, cuando, en el último cuarto del siglo XVI, el sultán Murad III empezó a apoyar a los protestantes, debemos suponer que las razones que lo movieron a ello eran más geopolíticas que teológicas. Los Habsburgo eran católicos convencidos que habían jurado defender la supremacía del papa en su calidad de dirigentes del Sacro Imperio Romano Germánico. Para complicar aún más las cosas, la rama española de la dinastía controlaba en el norte de Europa algunos territorios de población rencorosamente protestante: los Países Bajos y también Gran Bretaña durante unos pocos años, cuando Felipe II contrajo matrimonio con María I de Inglaterra. Los conflictos religiosos que causaban estragos en Europa dieron a Murad una oportunidad de oro para formar una alianza capaz de dañar a los Habsburgo. No es de extrañar, por tanto, que las relaciones con Isabel de Inglaterra alcanzasen su plenitud durante el reinado de Murad (1574-1595).

Pero los ingleses no fueron los únicos protestantes que llamaron a la puerta otomana. El rey Enrique IV de Francia acudió a Murad en 1594 cuando se esforzaba por tomar el control de su país ante la oposición de los católicos (aunque al final, como ya hemos visto, optó por no complicarse la vida y se convirtió al catolicismo). Y fue Murad quien escribió a los luteranos neerlandeses en plena revuelta de los Países Bajos y acudió en ayuda de Guillermo de Orange. En su carta, Murad manipula hábilmente la retórica religiosa con el fin de subrayar las semejanzas entre musulmanes y protestantes y poner de relieve el contraste con su enemigo común: el catolicismo. Los musulmanes y los protestantes, argumentaba, «habían proscrito los ídolos y los retratos, así como las campanas de las iglesias», a diferencia del «infiel al que llaman "Papa"». El pontífice, afirmaba Murad, «se dedica a adorar ídolos e imágenes que ha creado con sus propias manos, sembrando dudas sobre la Unidad de Dios».[25] Si los protestantes preferían ser «turcos antes que papistas», el sultán no se iba a molestar en disuadirlos.

Murad escribió esa sorprendente carta en 1574, el mismo año de su ascensión al trono, pero no la escribió solo, animado por su visión personal de una alianza anticatólica con los protestantes en los lejanos confines de Europa, sino que su pensamiento fue guiado por su amada consorte y fiel consejera, Safié Sultán.

De *hasekí* a *validé*

Safié no era su verdadero nombre. No se ha conservado el nombre que le dieron al nacer, sino que solo está registrado que a los trece años empezaron a designarla con el nombre de Safié, que significa «pura» en turco otomano. El nuevo nombre llegó acompañado de una nueva identidad, y prácticamente todo rastro de su vida hasta ese momento ha sido borrado. Los relatos de varios embajadores venecianos nos cuentan algunos cotilleos que circulaban por la corte de Estambul, según los cuales Safié había nacido en una aldea de Albania, en las montañas de Dukagijni.[26] Las habladurías se fijaban menos en los detalles de su esclavitud y de su estancia en el harén imperial. Pero es evidente que su atractivo físico y su inteligencia la hicieron destacar incluso entre las bellezas más refinadas del palacio, de modo que fue escogida para hacer compañía al joven príncipe Murad en 1563. Es en ese momento cuando la jovencita sin nombre se convierte en la extraordinaria Safié, la mujer que pasó de niña esclavizada a emperadora en el corto espacio de once años.

Murad y Safié eran adolescentes cuando se conocieron; ella tenía trece años y él dieciséis. Debieron de congeniar enseguida, y su relación fue no solo sexual, sino también emocional e intelectual. A ello contribuyeron las cualidades físicas y personales de Safié. Quienes la conocían decían que era no solo extraordinariamente hermosa, sino también tranquila e inteligente, y que tenía una enorme paciencia.[27] Profundamente apegado a ella, Murad rompió con las tradiciones y se negó a tener otras concubinas, manteniendo una relación monógama con ella durante casi dos décadas. A los tres años de conocerse, la joven pareja tuvo un hijo, el futuro Mehmet III, el que unos veinticuatro años después recibiría el órgano llevado desde Inglaterra. Con el tiempo tuvieron cuatro hijas más, por desgracia para Safié. Esta dependencia de la sucesión en un solo hijo varón fue la que finalmente abrió una brecha en la pareja.

Las cosas se complicaron cuando murió el padre de Murad en 1574 y este pasó a ser sultán. Safié se trasladó al Nuevo Palacio y recibió el título de *hasekí sultán*, consorte principal del soberano. En cuanto *hasekí*, Safié podía haber gozado de mucho poder e influencia y haber ocupado una posición de ventaja en la familia imperial. Por desgracia para ella, ese puesto ya estaba ocupado. La madre de Murad, la temible Nurbanu, llevaba diez años controlando el harén y había influido decisivamente en la ascensión de Murad al trono.[28] Si Safié había sido la *hasekí sultán*, Nurbanu era la *validé sultán* —la reina madre— y no estaba dispuesta a renunciar a su condición de mujer más poderosa del Imperio otomano.

Por mucho que quisiera a Safié, Murad estaba también muy apegado a su madre y, durante los primeros años de su reinado, fue muy dependiente de ella. Nurbanu, avezada política, pasó a desempeñar un destacado papel público como consejera de su hijo en asuntos de Estado. Parece que Murad le estaba muy agradecido por ello, y sabemos que Nurbanu dirigía la diplomacia internacional, administraba el patrimonio del Estado y resolvía los asuntos de las provincias.[29] Dada la importancia de Nurbanu en la esfera política, Safié debía maniobrar con sumo cuidado. Lenta pero segura, Safié tejió su propia red de agentes y contactos en la capital del imperio, estableciendo relaciones de patrocinio o apoyo mutuo con funcionarios clave, como el gran visir Kotsá Sinán Pachá, también albanés. Tal vez inevitablemente, dado el temperamento y la ambición de cada una, la rivalidad entre la reina madre y la consorte principal fue en aumento. A los cinco años de la ascensión de Murad al trono, la corte estaba dividida en dos facciones enfrentadas, la de Nurbanu y la de Safié. El propio Murad se vio atrapado entre su madre y su mujer *de facto* (seguimos sin saber a ciencia cierta si se casaron oficialmente). El escenario estaba dispuesto para un trágico duelo.[30]

En este peligroso juego de política familiar, Nurbanu contaba con un comodín. Siempre se había opuesto a la naturaleza monógama de la relación de Murad con Safié y a menudo lo animaba a que tomase otras concubinas. Siendo ya Murad un hombre maduro, pues tenía más de treinta años, sus actividades sexuales dejaron de ser un asunto privado. Nurbanu empezó a preocuparse públicamente por la línea de sucesión, lamentándose de que Murad tuviera solo un hijo, el príncipe heredero Mehmet. Peor aún, el joven príncipe Mehmet aún no había demostrado su fertilidad, por lo que todavía no estaba claro si la dinastía iba a poder perpetuarse a través de su linaje. Nurbanu le dijo a su vástago que debía tener más descendientes varones para garantizar la sucesión. Finalmente, en 1583, tras nueve años de reinado y veinte de relación con Safié, Murad cedió.

Lo que ocurrió después son solo rumores y habladurías.[31] Algunos relatos turcos cuentan que cuando se le ofrecían incluso las mujeres más hermosas, Murad daba muestras de una inexplicable impotencia. Otros sugieren que esa falta de deseo sexual se debía a los maleficios que ejercía Safié sobre Murad para que siguiera siéndole fiel. Sin embargo, otros afirman que fueron los encantos de dos concubinas circasianas, especialmente diestras en la música y la danza, los que acabaron rompiendo el hechizo. Algunos afirman incluso que todas esas historias no eran más que rumores difundidos por Nurbanu para liberar a Murad de las garras de Safié. Lo que sí sabemos es que esta, tras ser expulsada de la corte, tuvo que refugiarse discretamente en el Palacio Viejo, que sus sirvientes fueron encarcelados y torturados para sacarles información y que sus agentes acabaron en el exilio. Murad, por el contrario, se curó milagrosamente de su impotencia y durante los años siguientes tuvo nada menos que cuarenta y siete hijos con otras concubinas. Nurbanu, supervisora de este desfile de compañeras sexuales, ejerció durante un breve período una influencia omnímoda sobre su hijo.

Pero el sexo no lo es todo, y Safié lo sabía. Aunque debía de estar muy dolida por su derrota ante Nurbanu y probablemente tenía también ataques de celos a causa de la renovada voracidad sexual de Murad, Safié probó una nueva estrategia. Empezó a buscar las esclavas más hermosas y experimentadas, eligiendo solo a aquellas que más agradarían a Murad. Superó a su suegra en la búsqueda de las jóvenes más apetecibles que había en el mercado de esclavos, traficando con la misma mercancía que la había llevado a Estambul cuando era niña.

Murad estaba encantado. En otoño de 1583, el Nuevo Palacio volvió a dar la bienvenida a Safié, cuyos sirvientes y colaboradores fueron liberados o repatriados. Casi al mismo tiempo, Nurbanu contrajo una misteriosa enfermedad y murió a finales de ese año.[32] Aquello constituyó un punto de inflexión en la vida de Safié y en el devenir del imperio en general. Para Safié supuso una victoria, y pasó a ocupar el puesto de consejera indiscutible y acompañante más íntima del sultán. Una nueva era diplomática se inició en el Imperio otomano.

Por razones comprensibles, algunas fuentes históricas posteriores confunden a Safié con Nurbanu. Ambas mujeres comenzaron sus trayectorias personales como esclavas del harén otomano, ascendieron al poder como consortes reales y llegaron a tener un poder considerable a través de sus maridos y posteriormente de sus hijos. Pero las dos mujeres habían seguido políticas diferentes en lo relativo a las relaciones internacionales. Nurbanu tendía a ser proveneciana, pues había nacido en una familia noble de la República de Venecia antes de su esclavización.[33] Gracias a su influencia, los comerciantes venecianos recibían un trato de favor y los embajadores de Venecia eran agasajados en la corte, con gran disgusto de franceses e ingleses, que también querían reforzar las relaciones con los turcos.[34] Ni el precedente de la alianza franco-otomana ni las cartas personales que le envió a Nurbanu la reina madre francesa, Catalina de Médici, sirvieron para ganarse la voluntad de los turcos durante ese período.

Por el contrario, Safié fomentó una política exterior más abierta, y su período de influencia coincidió con una mejora de las relaciones diplomáticas entre los otomanos y diversos estados europeos. Al parecer miraba con buenos ojos a la Inglaterra isabelina, la cual, tras algunos años de tensas relaciones con la Sublime Puerta, finalmente abrió una embajada en Estambul en 1583.[35] En 1586, el embajador inglés presionó a sus contactos en el palacio y en el harén para impedir que los turcos sellaran un pacto de no agresión con los Habsburgo, lo cual habría dejado vía libre a la armada española para atacar Inglaterra.[36]

Tras la muerte de Murad por causas naturales en 1595, Safié actuó con rapidez para sentar en el trono a su hijo Mehmet. La voracidad sexual de Murad durante sus últimos años provocó que Mehmet tuviese diecinueve hermanos menores, los cuales podían aspirar al trono otomano (puesto que la sucesión se transmitía por la línea masculina, sus numerosas hermanas no suponían una amenaza directa). El hecho de que ninguno de ellos reivindicase la dignidad de soberano no se debió a la lealtad fraternal ni a una ética de armonía dinástica, sino a que Safié se encargó de que los diecinueve fuesen ejecutados sumariamente antes de que llegaran a causar el menor problema.[37]

Con Mehmet por fin en el trono, Safié tuvo cada vez más poder. Como *validé sultán*, gobernó la nave del Estado con mano firme y segura. La relación con la Inglaterra isabelina se hizo más estrecha, y Safié colmó de favores a dos enviados ingleses que le cayeron especialmente bien: el impulsivo y carismático Edward Barton, embajador oficial ante la Sublime Puerta a principios de la década de 1590, y el apuesto Paul Pindar, que fue quien le hizo entrega del carruaje en 1599.[38] Pero tal vez el vínculo más duradero con Inglaterra no fue el patrocinio de esos dos jóvenes, sino la sorprendente relación epistolar que mantuvo durante varios años con la reina Isabel I.

Un soberano comparable a Marte

No sabemos exactamente cuántas cartas intercambiaron Safié e Isabel, pero conservamos al menos tres misivas que envió la sultana a la reina de Inglaterra.[39] En estas cartas es notable el uso del lenguaje en función del género. Safié elogia a Isabel en términos femeninos, encareciendo sus virtudes como mujer: «Sois el sostén de la femineidad cristiana», así como la «dama coronada y la mujer del camino de María». Incluso su forma de gobernar es inconfundiblemente femenina; Safié lisonjea a Isabel diciendo que esta deja a su paso «estelas de gloria y poder».[40] Una de estas cartas, enviada tras recibir el carruaje de oro, agradece a Isabel el costoso regalo y describe los que ella le enviará brevemente: una túnica, un corsé, dos pañuelos bordados en oro, tres toallas y una corona adornada con rubíes y perlas.[41] La relación conscientemente femenina que Safié parece haber entablado con Isabel debió de ser fruto, en cierto modo, de las normas y expectativas sociales de la época. Pero también pudo haber algo más.

Las cartas oficiales que escribieron ambas soberanas fueron solo parte de su relación. La comunicación también se desarrolló a través de intermediarios. Por un lado, los diversos embajadores enviados a Estambul cumplían esa función, pero, por otro, los mensajes también pasaban por las manos de la agente de confianza de Safié, la judía de origen español Esperanza Malchi.[42] Malchi también escribió cartas a Isabel, en un tono menos formal, como complemento de la correspondencia de su señora. En una de esas misivas hay una referencia a un intercambio de naturaleza mucho más personal y privada. Malchi escribe: «Siendo Su Majestad una mujer, puedo sin demasiado comedimiento comentaros que hay en vuestro reino toda clase de aguas destiladas que son excepcionalmente saludables para el cutis, así como aceites aromáticos para las manos».[43] En la carta Malchi le ruega a Isabel que le envíe esos artículos directamente a ella para que se los entregue a Safié, prescindiendo de los embajadores o de la corte de Mehmet, pues se trata de «artículos para mujeres». Esta relación es explícita y conscientemente femenina, saltándose los canales tradicionalmente masculinos de comunicación.

La intimidad y complicidad de esta relación es a primera vista conmovedora. Tenemos aquí a dos mujeres de mediana edad que se ayudan mutuamente a pesar de las barreras geográficas, religiosas y lingüísticas. Sin embargo, el mensaje también raya en lo ridículo. ¿De verdad nos imaginamos a Isabel buscando cremas hidratantes para enviárselas a su amiga turca? Tal vez lo más importante no sean los cosméticos en sí, sino la forma de encauzarlos, en privado y en secreto, de mujer a mujer, clandestinamente, sin pasar por los canales diplomáticos oficiales. Cualquier mensaje o información que acompañase a esos «artículos para mujeres» podía ser detectado por el «radar». No podemos más que imaginar qué información se compartió y qué planes se tramaron de ese modo. Si bien los documentos históricos que han llegado hasta nosotros dan fe del importante papel que desempeñó Safié en la diplomacia anglo-otomana, probablemente esas cartas reflejan solo una pequeña parte de una historia no escrita.

Esa historia no escrita imaginaba un vínculo cultural y genealógico entre protestantes y musulmanes, cuyo enemigo común era el catolicismo. Ya hemos visto que, a mediados del siglo XVI, algunos protestantes preferían ser «antes turcos que católicos». También hemos visto que en ocasiones se establecían paralelismos entre el islam y el protestantismo, llegándose a afirmar que había más semejanzas confesionales entre la religión de Mahoma y las doctrinas de Lutero que con el catolicismo. Pero aún tenemos que ver cómo se trazaron las líneas del patrimonio histórico de Europa en esa época, y el papel que en ello desempeñó Safié Sultán.

Los otomanos no se consideraban realmente asiáticos y no creían pertenecer y representar a un Oriente en inevitable y eterna oposición a Occidente. Más bien se consideraban los adalides de un imperio universal que se extendía por tres continentes y englobaba multitud de pueblos, lenguas y religiones. Eran tan europeos como asiáticos y gobernaban desde una capital situada entre los dos continentes. De hecho, para subrayar este punto, Solimán el Magnífico añadió a su título oficial la coletilla de «sultán de dos continentes».[44] Los turcos se consideraban herederos no solo de las glorias del Califato abasí y del mundo islámico medieval (capítulo 3), sino también del esplendor del Imperio bizantino y su legado grecorromano (capítulo 5).[45] En 1538, Solimán expuso su visión del lugar que ocupaba en la tierra:

> Soy esclavo de Dios y sultán de este mundo. Por la gracia de Dios soy la cabeza visible de los seguidores de Mahoma. El poder de Dios y los milagros del profeta me acompañan. Soy Solimán, en cuyo nombre se pronuncia el sermón en La Meca y Medina. En Bagdad soy el sah, en los territorios de Bizancio, el césar, y en Egipto, el sultán; soy quien envía sus flotas a los mares de Europa, el Magreb y la India.[46]

Aunque Solimán fuese emperador de los turcos, era también césar y heredero de todos los territorios que ocupó el Imperio bizantino por derecho de conquista, pero ese derecho no era la única forma de reivindicar el legado de Roma. Había una larga tradición que pervivió durante la Edad Media y que establecía un vínculo genealógico entre los romanos y los *turchi* del centro y oeste de Asia. Según esa tradición, ambos grupos descendían de los refugiados ilienses que consiguieron huir del saco de Troya.

Ya hemos visto, en el capítulo 4 de este libro, que las genealogías medievales vinculaban a diversos pueblos de Europa con los fugitivos troyanos. Lo que no mencioné entonces es que esas genealogías se extendían más allá de Europa e incluían a algunos pueblos del oeste y el centro de Asia, y en concreto a los *turchi*. Estos, según la *Crónica de Fredegario*, descendían del héroe troyano Francio, que también era el legendario antepasado de todos los francos.[47] Esa historia pervivió en numerosas crónicas medievales, durante siete siglos, hasta que los turcos conquistaron Constantinopla en 1453. Para algunos cronistas, la caída de Constantinopla fue un terrible acontecimiento que confirmaba sus ideas acerca del antagonismo entre el islam y la cristiandad. Eso pensaban sin duda en Italia los autores de varias epopeyas renacentistas, como vimos en el capítulo 6. Mas para otros, más antibizantinos, se trataba de un desquite histórico.

Del mismo modo que la mítica ascendencia troyana de los latinos sirvió para justificar el saco de Constantinopla durante la cuarta cruzada (véase el capítulo 5), en el siglo XV la mítica ascendencia troyana de los otomanos se usó exactamente con el mismo fin. Se contaba que los turcos, al igual que los francos, los normandos, los germanos y los británicos, descendían de los héroes troyanos. Por lo tanto, la victoria otomana sobre los griegos bizantinos no fue sino una justa venganza por la expulsión de sus antepasados de Troya. Un jurista francés describió a Mehmet II, el conquistador de Constantinopla, como «el gran vengador de Troya que, en desagravio por la muerte de Héctor, junto con sus compañeros de armas derruyó aquellas murallas atacadas por Marte».[48] Un poeta italiano escribió que los bizantinos no se habrían visto en una situación tan difícil «si los griegos no hubierais hecho en los frigios [otro término usado en los textos griegos y latinos para designar a los troyanos] tan gran matanza».[49] Según un sabio bizantino que permaneció en la corte tras la conquista otomana (e incluso llegó a ser nombrado gobernador de su isla natal de Imbros), el sultán Mehmet II en persona visitó el emplazamiento de la antigua Troya y afirmó que «Dios, al cabo de tantísimos años, me ha reservado el derecho de vengar esta ciudad y a sus habitantes».[50] Un siglo más tarde, Safié Sultán recurriría a la misma retórica para sus propios fines diplomáticos, teniendo en la mente a unos destinatarios concretos.

A finales del siglo XVI la idea de los orígenes troyanos había pasado de moda en el centro de Europa. Pese a haber sido tremendamente popular durante la Edad Media (véase el capítulo 4), esa popularidad se había desplomado. Durante los dos siglos anteriores surgió una nueva forma de considerar la Antigüedad, en el período al que ahora llamamos Renacimiento.[51] Poco a poco la gente había llegado a pensar que el mundo clásico griego estaba indisolublemente ligado al romano, formando una Antigüedad grecolatina que era peculiar y distinta del resto del mundo antiguo (véase el capítulo 6). Sin embargo, la difusión de estas ideas no hizo que los europeos dejasen de pensar de inmediato en unos imaginarios orígenes troyanos y los trocasen por una genealogía griega. Aunque el gran relato de la civilización occidental tardaría aún en llegar, en el siglo XVI la gloria de la antigua Troya ya no resplandecía tanto como en la Edad Media para la mayoría de los europeos, y la idea de nobles genealogías que se remontaban a Troya se fue desvaneciendo gradualmente.

Solo los británicos, que a menudo toman un camino distinto del de la Europa continental, siguieron celebrando el mito de sus orígenes decididamente troyanos.[52] De hecho, aquel era un mito que los Tudor parecían especialmente empeñados en fomentar. Según el extenso panegírico de Edmund Spenser: «Los nobles británicos surgieron de los audaces troyanos, y de las frías cenizas de la vieja Troya se construyó *Troinovantum*» (Spenser, *La Reina Hada* 3:9, estrofa 38). Se decía que la dinastía Tudor en concreto descendía del príncipe troyano Paris. Spenser puso las siguientes palabras en boca del personaje que simboliza a la reina: «No hay duda de que de él mi linaje deriva, de aquel que mucho antes de los diez años de asedio de Troya, cuando aún era pastor en las laderas del monte Ida, con la bella Enone un hermoso hijo engendró» (Spenser, *La Reina Hada* 3:9, estrofa 36). En las artes visuales se representó a Isabel en el lugar de Paris, teniendo que elegir cuál de las tres diosas inmortales era más atractiva; aunque Paris se hubiese decantado por Afrodita, lo que habría conducido a la guerra de Troya, Isabel supera a las tres diosas y por tanto evita el conflicto.[53]

Pero esa historia se hizo popular incluso fuera de los círculos palaciegos, sobre todo durante los últimos años del reinado de Isabel. Comenzaron a representarse dramas de tema troyano, como *Troilo y Criseida* (1601), de Shakespeare, y *Dido, reina de Cartago* (1594), de Marlowe. Otras obras poéticas también se inspiraron en Troya, desde *The Tale of Troy* (1589), de George Peel, hasta la postisabelina *Troia Britannica* (1609), de Heywood. La primera traducción de la *Ilíada* al inglés, hecha por George Chapman, también se publicó en este período, concretamente en 1598.[54] Incluso los abogados querían también dar su opinión, como el prestigioso jurista Edward Coke (del que volveremos a hablar en el capítulo 8), quien buscaba en el pasado troyano los orígenes del derecho consuetudinario inglés.[55] Los ingleses se deleitaban con la idea de sus orígenes troyanos; orígenes que, según algunas crónicas medievales, tenían en común con los turcos.

Safié no era de las que desaprovechaban una oportunidad diplomática cuando le llovía del cielo. La idea de un pasado común era una oportunidad inmejorable. Su primera carta a Isabel, escrita en 1591, hace revivir la idea de los otomanos como legítimos herederos de Roma, aunque la evoca de manera muy sutil, como si estuviese tanteando la respuesta de Isabel. La carta comienza con una invocación a Dios, antes de presentarse como la madre del príncipe heredero y consorte del sultán, a quien describe en estos términos: «Su Majestad el sultán Murad —¡a quien Dios conserve su buena fortuna y su grandeza!—, el monarca de los territorios, el alma del imperio, el kan de las siete regiones en esta próspera época y el afortunado señor de los cuatro puntos cardinales, el emperador de las tierras de Roma».[56]

La introducción va seguida de un saludo formal, en el que constan todos sus títulos, y en el que Safié desea a Isabel «una salutación tan gentil que todas las rosas de la rosaleda no sean más que un pétalo de ella y un discurso tan sincero que todos los ruiseñores del jardín no sean más que una estrofa de él».[57] Safié explica entonces cómo conoció al embajador inglés, después de su audiencia con Murad, al que describe como el «afortunado *padişah* del islam y el soberano comparable a Marte». A continuación, le confirma su apoyo y se compromete a defender su causa ante el sultán, a quien describe en esta última parte de la carta como «el Señor de la feliz conjunción y el soberano que ha ocupado el lugar de Alejandro».[58]

Safié avanza con cautela, abriendo una nueva vía de comunicación diplomática con su corresponsal. Deja caer esporádicamente en la carta algunas referencias a la cultura grecorromana, intercalando algunos pasajes en tono religioso y usando en todo momento un lenguaje inclusivo. Entre otras cosas, describe al sultán como el emperador de los territorios de Roma, el heredero de Alejandro Magno y un ser comparable a Marte, el dios de la guerra para los romanos. No menciona explícitamente a los antepasados, pero dice, como quien no quiere la cosa, que el legado cultural y político del mundo grecolatino pertenece a los otomanos. Debía de sentir mucha curiosidad por saber cómo reaccionaría Isabel.

No hubo de esperar demasiado. Las cartas y regalos que intercambiaron las dos mujeres durante los años siguientes culminaron en los espectaculares presentes de 1599: el órgano mecánico para el sultán y el carruaje con joyas incrustadas para Safié. Pero Isabel, que no era menos sutil que ella, también sabía utilizar los símbolos diplomáticos. Su conformidad con la idea de un pasado común iba implícita en el nombre del navío que llevó esos magníficos regalos a Estambul en 1599. Llevaba el nombre del príncipe heredero de Troya, el guerrero más insigne del ejército troyano y posiblemente el verdadero héroe de la *Ilíada*. El navío se llamaba *Héctor*.

Tras el éxito de *Héctor* y sus múltiples mensajes políticos, las relaciones anglo-otomanas empezaron a caer en picado. Al cabo de cuatro años, tanto Mehmet como Isabel habían muerto, y fueron reemplazados por nuevos gobernantes con ideas completamente distintas sobre la política internacional y la orientación cultural.

En el caso de Jacobo I de Inglaterra y VI de Escocia, esta nueva dirección supuso un acercamiento a la católica España y un abandono de las conexiones con Oriente en favor de las colonias americanas. La fundación de Jamestown (Virginia) en 1607 como primer asentamiento permanente de los ingleses en América fue una declaración no solo ideológica, sino también política. Para los Estuardo, el futuro del nuevo reino unido no estaba en el este, sino en el oeste. Al mismo tiempo pero en el otro extremo de Europa, Ahmed I emprendió una política diplomática que reflejaba la de Jacobo. Conservador en cuestiones religiosas, Ahmed quiso distanciarse de su abuela y de su red de alianzas occidentales, aunque tuvo el acierto de mantener algunos contactos comerciales y diplomáticos con Europa. Su atención, y la de su hijo Murad IV, se centró en el este, y en especial en las relaciones con la Persia safávida.

A medida que avanzaba el siglo XVII, las exigencias políticas y los intereses económicos que antaño habían unido a protestantes y musulmanes empezaron a desvanecerse. Probablemente, las ideas acerca de una civilización y un pasado comunes se desvanecieron con ellos. Atrás quedaron las alusiones a una sola genealogía compartida por los sultanes turcos y las reinas inglesas. Atrás quedaron los relatos de una Antigüedad universal. En cambio, empezaba a haber cada vez más unanimidad en torno a una cosmovisión alternativa, una visión del mundo que existió en la Edad Media, sin llegar a ser predominante (capítulos 4 y 5), y cuya popularidad aumentó durante el Renacimiento (capítulo 6). Esta visión presentaba a Europa y a la cristiandad como una única entidad conceptual en oposición directa y binaria a Asia, el islam y el resto del mundo. Es una visión que sigue dándose hoy entre nosotros, y a la que a menudo consideramos como un «choque de civilizaciones».

En el siglo XVI, la ideología y la propaganda de los Habsburgo adoptaron abiertamente este punto de vista, inducido en no pequeña medida por la gran rivalidad política entre ellos y los otomanos.[59] A los Habsburgo les interesaba difundir la idea de una Europa sólida y un frente cristiano que se oponía al mundo islámico, lo que hizo que diversos grupos protestantes quedasen bajo el liderazgo de los católicos. En el apogeo de las relaciones anglo-otomanas a finales del siglo XVI, cuando Isabel y Safié se intercambiaban cartas y regalos desde los dos extremos de Europa, los asesores políticos de los Habsburgo redoblaron sus esfuerzos. En concreto, quisieron presentar la batalla de Lepanto entre la armada turca y la Liga Santa en 1571 como un combate heroico entre dos civilizaciones radicalmente opuestas: Europa contra Asia, la cristiandad contra los infieles.[60]

Los Habsburgo sacaron a esta batalla todo el provecho político de que fueron capaces. Por Europa circularon cartas y proclamaciones en las que se afirmaba que la victoria de la Liga Santa era una señal de la voluntad divina. Giorgio Vasari (de quien hablamos en el capítulo 6) pintó tres frescos para el papa Pío V. Felipe II encargó un cuadro a Tiziano, su artista favorito, para conmemorar el acontecimiento. Luca Cambiaso, también conocido como Luqueto, pintó una serie de lienzos y tapices cuyas copias adornaban las casas señoriales de Madrid, Génova y Londres.

Como parte del triunfalismo que generó la victoria de Lepanto durante las últimas décadas del siglo XVI, el poeta y humanista cordobés Juan Latino escribió un poema épico, *La Austriada*, en alabanza de las hazañas de don Juan de Austria, el militar que comandó la flota de la Liga Santa. El poema de Latino es notable porque utiliza la retórica de la división entre cristianos y musulmanes para defenderse de los prejuicios raciales y la discriminación. Latino era negro, hijo de padres que habían sido esclavos en Baena (Jaén), y pasó su juventud al servicio de don Gonzalo Fernández de Córdoba, duque de Santángelo, Terranova, Andría, Montalto y Sessa, más conocido como el Gran Capitán. Liberado cuando aún era joven, Latino dedicó su vida al estudio y finalmente fue nombrado catedrático de latín de la catedral de Granada. En sus versos, Latino empleó sofisticados modelos y metáforas clásicas para acentuar la diferencia entre el ejército cristiano de los Habsburgo y el de los turcos. Esa diferencia tenía mucho más que ver con la religión que con la raza. Latino defiende la importancia de las decisiones personales y de la conversión en la aceptación de la fe, poniendo como ejemplo su propia experiencia, ya que fue bautizado aunque no naciera en el seno de la Iglesia.[61] Latino tenía motivos más que justificados para arremeter contra el pensamiento radical y la discriminación racial que estaba teniendo lugar en Europa (en aquella época también se intensificó el comercio de esclavos negros en el Atlántico, como veremos más detenidamente en el capítulo 9). Pero el hecho de que la retórica islamofóbica y el choque de civilizaciones entre Oriente y Occidente se convirtieran en una herramienta tan valiosa para su arsenal literario nos dice bastante sobre el cambiante espíritu de la época.

En realidad, la batalla de Lepanto se libró entre un imperio multiétnico y multirreligioso que se extendía por tres continentes (el otomano), por un lado, y una alianza de estados católicos financiados por

Felipe II de España, por el otro. Y, en realidad, aunque fuese una victoria decisiva para la Liga Santa y un auténtico desastre para las tropas turcas, la batalla representó poco más que un costoso y humillante revés para los otomanos, los cuales arrebataron Chipre a los venecianos al cabo de dos años y conquistaron Túnez un año después.[62] Pero la realidad casi nunca trunca una buena historia, sobre todo cuando esa historia tiene un objetivo político.

La correspondencia entre Safié Sultán e Isabel I es testimonio de un camino que no se tomó, de una ruta que al final no se siguió en la historia del mundo. No podemos sino preguntarnos: ¿qué habría sucedido si la alianza hubiera cuajado y si el núcleo católico de Europa hubiera estado rodeado por una unión de musulmanes y protestantes? ¿Se habría desarrollado plenamente la idea moderna de Occidente, convirtiéndose en el bloque geopolítico que domina el mundo en la actualidad? ¿Habría habido siquiera un gran relato de la civilización occidental?

Podríamos entretenernos indefinidamente con los «y si» de la historia, pero en este caso sospecho que cuando Safié Sultán llegó al poder la otra posibilidad ya tenía los días contados. Su correspondencia con Isabel fue tal vez un último intento desesperado de cambiar las tornas, un amago de revertir una tendencia que ya se había afianzado durante la generación anterior. Desde entonces, no hubo de pasar mucho tiempo para que la historia del choque de civilizaciones, promovida por la propaganda antiturca de los Habsburgo, eclipsara el mito de unos antepasados comunes que había servido para reforzar la alianza anglo-otomana. El relato predominante cambió.

Un nuevo relato se impuso. El «nosotros» se centró en el concepto de cristiandad, un concepto que ocultaba el sangriento conflicto sectario entre católicos y protestantes del siglo anterior y que olvidaba oportunamente el abismo que había separado a las iglesias griega y latina durante muchos siglos. Esa cristiandad imaginaria se fue identificando cada vez más con Europa, tejiendo una especie de amnesia voluntaria a fin de obviar la existencia de las antiguas iglesias de Oriente Próximo, África y Asia. También se consideraba que esa imaginaria cristiandad eurocéntrica tenía sus orígenes en la Antigüedad grecorromana y una historia compartida a la que se podían atribuir los elementos comunes de su cultura y de su orientación política. Los europeos estaban cada vez más seguros de que el mundo del pasado, y el del presente, se dividía en dos bandos radicalmente opuestos y divergentes: nosotros y ellos, los cristianos y los no cristianos, Europa y lo que había más allá, Occidente y «el resto».

CAPÍTULO

8

Occidente y el conocimiento

Francis Bacon

> Pues solo es justo considerar tres ciclos y períodos del conocimiento: uno entre los griegos, el siguiente entre los romanos y el último entre nosotros, esto es, las naciones de la Europa occidental.
>
> FRANCIS BACON (1620)[1]

No hay muchas personas a las que se recuerde por haber destacado en diversos campos. Algunos pensarían enseguida en Leonardo da Vinci, Gottfried Leibniz o Frank Ramsey. A otros les vendrían a la memoria Aleksandr Borodín, Hedy Lamarr o Arnold Schwarzenegger. Pero, en la lista de los polímatas históricos, estoy segura de que encontraríamos un lugar para Francis Bacon, a quien no hay que confundir con el pintor irlandés del mismo nombre. El protagonista de este capítulo fue un pionero en la filosofía de la ciencia, un prestigioso jurista y un destacado político inglés de finales del siglo XVI y principios del XVII. La singular vida de Bacon abarca, por tanto, la transición entre el mundo de Safié e Isabel y el de Jacobo y Ahmed. Durante su vida presenció movimientos sísmicos en la geopolítica mundial, así como una transformación en la forma de imaginar el mundo y la historia. Durante su vida fue testigo de la invención de Occidente, y desempeñó una parte no pequeña en ese proceso.

Francis Bacon vivió en una época en la que el concepto de Occidente empezaba por fin a cristalizar, y en la que el gran relato de la civilización occidental comenzaba a ser el modelo predominante en Europa para entender la historia. Sus escritos muestran la magnitud del cambio que se produjo en el transcurso de una sola vida. Bacon inició su actividad bajo el reinado de Isabel I, cuando la idea de Occidente era todavía embrionaria y cuando aún era posible imaginar a protestantes y musulmanes unidos contra el catolicismo dominante. Hacia el final de sus días, durante el reinado de Jacobo I, la política había cambiado hasta tal punto que ese tipo de alianzas ya no eran concebibles (aunque el comercio y las relaciones diplomáticas entre los turcos y otras potencias europeas siguieron su curso). La idea de Occidente había empezado a surgir y, a pesar de los continuos conflictos confesionales y de las luchas políticas, la vuelta atrás ya no era posible.

Al mismo tiempo, las ideas sobre la forma de la historia también se habían consolidado. Ya no era posible, como lo fue en tiempos de Safié Sultán, hablar de unos antepasados culturales comunes a Europa y Asia. Por el contrario, la única historia imaginable era aquella en que Occidente y Oriente tenían cada uno su propia genealogía cultural y su propio linaje histórico. Para Occidente, ese linaje comenzaba supuestamente en la Antigüedad grecorromana, una parte del pasado de la humanidad que pertenecía exclusivamente a la historia de Europa y cuyo legado cultural correspondía únicamente a los europeos. Esta reinvención del mundo y de su historia fue posible gracias a los rápidos cambios que se produjeron por doquier en aquella época.

Exploración e Ilustración

Francis Bacon vivió en un mundo en el que hubo un replanteamiento radical de las bases del conocimiento. Lo primero que cambió fue «qué» pensaba la gente. El humanismo del Renacimiento había fomentado el desarrollo de la teología, la filosofía y las ciencias naturales, lo cual, sumado a la proliferación de nuevos grupos protestantes, hizo brotar nuevas ideas en torno a la fe y la religión. Pero también hubo cambios en cuanto a «cómo» pensaba la gente. Bacon, entre otros, influyó considerablemente en la nueva forma de concebir la epistemología: qué se podía conocer y cómo se podía adquirir ese conocimiento. Bacon fue uno de los principales pioneros del «método científico».

Por eso los relatos sobre la Ilustración comienzan por lo general a partir de Bacon, si bien la Ilustración propiamente dicha se suele asociar con pensadores del siglo XVIII, y finales del XVII, como Voltaire, Rousseau y Kant. Bacon fue de capital importancia a la hora de difundir el método científico, gracias al cual los hechos se podían comprobar objetivamente por medio de la experimentación y la observación. Esta idea fue fundamental para el desarrollo científico y tecnológico de la Ilustración, desde los descubrimientos astronómicos de Galileo y la epistemología de Kant hasta las leyes de Newton y las relaciones geográficas de Descartes. La importancia que se daba a la ciencia y la racionalidad tenía su origen en el humanismo renacentista y estaba relacionada con un mayor cuestionamiento de la religión, con la tendencia a la secularización y con la idea de una separación entre la Iglesia y el Estado.[2] Podemos encontrar algunos elementos de estas ideas en la Paz de Westfalia de 1648, que puso fin a la guerra de los Treinta Años, un sangriento conflicto religioso (aunque la firma de esa paz no supuso el fin de la violencia entre los cristianos ni de las persecuciones religiosas en Europa).

Otro pilar de la Ilustración fue la filosofía política, que reflexionaba sobre la naturaleza humana y la dinámica de la sociedad, y de la que formó parte el «contrato social» de Rousseau; la teoría de que la vida humana sin un Estado era «horrible, salvaje y breve» (Hobbes); el concepto de ley natural (Locke); el optimismo político de Leibniz; el llamamiento a la igualdad de Tom Paine en un primer esbozo de los derechos humanos; y el feminismo radical de Mary Wollstonecraft, que extendía esos derechos a las mujeres.[3]

Los dos ejes fundamentales del pensamiento de la Ilustración —el científico-tecnológico, por un lado, y el político-filosófico, por el otro— se inspiraron en la Antigüedad grecorromana, igual que los humanistas del Renacimiento antes que ellos. Galileo y Descartes, por ejemplo, desarrollaron su pensamiento matemático a partir de los principios establecidos por Pitágoras. Entre los filósofos de la política, la influencia de la Antigüedad grecorromana fue todavía mayor. Hobbes se basó en Tucídides para reforzar sus ideas acerca del realismo político, y las teorías de Locke sobre la condición de persona y la propiedad contienen ecos del estoicismo.[4] El pensamiento político de Rousseau, quien, de pequeño, «no paraba de pensar en Atenas y en Roma», debe mucho a la república romana.[5]

A diferencia de los humanistas del Renacimiento durante el siglo anterior, los pensadores de la Ilustración no heredaron directamente las ideas de la Antigüedad grecorromana ni las recibieron de un modo pasivo como parte de un legado cultural ingénito. Antes bien, buscaron activamente los modelos griegos y romanos, examinando con atención los textos clásicos y tomando de ellos lo que les parecía útil. Algunos eran claramente partidarios de un acercamiento selectivo a la Antigüedad, y no de una aceptación incondicional de todo lo que provenía de ella. Si bien Thomas Hobbes se inspiró en Tucídides, también fue crítico con otros pensadores grecolatinos, incluido Aristóteles, y desarrolló una teoría política que difería notablemente de los antiguos modelos de libertad republicana.[6] Hobbes sugirió incluso que, en general, la lectura de textos griegos y latinos ejercía un efecto negativo en sus contemporáneos:

> Y en la lectura de estos autores griegos y latinos, los hombres (bajo una falsa apariencia de libertad) han adquirido desde su infancia el hábito de fomentar tumultos, y de ejercer un control licencioso de los actos de sus soberanos; y también el de supervisar a esos supervisores, con derramamiento de mucha sangre; de tal modo que creo poder afirmar con razón que nada ha salido tan caro a estos países occidentales como el aprendizaje de las lenguas griega y latina.[7]

Por medio de este complejo proceso de adopción, apropiación y diálogo con la Antigüedad grecorromana, los pensadores de la Ilustración europea pudieron reivindicarla como suya, integrándola en el entorno cultural de su época. Por medio de este proceso, empezaron a fijar y consolidar el gran relato de la civilización occidental.

El término Ilustración, como su equivalente alemán *Aufklärung*, refleja solo parte del encanto de la expresión «el Siglo de las Luces», una denominación que influye notablemente en nuestra forma de entender hoy la Ilustración. Se nos enseña que fue una época de asombro y reflexión, una época trascendental, caracterizada por la luminosidad de sus estrellas intelectuales, cuyos relucientes rayos de racionalidad desterraron las sombras de la superstición. Según William McNeill, en su libro *The Rise of the West* (1963), «nosotros, y todas las personas del siglo XX, somos los peculiares descendientes y herederos de un puñado de genios que vivieron cuando la Europa moderna empezaba a forjarse».[8] De esos genios (o eso cuenta la historia) hemos heredado no solo el método científico, sino también el racionalismo y el escepticismo religioso, así como el individualismo y el humanismo. Fueron ellos, nos repiten a menudo, quienes establecieron las bases conceptuales del mundo moderno. En palabras de uno de los más grandes pensadores del Siglo de las Luces, el filósofo alemán Immanuel Kant, la «Ilustración» significaba algo así como liberar a la humanidad de la ignorancia que se había impuesto a sí misma.[9]

Como señaló Kant, aquel fue, de hecho, un período en el que se produjeron notables avances científicos, y esos adelantos fueron acompañados por el auge del humanismo laico y la filosofía radical. El conocimiento se difundía rápidamente a través de los libros, que eran mucho más fáciles de conseguir gracias a las nuevas tecnologías aplicadas a la imprenta, como por ejemplo los tipos móviles. Las ideas se debatían por medio de la correspondencia y circulaban en folletos u opúsculos, lo que dio lugar a una «república de las letras» (en cierto modo parecida a lo que hoy llamamos «comunidad científica») que se ocupaba de los adelantos intelectuales. Curiosamente, la lengua de aquella comunidad fue el latín, que siguió siendo la lengua empleada por las élites en casi toda Europa y en América.

Pero la Ilustración no fue un movimiento unitario. Dentro de la corriente principal había innumerables contracorrientes que se ramificaban en escuelas de pensamiento y tendencias intelectuales contrapuestas.[10] Por ejemplo, algunos pensadores se mostraron ciertamente hostiles hacia la religión, mientras que otros fueron capaces de concertar los principios científicos con su fe cristiana.[11] La Ilustración tampoco era idéntica en todas las naciones, pues adoptó formas diferentes en Escocia y Suiza, en Bohemia y Berlín. En Rusia se vio influida por la autocracia centralista de Pedro el Grande, mientras que en América (como veremos en los siguientes capítulos) adquirió un tinte ciertamente revolucionario.[12] La Ilustración tampoco fue exclusiva de Europa y sus colonias americanas, aunque el relato oficial de la historia suela reflejarlo así. Por el contrario, la Ilustración fue un fenómeno universal y, aunque su centro estuviera sin duda en Europa, también encontramos ejemplos del pensamiento ilustrado en ciudades como El Cairo, Calcuta, Shanghái y Tokio.[13]

De hecho, incluso esos avances científicos y filosóficos que se desarrollaron en el corazón de Europa a menudo se inspiraban en nuevas ideas procedentes de otros países. Los sistemas chinos de gobierno y administración, por ejemplo, llevaron a los europeos a replantearse la configuración del Estado. El ejemplo chino influyó especialmente en los pensadores franceses, y el sinófilo Voltaire llegó a afirmar que «la mente humana no puede imaginar un gobierno mejor» que el de los chinos.[14] El confucionismo en particular sirvió de inspiración a la filosofía política y fue defendido enérgicamente nada menos que por Gottfried Leibniz.[15] En una escala diferente, el contacto con los autóctonos americanos puede haber provocado también un replanteamiento de las tradiciones europeas. Se ha dicho por ejemplo que el *Discurso sobre el origen de la desigualdad entre los hombres*, de Rousseau, se inspiró en un texto que circulaba por los salones europeos y que pretendía reflejar las reflexiones filosóficas de Kandiaronk, un caudillo de la nación wendat.[16] Por desgracia, los logros de los científicos y filósofos originarios de América, África y Oriente Medio, y su contribución al desarrollo del pensamiento ilustrado en Europa, no tuvieron el reconocimiento que se merecían entre los intelectuales europeos.[17]

La Ilustración se desarrolló, por tanto, en un contexto de exploraciones y de un creciente interés por el resto del mundo (no siempre de manera pacífica, como veremos en el capítulo 9), así que debe muchas cosas a esa estimulación exterior. De hecho, la Ilustración y las exploraciones están indisolublemente unidas en un bucle de retroalimentación causal. Gran parte del pensamiento ilustrado surgió a partir del descubrimiento de un mundo inexplorado. Al mismo tiempo —lo cual es muy importante para el objetivo de este libro—, el progreso europeo que hizo posible descubrir y luego someter a ese mundo ignoto se basó en gran medida en el pensamiento ilustrado. Ese progreso se manifestó en dos formas resultantes de los dos ejes fundamentales de la Ilustración.

Los progresos científicos y tecnológicos dieron a los europeos una ventaja militar sobre los demás, pues les proporcionaron los medios prácticos con que dominar el resto del mundo. Pero, como señalé en la introducción, este no es un libro sobre el auge de Occidente *per se*, por lo que dejaré que otras personas más cualificadas que yo expliquen cómo unos pocos estados de la Europa central y occidental llegaron a dominar el resto del mundo, primero en el ámbito político y militar y luego en el económico y cultural.[18] En este libro me fijo más en la segunda vertiente y en el hecho de que la teoría política y filosófica de la Ilustración dotó a los europeos de las herramientas conceptuales y prácticas del imperio, proporcionándoles la base intelectual que les hizo concebir el resto del mundo como algo esencialmente distinto y básicamente inferior.

El origen de la civilización occidental en cuanto teoría historiográfica reside, por tanto, en la combinación de las exploraciones, la Ilustración y el imperio. En algún lugar de ese bucle entre los encuentros con otras culturas y las revoluciones intelectuales, se concibió la idea de la genealogía cultural de Occidente. Y uno de los que contribuyeron a ello fue Francis Bacon.

PARLAMENTARIO Y POLÍMATA

Si la Ilustración se caracteriza por sus estrellas intelectuales, una de las primeras, y ciertamente una de las más brillantes, fue Francis Bacon. Se le ha llamado «padre del empirismo» y «padre del método científico» por haber creado un modelo metódico y universal para la observación de los fenómenos naturales.[19] Estableció el «método baconiano» en el *Novum organum*, una obra que sería fundamental para los adelantos científicos del siglo siguiente. En ella, Bacon argumenta que debemos basar nuestro conocimiento del mundo en los hechos, que no en la fe, y desarrolla un sistema lógico para la observación y el registro de esos hechos (siendo especialmente crítico con el cristianismo por obstaculizar el progreso de la ciencia). Tanta influencia llegó a tener Bacon que, cuando en 1660 se creó la Royal Society of London, más de treinta años después de su muerte, sus miembros lo proclamaron casi su santo patrón, atribuyéndole el nacimiento de la ciencia británica en una alabanza poética:

Bacon, como Moisés, nos guio
por el desierto estéril,
se situó en la frontera
de la Tierra Prometida
y desde las alturas de su preclara inteligencia,
la vio y nos la mostró a nosotros.[20]

Pero Bacon llegó a la ciencia relativamente tarde; publicó el *Novum organum* en 1620, cuando tenía ya cincuenta y nueve años. Hasta entonces se había dedicado principalmente a la política. Fue miembro del Parlamento durante treinta y seis años, y ocupó varios cargos al servicio de la Corona inglesa (posteriormente británica), incluidos los de fiscal general, consejero privado y lord canciller. Su carrera profesional no empezó en la política ni en la ciencia, sino en la justicia.

Francis Bacon tenía solo quince años cuando se inscribió en la asociación de abogados y jueces de Gray's Inn, en 1576.[21] Para entonces ya había completado tres cursos en Cambridge (aunque hoy nos parezca que era demasiado joven, la matriculación de preadolescentes no era infrecuente en aquella época) y estaba preparado para recibir una formación legal más rigurosa.[22] Sus estudios lo llevaron a Francia, Italia y España, hasta que la muerte de su padre en 1579 lo obligó a regresar a Londres y empezar —con solo dieciocho años— a ejercer de abogado.[23] Un retrato del Bacon adolescente nos lo muestra como un joven de cara redonda y rizos castaños, con esa mirada de prudente escepticismo que lo caracterizaría posteriormente.[24]

Bacon se inició en la política como miembro del Parlamento por la circunscripción de Bossiney (Cornualles), pero permaneció en un relativo anonimato político durante más de una década.[25] Durante esa época compaginó sus deberes de parlamentario con la abogacía para pagar las facturas, mientras buscaba incansablemente una forma más segura de ascender y promocionarse. Creyó haberla encontrado cuando conoció al carismático conde de Essex. Este era apuesto, gallardo y sumamente ambicioso. En 1587 era ya el favorito de Isabel I, quien lo colmó de títulos y privilegios. Sabiendo aprovechar la ocasión que se les presentaba, Francis y su hermano mayor, Anthony, consiguieron abrirse paso hasta el círculo íntimo del conde. Los hermanos Bacon resultaron muy útiles para las estrategias políticas de

Essex: Anthony le suministraba la información procedente de la vasta red de espías que había formado durante sus viajes por Europa y Francis lo asesoraba en cuestiones legales y religiosas.[26] A cambio, ellos se beneficiaban de su influencia en la corte y de su patrocinio fuera de ella. Pero, a pesar de intentarlo, Essex no pudo conseguirle a Bacon el alto cargo que tanto anhelaba.

Hasta 1601 —un año después de que el navío *Héctor* regresara de Estambul (véase el capítulo 7) habiendo entregado con éxito el órgano mecánico y el carruaje de oro enviados por Isabel— Bacon no consiguió el caso que lo lanzó a la fama. Fue designado fiscal del Estado en el juicio más escandaloso y sensacionalista de toda una generación, un caso de traición que era la comidilla de las tabernas y de los pasillos del poder. Solo había un problema. Quien se sentaba en el banquillo era su antiguo amigo y protector, el conde de Essex. Tras una desastrosa campaña en Irlanda para sofocar una sublevación, Essex perdió el favor de la reina y no se le ocurrió otra cosa para remediar la situación que encabezar una breve y abortada rebelión contra ella (nadie sabe si alguna vez pensó seriamente que eso le devolvería la gracia de Isabel).

La participación de Bacon en el juicio de Essex generó controversias a causa de su antigua amistad con el conde.[27] Tal vez por la necesidad de distanciarse de Essex y demostrar su lealtad a la Corona, Bacon fue decisivo para el caso, pues presentó las mejores pruebas y argumentos de la acusación. Debió de hacer un excelente trabajo, ya que Essex fue declarado culpable y decapitado en la Torre de Londres el 25 de febrero. A Bacon se le encargó la redacción del informe oficial del juicio y la rebelión, que llevó a cabo con metódica ecuanimidad. Pero, por muy sensato que fuese en el aquel momento, aquel episodio supuso un cargo de conciencia para Bacon. Posteriormente, afirmó haberse esforzado todo lo posible en pedir clemencia e indultos para la familia y los socios del conde, entre los que se encontraba probablemente su propio hermano.[28]

Pero la buena estrella de Bacon estaba sin duda en ascenso. Tras la muerte de Isabel, el nuevo rey, Jacobo I de Inglaterra (y VI de Escocia), lo nombró caballero en 1603 y abogado del Estado al año siguiente. Durante casi dos décadas, Bacon estuvo en el centro de la política británica. Fue procurador general desde 1607, secretario de la Cámara Estrellada desde 1608, fiscal general desde 1613, consejero privado desde 1616, lord guardián del gran sello desde 1617 y lord canciller desde 1618. Ese año Jacobo le concedió el título de barón de Verulam en reconocimiento de sus servicios, antes de nombrarlo vizconde de Saint Albans en 1621.

Nadie asciende tan deprisa sin ganarse enemigos. El rival más encarnizado de Bacon era el temible Edward Coke (del que hablamos en el capítulo 7 a propósito de los supuestos orígenes troyanos del derecho consuetudinario inglés), con quien había compartido la acusación en el juicio de Essex. Ambos juristas se disputaron el mando durante muchos años.[29] Coke fue nombrado fiscal general en detrimento de Bacon en 1594, un cargo que este finalmente reivindicó para sí tras orquestar el traslado de Coke al tribunal del Consejo Real en 1613. Bacon y Coke también se enfrentaron en varios casos de gran repercusión, como el de Edmund Peacham, un eclesiástico acusado de calumniar al rey en 1614, y tuvieron acalorados desencuentros públicos, como el del caso del conde de Somerset, antiguo favorito del rey que fue procesado por asesinato en 1616.[30] Pero la rivalidad entre estos dos caballeros iba más allá de lo profesional. En noviembre de 1598, para sorpresa de los corrillos de Londres, Coke se casó con lady Hatton, una acaudalada viuda a la que Bacon llevaba varios meses cortejando.[31] Si bien al final terminó casándose con Alice Barnham, hija de un regidor (Alice tenía solo trece años, lo que se consideraba demasiado joven para contraer matrimonio, aunque la edad legal para desposarse estuviera establecida en los doce), aquella derrota personal a manos de Coke debió de escocerle bastante.[32]

La victoria final de Coke también debió de llegarle al alma. Encabezando una investigación pública sobre la corrupción gubernamental, Coke lo acusó de aceptar sobornos, imputación que Bacon refutó enérgicamente.[33] Pero las acusaciones se mantuvieron, y al cabo de pocas semanas, fue condenado en la Cámara de los Lores, destituido de su cargo, condenado a pagar una cuantiosa multa y encarcelado en la Torre de Londres. Como no podía defenderse, nuevos escándalos empezaron a salpicarlo. Los borrachos de las tabernas cantaban soeces canciones que lo motejaban de pederasta y sodomita.[34] Aparecieron supuestos relatos de primera mano, difundidos por sus sirvientes y consejeros, que aparentemente confirmaban su homosexualidad.

Con independencia de esas murmuraciones —y del hecho de que la sexualidad de Bacon siga siendo desconocida—, el caso es que esos dimes y diretes fueron armas poderosas en manos de sus enemigos y torpedearon su imagen pública. Aunque el encarcelamiento duró solo cuatro días y se le perdonó la multa, la carrera política de Bacon estaba acabada. Arruinada su reputación, se vio obligado a retirarse al campo, lejos del clamor de la corte que tanto le gustaba y del bullicio del Parlamento al que ya estaba tan acostumbrado.

Pero eso no supuso el fin de Bacon. Fue durante esos años, hacia el final de su vida, lejos de las incesantes exigencias del rey y el país, cuando Bacon empezó realmente a escribir. Aunque siempre había redactado ensayos y tratados, fue en aquellos momentos cuando empezó a escribir las extensas obras que le dieron fama. Estas abarcaban los campos de la historia natural (incluidas *Historia naturalis*, *Historia ventorum*, *History of Sulphur, Salt and Mercury* y *Abecedarium naturae*), la física (incluyendo *Historia gravis et levis*, *Inquisitio de magnete* y *Topica inquisitionis de luce et lumine*) y la historia (*History of the Reign of King Henry VII*). Fue también en aquella época cuando editó y dio los últimos toques a varias obras esbozadas anteriormente, como *El avance del saber* y los *Ensayos* éticos y morales.

Durante los últimos años de su vida, desde su caída en desgracia cuando contaba sesenta años, en 1621, hasta su muerte en 1625, Bacon fue un escritor extraordinariamente prolífico.[35] Sus obras completas constan de quince gruesos volúmenes en la edición estándar de Oxford University Press, siete de los cuales (casi la mitad) fueron escritos durante esos últimos cinco años, sin los cuales probablemente no habríamos podido disfrutar del método baconiano en su forma definitiva ni tampoco de las últimas teorías de Bacon sobre el derecho, la sociedad y la política. Una obra que sin duda no habría visto la luz de no ser por la jubilación prematura de Bacon es *La nueva Atlántida*, una novela utópica en la que Bacon describe una ficticia sociedad ideal, ubicada en una misteriosa isla del océano Pacífico y que recibe el nombre de Nueva Atlántida o Bensalem.[36] Es aquí, en esta utopía filosófica, donde Bacon introduce algunos vislumbres de una historia de la civilización que por fin empieza a parecerse al grandilocuente relato occidental, una cultura europea que hunde sus raíces en la Antigüedad griega pero cuyo apogeo se alcanza en las costas del Atlántico.

El conocimiento es poder

La historia de *La nueva Atlántida* comienza con la tripulación de una nave europea que, habiéndose perdido en el océano Pacífico, llega a una isla misteriosa e inexplorada. En esta isla los marinos descubren un Estado cristiano, hasta entonces desconocido para ellos y aparentemente desligado del resto del mundo. Aquel lugar es un paraíso de paz y armonía, donde todo acontece sin contratiempos y todos los isleños están contentos con su suerte. Los habitantes de la isla tratan a la tripulación con amabilidad y generosidad, llevándola a pensar que Bensalem es una «tierra santa y feliz» e incluso «una imagen de nuestra salvación en el Cielo». La novela narra después una serie de conversaciones entre los tripulantes y los diversos representantes de Bensalem con los que se van encontrando. Su primer interlocutor es el gobernador de la Casa de los Extranjeros, donde son alojados.

La tripulación se pregunta cómo llegó el cristianismo a una isla tan remota y se entera de que un libro de las Escrituras y una carta de san Bartolomé les fueron revelados milagrosamente a los habitantes de Bensalem en una columna de luz divina. Luego les preguntan cómo es que tienen conocimiento del resto del mundo, puesto que están tan aislados. El gobernador les explica que antiguamente los comerciantes de Bensalem navegaban por todo el planeta y que a su isla llegaban visitantes procedentes de Persia, Mesopotamia, Arabia y «todas las naciones insignes y poderosas», pero ese éxito despertó el impulso depredador de sus vecinos de América, que intentaron con escasa fortuna la conquista de Bensalem.

Según el gobernador, la arrogancia de este acto provocó el castigo divino en forma de un gran diluvio que arrasó América, destruyendo su gran civilización ancestral y borrando de la faz de la tierra todo rastro de ella. De hecho, los bensalemitas llaman al continente americano «la gran Atlántida», e insinúan que algún recuerdo de aquel acontecimiento se conserva incluso en las historias de Europa (una referencia a la obra de Platón). El gobernador relata a continuación que, después de aquel gran diluvio, el sabio rey Salomón aconsejó a Bensalem un aislamiento voluntario, en parte porque la isla era autosuficiente, pero también porque «dudaba de las novedades y de la mezcla de costumbres». Las dos excepciones a esta regla del aislamiento eran la hospitalidad con cualquier extranjero que, como en el caso de aquella tripulación, arribase a sus costas, y la realización de expediciones científicas cada doce años, con el fin de reunir información sobre el mundo sin desvelar el secreto de la existencia de Bensalem.

En la segunda parte del texto, la tripulación es invitada a participar en la «fiesta de la familia», un espectáculo en honor de los hombres que demuestren tener más de treinta descendientes directos (las mujeres que se encuentran en la misma situación solo pueden ver la fiesta desde el otro lado de un cristal). Es entonces cuando la tripulación conoce a Joabin, su segundo interlocutor, a quien el narrador describe como «un judío circunciso». Joabin les explica que en Bensalem se concede un gran valor a la castidad fuera del matrimonio y a la fertilidad dentro de él, exponiendo durante la conversación una teoría sobre las costumbres sexuales óptimas.[37] Esta parte del libro pone de relieve el principio organizador de la sociedad bensalemita, la familia, que se estructura en torno al patriarcado, el linaje y la ascendencia.

En el tercer y último acto de la historia, los compañeros del narrador quieren que este conozca al jefe de la Casa de Salomón, una institución académica que lleva el nombre del antiguo legislador de Bensalem. La Casa de Salomón no es solo un centro de aprendizaje, donde se estudian y custodian los conocimientos adquiridos durante las expediciones culturales, sino que es también la sede del gobierno, donde los doctos asambleístas guían la nave del Estado conforme a sus principios científicos. La Casa de Salomón, donde la política se rige por la ciencia pura, es la encarnación de la idea según la cual «el conocimiento es poder», un principio que Bacon había expresado en varias obras anteriores. Aunque Bacon no citó el popular aforismo con esas mismas palabras, sí que escribió: «*ipsa scientia potestas est*», es decir, «el propio conocimiento es poder».[38]

En ese momento el lector puede leer una descripción de las diversas actividades científicas que se desarrollaban en aquella institución: experimentos geológicos, biológicos, farmacéuticos, ópticos y mecánicos, así como enseñanzas y teorías de diversa índole. La sección termina con la descripción de una larga galería en la Casa de Salomón, en la que los eruditos han erigido estatuas de aquellos a quienes consideran sus predecesores intelectuales, entre los que se encuentran:

> vuestro Colón, que descubrió las Indias occidentales; al inventor del barco; al monje vuestro que inventó la artillería y la pólvora; al inventor de la música; al inventor de las cartas; al inventor de la imprenta; al inventor de la astronomía; al inventor de los trabajos en metal; al inventor del cristal; al descubridor de la seda de los gusanos; al inventor del vino; al inventor del pan de maíz y de trigo; al inventor del azúcar [...]. Al inventor de una obra valiosa le erigimos una estatua y le damos una recompensa digna y generosa. Las estatuas son de bronce, de mármol y jaspe, de cedro y de otras maderas doradas y adornadas; otras son de hierro, de plata o de oro.[39]

No es la primera vez en este libro que encontramos una galería de estatuas que representan a los grandes hombres de un pasado imaginario. Fue una galería similar, descrita en la introducción, la que suscitó en mí las dudas que me llevaron a escribir este libro. Hoy hay muchas galerías de estatuas que ornamentan los edificios públicos de numerosas ciudades, pero la función de esas galerías es siempre la misma: reivindican el pasado, centrándose en una versión de la historia que monumentalizan hasta convertirla en un canon inalterable. Esas galerías contribuyen poderosamente a crear una ortodoxia histórica, pero los puntos débiles de todas esas galerías también son siempre los mismos: todas parten de genealogías imaginarias, simplificando en exceso los cruces intelectuales que en realidad se han producido a lo largo de la historia. La decisión de quién queda «dentro» y quién «fuera» depende tanto de la ideología como de los hechos históricos. (Evidentemente, esto también es aplicable a la «galería» de personajes históricos que presento en este libro, si bien con dos diferencias importantes. La primera es que yo lo digo explícitamente, en vez de intentar ocultarlo, como es el caso de otros grandes relatos históricos. La segunda es que la «galería» de este libro no pretende diferenciar a las personas más «grandes» o importantes de la historia, sino que, por el contrario, intenta mostrar a unos personajes cuya vida puede considerarse como representativa de su época.)

Por eso es tan importante la galería de esculturas de la Casa de Salomón, que está ubicada en el centro de Bensalem, en el lugar sagrado donde se reúne la benévola cienciocracia que gobierna la isla. La Casa representa, por tanto, no solo la historia de Bensalem, sino también su identidad. De igual modo que las estirpes y la genealogía biológica son de capital importancia para el pueblo de Bensalem en su conjunto (como acabamos de ver en la descripción de la «fiesta de la familia»), así también este linaje intelectual es muy importante para sus gobernantes. Si el conocimiento era, de hecho, poder, entonces aquello no era simplemente un despliegue de las mentes más preclaras de la isla, sino también una demostración del fundamento de su poder.

Es por ello curioso que Bacon cite a tan pocos de los pensadores a los que se rinde homenaje en la galería de las estatuas. Solo se menciona a dos: Cristóbal Colón, a quien se cita explícitamente, y Roger Bacon, a quien no se cita, pero que es reconocible cuando se alude al «monje vuestro que inventó la artillería y la pólvora» (Francis Bacon juega con su propia fama al no nombrar a este pensador con el que comparte apellido). No es casualidad que las dos personas identificables procedan de la Europa atlántica y que se las considere pertenecientes al mundo de la tripulación del navío mediante el uso del posesivo «vuestro». De ello se deduce que las demás estatuas representan a hombres no europeos, por lo que a los tripulantes no les resultarían familiares. De hecho, al narrador le dicen que cuentan con «diversos inventores propios de obras magníficas que, puesto que usted no las ha visto, me llevaría demasiado tiempo describírselas». Esto nos explica algo muy importante sobre la genealogía cultural que reivindican los bensalemitas: si bien reconocen las aportaciones de algún que otro personaje europeo, su linaje intelectual está formado en su mayor parte por personas desconocidas para la tripulación europea (o, por extensión, para los lectores de Bacon).

Aparte de la Casa de Salomón, Bacon describe Bensalem de una manera que la hace parecer muy poco europea. Geográficamente, queda fuera del sistema de los continentes y es diferente no solo de Europa, sino también de Asia, África y América, pero, si Bensalem tuviera que vincularse a un continente real, este sería Asia. Aunque se dice que la isla está habitada por «nativos», leemos que también hay comunidades de «hebreos, persas e indios» y que en la antigüedad fue visitada por «persas, caldeos y árabes». Bacon no menciona la raza, pero crea una imagen de diferencia cultural, y las descripciones que hace de la indumentaria aluden a los asiáticos. Los bensalemitas vestían «una toga de amplias mangas», una prenda «por debajo de la túnica» y «un sombrero, que tenía la forma de un turbante, estaba muy bien hecho y no era tan grande como los turbantes turcos», correspondiendo el color de cada una de estas prendas a la posición y el rango de quien las vestía. Para Bacon y sus lectores, la civilización de Bensalem —incluidas la historia y la genealogía cultural— es claramente distinta de la suya.

¿Y qué hay de la civilización de los tripulantes del navío y, por extensión, de la de Bacon y sus posibles lectores? Los dos europeos representados en las esculturas de la Casa de Salomón proceden del Occidente atlántico de Europa: España y Gran Bretaña. Pero el gobernador de Bensalem, cuando narra la historia de los antiguos encuentros con Europa, menciona el desafortunado viaje de un navío bensalemita «hasta el mar Mediterráneo», donde no puede decir si la gloria de resistir y rechazar a aquellas fuerzas correspondió a los primitivos atenienses. Esta expedición, sugiere, fue la última fuente de información para los relatos de la Atlántida que narró Platón, al que se refiere en dos ocasiones calificándolo de «gran hombre». El linaje cultural de la tripulación parece evidente: es europeo, incluyendo en las generaciones más modernas la Europa atlántica occidental, pero remontándose a los antiguos griegos del Mediterráneo. Este es el arco de la historia occidental que conocemos; este es el gran relato de la civilización occidental.

La nueva Atlántida es un pintoresco ejemplo de cómo empezó a surgir el relato de la civilización occidental, dando forma a la cosmovisión de Bacon y confirmando sus hipótesis culturales. Pero en otros escritos suyos fue incluso más explícito respecto a lo que él consideraba su propia herencia cultural. Un buen ejemplo de ello es la cita que figura al comienzo de este capítulo: «Pues solo es justo considerar tres ciclos y períodos del conocimiento: uno entre los griegos, el siguiente entre los romanos y el último entre nosotros, esto es, las naciones de la Europa occidental». Para Bacon, las líneas del legado cultural celta y germánico, que fueron tan importantes en el oeste y el centro de Europa en siglos anteriores (véase el capítulo 4), ya habían quedado relegadas a un segundo plano.

La cita está sacada del *Novum organum*,[40] la segunda parte de lo que pretendía ser una obra maestra de la ciencia, *La gran instauración*, en seis volúmenes. En ella Bacon hace referencia a un período o ciclo de la historia que es «nuestro», explicando que el «nosotros» de esa afirmación son «las naciones de la Europa occidental» (delatando al mismo tiempo su ignorancia de los adelantos científicos desarrollados en otros lugares, como es el caso del mundo islámico medieval). En otra parte del mismo libro, Bacon habla de «nosotros, los europeos occidentales».[41] Ambos pasajes también hacen referencia a dos períodos históricos comparables al «nuestro», el de los antiguos griegos y el de los romanos. Bacon se inspiró conscientemente en esas dos culturas. Al fin y al cabo, escribió sus textos científicos en latín, la *lingua franca* del conocimiento en Europa desde la Edad Media, y reconoció que «la ciencia actual procede en su mayor parte de los griegos».[42] Sus obras están salpicadas de referencias clásicas, tanto directas como indirectas, y repletas de observaciones, análisis y refutaciones de los filósofos griegos en particular.[43] Llegó a escribir un libro, *De la sabiduría de los antiguos*, en el que reinterpreta la mitología griega y romana como metáforas de diversas verdades filosóficas y científicas.

Pero, pese a estar en deuda con el mundo grecorromano y a aceptarlo como un antepasado civilizador, Bacon nos prevenía contra la aceptación indiscriminada de las enseñanzas de los antiguos, argumentando que el conocimiento científico había que buscarlo en la experimentación y la observación. La ciencia moderna debe superar a la antigua, aducía, y «los nuevos descubrimientos hay que buscarlos en la luz de la naturaleza, en vez de rescatarlos de las tinieblas de la Antigüedad».[44] En este sentido podemos comparar a Bacon con Hobbes. Para estos pensadores de los primeros años de la Ilustración, el mundo grecolatino tal vez fuese un antepasado cultural, pero no representaba un modelo para el presente ni un ideal para el futuro. Sin embargo, como veremos en los capítulos siguientes, a mediados del siglo XVIII, el mundo grecorromano pasó a desempeñar precisamente esos papeles en el caso de muchos filósofos y pensadores europeos y estadounidenses.

Esa transición del mundo grecolatino desde su reivindicación en el siglo XVII como antepasado cultural a su consideración de ideal en el siglo XVIII no fue un proceso continuo y suave. Se produjo con altibajos y no siempre con la misma rapidez en todas partes.

Por un lado, a algunos contemporáneos de Bacon en Gran Bretaña les gustaba utilizar la Antigüedad grecorromana como fuente de autoridad y legitimidad. Thomas Howard, decimocuarto conde de Arundel, adquirió una enorme colección de estatuas grecolatinas durante su visita a Italia en 1614 y expuso las piezas en un jardín especialmente diseñado para ello. La costumbre de crear «jardines museo» se puso pronto de moda en el siglo XVII, hasta el punto de que un visitante comentó que pasear por los jardines de las orillas del Támesis era como «contemplar Grecia e Italia al mismo tiempo dentro de los límites de Gran Bretaña».[45] En la campiña británica empezaron a verse casas señoriales de estilo neoclásico que se inspiraban en el del arquitecto Andrea Palladio (véase el capítulo 6). Este nuevo estilo cautivó a Jacobo I, quien en 1619 encargó una suntuosa casa de banquetes para el palacio de Whitehall, que diseñaría Inigo Jones, arquitecto que había estado al servicio del conde de Arundel pocos años antes. El nuevo palacio de banquetes fue el primer gran edificio neoclásico de Londres y destacaba claramente entre los pequeños tejados a dos aguas de las casas tradicionales que había en Whitehall, en el barrio de Westminster. El palacio de banquetes encarnaba el nuevo espíritu proeuropeo del reinado de Jacobo, un símbolo evidente del cambio cultural que se estaba produciendo en el paisaje de Londres y que indicaba la adopción en Gran Bretaña de la Antigüedad grecorromana como predecesora cultural, en consonancia con la evolución de la Europa continental.

Por otra parte, también había bastantes personas en Gran Bretaña que recelaban de las nuevas modas grecorromanas. Para algunos, el estilo italianizante del palacio de banquetes representaba la degeneración de la cultura católica europea. Cuando Carlos I subió al trono, el miedo a su estrecha relación con una Europa católica llegó a su punto más álgido, lo que condujo a una guerra civil entre realistas y parlamentaristas que dio como resultado el juicio y la sentencia de muerte contra Carlos I por alta traición. La ejecución se llevó a cabo en un patíbulo levantado *ex profeso* en el exterior del palacio de banquetes. Carlos tuvo que atravesar el gran salón y salir al patíbulo por el hueco de una ventana del primer piso que habían retirado para la ocasión, antes de apoyar la cabeza en el tajo. La teatralidad política del momento debió de ser asombrosa, pues el acontecimiento combinaba el rechazo de la política de Carlos y el de su filosofía de la realeza divina, que suscitaba un profundo recelo del criptocatolicismo y de la Europa continental, y provocaba una intensa aversión hacia una estética grecorromana que a algunos les parecía contaminada por sus connotaciones papistas.

Bacon y otros pensadores de principios de la Ilustración vivían en un mundo en el que el concepto de Occidente empezaba a surgir sobre la base de la geografía europea y la identidad cristiana, así como en torno a la idea de un origen cultural grecorromano.[46] De hecho, el comienzo del siglo XVII es el momento en que empezamos a hablar de Occidente como una entidad significativa, un bloque cultural emergente en el que podemos vislumbrar, en los escritos de Bacon y sus contemporáneos, cierta coherencia intelectual. Ahora bien, la idea de Occidente era todavía muy vaga a principios del siglo XVII y el término en sí aún no se había generalizado (habremos de esperar para ello al capítulo 10). Si bien la noción de unos orígenes culturales grecolatinos ya estaba bien establecida, los protestantes seguían desconfiando de ellos por su asociación con el eje católico de los Habsburgo.

Todo esto iba a cambiar a lo largo del siglo siguiente, a medida que aumentaba el ritmo del expansionismo europeo y se iniciaba la era del imperialismo. El encuentro con «otros» (los no europeos) y la necesidad conceptual de justificar su sometimiento dio lugar a la cristalización del concepto de Occidente y a la consolidación de los límites de la historia occidental. No es por tanto una coincidencia que, en el mismo período, gran parte de la Europa occidental y septentrional estuviera entusiasmada con el pasado grecorromano, que cada vez más aristócratas realizasen un *Grand Tour* por el Mediterráneo, que la arquitectura neoclásica empezase a dominar el paisaje de las ciudades del norte y que las filosofías filohelénicas entrasen a formar parte del discurso público dominante.

CAPÍTULO 9

Occidente y el imperio

Njinga de Angola

> Quien nace libre debería conservar su libertad y no someterse a nadie.
>
> NJINGA DE ANGOLA (1622)[1]

El gobernador Correia de Souza ardía de impaciencia, sudando bajo un traje de terciopelo con riquísimos bordados. Estaba esperando la llegada del embajador y el comienzo de las negociaciones de paz. Su indumentaria, su silla con joyas incrustadas y el decorado de la sala estaban pensados para demostrar el poder de Portugal y para manifestar su superioridad sobre el rebelde reino de África del Oeste, pero cuando llegó por fin el embajador, Correia de Souza debió de sentir que la balanza del poder se desnivelaba en el otro sentido. Según relataron algunos testigos presenciales, Njinga de Angola entró con gran ímpetu en la sala con un séquito de asistentes elegantemente ataviados; ella misma iba envuelta en telas estampadas, lucía piedras preciosas en los brazos y llevaba el pelo engalanado con plumas de vivos colores. Miró con desprecio las telas de terciopelo que habían extendido en el suelo para que se sentase e hizo una seña a una de sus ayudantes, que enseguida se agachó y se puso a cuatro patas. Sentada en su silla humana, a la misma altura que su interlocutor portugués, y no en una humillante posición inferior, Njinga miró a Correia de Souza fijamente a los ojos y comenzó las negociaciones.

Encuentros como este contribuyeron a la formación de Occidente tal como lo entendemos hoy. Es cierto que los británicos, los holandeses, los franceses, los portugueses y los españoles lucharon encarnizadamente entre sí dentro de Europa, utilizando instrumentos ideológicos y militares. Pero cuanto más lejos se aventuraban por el ancho mundo, más cuenta se daban de lo mucho que tenían en común con sus vecinos europeos. La primera audiencia de Correia de Souza con Njinga debió de hacerlo sentirse dolorosamente consciente de su propia condición de extranjero en el África occidental. Debió de sentirse manifiestamente europeo y percibir con claridad las semejanzas que tenía con los demás europeos en comparación con los africanos con los que estaba negociando.

Cuando grupos de personas se encuentran con otras que les parecen completamente diferentes, suele surgir entre los primeros un sentimiento de identidad colectiva común. Un grupo de hinchas del Manchester United probablemente no sienta demasiado los colores cuando se reúne para hacer vida social, pero los sentirá intensamente si se topa con otro grupo con camisetas del Manchester City. Los niños de un colegio se pelean entre sí, pero habitualmente forman una piña cuando se enfrentan a los de otro colegio. Las categorías étnicas o raciales rara vez están definidas en el centro homogéneo de un grupo, pero son mucho más importantes en sus márgenes.[2]

Pero el encuentro entre Correia de Souza y Njinga no fue solo una simple reunión para conocerse y sacar conclusiones. En ese encuentro, que se desarrolló en el contexto de la violencia colonial, también estaba en juego la autoridad. Esta asimetría de las relaciones de poder se debía a los adelantos no solo científicos y tecnológicos, sino también políticos e ideológicos, de la Ilustración (véase el capítulo 8). Las mejoras en el transporte marítimo, el armamento y la tecnología militar hicieron posible primero la conquista y luego la dominación imperial. La evolución de los sistemas y estructuras económicos las hacía necesarias y deseables. Lo único que hacía falta para que el imperialismo occidental fuese moral y socialmente aceptable era la renovación del gran relato civilizador.

LOS INSTRUMENTOS DEL IMPERIALISMO

Si el siglo XVI había sido la época de las exploraciones que estimularon el desarrollo de las nuevas ideas que sentaron las bases de la Ilustración, el siglo XVII fue la centuria en la que ese expansionismo dio lugar al verdadero imperialismo europeo.

Evidentemente, los imperios europeos del siglo XVII no surgieron de la nada. El rey Enrique VIII afirmó ya en 1533 que «este reino de Inglaterra es un imperio». A lo largo de ese siglo, durante el período isabelino se produjo un vertiginoso incremento de las actividades marítimas inglesas, incluidas las de naturaleza claramente imperialista, como el sometimiento de Irlanda en la década de 1570; las de carácter marcadamente colonial, como la cédula real para la colonización del continente americano en 1584; y las que se consideraban «*trade before the flag*», como la incorporación de la Compañía de las Indias Orientales en 1600.[3] Pero fue en el siglo XVII, durante el reinado de Jacobo, cuando el imperialismo británico tomó verdadero impulso. Las dificultades a que se enfrentaron los colonos en el primer asentamiento (británico) en América —el de Jamestown, en el actual estado de Virginia— no fueron más que un pequeño contratiempo en el camino del gran programa imperial. Surgieron colonias en el Caribe, Virginia y Nueva Inglaterra, antes de extenderse hacia el norte a lo largo de la costa atlántica. Al mismo tiempo, la Colonización del Úlster supuso un asentamiento a gran escala de protestantes británicos en el norte de Irlanda, y la Compañía de las Indias Orientales empezó a hacerse con el control de las «factorías» y puertos situados a lo largo de las principales rutas marítimas de África y Asia.[4]

Pero el británico no era el único imperio en auge.[5] Los españoles ya controlaban inmensas extensiones de la América septentrional y meridional, y los portugueses dominaban una parte considerable del sur del continente, diversos territorios en África y una larga serie de puertos en la India, el sureste de Asia, China y Japón. En el siglo XVII también se produjo la expansión de Francia por América del Norte, así como un incremento significativo de las prácticas imperialistas de los holandeses, sobre todo en el sureste de Asia. Pero este escueto resumen del imperialismo europeo no puede ser un relato neutral de la expansión política y económica. Es también inevitablemente una historia del sufrimiento humano. Las víctimas del imperialismo europeo del siglo XVII, como las de otros imperios mencionados en este libro —el romano, el bizantino, el árabe, el romano germánico y el otomano—, rara vez elegían su destino. Colectivamente sufrieron la expropiación, el éxodo y el genocidio. Individualmente, muchos acabaron siendo víctimas de asesinatos, robos, violaciones y diversas formas de esclavitud. También debemos reconocer que las reacciones al imperialismo y la forma de sobrellevarlo no fueron siempre las mismas. Pero una característica común a estos modernos imperios europeos fue la nueva interrelación entre imperialismo y raza.

La creación de una raza es el proceso mediante el cual un grupo de personas define a otro como una población organizada; imagina que esa población tiene características naturales e identificables, y cree que dichas características justifican su posición en la escala social.[6] Ese proceso no es exclusivo del Occidente moderno. En todo el mundo, a lo largo de la historia, diferentes sociedades han desarrollado su propia forma de clasificar la diversidad humana y de utilizar esa pluralidad para establecer jerarquías de poder. Algunos sistemas raciales dan más importancia a la genética (parentesco y ascendencia), otros al fenotipo (la manifestación externa del conjunto de caracteres hereditarios) y otros a la religión y el entorno. Las categorías raciales no son por tanto ni automáticas ni naturales.[7]

Por ejemplo, si bien la pigmentación de la piel es un rasgo importante en la mayoría de las matrices raciales, la percepción del color puede variar de un lugar a otro incluso en el mundo globalizado actual. La misma persona puede ser racializada como «blanca» en Europa, pero como «morena» en Estados Unidos y Canadá; o (esto me ha ocurrido a mí) como «amarilla» en Estados Unidos y Canadá, pero como «blanca» en Asia. Pero el color de la piel no tuvo tanta importancia en todas las sociedades a lo largo de la historia, como hemos visto en el caso de la Grecia clásica (capítulo 1). De hecho, en el siglo XVII la percepción racializada de los tonos de piel estaba cambiando. Cuando unos emisarios japoneses llegaron al Vaticano en 1585, por ejemplo, los observadores europeos no se ponían de acuerdo sobre el tono de su piel: algunos decían que era aceitunada, otros marrón, otros afirmaban que los japoneses eran de una palidez cadavérica, o del «color de los africanos», mientras que había quienes decían que su piel era «plomiza».[8] Esos observadores veían a las mismas personas, pero no percibían de la misma manera el color de su piel. Este ejemplo demuestra que las categorías raciales son constructos sociales y que cambian en función del lugar y la época. Según la profesora de literatura Noémie Ndiaye, «la raza no supone lo mismo en el siglo XV que en el XXI, en España que en la India, pero sí tiene el mismo efecto: establece jerarquías que benefician al poder».[9]

Aunque la raza no sea lo mismo en todas las sociedades, sí cumple la misma función, ya que constituye, en palabras de la filósofa Falguni Sheth, una estrategia para «organizar y manejar a las poblaciones con el fin de alcanzar determinados objetivos societales».[10] Esa estrategia fue adquiriendo cada vez mayor importancia a medida que las exploraciones se convirtieron en expansión, y el expansionismo, en imperialismo. Fue en ese contexto de creciente poder mundial donde las ideas occidentales sobre la distinción y la jerarquía raciales empezaron primero a surgir y luego a cristalizar durante los siglos XVI y XVII, aunque hubo que esperar hasta el XVIII para que esas ideas se hicieran más sistemáticas y adoptaran una apariencia «científica». En el capítulo 11 veremos cómo se produjo esa sistematización, pero en este seguiremos ocupándonos del siglo XVII, antes de que la matriz occidental de la raza adoptase la forma que hoy nos resulta familiar. La vida de Njinga ilustra cómo las ideas racializadas conformaron, reformaron e impulsaron el imperialismo europeo en África.

Los occidentales decían a menudo que el África precolonial carecía de historia. Pero la historia de África es larga, rica y compleja, y durante los últimos decenios los historiadores y arqueólogos europeos han empezado a dar pasos significativos para comprenderla y aprender de sus homólogos africanos.[11] Los períodos medieval y premoderno del África occidental son conocidos especialmente por el Imperio maliense, cuyo gobernante Mansa Musa, famoso por su inmensa riqueza, fue de peregrinación a La Meca a principios del siglo XIV. Musa fue, según una estimación hecha por la revista *Time* en 2015, la persona más rica de la historia, si comparamos su riqueza y poder adquisitivo con el de otros gobernantes y figuras notables de su época.[12] La clave de la riqueza maliense eran las minas de oro del oeste de África, así como las rutas comerciales que unían esa parte del continente con el mundo islámico y el Mediterráneo, las cuales se usaban para transportar e intercambiar ese oro.

Aunque los reinos del África occidental ya habían estado unidos a Europa y al mundo islámico por redes comerciales y diplomáticas durante siglos, el contacto directo con los europeos no empezó a hacerse visible hasta el siglo XV, propiciado por las mejoras en la navegación. Los marinos holandeses, y sobre todo los portugueses, bajo los auspicios de Enrique el Navegante, comenzaron a aventurarse por la costa atlántica de África, así como por las islas del sur de este continente, durante la primera mitad del siglo XV.[13] Iban a África en busca de oro, pero, con el tiempo, su principal objetivo empezó a ser la adquisición de esclavos. (Curiosamente, hacia la misma época pero en la costa índica del continente, los viajes del general chino Zheng He también se proponían establecer nuevas rutas de comercio y comunicación con Asia, pero la política interna china hizo que aquellas relaciones chino-africanas acabaran pronto.)[14] La cambiante dinámica de las redes comerciales, en concreto la intensificación de las rutas marítimas atlánticas, en detrimento de las caravanas que cruzaban el desierto del Sahara, produjo en el oeste de África una serie de transformaciones políticas y económicas que dejaron a sus habitantes más desprotegidos ante los ataques, la ocupación y finalmente el colonialismo europeos.

Los portugueses pronto se encontraron luchando con el poderoso Reino del Kongo, que abarcaba zonas de lo que hoy son la República del Congo, la República Democrática del Congo y Angola.[15] Por suerte para ellos, el Reino del Kongo se mostró receptivo a sus propuestas y, durante el reinado de Alfonso I (1509-1543), el reino se transformó radicalmente. Alfonso adoptó un nombre portugués y animó a muchos nobles kongoleses a que hicieran lo mismo y enviasen a sus hijos a colegios católicos, aprendiesen lenguas europeas y se convirtiesen al catolicismo. Alfonso también reconstruyó la capital, Mbanza Kongo, con gran ostentación de lujo al estilo europeo, y estableció relaciones diplomáticas no solo con Portugal, sino también con España, los Países Bajos, Brasil y el Vaticano. De hecho, al enfrentar a los holandeses con los lusos, el Kongo entró en el juego de la política internacional, influyendo en el equilibrio de poder entre esos dos estados tanto en el

África occidental como en América del Sur. Pero todo esto tenía un coste. Como pago por la rápida occidentalización, Alfonso fue cediendo cada vez más territorios y derechos comerciales a los portugueses, y permitió la trata de negros. Con el tiempo, el poder demográfico y económico del Reino del Kongo se erosionó irremediablemente, y la autoridad de sus reyes se debilitó.

La magnitud de la esclavización durante este período fue alarmante. El esclavismo no era, en sí, un sistema nuevo en el África occidental, como tampoco lo era en el norte de África ni el oeste de Asia. En el África occidental había habido durante generaciones tanto siervos ligados a la tierra como personas condenadas por sus delitos a la esclavitud, unas veces durante un tiempo determinado y otras indefinidamente. Pero, como la demanda portuguesa de esclavos crecía de forma exponencial, empezó a haber considerables incentivos económicos para condenar cada vez a más gente a la esclavitud, y también para hacer la vista gorda ante la práctica de secuestrar y esclavizar a las personas capturadas durante las incursiones y las conquistas.[16] Al cabo de un tiempo, la enorme cantidad de personas esclavizadas terminó perjudicando la economía del África occidental porque esquilmaba la mano de obra disponible y distorsionaba los modelos demográficos, además de minar la estabilidad social de las comunidades autóctonas y socavar la confianza en las estructuras políticas. Si bien el comercio trasatlántico de esclavos produjo unos niveles inimaginables de deshumanización y supuso una crueldad atroz para las personas transportadas a América, tuvo también un efecto devastador en aquellos que permanecieron el África occidental.

Cuando Njinga se entrevistó con Correia de Souza, el desequilibrio económico entre Portugal y los reinos del África occidental era ya incalculable. Los portugueses controlaban una vasta franja de tierra en la costa atlántica que comprendía el Kongo y el pequeño reino de Ndongo, en la frontera meridional, aunque había un continuo conflicto con los gobernantes de ambos reinos, que reivindicaban la posesión de sus territorios. Si bien los habitantes de aquellas regiones llamaban a sus reinos Kongo y Ndongo y se referían a sí mismos como *mbundu*, los portugueses llamaban a aquel inmenso territorio «Angola», nombre tomado de la palabra *ngola*, que designaba al rey de Ndongo.

El primer *ngola* de Ndongo que estableció relaciones diplomáticas con los portugueses fue Ngola Kiluanje kia Samba, quien envió embajadores a Portugal en 1518 y 1520, con la intención de abrir nuevas rutas comerciales y culturales para competir con su gran vecino del norte, Kongo.[17] Pero hubieron de pasar otros cuarenta años hasta que los portugueses establecieron su primera misión mercantil y religiosa en Ndongo, que solo duró cinco años, porque el *ngola* de turno decidió clausurarla y expulsar a sus miembros.[18]

Cuando regresaron en 1575, los portugueses se sentían realmente agraviados, pues recordaban aquella misión fallida, y además estaban espoleados por las conquistas realizadas en el Kongo. Su comandante era el capitán Paulo Dias de Novais, uno de los expedicionarios que fueron expulsados de la misión y que posteriormente partió de Lisboa con el título de capitán general de la conquista del Reino de Angola, convencido de que el título resultaría profético. Su confianza no tardó en demostrarse. Los portugueses invadieron vastas zonas de Ndongo, provocaron gran cantidad de muertes e hicieron esclavas a muchas personas. Adoptaron la sanguinaria costumbre de cortarles la nariz a todos los cadáveres muertos en combate y llevarlas como macabros trofeos a Luanda, su capital. Tras una cruenta batalla, necesitaron a veinte porteadores para transportar todas las narices cortadas hasta su campamento.[19]

En un intento de apoyar al bando vencedor, algunos ndongueños se pasaron a los portugueses, entre ellos un yerno del *ngola* reinante, que se convirtió al catolicismo y se cambió el nombre por el de dom Paulo.[20] Aunque esta estrategia permitió a algunos conservar sus cargos, los portugueses casi siempre cedían el control de los territorios conquistados a sus propios colonos. En 1581, por ejemplo, Dias de Novais entregó las tierras de ocho caudillos aliados suyos a un solo jesuita, el padre Baltasar Barreira.[21] En esta vorágine de conquista y resistencia nació la protagonista de este capítulo, Njinga de Angola.

Nacida para gobernar

Sabemos relativamente poco sobre la infancia de Njinga, pero sí sabemos que nació en Ndongo en 1582, hija de Mbande a Ngola, un soberano que pasó la mayor parte de su reinado —veinticinco años— combatiendo contra los portugueses e intentando refrenar el creciente mercado de esclavos.[22] Su madre era de estirpe real y, en la tradición matrilineal mbundu, ese hecho la distinguía de los otros hijos de su padre. Según sus biógrafos, los capuchinos Giovanni Antonio Cavazzi y António da Gaeta (los cuales vivieron varios años en aquella corte), su alumbramiento fue milagroso porque la niña nació de nalgas. Esa forma de venir al mundo, según la tradición mbundu, la predestinaba para la grandeza.

De pequeña fue la favorita de su padre, distinguiéndose de los demás niños de la corte por su capacidad intelectual y sus conocimientos militares. Era especialmente hábil en el uso del hacha, un arma que simbolizaba la realeza y que manejó con gran eficacia a lo largo de su vida. Eclipsó de tal manera a su hermano, llamado también Mbande, como su padre,[23] que este le permitió asistir a los consejos, donde aprendió no solo las costumbres de la corte y los rituales religiosos, sino también los intríngulis del gobierno. Debió de oír muchas cosas sobre las guerras con los portugueses y de conocer de primera mano la pérdida de vidas, la violencia y la inestabilidad que esos conflictos suponían. Cuando Njinga era todavía un bebé, la corte en pleno se vio obligada a huir de su capital, Kabasa, a causa de la proximidad de los portugueses. Aunque el *ngola* y su familia regresaron finalmente a Kabasa para recuperarla, este episodio confirma el miedo y el estrés que sufren los niños en un contexto de guerra, por muy ilustres que sean.

Pese a los violentos conflictos que la rodeaban, Njinga se convirtió en una joven fuerte y segura de sí misma. Además de un pequeño grupo de sirvientes, Njinga tenía también una serie de concubinos, práctica esta que era habitual entre los hombres de la realeza, pero que no todos aprobaban en el caso de una princesa. Un cortesano que se quejó en exceso de su comportamiento sexual pagó bien cara su insolencia: Njinga ordenó matar a su hijo en su presencia, antes de matarlo también a él.[24] La violencia formaba parte de la vida de Njinga, tanto dentro como fuera de la corte.

El padre de Njinga murió en combate en 1617.[25] Su hermano no tardó en hacerse con el poder, adoptando unilateralmente el título de Ngola Mbande y saltándose las formalidades de convocar un consejo y celebrar una elección, como se esperaba de él. Para consolidar su liderazgo, Ngola Mbande empezó a eliminar despiadadamente a todos sus posibles rivales. Asesinó a varios miembros de la familia, incluidos su hermanastro y su madre, así como a todos sus hermanos, a varios miembros destacados de la corte y a numerosos funcionarios junto con sus familias. También mató al hijo recién nacido de Njinga (cuyo padre era probablemente uno de sus concubinos). Aunque Ngola Mbande no mató a ninguna de sus tres hermanas, sí se encargó de neutralizar cualquier futura amenaza por parte de ellas, ordenando que las esterilizasen. Las crónicas cuentan que a sus hermanas «les vertían aceite hirviendo sobre la barriga para que, a causa de la impresión, el miedo y el dolor, ya nunca pudieran tener hijos». Aunque el relato de esos hechos procede de los partidarios de Njinga, y por tanto es posible que no sea demasiado fiable, el caso es que a partir de ese momento ni Njinga ni sus hermanas volvieron a dar a luz. Njinga tenía entonces treinta y cinco años.

La crueldad de Ngola Mbande no le sirvió de mucho en la guerra con los portugueses. Durante su reinado, los lusos se hicieron con el control del oeste de Ndongo, creando colonias a lo largo de la costa, construyendo fuertes para mantener el poder tierra adentro y secuestrando y esclavizando a miles de personas. Los portugueses contaron con la ayuda de los sanguinarios imbangalas, nombre colectivo de una serie de violentos mercenarios que habían llevado hasta entonces una vida seminómada, dedicándose al saqueo y al tráfico de esclavos, y que eran realmente temidos. El control de la capital, Kabasa, pasaba de unas manos a otras. Los lusos la tomaron en 1619, pero en 1621 Mbande reagrupó sus tropas y recuperó la ciudad. Pero este éxito fue solo temporal, pues los portugueses la reconquistaron, capturando esta vez a los miembros de la familia real y encarcelándolos. Ngola Mbande se rindió y decidió enviar a un emisario para pedir la paz.

El éxito de aquella embajada era de vital importancia. Había que negociar hábilmente unos términos que permitiesen a Ndongo seguir siendo un reino independiente, sin perjuicio de la nueva colonia portuguesa en la costa. La persona que encabezase la embajada tendría el destino del reino en su mano. Njinga fue la elegida.[26]

Desde que su hermano se hiciera con el poder, Njinga se había retirado al este del reino, donde luchó por su cuenta contra los portugueses. Durante ese período adquirió notable experiencia en estrategia y tácticas de combate, ganándose a pulso la fama de excelente guerrera. Ngola Mbande debió de pensárselo mucho antes de recurrir a ella, pues sabía que podría serle desleal después de su mezquina toma del poder y que no le habría perdonado la esterilización forzosa y el asesinato de su hijo. El hecho de que Njinga fuese su única esperanza dice mucho sobre su situación en aquel momento. Sin embargo, la inteligencia y los conocimientos del reino de Ndongo que poseía Njinga eran incuestionables, y, además, aún contaba con la adhesión y el respeto de muchos nobles a los que Ngola Mbande necesitaba para salir airoso. Entonces envió a unos mensajeros para pedirle su apoyo y sus servicios. Y, probablemente para sorpresa de muchos, Njinga aceptó.

Esto nos devuelve a la escena del comienzo de este capítulo. La llegada de Njinga a Luanda, la capital de la colonia portuguesa, en octubre de 1621, causó sensación. En contra de sus prejuicios y sus teorías sobre la superioridad europea, los cronistas lusos hablaron maravillas de «la dama de Angola», asombrados del volumen de su séquito, de la riqueza de su indumentaria (Njinga se negó a ponerse ropa europea durante la visita, prefiriendo ceñirse al atuendo tradicional mbundu, si bien en consonancia con su categoría real) y de los espléndidos presentes con que obsequió a sus interlocutores.[27] Las crónicas también destacaron la elegancia de sus modales, su porte majestuoso y —una vez iniciadas las negociaciones— su gran aptitud para dilucidar cuestiones jurídicas y la precisión de sus argumentos.

Una de las exigencias portuguesas suponía un escollo insalvable. Njinga se negó en redondo a tributar con esclavos. Les recordó a los lusos, no sin cierto ornato retórico, que técnicamente Ngola Mbande no había sido conquistado. Antes bien, era el soberano de un país vecino que estaba iniciando las negociaciones para un tratado de amistad. «Quien nace libre», se dice que afirmó, «debería conservar su libertad y no someterse a nadie».[28] Aunque se refería a la libertad de un rey que estaba siendo obligado a rendir tributo a otro, en el contexto del creciente comercio de esclavos en el Atlántico sus palabras tienen mucha más repercusión. Ambas partes se atrincheraban en sus posiciones. Las negociaciones parecían destinadas al fracaso. Justo cuando las cosas estaban a punto de llegar a un *impasse*, Njinga se sacó un as de la manga: se ofreció a que la bautizasen por el rito católico. Aquella promesa zanjó la cuestión, y Njinga consiguió que el gobernador firmase un tratado formal entre Portugal y Ndongo que excluía el pago en esclavos.

Solo quedaba la pequeña cuestión del bautismo. Njinga permaneció varios meses en Luanda y al parecer se sumergió con entusiasmo en los preparativos, estudiando el catecismo y participando en debates sobre la fe. A sus cuarenta años, tomó parte en una espectacular ceremonia pública que se celebró en la iglesia jesuita de Luanda, rodeada por «la nobleza y el pueblo».[29] El gobernador en persona, João Correia de Souza, le puso su propio apellido, de manera que Njinga adoptó el nombre bautismal de Ana de Souza. No está claro cómo interiorizó Njinga aquella conversión, pues las únicas fuentes escritas que han llegado hasta nosotros proceden de cronistas portugueses o de biógrafos posteriores. Estos señalan que, durante su estancia en Luanda, Njinga jamás se quitó los anillos religiosos mbundu ni las reliquias que llevaba en los brazos, y que siguió participando en los rituales mbundu, lo que da a entender que su bautismo fue evidentemente una astuta estrategia política. Pero hacia el final de su vida Njinga encontró gran alivio y consuelo en la fe cristiana y al parecer se entregó sinceramente a difundir por su reino las enseñanzas de la Iglesia.

Njinga regresó triunfante a la corte de su hermano. Durante los años siguientes, este empezó a depender cada vez más de ella, de modo que, cuando en 1624 cayó gravemente enfermo, Njinga era ya *de facto* quien dirigía el país.[30] Como la enfermedad era incurable, Ngola Mbande decidió quitarse la vida ingiriendo veneno. Sea como fuere, los cronistas portugueses escribieron que Njinga «lo ayudó a morir dándole a beber una pócima envenenada». Njinga se apresuró a llenar aquel vacío y, cuando contaba cuarenta y dos años, se convirtió en la primera mujer *ngola* de Ndongo.

Como había hecho su hermano antes que ella, Njinga comenzó a eliminar inmediatamente a sus rivales. El primero de su lista era su sobrino, quien había sido confiado a un caudillo imbangala —Imbangala Kasa— para su custodia. Njinga se ganó la confianza del niño seduciendo a Kasa con promesas de matrimonio y luego lo secuestró y lo mató durante la boda.[31] También hizo matar a varios miembros de su propia familia, incluidos varios tíos, así como a representantes de facciones disidentes en la corte. Por muy horrible que este comportamiento pueda parecer, Njinga tenía motivos para desconfiar de posibles rivales. Descontentos con la idea de que una mujer se sentara en el trono, los portugueses buscaron a otros aspirantes y se negaron a cumplir el acuerdo que Njinga había sellado con ellos, alegando que este quedaba invalidado tras la muerte de su hermano. Los lusos optaron finalmente por el hermanastro de Njinga, Ngola Hari, a quien instalaron en el trono como rey títere.[32] Pero Ngola Hari era impopular entre los ndongueños, en parte por su estrecha relación con los portugueses, pero también porque era hijo de una esclava y, por tanto, no podía ocupar el mismo rango que Njinga.[33] Durante años, los lusos mantuvieron a Ngola Hari como rey alternativo, negándose a reconocer el reinado de Njinga.

En 1631 se produjo un punto de inflexión cuando Njinga cambió por completo su forma de gobernar. Los imbangalas llevaban mucho tiempo actuando al margen del ordenamiento social y jurídico de Ndongo, y constituían un elemento desestabilizador a causa de sus frecuentes alianzas con los portugueses. La población mbundu les tenía auténtico terror, porque eran conocidos por su crueldad en la guerra, y en todo el reino se contaban sobre ellos terribles historias que tenían que ver con el canibalismo y los sacrificios humanos. Una de esas historias contaba que Tembo a Ndumbo —una de las mujeres que estableció muchas de las normas y costumbres de los imbangalas— mató a su propio bebé y lo machacó en un mortero para elaborar el *maji a samba* (óleo sagrado) con el que los imbangalas se untaban el cuerpo antes de la batalla.[34]

En ese momento de su vida, deseosa de afirmar su reinado pese a las acciones de los portugueses para impedirlo, Njinga vio una oportunidad. Como ya hemos mencionado, en 1625 se había casado con Imbangala Kasa, un destacado guerrero, como parte de una estrategia política. Aunque ella y Kasa no vivieron juntos como pareja casada, el matrimonio le proporcionó una manera de adentrarse en la cultura y la sociedad de los imbangalas. A pesar de su anterior conversión al cristianismo, Njinga nunca abandonó del todo los rituales tradicionales mbundu, lo que aprovechó para aprender a la perfección los rituales de los imbangalas (como era estéril, mató supuestamente al bebé de una de sus concubinas para elaborar el óleo sagrado de los imbangalas, el *maji a samba*), adoptando su estilo de vida y desempeñando el papel de jefa guerrera sin dejar de ser una *ngola* tradicional. Moldeó su ejército según los principios de los imbangalas, enseñando a sus soldados las despiadadas técnicas que habían hecho a sus bandas tan famosas y temibles, y ganándose a otros imbangalas para su causa. Respaldada por este ejército renovado, Njinga pudo afianzar su mando en el este de Ndongo, quitándole poder a Ngola Hari e incluso conquistando el vecino reino de Matamba tras destronar a su reina, Muongo.

Durante la década siguiente, los portugueses rechazaron sus propuestas de paz y amistad, y en sus cartas y documentos oficiales la describían con una mezcla de temor y desprecio. Para ellos, las costumbres y rituales imbangalas que Njinga había adoptado eran un anatema, y a ella la consideraban «una reina que realiza prácticas monstruosas y una persona cuyos platos favoritos son los corazones de los niños y los pechos de las jovencitas».[35] Peor aún, era «una mujer infernal que se alía con todos los rebeldes».[36] Aunque la fama de Njinga entre los portugueses estaba influida por sus prejuicios racistas, en una cosa sí tenían razón: Njinga era una gobernante despiadada que no dudaba en recurrir a un grado de violencia que asombraría a los historiadores modernos cuando se trataba de favorecer su causa; pero, con independencia de lo que pensaran de ella, los portugueses sabían, para disgusto suyo, que no podían prescindir de Njinga.

Además de intensificar sus campañas militares contra los portugueses, Njinga recurrió a la diplomacia internacional para encontrar una solución. Buscó y recibió el apoyo del Reino del Kongo, los Países Bajos y el Vaticano, a los cuales persuadió para que reconociesen su derecho a gobernar. Ante ellos hizo hincapié en que Portugal había atacado injustificadamente a una monarca cristiana bautizada. Aparte de este esfuerzo diplomático, Njinga volvió al cristianismo tras haber pasado años observando el ritual mbundu y luego el imbangala, y abrió las puertas de su reino a los misioneros capuchinos. No está claro si su regreso al cristianismo se debió a motivos políticos o religiosos, pero en cualquier caso tuvo consecuencias políticas. Poco después recibió una carta de apoyo del papa Alejandro VII, la cual iba dirigida a «nuestra bienamada hija Ana reina Nzinga».[37]

La cristianización de Ndongo y Matamba no fue un camino de rosas, pues numerosas personas siguieron practicando la liturgia mbundu mucho después de la muerte de Njinga, aunque algunos de los rituales imbangalas más sangrientos fueron prohibidos, y muchos cortesanos de Njinga se convirtieron al cristianismo. En esta tarea la reina contó con la ayuda de dos monjes capuchinos, los cuales luego escribieron su biografía para los lectores europeos: el padre António da Gaeta y el padre Giovanni Antonio Cavazzi.

Ante la solidez del gobierno de Njinga en el este de Ndongo y en Matamba, ante su popularidad entre los mbundu y el apoyo de los países europeos que defendieron su legitimidad como monarca cristiana, los portugueses terminaron tirando la toalla. En 1656 reconocieron oficialmente su autoridad como reina y firmaron un tratado de paz en el que se delimitaron las fronteras entre la colonia de Angola y el reino vecino. Por fin había acabado la guerra de Njinga con los portugueses. Ella perdió muchas cosas en esa lucha: treinta años de su vida, inenarrables esfuerzos e incomodidades, y las costumbres y la religión primero de sus antepasados mbundu y después de sus compañeros imbangalas de iniciación, así como la vida de muchas personas cercanas a ella. Pero al final no salió mal parada. En las negociaciones de paz con el gobernador portugués, siguió la misma línea que había seguido años antes con Correia de Souza cuando negoció en nombre de su hermano. No estaba dispuesta, bajo ningún concepto, a rendir homenaje al rey de Portugal. Se cuenta que dijo:

> En referencia al tributo que me exigís, no hay razón alguna para que os lo dé, pues, habiendo nacido para gobernar mi reino, no he de obedecer o reconocer a ningún soberano [...]. Si los portugueses quieren recibir de mí un regalo todos los años, se lo haré gustosamente siempre y cuando ellos me hagan uno a mí, a fin de que nos tratemos con la misma cortesía.[38]

Njinga murió tranquilamente en su lecho el 17 de diciembre de 1663, a los ochenta y un años de edad.[39] Dejó tras sí un reino estable que sería gobernado por los descendientes de su hermana hasta mediados del siglo XIX, evitando hábilmente la injerencia portuguesa durante más de doscientos años. No fue hasta mucho más tarde, en 1909, cuando las últimas regiones de lo que había sido el reino de Njinga fueron conquistadas finalmente por los lusos y anexionadas a la colonia portuguesa de Angola.

A Angola vía Atenas

Hoy en día, Njinga aparece en películas, cómics y poesías, y se ha convertido en ejemplo modélico para distintas causas. La encontramos habitualmente en listas de destacadas mujeres africanas y es popular entre las poblaciones de origen africano en Brasil, el Caribe y Estados Unidos. En la Angola actual es considerada la Madre de la Nación, y en la capital, Luanda, hay una gigantesca estatua de Njinga, cuyo velo no se descorrió hasta el final de la guerra civil angoleña, en 2002.[40]

Njinga fue también un icono de la resistencia y la lucha nacional contra el colonialismo. Fue una importante figura simbólica para el movimiento angoleño de independencia en la década de 1960, y antes ya había sido una especie de heroína nacional, recordada en las historias orales y escritas como una orgullosa dirigente que se alzó contra Portugal. Los «occidentales», por el contrario, la representaron casi siempre de forma despectiva, poniendo de relieve aspectos como su sexualidad desenfrenada, su canibalismo y su extremada crueldad. Entre los pensadores europeos de la Ilustración, Njinga era el epítome del «otro». Según Hegel, Njinga dirigía un «Estado femenil» que quedaba al margen de la historia, en el que mujeres lascivas ejercían una violencia indiscriminada contra los hombres. Para el marqués de Sade, Njinga era «la más cruel de las mujeres», que mataba habitualmente a sus amantes y asesinaba a las mujeres embarazadas más jóvenes que ella. Para esos autores —varones, blancos y «occidentales»—, Njinga representaba todo lo que consideraban bárbaro y primitivo en la supuesta «otredad» africana. A finales del siglo XVIII se la utilizó para justificar el colonialismo europeo y como ejemplo de las ideas en que se basaba el racismo científico (sobre el que hablaremos en el capítulo 11).

Estos retratos tienen su origen en las biografías escritas por Gaeta y Cavazzi. El relato que publicó el padre Gaeta valora en general positivamente a Njinga y su reino, y se imprimió en 1669 con el pomposo título de *La maravillosa conversión a la sagrada fe de la reina Njinga y de su reino de Matamba en el África central*. Más compleja y ambigua es la interpretación de Cavazzi, que se publicó unos años después, en 1687, con el título de *Istorica Descrizione de' tre regni Congo, Matamba ed Angola*. Curiosamente, la descripción del África occidental y de sus gentes que hace Cavazzi va cambiando a lo largo del libro.

Cavazzi comienza con una valoración negativa. La tierra misma es apenas habitable, afirma, pero no a causa del asfixiante calor o de los temibles animales que viven allí. Antes bien, el territorio es prácticamente inhabitable a causa del «horrible, monstruoso e inhumano pueblo denominado giaga [nombre con el que se refiere a los imbangalas], más cruel que las bestias salvajes de las selvas y que las serpientes venenosas».[41] Estas gentes, asegura, se rigen por leyes tan antinaturales como inhumanas. Luego las compara desfavorablemente con diversos pueblos de la Antigüedad. Todos estos, afirma, incluso los bárbaros, atribuían sus leyes a algún elemento divino, citando como ejemplo a los cartagineses, los persas y los bactrianos. Los salvajes habitantes de África son, por tanto, incluso peores que los bárbaros del mundo antiguo porque «estos inhumanos, crueles e impíos etíopes [término arcaico para designar a todos los pueblos subsaharianos] carentes de fe no atribuyen sus satánicas leyes o *quixillas* [la palabra imbangala para referirse a los rituales sagrados] a ningún Dios, sino a un hombre inhumano y cruel y a una mujer salvaje e inhumana [Tembo a Ndumbo], que las reformó y se hizo legisladora, sin atribuírselas a ningún Dios».[42] La propia Njinga, afirma Cavazzi, empezó siendo especialmente malvada, y vuelve a compararla negativamente con los bárbaros de la Antigüedad. «La reina giaga era más salvaje y cruel con los niños que el mismo Herodes», asevera, añadiendo que «superaba en fiereza y crueldad incluso al rey Faraón».[43]

El texto de Cavazzi contiene una serie de referencias a la Antigüedad. En él se menciona a Aristóteles y a Séneca, y se cuentan anécdotas sobre Calígula y Cicerón, lo cual, en sí, no tiene nada de sorprendente. Esos artificios retóricos eran habituales en los primeros libros de viajes modernos, quizá incluso esperados. Daban al autor una aureola de erudición, al tiempo que basaban el relato en comparaciones que probablemente resultaban familiares a muchos lectores de la época. Esto era especialmente cierto en el género de viajes, que por su propia naturaleza pretendía mostrar a los lectores lo nuevo, lo extraño y lo exótico. Básicamente, la manera habitual de hacer familiar lo extraño consistía en el uso de referencias a la Antigüedad. Al describir las costumbres atávicas de los pueblos de África y Asia, por ejemplo, los autores portugueses e italianos recurrían a la etnografía de Heródoto.[44] De manera similar, cuando analizaban la relación correcta entre España y sus súbditos amerindios, el cronista Gonzalo Fernández de Oviedo y el fraile Bartolomé de las Casas se servían de comparaciones para reforzar sus argumentos.[45]

Los lectores de Cavazzi esperaban recibir información sobre el África de entonces a través de comparaciones con la Antigüedad grecorromana, del Kongo comparado con la antigua Cartago y de Angola equiparada con la antigua Atenas. A finales del siglo XVII, la costumbre de recurrir a la Antigüedad era un elemento fijo de los viajes europeos y de las primeras crónicas coloniales.

Pero en el texto de Cavazzi se observa una tendencia que es especialmente significativa para el desarrollo de la civilización occidental como relato. Y esa tendencia consiste en la extrema diferencia de valores que se atribuyen a distintas partes del mundo antiguo. Cuando intenta retratar a los africanos negativamente, Cavazzi recurre a comparaciones con pueblos no grecorromanos, como los egipcios, los cartagineses y los bactrianos, pero cuando quiere ofrecer una visión más positiva, las analogías son solo con Grecia o Roma.

El reprobatorio retrato de Angola, de su gente y de su reina en el libro I de la obra de Cavazzi es como un largo redoble de tambores para anunciar lo que va a exponer en el libro II: la milagrosa conversión de Njinga al catolicismo y su transformación de bárbara salvaje en inconfundible reina cristiana. Cuanto más atroces son sus crímenes, más asombrosa es su salvación; cuanto más satánicas sus prácticas anteriores, más prodigiosa su adaptación a la senda de la virtud. En el momento de esa transformación, Cavazzi deja de relacionar a Njinga con los otros pueblos de la Antigüedad y empieza a vincularla con las sabias y castas mujeres de Grecia y Roma. Su objetivo, afirma Cavazzi, es

> emular lo que el gran Plutarco escribió sobre las sabias mujeres de Grecia y las castas féminas de Roma, a fin de dar a conocer sus virtudes al mundo y demostrar que el valor masculino ocupa también el pecho de una mujer; por ello os describo brevemente la descendencia de los antepasados de la reina Ginga aquí en la Etiopía occidental o lunar, su vida, sus costumbres, las barbaridades y crueldades que cometió en el pasado, para que, cuando se señalen sus defectos, se muestren también las virtudes que la engrandecen en el momento presente, a diferencia de lo que ocurría anteriormente. Afirmo que era sabia como una griega y casta como una romana consagrada a Dios.[46]

La elección de símiles, por muy inocentes que puedan parecer, es significativa. A principios del siglo XVII, en tiempos de Bacon (capítulo 8), la Antigüedad grecorromana se había convertido en el principal antepasado cultural de los europeos. Para Cavazzi, hacia finales del siglo XVII, empezaba a ser también un ideal, un criterio con el que medir a todos los pueblos de la época, y con el que se dejaba en evidencia a las sociedades coloniales. Según Cavazzi, todo lo que era bueno, civilizado y occidental entre los pueblos colonizados podía compararse con la Antigüedad grecolatina. Y todo lo que era malo, bárbaro y «distinto» solo podía concebirse relacionándolo con un pasado no grecorromano. Cavazzi imaginaba un mundo dividido en dos partes: la de los colonizadores y la de los colonizados, es decir, Europa y los demás, o, dicho de otro modo, los que tenían raíces culturales grecorromanas y los que no. Mas para Cavazzi, a diferencia de otros cronistas posteriores, las personas, e incluso los estados, aún podían cruzar la línea que los separaba.

El concepto de Occidente —un bloque político y cultural coherente, con su propia historia y unos orígenes culturales grecolatinos— era todavía embrionario en tiempos de Tullia d'Aragona y seguía siendo impreciso en la época de Safié Sultán. En tiempos de Francis Bacon y Njinga de Angola, sin embargo, se hizo realidad. Aunque sus cimientos los pusieran Bacon y sus contemporáneos en la Europa de la Ilustración, algunos muros de este edificio conceptual se levantaron fuera de Europa, en el ancho mundo que los europeos llegaron a dominar. Fue allí donde la distinción entre Occidente y «el resto» cobró verdadero sentido y fue entonces cuando se empezaron a usar metáforas de la Antigüedad clásica para comprender el mundo no occidental y domesticar a sus gentes.

Pero incluso en ese momento, la justificación de la dominación occidental seguía estando en entredicho: ¿era racial, geográfica o religiosa? Si bien a mediados del siglo XVII se trazó una clara línea transhistórica entre Occidente y «el resto», los criterios para situar a los pueblos a uno u otro lado de esa línea seguían siendo discutibles. Para Cavazzi en el siglo XVII, la conversión de Njinga significaba el paso de una civilización a otra. Antes de la conversión, el misionero italiano la describía como una pagana inmoral, una bárbara salvaje con un pasado no occidental. Después del cambio de fe, la retrataba como una mujer civilizada, espiritual y poseedora de un legado grecolatino. Para Cavazzi y sus lectores, Njinga «se había vuelto» en efecto occidental. Ni su ubicación geográfica ni su raza eran óbice para esa transición. Para la propia Njinga, se trataba de una transición conceptual con considerables ventajas políticas. Su conversión al cristianismo le permitió denunciar la ilegalidad de la ocupación portuguesa, lo que le daba (en teoría) los mismos derechos que tenía un monarca cristiano en Europa. Aquella fue la razón por la que recibió el apoyo del papa y por la que algunos portugueses dejaron de ser tan reacios a negociar con ella.

A finales del siglo XVII todavía era posible decir, con Cavazzi, que una reina africana era tan sabia como una mujer griega y tan casta como una romana. En aquella época, la africanidad de Njinga no era suficiente para privarla de todos los privilegios occidentales. Pero las cosas no dejaban de cambiar. En 1685, solo dos décadas después de la muerte de Njinga y dos años antes de que Cavazzi publicase su biografía, el médico y viajero francés François Bernier publicó una obra titulada *Nouvelle division de la terre par les différentes espèces ou races qui l'habitent*, en la que dividió al género humano en «razas» diferenciadas.[47] Ese mismo año, en Francia y sus colonias se aprobó una ley que limitaba las actividades de las personas de piel oscura, ya fuesen esclavas o libres. Era el *Código negro*. Una generación después, en 1735, Carlos Linneo publicó la primera edición de su *Systema naturae*, en la que clasificó a los seres humanos, como parte del mundo natural, en cuatro categorías en función de su tez: *Europaeus albus* (europeo blanco), *Americanus rubescens* (americano rubicundo), *Asiaticus fuscus* (asiático moreno) y *Africanus niger* (africano negro); clasificación que luego amplió para dar cabida a diferentes temperamentos y comportamientos en la décima edición de su obra (publicada en 1758).[48] A medida que el siglo XVII se adentraba en el XVIII, la identidad y la civilización occidentales empezaron a racializarse cada vez más.

CAPÍTULO 10

Occidente y la política

Joseph Warren

> El cielo propicio observó el arca favorita balanceando sobre las olas y bondadosamente la protegió hasta que las familias elegidas arribaron sanas y salvas a estas regiones occidentales.
>
> JOSEPH WARREN (1775)[1]

La sala de reuniones está abarrotada de gente. Los soldados rodean el púlpito y acosan al orador por todas partes. La multitud que se agolpa a las puertas bulle con ira y resentimiento. La tensión entre los dos grupos se respira en el ambiente. El propio orador parece ajeno a la que se les viene encima, llevado por el impulso de su propia oratoria. Joseph Warren habla con pasión y autoridad. Durante los diez últimos años ha sido una figura destacada del movimiento de independencia angloamericano, y durante los últimos seis meses ha sido el representante electo de Boston en el nuevo gobierno regional establecido por los secesionistas. Un mes después de ese discurso será elegido presidente. Y dos meses más tarde habrá muerto a manos de las tropas británicas en la batalla de Bunker Hill, convirtiéndose en un mártir para los nuevos Estados Unidos de América.

Joseph Warren casi nunca aparece en las listas de los padres fundadores de Estados Unidos.[2] Su nombre es menos conocido que el de sus compañeros y amigos: hombres como John Hancock, Paul Revere y John y Samuel Adams. Sin embargo, en cuanto publicista, estratega y agitador, su papel en el incipiente movimiento independentista fue de vital importancia. Fue Warren quien movilizó a tiempo las tropas revolucionarias para enfrentarse a los británicos en Lexington y Concord, las primeras contiendas armadas de la guerra de la Independencia estadounidense, transformando lo que podría haber sido una aplastante derrota en una resonante victoria. Y fue Warren quien canalizó el sentimiento popular en favor de la revolución, con tanto éxito que un oficial británico lo describió como «el famoso doctor Warren, el mayor agitador de esta parte del mundo».[3]

El virulento discurso del 6 de marzo de 1775, pronunciado en la Old South Meeting House de Boston para conmemorar el quinto aniversario de la masacre de Boston, es un ejemplo perfecto de su apasionamiento político. La intervención de Warren provocó un chispazo en la ciudad que en el espacio de pocos días hizo prender el fuego de un levantamiento armado.

¿Cómo se las arregló? ¿Cómo logró que las masas pasaran del desencanto a la revolución? Las intervenciones públicas de Warren son ejemplos de patetismo, manipulación retórica y, por supuesto, carisma en estado puro, pero no fue su técnica oratoria lo que hizo volar la imaginación de quienes lo escuchaban. Lo que consiguió venderles fue una idea. Aquella parte de América, les aseguró, no era una avanzadilla colonial de la gloriosa Europa, sino su poderosa sucesora. (El resto del continente le importaba más bien poco, como veremos más adelante en este capítulo.) Según Warren, aquella parte de América no estaba contaminada por la decadencia del Viejo Mundo y era por tanto la legítima heredera de milenios de cultura europea. Los recién independizados Estados Unidos iban a ser la culminación perfecta de la civilización occidental.

Evidentemente, Joseph Warren no fue el primero en recurrir al concepto de una civilización occidental heredada. Como ya hemos visto en otros capítulos, no fue el primero en imaginar la Antigüedad grecorromana como una entidad coherente, ni el primero en usar esa Antigüedad como patrimonio cultural e intelectual. Eso ya sucedía dos siglos antes, en el Renacimiento (capítulo 6). Entre Tullia d'Aragona y Joseph Warren, si bien otras formas de estructurar la historia del mundo eran ya imaginables (capítulo 7), la tendencia predominante era la de reivindicar el mundo grecolatino exclusivamente para la nueva idea de Occidente (capítulo 8) y utilizar esa genealogía imaginaria como un instrumento conceptual para distanciarse del resto del mundo (capítulo 9). Pero aunque Warren no fuese el primero en dar forma narrativa a la civilización occidental, él y sus contemporáneos desempeñaron un papel importante a la hora de popularizar ese relato, sacándolo de los límites de la élite culta y convirtiéndolo en una poderosa herramienta política con la que había que contar. Gracias a Warren, la idea de Occidente cobró vida fuera de los tratados y discursos eruditos; tomó cuerpo, vinculada a un movimiento político en rápido desarrollo, y provocó una revolución. Al mismo tiempo, la genealogía cultural de la civilización occidental se hizo más evidente en cuanto salió a las calles y tomó los púlpitos. La civilización occidental dejó las aulas y entró en el mundo real.

IMPERIALISMO Y LIBERTAD

A mediados del siglo XVIII, las trece colonias británicas del norte de América eran un caso atípico con relación a otras partes del Imperio británico. Una diferencia fundamental era la demografía. En la mayoría de las posesiones británicas de Asia, África y Centroamérica, las poblaciones sometidas eran gobernadas por un conjunto relativamente pequeño de soldados y administradores británicos, y las fronteras establecidas por la política imperial estaban cada vez más racializadas.

En Irlanda la situación era diferente. Los más de ciento cincuenta años de «asentamiento» hicieron que, a mediados del siglo XVIII, la población, incluida una cantidad considerable de protestantes probritánicos, se concentrase principalmente en el fértil norte de la isla. Aunque hoy en día todo el mundo considera blancos a los irlandeses, y por tanto pertenecientes al mismo grupo racial que los británicos, el trato dado a los irlandeses autóctonos durante gran parte de su sometimiento colonial sigue un modelo que puede considerarse racial.[4] A mediados del siglo XVIII, esos modelos empezaron a cambiar a medida que surgían nuevos paradigmas raciales.

En las trece colonias americanas, por el contrario, gran parte de la población permanente decía descender de los colonos británicos. En cuanto hijos de los colonizadores y no de los colonizados, la posición de esos habitantes de las colonias americanas en el marco del sistema imperial era completamente distinta de la de casi todos los habitantes de las otras posesiones imperiales británicas. Las distinciones raciales, que en casi todo el Imperio británico servían para establecer diferencias entre la élite imperial y sus súbditos coloniales, no se hacían entre ellos y los administradores británicos que los gobernaban. Esto no sucedía, evidentemente, con todos los habitantes de esas colonias; las distinciones basadas en la raza eran muy frecuentes entre esos colonos de ascendencia británica, los descendientes de otros emigrantes europeos, los descendientes de los esclavos africanos y los pueblos nativos del continente. Esos colonos de ascendencia británica, que eran mayoría, dificultaban considerablemente el gobierno de las colonias. A mediados del siglo XVIII, las relaciones entre Gran Bretaña y sus trece colonias americanas eran muy tensas. Gran Bretaña quería ejercer más control, regular el comercio y gravar con impuestos determinados productos básicos. La promulgación de diversas leyes —como, por ejemplo, la del azúcar en 1765, la de timbres en 1765, las de Townshend en 1767 y la del té en 1773— fue recibida con indignación por los colonos y terminó ocasionando una rebelión.

Pero los revolucionarios se enfrentaban a un dilema ideológico. Por un lado, estaban a favor de la libertad y en contra del imperialismo. Por otro, la mayoría de los revolucionarios no eran partidarios de la libertad «universal» ni contrarios a «todos» los imperialismos. Básicamente, los colonos de ascendencia británica querían ejercer su derecho inalienable a la libertad y la autodeterminación, pero pocos de ellos veían bien que se concedieran los mismos derechos a los esclavos negros. De manera similar, aunque a esos mismos agitadores revolucionarios les parecía intolerable que se ejerciese el imperialismo sobre ellos, muchos no veían nada malo en ejercerlo sobre otros, especialmente el imperialismo de los colonos blancos sobre los pueblos nativos americanos, o el que ejercían los colonos europeos en África, Asia y el resto de América. La tensión entre estas dos necesidades ideológicas —defender sus propias libertades sin importarles lo más mínimo las de los demás, y denunciar los abusos del imperio sin rechazar el imperialismo en sí— planteaba un problema conceptual.

Este problema se observa claramente en los discursos, cartas y libros de los revolucionarios, que contienen frecuentes referencias a la esclavización de los colonos por parte de los británicos, a los que se califica de invasores imperialistas. Durante la guerra de la Independencia, George Washington, el general revolucionario que llegó a ser el primer presidente de Estados Unidos (y un acaudalado negrero), afirmó que los colonos aspiraban a independizarse de Gran Bretaña porque «nuestro espíritu de libertad es tan indomable que nos impide someternos a la esclavitud».[5] De igual modo, las Resoluciones de Fairfax, firmadas por Washington y otros líderes revolucionarios, afirmaban en 1774 que «el Parlamento británico pretende que cambiemos nuestra libertad y felicidad por el sufrimiento y la esclavitud».[6] Para aquellos líderes revolucionarios blancos, la idea de la esclavización perpetrada por los británicos era una aberración.

El tono era similar cuando se trataba del imperialismo británico. En 1777, en una carta dirigida al líder revolucionario y con el tiempo tercer presidente de Estados Unidos, Thomas Jefferson, un político de Virginia se lamentaba en estos términos: «Si tuviéramos un ejército regular, no tardaríamos en expulsar de este continente a esos malditos invasores».[7] Ese mismo año, Washington, hecho una furia, escribió a Hancock para comunicarle lo siguiente: «No hay duda de que los británicos están haciendo todo lo posible en todas partes para someternos a su insoportable yugo».[8] La retórica revolucionaria consideraba el movimiento de independencia como una lucha contra la esclavitud y el imperialismo impuestos a los norteamericanos por los británicos.

Pero esos mismos revolucionarios eran más ambiguos en cuanto a la esclavización y la extensión del imperialismo a otras personas que no fuesen descendientes de británicos o de otros colonizadores europeos. Por un lado, Washington condenó oficialmente la institución de la esclavitud cuando firmó las Resoluciones de Fairfax,[9] y Jefferson es más conocido por haber redactado la Declaración de Independencia, adoptada por el Congreso Continental en julio de 1777. En la Declaración, Jefferson escribió que «todos los hombres son creados iguales, que son dotados por su Creador de ciertos derechos inalienables», basándose en el pensamiento de la Ilustración, como el que representaban, por ejemplo, las teorías políticas de Locke. Pero, pese a su oposición a la esclavitud como concepto abstracto, por diversas razones ni Washington ni Jefferson ilegalizaron la práctica de la esclavización cuando ocuparon la presidencia, y ambos siguieron poseyendo cientos de esclavos hasta el final de sus días. En la segunda mitad del siglo XVIII, los revolucionarios de las trece colonias miraban con malos ojos la servidumbre, pero solo cuando les afectaba a ellos.

Una ambigüedad similar se observa en la retórica del imperialismo y el colonialismo.[10] Pese a su oposición al despotismo británico, Washington no tenía reparos a la hora de calificar a los recién independientes Estados Unidos de «imperio naciente».[11] De hecho, una noche antes de que Gran Bretaña reconociese la independencia de Estados Unidos, Washington se dirigió a sus tropas para dar las gracias a todos «los que han participado en las fatigas y los peligros que ha supuesto esta gloriosa revolución, librando de la opresión a millones de personas y poniendo los cimientos de un gran imperio». Continuó diciendo: «Mucho más felices serán a partir de ahora quienes hayan puesto su granito de arena para la creación de esta maravillosa estructura de imperio y libertad».[12]

La Revolución estadounidense fue, por tanto, una lucha contra la esclavitud llevada a cabo por personas que la toleraban y que no pocas veces la practicaban.[13] Fue una lucha antiimperialista en la que participaron personas que aceptaban y en ocasiones eran partidarias activas del imperialismo.[14] A los cronistas de la época no se les pasaba por alto la contradictoria ironía de la situación. En 1775, el escritor británico Samuel Johnson se lamentaba: «¿Cómo es posible que los negreros se desgañiten por la libertad?».[15] Ese mismo año, un folleto anónimo, atribuido al británico Thomas Paine, pedía a los colonos americanos que se preguntasen: «¿Con qué derecho o dignidad os quejáis tan amargamente de que intentan esclavizaros, mientras sumís en la esclavitud a cientos de miles de personas?».[16] Había un grave problema ideológico en el centro del movimiento revolucionario. Las ideas de «Occidente» y «civilización occidental» iban a ser parte de la solución.

Médico y revolucionario

Warren, un colono de cuarta generación, nacido en una familia de granjeros, tuvo una infancia feliz pero sin lujos. A los diez años asistió a la Roxbury Latin School, y a los catorce hizo el examen de acceso a la Universidad de Harvard. (Hoy podría parecernos demasiado joven, pero no lo era en aquel entonces. Francis Bacon tenía más o menos la misma edad cuando empezó a acudir a la Universidad de Cambridge; véase el capítulo 8.) En aquella época, el joven Warren tuvo que hacer frente al sistema de clases tradicional. Aunque era un alumno aventajado (sus rivales políticos lo describirían posteriormente como «una lumbrera que apuntaba maneras»),[17] la universidad no clasificaba a sus alumnos por el rendimiento académico, sino por la riqueza y la posición social de sus padres. Por consiguiente, Warren ocupó el lugar trigesimoprimero de los treinta y cinco alumnos de su curso, y por tanto se le impidió gozar de los muchos privilegios que Harvard podía conceder.[18] Esta vivencia debió de ser muy significativa para él, y, de hecho, a lo largo de su vida adulta, primero como médico y más tarde como agitador político, Warren mostró su enérgica repulsa contra el clasismo.

Un retrato suyo pintado en 1765 nos muestra a un joven de rasgos suaves y ojos melancólicos. Según un cronista contemporáneo, «las mujeres lo consideraban guapo»,[19] y, cuando John Adams, el líder revolucionario que llegó a ser el segundo presidente de Estados Unidos, conoció a Warren en 1764, lo describió como «un caballero joven, apuesto, alto, educado y de aspecto saludable».[20] En aquel momento, Warren contaba solo veintitrés años, pero ya había trabajado dos años como médico. Fue esa profesión la que le proporcionó reconocimiento público.

En el invierno de 1763-1764 Boston se vio afectada por una mortífera epidemia de viruela. Aunque la mayoría de los bostonianos huyeron, Warren y sus compañeros instalaron un hospital de campaña en Castle William, una península fortificada al sur de la ciudad. Además de ofrecer asistencia médica gratuita a los enfermos y moribundos, también iniciaron una polémica campaña de vacunaciones que evitó cientos de muertes. Cuando la epidemia desapareció, el Ayuntamiento «dio las gracias en nombre de la ciudad a los médicos que, en unos momentos de angustia y desesperación, han salvado generosamente la vida, gracias a las vacunas, a tantos ciudadanos pobres».[21] Los médicos de Castle William se hicieron famosos de la noche a la mañana.

Warren aprovechó enseguida su nuevo prestigio público. En el verano de 1764, seis meses después de hacerse famoso, ya le había sacado partido a la nueva situación; primero casándose con una rica heredera, Elizabeth Hooton, y luego impulsando la revolución.[22] En el otoño de ese mismo año, cuando en Boston arreciaban las protestas populares contra el nuevo impuesto sobre el azúcar, Warren saltó a la palestra política. Para defender públicamente al hombre acusado de promover los disturbios, redactó un informe médico —con el fin de liberarlo de las acciones legales— en el que afirmaba que el reo padecía un trastorno nervioso, y además se vio envuelto en una campaña cuya finalidad era boicotear las importaciones británicas.[23]

Warren redobló sus actividades políticas en la primavera del año siguiente, publicando su primer escrito abiertamente político en respuesta a la aplicación de la ley de timbres. Esta ley, aprobada en 1765, incrementaba el precio de todo lo que fuera de papel, desde los periódicos y los diplomas universitarios hasta los naipes y los documentos legales. Se trataba, en esencia, de un impuesto a las actividades culturales e intelectuales. En un contexto de disturbios y sublevaciones, el artículo de Warren en la *Boston Gazette* desató la polémica colonial. Puesto que los angloamericanos «eran descendientes de los ingleses, habían nacido en una tierra luminosa y se habían criado en el seno de la libertad», no tenían por qué pagar impuestos sin estar representados en el Parlamento británico. Warren concluyó su artículo con un alegato apasionado: «Abrid los ojos, abrid los ojos, compatriotas, y, por medio de una oposición legítima y constante, derrotad a quienes quieren esclavizarnos a nosotros y a nuestros descendientes».[24] Su uso del lenguaje de la esclavización se asemeja al de otros padres fundadores; al igual que ellos, arremetía contra la idea de que otros pusiesen obstáculos a su propia libertad, pero él mismo seguía siendo un negrero que poseía esclavos.[25]

A pesar de la derogación de la ley de timbres, durante los años siguientes Warren multiplicó sus actividades revolucionarias. Puso en ridículo al gobernador británico de Massachusetts,[26] escribió nuevas letras para las canciones revolucionarias[27] y se rodeó de otros radicales, entre los que se encontraban los primos John y Samuel Adams, así como John Hancock. Al principio, no todos sus compañeros comprendieron el valor de los numerosos escritos de Warren. John Adams dijo que los textos de Warren constituían «una curiosa ocupación, la de elaborar párrafos, artículos, acontecimientos, etc., para engrasar la máquina de la política».[28]

Avivado por hombres como Warren, el sentimiento antibritánico en la ciudad iba en aumento, lo que convirtió a Boston en el centro de mando de la Revolución estadounidense. Las protestas, algaradas y enfrentamientos con las tropas británicas se convirtieron en el pan nuestro de cada día y culminaron en la deshonrosa masacre de Boston, que se produjo el 5 de marzo de 1770. Durante aquel trágico incidente, los soldados británicos, sintiéndose amenazados por una multitud enfurecida, abrieron fuego contra la muchedumbre y mataron a cinco hombres e hirieron a muchos más. Warren, en colaboración con Samuel Pemberton, redactó un informe oficial con la intención de caldear los ánimos entre la población. El folleto que se publicó rezaba así: «Breve relato de la horrible masacre de Boston, perpetrada en la noche del 5 de marzo de 1770 por soldados del 29.° regimiento, que, junto con el 14.°, estaban en ese momento allí acuartelados; con algunas observaciones sobre el estado de cosas previo a la catástrofe».[29] Junto con el informe se distribuyeron copias de un grabado realizado por Paul Revere en el que se representa el acontecimiento y que todavía hoy sigue vivo en el imaginario popular. Warren también organizó un discurso público anual para conmemorar el suceso, y presentó una exposición de dibujos inspirados en la masacre y colgados en las ventanas de la casa de Revere. En 1771, miles de personas acudieron a escuchar el discurso y ver la exposición.[30]

Otro momento conflictivo se produjo en 1773, cuando Gran Bretaña aprobó la ley del té, concebida para sanear las achacosas finanzas de la Compañía de las Indias Orientales (la cual, pese a recurrir a la tortura y la extorsión, fue incapaz de paliar sus pérdidas económicas tras una hambruna en Bengala). La ley esperaba conseguirlo eliminando los impuestos al transporte de té, lo que permitiría a la Compañía de las Indias Orientales reducir los precios que los contrabandistas establecían. En las colonias americanas, el desafío a los contrabandistas (muchos de los cuales eran conocidos empresarios, como John Hancock) fue interpretado como otra imposición británica.[31] El 16 de diciembre se convocó una reunión en la Old South Meeting House. Aunque los detalles siguen sin estar claros, una multitud enfurecida se dirigió al puerto y subió a bordo de tres cargueros que acababan de arribar con mercancías de la Compañía de las Indias Orientales. La multitud volcó al mar más de 340 cajas de té por valor de dos millones de dólares actuales; aquellos disturbios se conocen como el «motín del té».[32] Los revolucionarios respondieron a la inevitable represión británica creando su propio gobierno alternativo. El Congreso Continental y el Congreso Provincial de Massachusetts (en el que Warren fue elegido para representar a la ciudad de Boston) mostraron una oposición frontal a la Administración británica.[33]

Tal era el polvorín en el que se encontraba Joseph Warren al comienzo de este capítulo, dispuesto a pronunciar, aquel 6 de marzo de 1775, el quinto discurso conmemorativo de la masacre de Boston. Los soldados británicos presentes aquel día en el discurso se preparaban en secreto para un inevitable conflicto armado. Las tropas británicas llevaban semanas maniobrando y acumulando suministros, pero, sin que se percataran de ello, los espías de Warren vigilaban sus actividades y los revolucionarios también estaban preparados para la acción. A principios de abril, los británicos decidieron mover ficha. Planeaban atacar la pequeña ciudad de Concord, en el interior de Massachusetts, la cual era una de las bases utilizadas por las milicias revolucionarias. El 18 de abril Warren se enteró de que las tropas británicas comenzarían a avanzar al amanecer. Esa noche, Warren envió una serie de mensajes y señales acordadas de antemano para alertar a los revolucionarios de toda Nueva Inglaterra.

Dos de los mensajeros de Warren merecen especial atención.[34] William Dawes cabalgó hacia el sur desde Boston para avisar a las milicias de Roxbury y Cambridge antes de dirigirse al interior. Paul Revere cabalgó hacia el norte cruzando Charlestown antes de encaminarse a Concord. La correría nocturna de Revere quedó inmortalizada casi un siglo después en una poesía de Henry Wadsworth Longfellow —«La cabalgada de Paul Revere»—, la cual ha mantenido vivo el recuerdo de Revere en la conciencia popular, a diferencia del relativo anonimato de Dawes y Warren. Pero sin el esfuerzo de ambos jinetes y, lo que es más importante, sin la eficiencia de los espías de Warren, al día siguiente se habría producido la victoria de los británicos, lo que habría supuesto un duro revés para los revolucionarios.

Los soldados británicos, cuando a la mañana siguiente partieron hacia Concord, se encontraron a las tropas coloniales esperándolos. Se sostuvo una breve escaramuza en Lexington, un pequeño asentamiento en el camino hacia Concord, donde se entabló otro combate.[35]

Frustrado su objetivo, los británicos empezaron a retirarse hacia Boston, pero, para entonces, el camino de regreso se había vuelto muy peligroso. Las tropas británicas fueron atacadas por las milicias coloniales que iban llegando de todos los rincones de Massachusetts. Warren luchó en una de las compañías contra la columna británica en la aldea de Menotomy (la actual Arlington). Cuando por fin llegaron a Boston, los británicos se refugiaron tras las murallas fortificadas de la ciudad, donde fueron asediados por las fuerzas coloniales. El asedio, que duró un año entero, finalizó con la victoria de los colonos. La guerra de la Independencia estadounidense había comenzado.

Configurar la modernidad

Warren no era un ideólogo ni un erudito, sino un hombre práctico que conocía el poder de la palabra. Como revolucionario supo sacar muchísimo partido a la retórica, pero, como hombre, hubo un momento en su vida en el que perdió la elocuencia. Ese momento se produjo en abril de 1773 tras la muerte de su mujer, Elizabeth, que falleció a causa de una súbita e inexplicable enfermedad. Trastornado por el dolor, buscó alivio en los dos pilares de su educación: la Iglesia y la Antigüedad grecorromana. El 17 de mayo de 1773 la *Boston Gazette* publicó una poesía. Estaba escrita en latín y no llevaba firma. Simplemente decía:

> EPITAPHIUM DOMINAE ELISAE WAR***
> Omnes, flete, dolete, cari virtutis amici:
> Heu! Nostras terras Dulcis Elisa fugit.
> Quisnam novit eam gemitus que negare profundos
> Posset? Permagni est criminis ille reus.[36]

La poesía, casi con toda seguridad, es de Joseph Warren. A nosotros no se nos ocurriría nunca escribir un epitafio en versos latinos tras la muerte de un cónyuge, pero es que nosotros no tenemos la educación de un caballero del siglo XVIII. Para Warren, un hombre por lo general tan elocuente, cuyos grandes triunfos se basaron en el hábil uso del lenguaje con el fin de defender su causa política, es significativo que en ese momento no le bastase el inglés. En esos días tan lúgubres recurrió al latín para expresar sus sentimientos. Para quienes ciertamente no tenemos una educación dieciochesca, y para quienes escribir una alabanza es algo que no nos sale con naturalidad, he aquí una paráfrasis en castellano:

> Epitafio para la señora Elisa War***
> ¡Llorad todos, lamentaos, queridos y virtuosos amigos!
> ¡Ay! La dulce Elisa ha dejado nuestra tierra.
> Quienes, sabiéndolo, no den lastimeros suspiros
> Son culpables de un crimen terrible.

Esa no fue la única ocasión en que Warren apeló a la Antigüedad. Sus escritos, tanto públicos como personales, estaban salpicados de referencias a Grecia y a Roma. En vez de firmar con su propio nombre, en sus primeras publicaciones Warren usó el helenizante pseudónimo Pankalós («todo bueno») y firmó otros ensayos con los sobrenombres Philo Physic («amante de la naturaleza») y Graph Iatrós («el médico escritor»), además de usar el nombre del legendario personaje romano Mucio Escévola.[37] Warren ya había acreditado sus conocimientos clásicos durante su paso por Harvard, donde escribió e interpretó un drama titulado *Catón*, sobre el terco senador latino, y otro titulado *El padre romano*.[38]

Warren no fue el único padre fundador que se vio a sí mismo y a su causa a través de una lente grecorromana. Aun teniendo en cuenta la omnipresencia del griego y el latín en la educación de las élites, la amplitud de los conocimientos sobre el mundo grecorromano que observamos en los escritos de los padres fundadores va más allá de los meros recuerdos juveniles. De hecho, el proyecto entero de la independencia estaba impregnado de un clasicismo consciente.[39] Acabada la guerra, en los debates constitucionales entre federalistas y antifederalistas se empleaba la grandilocuente retórica de los oradores griegos y romanos.[40] Durante los años siguientes, muchos elementos de la nueva Constitución estadounidense, desde la denominación del Senado hasta la arquitectura neoclásica del Capitolio, se basaron en modelos griegos y romanos. En estas y en muchas otras cosas, los padres fundadores recurrieron a la filosofía política de la Ilustración, tomando prestado mucho de lo que habían escrito Locke, Hobbes y Rousseau. Ante la necesidad de crear partiendo de cero un nuevo sistema político, los padres fundadores llegaron a considerarlo no como un sistema radicalmente nuevo, sino simplemente como un perfeccionamiento de las estructuras políticas establecidas por sus «antepasados».

La Antigüedad grecorromana proporcionó a los padres fundadores un lenguaje común, un conjunto de referencias e ideales compartidos. Aunque lo lógico habría sido que el cristianismo cumpliera esa función, los enfrentamientos entre las distintas facciones cristianas en aquella parte de América lo impidieron. Dentro del propio movimiento revolucionario, los católicos y los anglicanos se llevaban a matar con los cuáqueros, los metodistas, los luteranos, los menonitas y los presbiterianos, entre otros. Las diferencias confesionales entre esos grupos, que se las tomaban muy a pecho, eran notorias; muchos habían tomado la decisión de abandonar Europa porque pensaban que en el continente americano encontrarían más libertad religiosa. El cristianismo de los intransigentes y puritanos granjeros del norte difería por completo del de los terratenientes del sur, que a su vez poco tenía que ver con el humanismo cosmopolita que se observaba en algunas grandes ciudades. Puesto que la religión estaba siendo un elemento disgregador, la idea de un pasado grecorromano común fue muy útil para mantener unidos a los padres fundadores.

Durante la campaña revolucionaria, el uso de metáforas y referencias griegas y romanas fue especialmente intenso. En contraste con el filohelenismo predominante en gran parte de la Europa continental, los revolucionarios angloamericanos tendían a expresarse a la manera de la República romana.[41] Austera aunque aristocrática, moralmente comedida aunque firme defensora de las libertades individuales, la Roma republicana constituía el modelo ideológico perfecto para el nuevo movimiento de independencia (la Antigüedad romana tuvo connotaciones algo diferentes en Iberoamérica, como veremos más adelante). Los revolucionarios también pensaban que Roma era un modelo mejor que la antigua Grecia porque la democracia radical de la Atenas del siglo V a. C. les parecía peligrosamente abierta e inclusiva, y, por tanto, propensa a la demagogia y al gobierno de la turba.[42] Esto podría parecer contradictorio desde la perspectiva actual, teniendo en cuenta la importancia que se da ahora a la democracia liberal y a la retórica política (analizaremos esta cuestión en los capítulos 13 y 14), así como engañoso, habida cuenta de lo exclusivista que era, según Heródoto, la democracia ateniense del siglo V a. C. (por ejemplo, al excluir a las mujeres, a los esclavos y a todos aquellos que no pudiesen demostrar la «pureza» de sangre ateniense; véase el capítulo 1). Sin embargo, para los padres fundadores, ese factor hacía que Roma resultase más atractiva que Grecia como modelo de antepasado imaginario.[43]

Esa preferencia ideológica por Roma es especialmente evidente en la elección de pseudónimos. En el apogeo de los disturbios civiles durante los años 1770-1775, la *Boston Gazette* publicó más de ciento veinte artículos firmados con pseudónimos clásicos, en su mayoría alusivos a la Roma republicana.[44] Ejemplos de ello son «Catón de Útica», «Bruto» y «Civis», así como varios que se remontan a la época de Samuel Adams, como «Clericus americanus», «Sincerus» y «Candidus». Tras la instalación de una guarnición en la ciudad de Boston, Adams también empezó a firmar sus ensayos con un «*Cedant arma togae*» («que las armas cedan a la toga», una frase acuñada por Cicerón para expresar que el gobierno militar, representado por las armas, debe ceder el paso al gobierno civil, representado por la toga). Los revolucionarios querían dar la imagen de ser unos nuevos romanos, los herederos de Catón y Cicerón.[45]

El clasicismo de los padres fundadores era intencionado, consciente y en modo alguno ingenuo. Lejos de ser el fruto instintivo de su educación, aquello era el resultado de una actitud política, de un posicionamiento ideológico: se estaban adueñando de la genealogía cultural de Occidente. En este libro ya hemos hablado del concepto de *translatio imperii* (capítulo 4), y los revolucionarios angloamericanos llevaron esa idea a su conclusión lógica: la travesía del Atlántico. Mientras que Bacon y sus sucesores habían empezado a trazar el linaje de la civilización occidental desde la Antigüedad grecorromana, los revolucionarios sostenían que el testigo de esa civilización había pasado a América del Norte.

La generación revolucionaria no fue la que concibió esta idea. Ya en 1713, Benjamin Franklin exhortaba a la gente a «mostrarnos que vuestro joven clima occidental / excede a todos hasta la época actual».[46] En 1725, el clérigo George Berkeley expresó aún con más claridad la idea de la ascendencia angloamericana al escribir: «Gozaremos de otra edad de oro, / el auge del imperio y de las artes / [...]. No como el que propicia la decadente Europa; / [...]. Hacia el oeste el curso del imperio toma su camino». El último verso de la poesía sirvió luego de inspiración a Emanuel Leutze, uno de cuyos cuadros cuelga con ese título en las paredes del Capitolio. Y en la edición de 1758 de su *Almanaque* anual, Nathaniel Ames señaló que «quienes sienten curiosidad han observado que la literatura (como el sol) avanza de este a oeste; así ha viajado a través de Asia y Europa, y ahora ha llegado a la costa oriental del continente americano».[47]

A pesar de todas estas referencias, en la primera mitad del siglo XVIII la idea de esa *translatio imperii* que culminaba en América del Norte seguía siendo una metáfora esotérica, una abstracción poética e intelectual. Lo que hizo la generación revolucionaria, en el tercer cuarto del siglo, fue transformarla en algo mucho más concreto, en una ideología política. Y sobre esa ideología se construyó una nación.

El primer paso consistía en adoptar la idea de Norteamérica* como equivalente de Occidente. En 1768, Benjamin Franklin, lleno de indignación, publicó una carta en el *Pennsylvania Chronicle* acusando a los británicos de «maltratarnos, a los ciudadanos de Occidente». Al año siguiente afirmó que los británicos estaban aplastando la libertad o, en cualquier caso, «su primera aparición en el mundo occidental».[48] Unos años más tarde, en 1773, expresó su preocupación de que «nuestros ciudadanos occidentales se vuelvan tan mansos como los que viven en los dominios orientales de Gran Bretaña».[49] Hacia esa misma época, George Washington manifestó también su preocupación por «los asuntos del mundo occidental»,[50] mientras que en una conferencia pronunciada en Filadelfia, John Hancock afirmó con orgullo que esperaba ansioso el momento en que hubiera libertad «en este mundo occidental».[51] Esa retórica se extendió con rapidez. En el otoño de 1775, Mercy Otis Warren —poeta y revolucionario bostoniano que no tiene ninguna relación con Joseph Warren— le dijo a John Adams que, de no ser por los esfuerzos de hombres como él, la libertad «hace tiempo que habría desaparecido del hemisferio occi-

* «Norteamérica» está formada por México, las islas del Caribe —algunas tan importantes como Cuba—, Estados Unidos y Canadá. *(N. del T.)*

dental».[52] Y, en 1776, el general Philip Schuyler escribió a Washington para desearle la ayuda divina en su labor de «garantizar la libertad en el mundo occidental».[53]

El segundo paso consistía en construir la genealogía de este nuevo Occidente angloamericano, presentándola como el culmen del antiguo linaje europeo. Para muchos, la idea de *translatio imperii* significaba que los nuevos Estados Unidos eran los últimos herederos de la Antigüedad clásica, y en especial la de Roma.[54] Esa es la idea que subyace tras la doctrina del «destino manifiesto» en que se sustentó la expansión hacia el oeste en el siglo XIX y que ha generado durante las últimas décadas tantísimos libros, artículos y editoriales en los que se debate si Estados Unidos debería considerarse como la «nueva Roma».[55] Esta idea está ya presente en la obra de Warren, pero no en formato académico, sino de una manera desvergonzadamente populista.

Publicada en 1770, la letra de la canción «The New Massachusetts Liberty Song», atribuida a Warren, ofrecía esta nueva visión del Oeste con su propio legado. Los versos de la canción trazan la historia del Oeste, y ya en la primera estrofa nos plantan un inconcebible «Atenas, esa sede de la ciencia, y Roma, la gran señora de la Tierra». Siguiendo la genealogía cultural de la civilización occidental, la segunda estrofa nos transporta a Gran Bretaña, que recibe la valiosa herencia de la Antigüedad grecorromana al aceptar el yugo del imperialismo romano («la orgullosa Albión se inclinó ante César»). La canción nos trae a la memoria a los otros pueblos que conquistaron Gran Bretaña en siglos posteriores, incluidos los pictos, los daneses y los normandos, convirtiéndola en un inadecuado lugar de descanso final para el poder. Ese eventual cenit de la civilización occidental, oímos en la cuarta y delirante estrofa, estará por el contrario «bajo este cielo occidental», donde «formamos un nuevo dominio, una tierra de la libertad». Este verso central, cargado de connotaciones políticas, es el pivote sobre el que gira toda la canción. Antes se nos muestra la genealogía de la civilización occidental como preludio histórico. Después se nos exhorta a contemplar un glorioso futuro independiente para Norteamérica en cuanto sede definitiva de la civilización occidental.

La visión de Warren era aún más explícita en el discurso que pronunció en 1775 para conmemorar la masacre de Boston, la perorata con la que abrimos el presente capítulo. Warren comenzaba, como en la «Canción de la libertad», con un preámbulo histórico sobre la colonización de América del Norte. Describía cómo «nuestros padres» decidieron abandonar Europa, con la firme determinación de que «no los unciesen nunca más al yugo del despotismo». Luego evocaba la heroicidad de aquel viaje a través del océano, proclamando aquello de: «El cielo propicio observó el arca favorita balanceando sobre las olas y bondadosamente la protegió hasta que las familias elegidas arribaron sanas y salvas a estas regiones occidentales». Después de este preludio histórico, Warren pasaba a la parte principal del discurso, exhortando a los ciudadanos a unirse a la revolución con apasionadas referencias a la gloriosa historia de Occidente. Se comparaba al Imperio británico con la «gloria romana» y, pese a haber conquistado partes del mundo desconocidas incluso para Alejandro de Macedonia y para los césares, no se lo consideraba digno heredero del legado clásico, y ello a causa de su tiranía y su codicia. Serían, pues, los angloamericanos quienes emularían la Antigüedad. Warren animaba a sus conciudadanos a no perder la esperanza, con el argumento de que «era una máxima del pueblo romano, que insignemente condujo a la grandeza de aquel Estado, el no dejar de confiar en la mancomunidad».

Pero el auditorio de Warren en 1775 debió de quedarse más sorprendido por su indumentaria que por sus palabras. En vez de vestirse como un caballero de su condición, Warren se puso una toga romana para pronunciar el discurso.[56] En la antigua Roma, la toga la usaban exclusivamente los ciudadanos; era una prenda formal que se concedía a los jóvenes cuando alcanzaban la mayoría de edad, distinguiéndolos como miembros de la comunidad política y, a medida que el imperio crecía, de la élite romana.[57] La decisión de ponerse la toga en aquel momento preciso fue un gesto bien calculado. Como ya he mencionado, el lema «*cedant arma togae*» lo usaba John Adams para firmar sus opúsculos revolucionarios durante la ocupación de Boston. La frase de Cicerón que pronunció Warren con su reluciente toga blanca, denunciando una masacre militar rodeado de soldados británicos, debió de resultar especialmente oportuna.

A través del poder de sus palabras y la teatralidad de su aspecto, Warren popularizó una visión de América del Norte como heredera definitiva de la civilización occidental, como legataria de un largo y glorioso linaje que se remontaba a la Antigüedad grecorromana. En los términos más incendiarios y ampulosos que se pueda imaginar, sumó Norteamérica a ese linaje como si se tratara de una entidad aparte, distinta y de hecho superior a sus degenerados ancestros. Solo allí, alejada de los vicios y la corrupción del Viejo Mundo, podía desarrollarse el potencial de la civilización occidental. Solo en América del Norte, heredera de una tradición cultural ininterrumpida, se podía alcanzar el cenit de la historia de Occidente. Solo en América del Norte podía Occidente adoptar su forma perfecta y definitiva.

Como ya hemos señalado, el movimiento revolucionario angloamericano adolecía de una marcada incoherencia ideológica. ¿Cómo era posible que los revolucionarios se proclamaran antiesclavistas mientras seguían siendo negreros, y antiimperialistas mientras practicaban el imperialismo? Se trataba de un problema ideológico que los críticos del movimiento aprovecharon con prontitud (véase más arriba en este capítulo) y que indignó a algunos de sus posibles partidarios (véase el capítulo 11). El gran relato de la civilización occidental era una forma adecuada de resolver ese problema. Gracias a las ideas concebidas por hombres como Warren, los revolucionarios pudieron defender cómodamente su propia libertad, sobre la base de su ascendencia occidental, sin tener que hacerla extensible a otros, y pudieron denunciar el sometimiento, en cuanto occidentales, a la vigilancia imperial, sin renunciar por ello al imperialismo. Para los angloamericanos que avanzaban hacia una nueva era de independencia política el relato de la civilización occidental no era solo una poderosa motivación, sino también una excusa.

La idea de que la América anglófona era la culminación de la civilización occidental empezó a hacerse popular a finales del siglo XVIII gracias a personajes como Warren, pero no era una idea aceptada por todos, ni siquiera en el continente americano. Resultaba problemática para aquellos habitantes de los nuevos Estados Unidos a los que esa retórica no favorecía en absoluto, como veremos en el capítulo siguiente. No era la ideología predominante en vastas extensiones de territorio que seguían bajo dominio británico y que se convertirían en lo que hoy es Canadá. Tampoco era predominante en partes de Estados Unidos con una considerable población francófona, aunque el colonialismo francés en el continente se había terminado en 1763 como consecuencia del Tratado de París (solo subsistió algún tiempo en el Caribe). Y esa visión no era compartida en modo alguno por los pueblos de la Nueva España (en lo que hoy es Centroamérica y una inmensa parte de América del Norte), el Caribe y Sudamérica.

En gran parte de Iberoamérica, la antigua Roma se asociaba estrechamente con el colonialismo. Los españoles en concreto habían formulado su expansión imperial basándose en la Antigüedad romana y justificaban sus conquistas americanas en virtud del imperialismo romano.[58] En la América española, por tanto, la Antigüedad se relacionaba principalmente con Roma, que no con Grecia; el acceso al latín era posible sobre todo a través de la Iglesia católica o las autoridades españolas, y el conocimiento de la Antigüedad estaba ligado al capital social dentro del sistema colonial.[59] Aunque los intelectuales de la Nueva España prestaban tanta atención al pasado romano como sus equivalentes anglófonos en el siglo XVIII (a este período se lo ha calificado de «edad de oro» de la literatura latina en la Nueva España),[60] las implicaciones políticas eran muy diferentes. Mientras que para Warren, Washington y Jefferson Roma era el modelo de una futura república independiente, al poeta y jesuita guatemalteco Rafael Landívar las convenciones literarias latinas le sirvieron para que los lectores europeos comprendieran cómo era su país natal.[61] Para José Manuel Peramás, misionero jesuita en Paraguay, el heroísmo épico romano fue un medio para dar valor a la conquista española y su propia labor evangelizadora.[62] Y para el compositor Tomás de Torrejón y Velasco, las alusiones al mito de Roma fueron el telón de fondo de una fastuosa celebración operística de la monarquía española.[63]

La situación comenzó a cambiar, sin embargo, con el cambio de siglo, a medida que las ideas sobre la Antigüedad grecorromana iban desempeñando un papel cada vez más importante en los movimientos de independencia en el centro y sur de América.[64] Toussaint Louverture, el carismático líder de los esclavos haitianos durante la revolución contra la dominación colonial francesa, fue aclamado en 1796 como un «Espartaco negro», en referencia al famoso gladiador que encabezó un levantamiento de esclavos en la Roma del siglo I a. C.[65] A partir de ese momento se produce un giro más consciente hacia la

Grecia clásica entre los escritores iberoamericanos, sobre todo en el caso de aquellos implicados en los movimientos de independencia y en la forja de identidades nacionales poscoloniales. El helenismo constituyó una forma de reivindicar las glorias de la antigüedad mediterránea y de la civilización occidental, pero sin relación con la España colonial y en oposición a la absurda retórica que retrataba a Estados Unidos como la «nueva Roma».[66]

El gran relato de la civilización occidental, si bien es posible que se generalizase durante las últimas décadas del siglo XVIII, fue una narración que no convenció a todo el mundo por igual en América. Antes bien, el relato impregnó la retórica política de los nuevos Estados Unidos, pero, aunque por una parte sirvió de base ideológica para la revolución por la libertad y el fin del imperialismo, por otra contribuyó a mantener las estructuras internas de la opresión y el colonialismo. En la siguiente biografía veremos cómo influyeron esas tensiones en la vida de una persona excepcional. Aunque deberíamos admitir que el núcleo de los recién creados Estados Unidos estaba bastante podrido intelectualmente, también deberíamos reconocer su éxito a la hora de crear un nuevo sistema (si bien imperfecto) que aspiraba a alcanzar un equilibrio de poder entre los diferentes estados y organismos del gobierno, y que contenía el principio (no siempre la práctica) de la igualdad política. De manera similar, aunque deberíamos admitir que los revolucionarios angloamericanos crearon un relato histórico cargado de una ideología que se adaptaba a sus necesidades políticas, tampoco deberíamos considerarlos como especialmente maquinadores y arteros por obrar así. A lo largo de este libro hemos visto que las personas reinventan la historia en función de las circunstancias políticas de cada época y que en ocasiones predominan (o no, según el caso) diferentes visiones de la historia cuando el contexto general lo permite. Concretamente, en capítulos anteriores vimos que el relato de la civilización occidental fue surgiendo de manera gradual, a trompicones, entre los siglos XVI y XVIII. Y en este capítulo hemos visto cómo fueron necesarias las exigencias políticas específicas de la Revolución estadounidense para que entrase a formar parte de la corriente (anglófona) dominante.

En cuanto a Warren, lo hemos dejado al borde así de la gloria como del desastre. Artífice de la palabra y consumado maestro de espías,

Warren cambió el curso de la historia traficando con ideas e información. Fue determinante para que los revolucionarios iniciasen con buen pie la guerra de la Independencia estadounidense, y pronto dio la vida por esa causa. Entre las numerosas escaramuzas y batallas que se produjeron durante el primer año de la guerra, la más sangrienta fue la batalla de Bunker Hill, acaecida en junio de 1775, en la que Joseph Warren murió en combate.

Warren consiguió apoyo para la revolución incluso después de muerto. Las cartas de admiración dirigidas a sus familiares y amigos dieron a conocer su heroísmo, pero también los escandalosos rumores sobre el salvajismo de los soldados británicos y la manera infame en que estos trataron el cadáver de Warren. Esas historias se difundieron por las colonias angloamericanas, volviéndose más truculentas cada vez que se contaban. Incluso después de la victoria, en 1783, el relato del fallecimiento de Warren siguió llamando la atención. El cuadro de John Trumbull *Muerte del general Warren en la batalla de Bunker Hill* (1786), que dramatiza el momento del martirio, se hizo tan popular que dio a Trumbull la posibilidad de hacer varias copias y vender los derechos de reproducción por una abultada suma. Los grabados permitieron la producción en serie de la imagen, por lo que pronto hubo miles de copias en circulación. Si hubiera sabido que su muerte se utilizaría con el fin de conseguir apoyos para su causa, Warren seguramente habría dado su aprobación.

CAPÍTULO 11

Occidente y la raza

Phillis Wheatley

¡Musa! Presta tu ayuda, no me dejes demandar en vano.

PHILLIS WHEATLEY (1773)[1]

Los jueces se han reunido en el tribunal. Son dieciocho, y entre ellos se encuentran algunos de los hombres más poderosos de Massachusetts: el gobernador de la colonia, su excelencia Thomas Hutchinson, su lugarteniente, el honorable Andrew Oliver, siete destacados miembros del clero y una serie de dignatarios bostonianos, entre los que se halla el magnate y líder revolucionario John Hancock (de quien hemos hablado en el capítulo 10). Estos hombres se han reunido en la sala de justicia para celebrar un juicio; pero no se trata de juzgar una fechoría, sino de desvelar la verdad que se esconde tras una acusación aparentemente absurda. La persona sobre la que están deliberando es Phillis Wheatley, una esclava africana de dieciocho años, y el delito del que se la acusa es el de haber escrito un libro de poesía.

Cuando su amo, John Wheatley, fue contando que la esclava escribía poesía, al principio no le creyeron, pero cuando empezaron a circular ejemplos de esas poesías, con su espléndido manejo de la métrica y la rima, y sus eruditas alusiones a la literatura clásica y bíblica, las dudas se multiplicaron. Era imposible, para muchos miembros de aquella sociedad colonial, que una adolescente negra supiese tanto de literatura. Así pues, cuando John Wheatley empezó a buscar a un editor que publicase una selección de esas poesías, hubo quien exigió que se verifica-se su autenticidad. Se convocó un tribunal formado por «las personas más respetadas de Boston»,[2] y Phillis Wheatley fue citada para que defendiese la autoría del florilegio titulado *Poems on Various Subjects Religious and Moral.*

Lo que ocurrió en el juicio solo cabe dejarlo a la imaginación.[3] Es posible que los interrogadores pusieran a prueba los conocimientos de Wheatley sobre gramática latina o el Antiguo Testamento. Tal vez le preguntaron dónde había aprendido esas cosas o por qué elegía esos temas. Quizá incluso le pusieran un acertijo literario, como el que resolvió (en verso, por supuesto) al final del primer libro que le publicaron.[4] En ese momento lo tenía todo en su contra ante la opinión pública —la raza, la edad y el sexo—, pero al final Wheatley salió victoriosa. Debió de responder de forma convincente a todas las preguntas que le hicieron, porque, cuando su libro llegó finalmente a la imprenta al cabo de un año, en el prólogo figuró esta nota aclaratoria, firmada por los jueces:

> Los abajo firmantes certificamos ante el mundo que las POESÍAS especificadas en la página siguiente fueron escritas (como sinceramente creemos) por PHILLIS, una joven negra que llegó hace pocos años de África en estado salvaje, y que desde entonces ha tenido, y aún tiene, la desventaja de ser esclava de una familia de esta ciudad. Los ilustres jueces que la han examinado la consideran capacitada para escribirlas.[5]

El asombro ante las cualidades de Wheatley es manifiesto. En aquella sociedad colonial —una sociedad que permitía legalmente la esclavitud y que defendía con inquebrantable convicción el racismo—, no se concebía que una persona como ella (negra, esclava, joven y mujer) fuese capaz de conocer de manera tan admirable la «alta cultura» occidental. La vida y la obra de Wheatley condensan los problemas que planteaba la ideología de la civilización occidental que Warren y sus camaradas revolucionarios propugnaban: su consideración de linaje biológico, que dependía de la raza. Era cuando menos sorprendente que alguien como Wheatley, que no pertenecía a la imaginaria genealogía de Occidente, dominase con semejante maestría su legado cultural e intelectual. Wheatley, por el simple hecho de existir, ponía en tela de juicio la ideología de un Occidente biológico.

La jerarquía racial

En el capítulo 9 definimos el concepto de «raza», y la consideramos como una herramienta concebida para la estructuración jerárquica de las poblaciones. También vimos que las ideas occidentales sobre la raza a finales del siglo XVII, aunque ya se estaban desarrollando e influían claramente en el imperialismo occidental de la época, aún no habían cuajado del todo. No fue hasta la época de Phillis Wheatley, a mediados del siglo XVIII, cuando las ideas occidentales acerca de la raza se consolidaron y se volvieron más sistemáticas y «científicas». De fundamental importancia para ello fue la combinación del pensamiento ilustrado y la utilidad política.

Una vertiente importante del pensamiento ilustrado consideraba a los seres humanos como parte del mundo natural, y no como un elemento separado de la naturaleza por la divinidad. Fue una idea que abrió el camino para la clasificación de las personas, de forma similar a la clasificación de los animales en clases y especies.[6] Este enfoque «científico», basado en la historia natural, suscitó acalorados debates, pero terminó utilizándose para defender una rígida jerarquía racial. Esto lo expresó, de manera bastante problemática, el filósofo escocés David Hume, quien en 1753 escribió: «Tiendo a sospechar que los negros, y en general el resto de las especies (pues hay cuatro o cinco tipos diferentes), son por naturaleza inferiores a los blancos». De manera similar Kant opinó en 1764 que las diferencias entre «negros» y «blancos» eran «tan grandes en cuanto a las facultades mentales como lo son en lo que se refiere al color».[7] Avanzado el siglo XVIII, según vimos en el capítulo 9, algunos pensadores europeos, como Hegel y el marqués de Sade, hablaron de figuras históricas como Njinga en términos racializados, haciéndolas parecer completamente «distintas» e incompatibles con la civilización occidental.

La utilidad política de una jerarquía racial era evidente en el contexto del imperialismo occidental, pues servía de justificación para la dominación de un grupo por parte de otro. Leyes como el *Código negro*, que se aplicó en Francia y sus colonias (véase el capítulo 9), endurecieron las normas de la jerarquía racial para que gobernantes como Njinga no pudieran sacar partido de la conversión al cristianismo u otras herramientas políticas. Su inferioridad ya se consideraba manifiesta, natural e inmutable. Este proceso de racialización ya estaba en marcha en la América del Norte colonial, según demostró el escritor Theodore W. Allen en su análisis de los códigos jurídicos.[8] Durante gran parte del siglo XVII, argumenta Allen, las distinciones jurídicas entre personas libres y «siervos» eran más claras (esta última categoría abarcaba tanto a los trabajadores temporales como a los esclavos), y hubo que esperar al siglo XVIII para que la condición de «blanco» pasase a ser una categoría jurídica dotada de privilegios especiales. Por ejemplo, según los códigos esclavistas de Virginia (1705), hasta los aprendices blancos más pobres podían reivindicar privilegios que se les negaban a los «negros» (incluso a los «negros» libres), como por ejemplo la posesión de armas, el acceso a tribunales separados y el derecho a contratar o emplear a otras personas.[9] El resultado fue un sistema que desincentivaba el desarrollo de la solidaridad de clase en favor de la solidaridad de raza. El gobernador de Virginia explicó que el objetivo de esa legislación era «que los negros libres tomaran buena nota de que había que hacer una distinción entre sus hijos y los descendientes de un inglés».[10]

Con la fundación de los Estados Unidos de América, el concepto de jerarquía social empezó a ser utilizado con fines políticos. Como vimos en el capítulo 10, los «revolucionarios» angloamericanos, basándose en extravagancias como la *translatio imperii*, llegaron a creerse no solo iguales, sino incluso superiores a sus antiguos gobernantes y también pensaron que eran los herederos definitivos de la civilización occidental. Pero, si Norteamérica era el espacio definitivo de la civilización occidental, ¿qué habitantes del país podían proclamarse sus legítimos herederos? Mezclando las ideas de jerarquía racial y civilización occidental, la nueva república norteamericana fue capaz de solucionar por fin su irresoluble dilema ideológico. Pudo festejar el fin de la esclavitud metafórica de la «tributación sin representación» que sufrieron los colonos descendientes de ingleses, pero mantuvieron la esclavización de los negros y su progenie dando vía libre a la explotación laboral de los nativos americanos (los «indios») y de los asiáticos. La nueva república también podía oponerse, lógicamente, a que sus ciudadanos de ascendencia británica fuesen lacayos del imperialismo, pero sin tener el menor reparo en ejercer su propia dominación imperial sobre los pueblos indígenas y extenderla eventualmente a otras partes de América y Asia. Si el gran relato de la civilización occidental sirvió a los nuevos Estados Unidos de justificación para la independencia, la combinación de ese gran relato con la idea de la jerarquía racial le proporcionó otra justificación para consolidar un sistema basado en la desigualdad. En la segunda mitad del siglo XVIII se popularizaron la civilización occidental (capítulo 10) y su racialización.

Thomas Jefferson, uno de los artífices de la independencia angloamericana, publicó un tratado en 1784, menos de una década después de haber redactado la Declaración de Independencia, en el que afirmaba que «los afroamericanos, tanto si ya eran una raza diferente, como si se han ido diferenciando con el tiempo y por las circunstancias, son inferiores a los blancos en los aspectos físico e intelectual». En el mismo tratado escribió que los afroamericanos eran «en razonamiento muy inferiores, pues no creo que ninguno de ellos conozca ni comprenda las investigaciones de Euclides; y que, en cuanto a imaginación, son aburridos, sosos y raros».[11] El hecho de mencionar a Euclides tiene aquí cierto sentido; en este pasaje, las enseñanzas del matemático griego representan la herencia intelectual de la civilización occidental en su conjunto, que para Jefferson no está al alcance de los negros. Un poco más tarde, a principios del siglo XIX, el vicepresidente y senador por Carolina del Sur John C. Calhoun se hizo eco de ese sentimiento y afirmó que «se negaba a creer que un negro fuese un ser humano y que hubiese que tratarlo como a un hombre» hasta que «encontrase uno que conociese la sintaxis griega».[12] Nuevamente, el conocimiento de la Antigüedad clásica es el criterio con que se mide la capacidad intelectual (y, para Calhoun, incluso la humanidad). Se consideraba que el conocimiento del mundo grecorromano —la imaginaria fundación de la civilización occidental— estaba circunscrito a la raza. Las críticas al racismo científico se hacían más frecuentes a medida que este se afianzaba. Numerosas recriminaciones se basaban en objeciones religiosas y éticas, como sucedió con muchos de los primeros abolicionistas,[13] entre los que se hallaban algunos cuáqueros renombrados.[14] Pero hacia 1750 la idea de la superioridad blanca también se vio socavada por los logros culturales de algunos prestigiosos negros y mestizos. Entre ellos se encontraba el cuáquero abolicionista Paul Cuffe, hijo de un antiguo esclavo asante y de una india wampanoag.[15]

Los afroamericanos más polémicos eran aquellos que sabían latín y griego. Había una larga historia de casos similares en Europa, incluido el poeta épico Juan Latino (siglo XVI), del que hablamos en el capítulo 7. Otro ejemplo notable fue Anton Wilhelm Amo, que se licenció en Filosofía antes de comenzar a impartir clases en las universidades de Jena y Wittenberg, y se retiró finalmente a vivir en Axim, en la actual Ghana.[16] Pero, en América, uno de los primeros negros que se hizo famoso por sus conocimientos clásicos fue el jamaicano Francis Williams, quien en 1759 publicó en latín un poemario dedicado a George Haldane cuando este ocupó el cargo de gobernador de la isla,[17] para sorpresa y consternación de David Hume. Pero fue Phillis Wheatley, la protagonista de este capítulo, la más famosa de estos autores, gracias sobre todo al poemario que escribió en 1773, el cual le dio renombre internacional.[18]

Una esclava famosa

Conocemos a Phillis Wheatley por el nombre que le dieron sus amos cuando llegó a Boston (el mismo Boston en que Joseph Warren practicaba afanosamente la medicina), nombre compuesto por el del barco negrero que la llevó a América y el apellido de la familia que la compró.[19] Nacida en el oeste de África, Wheatley fue capturada cuando contaba siete u ocho años, trasladada a América y vendida en Boston en 1761. Boston era entonces la capital de la provincia de Massachusetts Bay, una de las trece colonias inglesas. La esclavización de los africanos y sus descendientes era habitual en todas las colonias, aunque en Nueva Inglaterra la proporción de esclavos era relativamente pequeña —un poco menos del 10 % de la población— en comparación con el 40 % de Virginia, por ejemplo. Pero aquella seguía siendo una sociedad esclavista, y durante la primera mitad del siglo XVIII se produjo un aumento considerable del número de esclavos africanos en Nueva Inglaterra.[20] Poco después de llegar a Boston, Wheatley fue comprada por John y Susanna Wheatley.

Fueron Susanna y su hermana mayor, Mary, quienes dieron a Phillis una educación tan completa. Gracias a esa instrucción y a su aptitud natural, a los doce años Wheatley ya sabía leer y escribir no solo en inglés, sino también en latín, y poco después empezó a estudiar griego y, por supuesto, a escribir poesía. Las poesías de Wheatley que han llegado hasta nosotros indican que abordaba diferentes temas, pero durante aquellos primeros años era conocida por los panegíricos en alabanza de los fallecidos en el círculo de sus amos, y más tarde en alabanza de eminentes personajes públicos.

En sus obras publicadas encontramos elegías en las que lamenta la muerte de bebés y niños pequeños, maridos y mujeres, hermanos y amigos. Una de esas poesías se titula «Elegía fúnebre a C. E., una criatura de doce meses», y comienza así: «Por las etéreas rutas guía el vuelo de su niño / hasta las regiones puras donde brilla la luz celestial».[21] Luego exhorta a los padres del bebé a que busquen consuelo en la fe cristiana, recordándoles que al final se reunirán con él en el cielo. En su doble función de memorial para los muertos y alivio para los vivos, una poesía como esta podía publicarse en un periódico local y también leerse en voz alta en el funeral y en otras reuniones familiares. Fue una de esas elegías, escrita tras la muerte del reverendo George Whitefield en otoño de 1770, la que catapultó a Wheatley a la fama cuando tenía dieciséis o diecisiete años.

Whitefield era un popular predicador evangélico que había viajado por las trece colonias, ganándose seguidores y admiradores como parte de un movimiento religioso ahora conocido como el «gran despertar».[22] Era un demagogo que predicaba contra el clero y evangelizaba no solo a los blancos, sino también a los esclavos africanos y a los nativos americanos. En Boston, una de sus apariciones públicas atrajo a tantas personas que la grada en la que estaban escuchándolo se derrumbó y produjo una estampida en la que murieron cinco personas.[23] Whitefield tampoco era ajeno a la controversia política. Había llegado a Boston solo unos meses después de la famosa masacre,[24] y al encontrarse la ciudad ocupada por el ejército, se puso de parte de la población.[25] Su muerte prematura lo convirtió en un símbolo de la revolución.

La elegía que escribió Wheatley causó un revuelo en las calles de Boston y Newport. Enseguida se reprodujo en un folleto de ocho páginas con ilustraciones y se vendió por toda Nueva Inglaterra con el siguiente reclamo publicitario: «Primero, es el recuerdo de ese gran hombre, el señor Whitefield, y segundo, la hazaña de haber sido escrita por una africana con palabras dignas de un papa o de Shakespeare».[26] A los pocos meses se vendían en Londres ejemplares que leían con fruición desde los obreros más pobres hasta la condesa de Huntingdon. Al cabo de un año, Wheatley se había ganado el reconocimiento literario a ambos lados del Atlántico.

A partir de ese momento, los acontecimientos se precipitaron. Wheatley recibió encargos más importantes y empezó a hacer una recopilación de sus poesías para publicarlas en forma de libro. Pero las obras de Wheatley, aunque gustaban a todo el mundo, suscitaron también más de una controversia, sobre todo por parte de aquellos que simplemente no se creían que las hubiera escrito una adolescente africana. Lo que resultaba especialmente sospechoso era no solo el dominio de la poesía inglesa, sino también el conocimiento de la literatura griega y latina. Las poesías de Wheatley se inspiraban sobre todo en Virgilio y Horacio, y su manejo de la forma y el ritmo clásicos demostraba un perfecto conocimiento de la lengua latina.[27]

Pero incluso para el lego en la materia, la poesía de Wheatley resulta notablemente clasicista. La imagen de la providencia es «Febo», esto es, Apolo, el dios griego del sol.[28] Cuando consuela a una mujer por un fallecimiento, la insta a imaginar que el espíritu de su hermano muerto vuela «más allá del Olimpo».[29] Cuando reflexiona sobre la imaginación, menciona el monte Helicón, consagrado a las musas.[30] Para algunas personas, esa familiaridad con las culturas griega y latina habría provocado admiración, pero en el caso de Wheatley no hizo más que levantar sospechas.

Los contemporáneos de Wheatley pusieron en duda su erudición.[31] En 1772, un tribunal —con el que iniciamos este capítulo— se reunió en Boston para poner a prueba sus conocimientos literarios. Entre los jueces se encontraba uno de los líderes del movimiento revolucionario, John Hancock, y no sabemos realmente qué pensaría Wheatley de ese movimiento, teniendo en cuenta la participación de Hancock en el proceso. Pero, pese a aprobar ese atosigante examen público, despejando cualquier duda sobre su dominio de la poesía, Wheatley se topó con la dura realidad: ningún editor norteamericano estaba dispuesto a publicar su libro. Algunos lo rechazaron por motivos directamente racistas, mientras que otros pensaron que iba a ser un fracaso comercial. Parecía que el libro de Wheatley no se iba a publicar nunca.

En este *impasse* aparentemente innecesario apareció la condesa de Huntingdon, la aristócrata inglesa que también había ayudado a George Whitefield. La condesa se ofreció a patrocinar a Wheatley y allanó el camino para que publicase su libro en Londres. Con mucha ilusión, Wheatley viajó a Londres en 1773, acompañada de Nathaniel, el hijo de su amo.[32] Durante varios meses supervisó la impresión del libro en la editorial de Archibald Bell y conoció a varios talentos del mundo literario londinense, entre los que se encontraban no solo la condesa, sino también el poeta y político George Lyttelton, el filántropo John Thornton e incluso el polímata estadounidense Benjamin Franklin, que estaba de visita en Londres en esos momentos. Pero la estancia de Wheatley en Inglaterra se vio interrumpida súbitamente por la enfermedad de Susanna Wheatley, y Phillis y Nathaniel volvieron de inmediato a Estados Unidos para cuidarla.

Regresaron pues a un Boston en pleno caos. Simplemente por el hecho de vivir en esa ciudad, Wheatley había presenciado desde un lugar privilegiado la Revolución estadounidense. Como ya hemos visto (capítulo 10), en la década de 1760 Boston era el epicentro de la agitación secesionista, y en la de 1770 fue el escenario de los primeros conflictos armados de la guerra de la Independencia.[33] El conocido como motín del té estalló en el invierno de 1773, no mucho después de que Wheatley regresara a Estados Unidos para cuidar a Susanna. Wheatley, por tanto, debió de presenciar la represión británica que se desencadenó tras aquella escaramuza. Entre otras sanciones, los ingleses cerraron oficialmente el puerto de Boston, revocaron el estatuto que concedía cierto autogobierno a Massachusetts y regularon estrictamente las juntas municipales. Pero, como ya hemos visto, cuanto más dura era la represión británica, con más fuerza se oponían a ella los revolucionarios norteamericanos. Wheatley, que todavía se estaba acostumbrando a su nueva condición de escritora famosa, se vio inmersa en aquella vorágine.

Pese a los solícitos cuidados de Wheatley, Susanna murió en marzo de 1774, tras haber liberado a nuestra protagonista de la esclavitud. Siendo una mujer libre, Wheatley empezó a intervenir más abiertamente en el movimiento revolucionario.

Las riendas de plata

El interés de Wheatley por la política no surgió de la nada, y hay pruebas de su pensamiento político desde una edad relativamente temprana. En 1768, cuando tenía catorce o quince años, publicó una poesía dedicada al rey Jorge III, elogiándolo por derogar la polémica ley de timbres (la misma ley que llevó a Joseph Warren a escribir sus primeras invectivas políticas; véase el capítulo 10). No solo es esto una hazaña considerable para una adolescente esclavizada en la vida política de la colonia, sino que, además, su poesía contiene un punzante aguijón; concretamente, sus dos últimos versos transmiten un ambiguo mensaje:

> Y que cada región vea con la misma alegría
> que la sonrisa de un monarca puede liberar a sus súbditos.[34]

¿Se refieren estos versos a la libertad de los colonos con relación a la polémica ley de timbres, o a una forma de libertad mucho más importante? Wheatley era sin duda consciente de la retórica revolucionaria con respecto a la esclavitud y la libertad. El artículo que escribió Warren ese mismo año, previniendo a los bostonianos de los intentos británicos de «esclavizarlos» (véase el capítulo 10), debió de llegarle muy adentro. La poesía que dio fama a Wheatley —la elegía a la memoria de George Whitefield en 1770— también tenía connotaciones políticas. Whitefield no solo defendía los derechos de los angloamericanos, sino que también apoyaba a «los africanos» en sus discursos. De hecho, el panegírico de Wheatley fue uno de los dos folletos políticos escritos por bostonianos que circularon por Londres en esa época; el otro era de Warren, con motivo de la masacre de Boston.

La confianza de Wheatley en sus análisis políticos fue creciendo con su prestigio literario. Ese mismo año le encargaron un elogio al conde de Dartmouth cuando este fue designado ministro para las colonias. Esa apología era también un arma de doble filo. Aunque elogia ostensiblemente el mérito de la Administración colonial británica, la retórica de Wheatley está muy próxima a la de los revolucionarios. La alabanza reivindica explícitamente la «libertad» en los versos 2, 8 y 21 e incluye una larga descripción de la personificación de la Libertad, a la que se refiere como «una Diosa tanto tiempo deseada» (verso 11). Al hablar de América del Norte, Wheatley proclama:

> Ya nunca temerás las cadenas de hierro,
> que la cruel tiranía con malas artes
> ha fabricado, para esclavizar con ellas la tierra.[35]

Aunque las palabras están sacadas directamente del manual revolucionario, su significado va más allá del trato que dispensaban los británicos a los colonos blancos. En caso de que hubiera alguna duda sobre el doble sentido de sus palabras, Wheatley recuerda a sus lectores por qué ella, más que ningún otro poeta de la época, siente una especial devoción por la libertad:

> Yo, joven en la vida, por un destino aparentemente cruel
> fui arrebatada del feliz asiento de África:
> ¿qué dolores insoportables deben hostigar,
> qué penas deben ocupar el pecho de mis padres?
> Acorazada fue esa alma, y por ninguna miseria se conmovió
> que de un padre arrebató a su amado bebé.
> Tal, tal es mi caso. Y no me queda sino rogar
> que otros nunca sientan este influjo tiránico.[36]

Wheatley compara explícitamente el control de los británicos sobre los colonos con la tiranía que practicaban los negreros con los africanos a los que esclavizaban. El panegírico de Wheatley al conde de Dartmouth anhela un nuevo futuro en el que los británicos gobiernen de manera más justa, utilizando «riendas de plata» en vez de un yugo despótico. Aunque esto es fácil de interpretar en el contexto de la agitación revolucionaria, lo que quiere decir con respecto a la esclavitud no es tan evidente. No llega a exigir su abolición, pero, claro, ella también está sujeta a las riendas de plata; cuando escribió esa poesía, Wheatley era todavía una esclava, dependiente de la voluntad de sus amos y de las estructuras de la sociedad esclavista en la que vivía.

Tras obtener la libertad, Wheatley no se demoró en aclarar su posición política y criticar abiertamente el extremismo ideológico de los revolucionarios. En marzo de 1774, ocho días después de la muerte de

Susanna, Wheatley publicó una carta abierta dirigida al reverendo Samson Occom, un predicador presbiteriano que era también miembro de la nación mohegana. En esa misiva le agradecía sus esfuerzos en apoyo de los «negros» y sus «derechos naturales», y comparaba la esclavización de los negros con el sometimiento de los hebreos en Egipto, según el Antiguo Testamento. Wheatley siguió criticando públicamente a los revolucionarios: «No les deseo ningún mal, pues solo quiero que se den cuenta de lo absurda que resulta su conducta, basada en palabras y acciones diametralmente opuestas. Modestamente creo que no hace falta la perspicacia de un filósofo para demostrar la discrepancia entre su amor a la libertad y su reiterada disposición a oprimir a los demás».[37]

Pero un año más tarde, cuando el movimiento revolucionario inició una guerra sin cuartel, Wheatley decidió moderar el tono. Por entonces, las primeras escaramuzas de la guerra habían sido las batallas de Lexington y Concord, con gran derramamiento de sangre por ambas partes. Wheatley escribió en 1775 un panegírico en alabanza de George Washington, que en ese momento era el comandante en jefe del ejército patriota.[38] Al cabo de unos meses, en febrero de 1776, Washington invitó a Wheatley a su cuartel general para un encuentro personal, pues al parecer sentía verdadero interés por conocer a la exesclava que había alcanzado un nivel de erudición del que él evidentemente carecía.[39]

Pero al año siguiente Wheatley estaba harta de la hipocresía de los revolucionarios. Tras la muerte del general David Wooster, un destacado militar que perdió la vida combatiendo en el lado de los británicos, Wheatley escribió una carta de consuelo a su viuda, calificando a su marido de «mártir de la libertad» y adjuntando una poesía en la que elogiaba su nobleza, sus virtudes cristianas y sus «proezas bélicas». Pero, a medida que avanza la poesía, Wheatley pide a Dios que levante el ánimo de la nueva nación y de sus habitantes, para que sean siempre «virtuosos, valientes y libres». A continuación, con un súbito cambio de tono, la poesía pone en duda que la nueva nación merezca la ayuda divina:

> Pero ¿cómo, insolentes, podemos esperar encontrar
> la aceptación divina con la mente Todopoderosa
> mientras aún (¡oh, acto Indigno!) deshonran
> y mantienen esclavizada a la inocente raza africana?[40]

Finalmente, pocos meses antes de su muerte en 1784, Wheatley escribió otra elegía, esta vez para lamentar el fallecimiento del reverendo Samuel Cooper, el párroco de la iglesia a la que asistían numerosos revolucionarios, entre ellos John Hancock, Samuel y John Adams, y Joseph Warren.[41] La deliberada ambigüedad de sus anteriores poesías no está presente en esta sentida elegía final, que deja a un lado la política para llorar a «un amigo de verdad».

Como consecuencia de su lugar y posición en la historia, y habiendo alcanzado una fama considerable, era inevitable que Wheatley se cruzara en el camino de la élite blanca que encabezaba el movimiento revolucionario. John Hancock intervino en el juicio de Wheatley en 1772, los escritos de Joseph Warren se solaparon con los suyos y ella acudía a la misma iglesia que muchos líderes de la revolución. Por tanto, era también quizás inevitable que Wheatley estuviese en ocasiones a favor y en ocasiones en contra del movimiento, mostrando una comprensible ambivalencia que al parecer nunca llegó a resolver del todo.

Phillis Wheatley fue un producto del mismo ambiente cultural e intelectual del que surgieron los revolucionarios estadounidenses; estaba imbuida de las mismas tradiciones y la misma literatura que ellos, y recurría por tanto a un lenguaje y una retórica similares. Pero, a diferencia de los revolucionarios, el lugar que ocupaba Wheatley en ese ambiente era periférico y secundario, y así lo reconoce sin ambages en la primera poesía que publicó, una dedicatoria a su protectora, la condesa de Huntingdon. El poema se titula «A Mecenas», una referencia al mayor valedor de la poesía en la edad de oro de la Roma augústea. En ese poema, Wheatley repasa una serie de modelos poéticos que le han servido de referencia. ¿Debería haber seguido los pasos de Homero, con sus grandes pasiones y conflictos épicos, o los de Ovidio, maestro en el tratamiento de las emociones? Tal vez debería haber seguido el ejemplo de Ovidio, con ese estilo tan intrépido y elegante. Wheatley al final opta por Terencio, un dramaturgo romano que se caracteriza por la claridad del lenguaje. Menciona la extraordinaria capacidad de Terencio para conmover a las masas, pero su decisión depende sobre todo del hecho de que Terencio procedía de África. Wheatley se lamenta de que haya un solo poeta africano en el elenco grecolatino:

Pero decid, oh Musas, ¿por qué esta gracia parcial,
por qué a un solo sable de la raza africana;
de año en año transmitís pues su nombre
con la primera gloria en los pergaminos de la fama?[42]

Pese a dominar el legado cultural de Occidente y a realizar a base de esfuerzo y genialidad una hazaña que a los racistas les habría parecido inimaginable, Wheatley sigue queriendo verse a sí misma como parte de la tradición grecorromana. El sexo no es un factor determinante. La condesa de Huntingdon puede sustituir a Mecenas porque es una inglesa blanca, pero Wheatley no puede ocupar el lugar de Ovidio u Homero. Solo le es posible emular al Terencio africano, pues sus posibilidades literarias están limitadas por la raza.

Una reflexión igualmente melancólica se observa en una poesía dedicada «A la Universidad de Cambridge, en Nueva Inglaterra».[43] Wheatley escribe sobre la marcha de África, «la tierra de los errores y la tristeza *egipcia*» (la cursiva es de Wheatley), e insta a los afortunados estudiantes a que valoren el tiempo y los privilegios de que gozan, «pues una *etíope* (la cursiva es de Wheatley) os aconseja que os guardéis de los vaivenes del destino». Wheatley subraya su origen humilde utilizando un lenguaje clásico, con lo que acentúa la impresión de aislamiento intelectual. Se sentía excluida por completo del linaje de la civilización occidental.

La soledad de Wheatley es palpable. Su obra ejemplifica la imaginaria genealogía de la civilización occidental, que vinculaba su presente dieciochesco con la Antigüedad griega y romana. Pero el hecho de pertenecer a otra raza la señaló como una persona ajena a Occidente y le impidió formar parte del gran relato de la civilización occidental, a pesar de su sorprendente capacidad intelectual. A diferencia de Njinga, quien, solo un siglo antes, fue tratada como una nueva griega o romana (capítulo 9), Wheatley no fue considerada, a causa de la nueva visión racializada de la civilización occidental, como una representante de la tradición grecorromana.

La historia de Wheatley casi tiene un final feliz. En 1778 se casó con un tendero negro, John Peters, con el que tuvo tres hijos. Para entonces los derechos de autor de su primer libro estaban empezando a agotarse, y los editores mostraron muy poco interés en la posibilidad de publicarle otro. Con el paso de los años la familia se fue haciendo cada vez más pobre, y las desgracias aumentaron con la muerte de dos de los hijos, al parecer a causa de las enfermedades y la desnutrición. Cuando su marido, John, fue encarcelado por deudas en 1784, Wheatley empezó a trabajar como mujer de la limpieza en una pensión de Boston, con la esperanza de ganar algo de dinero para mantener al único hijo que le quedaba. Pero el estado de salud de ambos era tan precario que, cuando Wheatley murió a la edad de treinta y un años, su hijo solo la sobrevivió unas pocas horas. Fue un final trágico para una vida extraordinaria.

Fue durante la vida de Phillis Wheatley cuando la Antigüedad grecorromana recibió definitivamente el calificativo de «clásica» por parte de sus «herederos» europeos y americanos. La palabra «clásico» (y sus diferentes versiones en otras lenguas) suele asociarse con las élites y las clases altas.[44] Esa asociación se remonta al emperador Adriano, en el siglo II d. C., cuando el escritor Aulo Gelio llamó a uno de sus amigos *classicus*, usando la palabra en el sentido figurado de «elegante», y no en el de perteneciente a las clases acaudaladas de Roma. Desde el siglo XIV hasta el XVII, el término «clásico» se aplicó a las obras literarias, así antiguas como modernas, en cualquier lengua, que eran consideradas sobresalientes. En este sentido el término solía designar a «un clásico» modélico. Las cosas empezaron a cambiar a mediados del siglo XVIII con las obras de eruditos como el alemán Johann Joachim Winckelmann.[45]

Para Winckelmann, lo «clásico» designaba la cronología y también la calidad. En su *Historia del arte de la Antigüedad*, publicada en 1764, Winckelmann propuso una nueva forma de dividir el arte antiguo en términos cronológicos: hubo una etapa «arcaica» poco desarrollada, durante la cual evolucionaron y se perfeccionaron las técnicas artísticas; luego se inició una etapa «clásica», que representa el apogeo de la creación artística; y por último se alcanzó una etapa «helenística», más degenerada, en la que lo sublime dio paso a lo trivial y malogró la perfección de las proporciones clásicas. Winckelmann no ideó este esquema tripartito *ex nihilo*,[46] pero lo expresó de una manera que ha perdurado hasta nuestros días. Si intentamos recordar la

Antigüedad «clásica», probablemente nos vendrán a la cabeza imágenes de la Atenas del siglo V a.C. Es mucho menos probable que pensemos en la Babilonia seléucida o en el Corinto de la edad de hierro, que a su manera eran tan griegos como Atenas. En esto estamos siguiendo en cierto modo el esquema de Winckelmann, según el cual «los tiempos más afortunados para el arte griego, especialmente el de Atenas, fueron los cuarenta años en que Pericles, por decirlo así, gobernó la República».[47] Pero ese florecimiento artístico y cultural no fue, según Winckelmann, fruto de la casualidad. La superioridad cultural se debió al desarrollo de las estructuras políticas. «El arte», sostenía Winckelmann, «cuya vida dependía de la libertad, tuvo que decaer y hundirse con la pérdida del suelo donde floreció».[48] El declive de las libertades políticas que siguió a la muerte de Alejandro Magno influyó por tanto negativamente en el desarrollo cultural.

La transformación de la Antigüedad grecorromana en «clásica» repercutió en el concepto de «civilización occidental». La idea de una Antigüedad grecolatina coherente y unitaria, diferente del resto del mundo antiguo, se desarrolló en el Renacimiento (capítulo 6) y perduró a pesar de los intentos, llevados a cabo en el siglo XVI, de proponer otros grandes relatos alternativos (capítulo 7). Esta Antigüedad grecorromana conjunta fue reivindicada por Occidente como un antepasado cultural en el siglo XVII, transformada en una perspectiva simbólica, con orígenes comunes, que resultó decisiva para la definición del «yo» occidental (capítulo 8) en contraposición al «otro» (capítulo 9). Este proceso gradual y deshilvanado, que duró casi tres siglos, dio lugar al gran relato de la civilización occidental.

Pero aunque el gran relato se gestó en el siglo XVI y vio la luz en el XVII, no alcanzó la madurez hasta la segunda mitad del XVIII. Fue en ese siglo cuando la historia de la civilización occidental adquirió gran popularidad y pasó a formar parte de la retórica política de un nuevo Estado-nación. Ello se debió en parte a su utilidad política, pues permitió que los nuevos Estados Unidos se independizasen de Gran Bretaña sobre la base de un traspaso de civilizaciones (capítulo 10). La segunda mitad del siglo XVIII fue también el período en el que la civilización occidental se racializó con todas las consecuencias. La opresión de la población no occidental se justificó no solo basándose en criterios dudosamente biológicos y naturales, sino también en su supuesta incapacidad para integrarse en el glorioso legado cultural de la civilización occidental. Se daba por sentado que las clasificaciones raciales del presente correspondían a las genealogías culturales del pasado.

Además de todo esto, fue en la segunda mitad del siglo XVIII cuando a la Antigüedad grecorromana se la colmó de honores y alabanzas, y se convirtió en «clásica». Esta nueva Antigüedad «clásica» no solo se diferenciaba del resto del mundo antiguo, no solo era la única antepasada de Occidente por su exclusivo linaje geográfico y racial, sino que tenía también, además de sus incuestionables cualidades, una enorme importancia objetiva. El grandilocuente relato de la civilización occidental sostenía que los orígenes de Occidente eran mucho más valiosos e importantes que los del resto del mundo. Y eso sirvió de justificación para una dominación universal.

CAPÍTULO 12

Occidente y la modernidad

William Ewart Gladstone

> En tiempos pasados, toda la cristiandad apoyaba la resistencia al enemigo común.
>
> WILLIAM EWART GLADSTONE (1876)[1]

Gladstone vivía en un mundo de color de rosa. Más barata y más fácil de leer que la roja (el color tradicional del imperio), la tinta rosa fue la elegida por los cartógrafos del siglo XIX para señalar los territorios gobernados por Gran Bretaña. En su apogeo, el Imperio británico abarcaba casi una cuarta parte de la superficie terrestre y se extendía por cuatro continentes, por lo que contaba con casi una cuarta parte de la población mundial entre sus súbditos. Gracias a este «imperio en el que nunca se pone el sol», todas las zonas horarias estaban pintadas de rosa. Gladstone, cuando miraba un mapamundi, lo veía no solo teñido de rosa, sino también representado según la proyección de Mercator, que sitúa a Gran Bretaña en el centro y al resto de los países a derecha e izquierda. Cuando consultaba un reloj, leía la hora de Greenwich, en función de la cual el resto del mundo establecía la suya. Al instalarse en el número 10 de Downing Street tras ser elegido primer ministro de Gran Bretaña, William Ewart Gladstone sintió la satisfacción de saber que se encontraba en el centro del mundo.

Pero el británico no fue el único imperio de la época. El siglo XIX fue testigo de la ocupación de vastos territorios por parte de los Habsburgo austríacos y los Romanov rusos, así como de la brutal expansión colonial no solo de Gran Bretaña, sino también de Francia y las recién independizadas Bélgica, Italia y Alemania. Las nuevas potencias a menudo intentaban adueñarse de grandes territorios a expensas de otros imperios europeos más antiguos, como España, Portugal, los Países Bajos y Turquía, que se habían desmembrado o derrumbado a lo largo del siglo XIX. No eran solo los europeos quienes tenían ambiciones imperialistas. Japón también quiso establecer colonias, pero fue repelido por las potencias europeas que ya habían reivindicado su hegemonía en Asia. Y, a finales de siglo, Estados Unidos le arrebató a España las Filipinas y algunos territorios importantes en América. Pero, entre esos rivales imperialistas, Gran Bretaña era el gallo del corral.[2]

Para esto, fue de gran importancia el hecho de que Gran Bretaña se considerase el «taller del mundo». Gracias a su pronta industrialización, a mediados del siglo XIX Gran Bretaña producía casi la mitad del hierro del planeta, dos terceras partes del carbón y más del 75 % del acero, así como una serie de innovaciones mecánicas y tecnológicas que provocaron un cambio radical en la organización económica y la estructura social del país.[3] La ola de innovaciones tecnológicas, aunque enseguida se propagó a otras partes de Europa y América, comenzó principalmente en Gran Bretaña, lo que le proporcionó una ventaja inicial. Con sus posesiones en el extranjero y su peso industrial en las islas británicas, Gran Bretaña era una verdadera potencia en el centro de la nueva economía global interconectada.

Gran Bretaña también estaba situada en el centro geográfico de un bloque geocultural al que se denominaba cada vez con más frecuencia Occidente. A un lado estaban los países del centro y el oeste de Europa, donde el desarrollo intelectual había dado lugar a la aparición de los conceptos gemelos de «Occidente» y «civilización occidental» (capítulos 6 y 8); al otro estaban el Atlántico y América del Norte, donde esos conceptos habían calado hondo (capítulos 10 y 11). Sin embargo, Occidente no era solo una entidad geográfica. También podía definirse en términos raciales, con la nueva categoría de «blanco» como elemento fundamental para determinar quiénes pertenecían a esa raza y quiénes no, incluso entre los propios habitantes de Occidente (capítulo 11). Occidente también se caracterizaba por su forma de vida y su interpretación de la modernidad, puesto que eran sociedades basadas en principios científicos y humanísticos. A pesar de todos esos principios, la religión, centrada en el cristianismo, era también un elemento decisivo. Todo esto se resumía en la idea de una historia colectiva, la genealogía común de la civilización occidental. Aunque ese grandilocuente relato surgiera de forma gradual en el siglo XVII y se popularizara en el XVIII, fue en el siglo XIX cuando se hizo más beligerante.

Otra característica de Occidente era su poder. En el siglo XIX no tenía rival. Los países occidentales dominaban la economía mundial, los imperios occidentales gobernaban territorios en los cinco continentes y las ideas occidentales —sobre ciencia, ética e historia— se exportaban a todo el mundo, reemplazando a menudo las creencias y conocimientos ancestrales de muchos países. La hegemonía de Occidente era tal que costaba imaginar que no hubiera existido siempre. Aunque la realidad del siglo XIX significaba una cosa para Occidente (dominación) y otra para el resto del mundo (sometimiento), resultaba difícil imaginar los hechos históricos si no era desde la perspectiva de la civilización occidental.

OCCIDENTE SE ENSEÑOREA DEL RESTO DEL MUNDO

En el siglo XVIII las palabras «Occidente» y «occidental» se asociaban principalmente con América del Norte (véase el capítulo 10), pero en el XIX ese uso se generalizó y extendió. La racialización conceptual de la civilización occidental (capítulo 11) significaba que Occidente ya abarcaba gran parte de Europa y la mayoría de los territorios conquistados en los que la población autóctona estaba sometida a los colonos de ascendencia europea. Curiosamente, los primeros ejemplos del uso generalizado de este concepto no provienen de quienes se consideraban occidentales, sino de los rusos que se debatían entre una orientación cultural «occidentalizante» o «eslavófila».[4] Como consecuencia de ello, cuando los occidentales europeos adoptaron dicho término, a menudo lo usaban para señalar el contraste con Rusia y el este de Europa.[5] Este hecho fue especialmente notorio en el centro del continente, donde se observaba una oposición entre un este eslavo y un oeste atlántico, que se distinguían de la *Mitteleuropa* alemana.[6] La palabra «Occidente» gustó mucho en Gran Bretaña, donde enseguida adquirió connotaciones imperialistas. El administrador colonial que redactó un informe sobre la educación en la India en 1835 subrayó «la superioridad intrínseca de la literatura occidental»;[7] y Marx, al escribir sobre el colonialismo británico en Asia en 1859, señaló el marcado contraste entre los sistemas asiáticos y los del «mundo occidental».[8]

Este concepto de Occidente dio lugar a un concepto mucho más unívoco de «el resto»; es decir, todos los pueblos no occidentales del mundo podían considerarse como una única entidad conceptual, un solo grupo con las mismas características fundamentales, inevitablemente inferiores a las de los blancos. El abogado y economista Nassau William Senior, cuando viajó por el Imperio otomano en 1857, señaló que «[los turcos], al igual que los chinos, los hindúes y, de hecho, los asiáticos en general, tienen cierto grado, no muy alto, de civilización que no pueden sobrepasar y aún menos conservar durante mucho tiempo».[9] Desde su punto de vista, todos los «asiáticos» eran esencialmente iguales, y «la característica distintiva del verdadero asiático es la esterilidad intelectual y la incapacidad de cambiar [...]. Un asiático prefiere mucho antes copiar que hacer el vano intento de inventar».[10] Esta impresión de que todos los no occidentales eran una masa indiferenciada de pueblos inferiores se refleja en el infamante poema que publicó Rudyard Kipling en 1899. En él, Kipling insta a sus lectores a asumir «la responsabilidad del hombre blanco», haciendo referencia así a la responsabilidad de la dominación colonial; una dominación que debía extenderse al resto de la población mundial, a la que describe como «animales que revolotean» y que parecen «jóvenes diablillos».[11]

El contraste entre Occidente y «los demás» se hizo más evidente con el desarrollo del racismo científico.[12] A principios del siglo XIX en Viena, los médicos Franz Joseph Gall y Johann Gaspar Spurzheim desarrollaron una pseudociencia denominada frenología, y llegaron a afirmar cosas como que «la frente de los negros, por ejemplo, es muy estrecha, por lo que su talento para la música y las matemáticas es en general muy limitado. Los chinos, a los que les encantan los colores, tienen el arco superciliar muy pronunciado, y, como veremos, esto es un indicio de un mayor desarrollo de los receptores del color».[13] Otro paladín de los planteamientos anatómicos fue el etnólogo escocés Robert Knox, tal vez más conocido hoy por su afición a comprar cadáveres de personas recién asesinadas para diseccionarlos.[14] «La raza lo es todo», escribió Knox en 1850, «pues al fin y al cabo la literatura, la ciencia, el arte, en una palabra, la "civilización", dependen de ella».[15] Durante los años siguientes, el influyente diplomático francés Arthur de Gobineau conjugó la antropología física con el determinismo histórico para arremeter contra el mestizaje y la alteración de lo que él consideraba una jerarquía racial natural.

Como vimos en el capítulo 11, el racismo científico formaba parte de una corriente más amplia del pensamiento ilustrado que consideraba a los seres humanos como parte del mundo natural, tendencia que también dio lugar a las teorías evolucionistas y al darwinismo. Había acaloradas discusiones sobre si los seres humanos tenían un origen común (monogenismo) u orígenes distintos que ocasionaron la existencia de «especies» humanas diferenciadas o «razas» (poligenismo). En el bando de los poligenistas, determinados activistas como el médico angloamericano Josiah Nott afirmaban que «las naciones y las razas» tenían orígenes distintos y por tanto «cada una tiene un destino especial: unas han nacido para gobernar y otras para ser gobernadas».[16] Por parte de los monogenistas, en 1859 se publicó *El origen de las especies*, y si bien Darwin no quiso opinar sobre la posible relación de sus teorías con la raza, no fue difícil aplicar sus ideas sobre la evolución y la selección natural a las sociedades humanas. En un extremo del espectro político, el darwinismo social fue defendido por pensadores como el sacerdote antiesclavista Charles Loring Brace, quien tenía la teoría de que los africanos emancipados y los nativos americanos podían «civilizarse» si se les daba la oportunidad. En el otro extremo, el darwinismo social fue utilizado por aquellos que querían justificar la dominación colonial y un enquistado sistema de clases, como el banquero y periodista británico Walter Bagehot, quien afirmaba que los súbditos coloniales y las clases trabajadoras ocupaban un peldaño inferior en la escala evolutiva.[17]

De hecho, a medida que avanzaba el siglo XIX, las crecientes desigualdades y las cada vez más rígidas jerarquías sociales llevaron a la absurda equiparación de los «no occidentales» con los pobres y desamparados que vivían en Occidente. Un famoso semanario londinense, el *Saturday Review*, recordó a sus lectores cómo estaban las cosas en 1864:

> El inglés pobre, ya sea niño o adulto, debe recordar siempre el lugar en el que Dios lo ha puesto, de la misma manera que el negro debe recordar el color de piel que Dios le ha dado. La relación en ambos casos es la que se establece entre un superior vitalicio y un inferior vitalicio, entre un jefe y un subordinado, y no hay en el mundo misericordia o bondad que altere esta relación.[18]

De hecho, aunque el siglo XIX fuese una época de dominación occidental sin precedentes en todo el planeta, también fue un tiempo de profunda insatisfacción social dentro del propio Occidente. La rápida industrialización dio lugar a una serie de drásticos cambios sociales, incluida la creación de una nueva clase de pobres urbanos que eran plenamente conscientes de la jerarquía social. En el año 1848 se produjeron levantamientos populares en toda Europa, en su mayoría encaminados a reivindicar más derechos económicos y democráticos.[19] La Revolución francesa hizo caer la monarquía constitucional, dando paso a la Segunda República. La revolución de marzo en los estados de la Confederación germánica exigió libertades y asambleas populares. En Austria los Habsburgo hubieron de capear una serie de rebeliones e intentos de secesión, incluida la de la vecina Hungría. Y, en Gran Bretaña, los movimientos obreros y sindicales empezaron a cobrar fuerza. En febrero de ese mismo año Marx y Engels publicaron en Londres un folleto que pasó mayormente desapercibido entre la agitación política que recorría entonces Europa. Aunque se imprimió en Londres, el original alemán se tituló *Manifest der kommunistischen Partei*.[20] Tuvieron que pasar bastantes meses antes de que empezasen a aparecer traducciones en otras lenguas europeas; la primera versión en castellano del *Manifiesto del Partido Comunista* no se publicó hasta 1872. La germinación de las ideas de Marx y Engels durante ese período es un indicio del enfebrecido ambiente político que reinaba en Europa, caracterizado por la pobreza generalizada y la insatisfacción popular.

En ese contexto, la intensificación del pensamiento racializado y la creciente popularidad de Occidente como ideología cobran un nuevo significado. Cuando la utilizaba la clase dominante del mundo occidental, esa ideología no era solo una forma de justificar el sometimiento de las personas, sino también una manera de acallar a los oprimidos dentro del sistema. Un proceso similar había tenido lugar un siglo antes en América del Norte con la creación de la «piel blanca» como categoría jurídica. A principios del siglo XVIII, las protestas populares en las colonias británicas en América fueron sofocadas dando a los «blancos» pobres e incultos un rango superior al de los negros o indios, proporcionándoles así un puesto en la jerarquía social (capítulo 11). A mediados del siglo XIX se produjo en Europa un cambio ideológico similar, pero no como consecuencia de una estrategia política premeditada (a diferencia de lo que ocurrió en América del Norte, donde el apaciguamiento de los «blancos» pobres era el objetivo consciente de los legisladores), sino a través de una amplia gama de proyectos culturales entrelazados. En ese proceso intervinieron no solo la oposición binaria entre Occidente y el resto del mundo, sino también la popularidad de las pseudociencias racistas y las teorías de la evolución social.

Y lo mismo pasó con la construcción de la historia. El siglo XIX ha sido descrito como una época marcada por «la invención de la tradición», caracterizada por un nuevo interés en las historias nacionales y regionales, vinculada tanto a la forja de imperios como a la resistencia contra el imperialismo.[21] Cuando las historias no estaban a la altura de las expectativas, se las complementaba con tradiciones —en ocasiones «redescubiertas» y en ocasiones directamente inventadas— que servían para anclar una comunidad en su propio pasado. Lo que Walter Scott y la invención del tartán de las Highlands hicieron por Escocia, W. B. Yeats y los relatos mitológicos lo hicieron por Irlanda. La «tradicional» pompa y ostentación que rodeó la obtención del título de «emperatriz de la India» por parte de la reina Victoria cumplió una función similar: dio a la realidad de entonces (el dominio británico) un barniz de antigua respetabilidad.[22]

El siglo XIX —una época en que las ideas y los relatos del pasado se inventaban descaradamente— fue también el período en que el estudio del pasado se convirtió en una ciencia por derecho propio. Durante las primeras décadas del siglo, el historiador alemán Leopold von Ranke desarrolló un riguroso método de indagación basado en el análisis minucioso de las fuentes y en la investigación empírica. Hacia la misma época, el arqueólogo danés Christian Jürgensen Thomsen desarrolló el sistema de las tres edades (piedra, bronce y hierro) para clasificar los objetos prehistóricos por su cronología. A lo largo del siglo la arqueología fue reconocida como ciencia, con su propio conjunto de métodos y técnicas, desarrollados por pioneros como Augustus Pitt-Rivers, que se especializó en la Inglaterra romana y sajona, y Flinders Petrie, especialista en Egipto.[23] Evidentemente, algunos anticuarios siguieron reuniendo impresionantes colecciones con métodos no tan científicos (pensemos en Thomas Bruce, séptimo conde de Elgin, que se llevó los mármoles del Partenón, o en la egiptomanía que recorrió Europa tras la campaña de Napoleón en Egipto), pero, a mediados del siglo XIX, la arqueología y la historia se estaban afianzando como profesiones respetables.

Lo que el nuevo impulso historicista aportó al orgulloso Occidente fue la sensación de que su propia historia —el grandilocuente relato de la civilización occidental— tenía una trascendencia universal. Del mismo modo que se suponía que los occidentales eran mejores, más inteligentes y más importantes que los demás, pues dominaban a los «no occidentales» en el presente, así también se suponía que los orígenes de Occidente eran mejores, más gloriosos y más importantes que la antigüedad no occidental, eclipsando al mismo tiempo su pasado. Al fin y al cabo, solo los orígenes de Occidente eran «clásicos». Todos estos aspectos —el imperialista, el político, el racial y el historiográfico— confluyen en la vida de una persona, William Ewart Gladstone.

El William del pueblo

Gladstone fue una de las figuras más importantes de su época. Su vida abarcó casi todo el siglo (nació en 1809 y murió en 1898), y su notable carrera política duró más de sesenta años, durante los cuales fue cuatro veces primer ministro de Gran Bretaña y cuatro veces canciller. Gladstone fue un hombre de su tiempo, y también un hijo del imperio. Nacido en la bulliciosa ciudad portuaria de Liverpool, fue el cuarto hijo de un comerciante escocés que hizo fortuna vendiendo azúcar, algodón y tabaco, así como otros productos de las plantaciones cultivadas por los esclavos del Caribe.[24]

Aquella fortuna era tal que Gladstone y sus hermanos pudieron matricularse en el prestigioso internado de Eton, donde William empezó a mostrar las cualidades que lo caracterizarían a lo largo de su vida.

Deslumbraba a los profesores con sus conocimientos, sobresaliendo en latín y griego y mostrando una especial aptitud para los idiomas, lo que le resultó muy útil en numerosas ocasiones. Pero Gladstone no fue un niño feliz, pues no le gustaban los deportes ni las actividades físicas a las que tanta importancia se daba en los internados ingleses, y además su profunda fe religiosa parecía provocarle un sentimiento más próximo a la culpa que al consuelo. Cuando se trasladó a la Universidad de Oxford para proseguir sus estudios en Christ Church, Gladstone siguió comportándose como de costumbre, con éxitos académicos en clásicas y matemáticas, así como con asombrosas demostraciones de oratoria en los debates de la Oxford Union, aunque no disfrutara tanto como sus compañeros. Cuando una noche a mitad del segundo curso un grupo de colegas borrachos irrumpieron en su habitación y se mofaron de él por ser un santurrón y un meapilas, Gladstone estuvo a la altura de las expectativas y dio gracias a Dios por darle «la oportunidad de ejercer el deber de perdonar».[25]

Tras licenciarse en Oxford, Gladstone hizo lo que hacen los jóvenes que se lo pueden permitir al terminar los estudios: viajar. Acompañado de su hermano mayor, Gladstone emprendió su versión abreviada del *Grand Tour*, viajando por Francia hasta llegar a Italia, donde visitó Turín, Génova, Lucca, Livorno y Florencia en rápida sucesión antes de detenerse más tiempo en Roma y Nápoles. En la ciudad eterna Gladstone se interesó más por los aspectos religiosos que por los culturales; reflexionó sobre el cisma entre las iglesias católica y protestante y se ratificó en su creencia en la unidad esencial del cristianismo. Luego puso rumbo al norte vía Rávena, Bolonia, Verona, los lagos de Garda y Como, Innsbruck, y finalmente Ginebra. El viaje duró poco más de dos meses.

Gladstone habría seguido viajando por Europa si no hubiera recibido una tentadora oferta de su país. El duque de Newcastle, un destacado militante del Partido Conservador, que se había fijado en Gladstone como posible parlamentario, le propuso que se presentara a las elecciones por la circunscripción de Newark, en el condado de Nottinghamshire. Era una oportunidad que no convenía desaprovechar, de modo que Gladstone regresó a toda prisa a Gran Bretaña y, puesto que el duque financiaba su campaña, William fue elegido tal como estaba previsto. Así pues, el 7 de febrero de 1833, a la tierna edad de veintitrés años, Gladstone entró a formar parte del Parlamento británico, donde siguió trabajando en distintos cargos durante otros sesenta y un años.

Durante aquellas primeras legislaturas, como recordaría más tarde, había una cuestión que le preocupaba más que ninguna otra: «Cuando llegué al Parlamento, el problema de la esclavitud era prioritario y yo me vi envuelto forzosamente en él, pues era notorio que mi padre tenía propiedades en las Indias occidentales».[26] Aunque el Imperio británico había abolido la trata de negros en 1807, la posesión de seres humanos seguía siendo legal, y los esclavos eran esenciales para la economía de la nación. El movimiento abolicionista de Gran Bretaña —encabezado no solo por parlamentarios como William Wilberforce, sino también por antiguos esclavos como Olaudah Equiano y Ottobah Cugoano— siguió esforzándose por acabar definitivamente con la esclavitud.[27] Las figuras públicas que, como Gladstone, debían su fortuna al trabajo de los esclavos, estaban en el punto de mira del creciente movimiento antiesclavista.

La respuesta de Gladstone fue un intento de complacer a las dos partes, argumentando que, si bien en principio estaba a favor de «ese objetivo tan deseado, como es la total extinción de la esclavitud», la emancipación debería llevarse a cabo gradualmente, mediante un programa de instrucción ética y vocacional, para asegurarse primero de que los esclavos están «preparados para gozar de la libertad».[28] Cuando la cuestión se debatió en el Parlamento en 1833, Gladstone se mostró partidario de «una emancipación gradual y segura» que tuviese en cuenta la compensación económica de los esclavistas por la pérdida de sus bienes.[29] Al final Gladstone fue incluido en un comité de trabajo formado *ad hoc* para decretar la abolición, el cual supervisó las compensaciones y suavizó el golpe que aquello suponía para los dueños de las plantaciones, al decidir que los adultos recién emancipados tendrían que seguir trabajando para sus antiguos amos durante doce años en calidad de «aprendices». El caramelito para los dueños de las plantaciones estaba ciertamente azucarado. Solo el padre de Gladstone recibió cerca de 93.000 libras por la puesta en libertad de unos 2.000 esclavos, el equivalente actual a casi 14 millones de euros. El propio Gladstone debió de sentirse atribulado a la hora de conciliar sus inconcusos principios cristianos con los hábitos de su clase social y los intereses económicos de su familia. Posteriormente, dijo no estar demasiado orgulloso de sus discursos y opiniones anteriores, aunque siguió manteniendo que nunca había hecho nada intrínsecamente malo.[30]

Durante las dos décadas siguientes, la suerte personal y política de Gladstone fue cambiando. Tras varios desalentadores rechazos sentimentales, en 1838 acabó instalándose en una aparente felicidad conyugal con Catherine Glynne, hermana de un antiguo compañero de clase, con la que tuvo ocho hijos.[31] Pero Gladstone se sentía torturado por sus propios apetitos sexuales, que describía como «mi principal pecado», y en su diario personal formulaba estrategias con las que esperaba poder controlar sus impulsos. Ninguna de las estrategias funcionó y, durante la década de 1840, William empezó a frecuentar prostitutas, que era lo que él llamaba «medidas de rescate». También empezó a flagelarse, usando para ello diversos látigos y correas a fin de infligirse un «daño inmediato», con la esperanza de expiar su culpa y librarse de sus necesidades carnales.[32]

Dada su confusión psicológica, el Parlamento debía de parecerle a veces una especie de refugio. Gladstone pertenecía a una facción del Partido Conservador, liderada por Robert Peel, que defendía el libre comercio frente al proteccionismo, y durante las décadas de 1840 y 1850 su estrella brillaba y se apagaba a la par que la de esa facción. Gladstone estaba completamente en contra de las guerras del Opio, en parte influido por el hecho de tener un adicto a esa sustancia en su propia familia: su hermana Helen.[33] Desde la perspectiva de Gladstone, el trato que dispensaba Gran Bretaña a la dinastía Qing en China —inundando el país de narcóticos y obligándolo a ceder el control de su economía y a entregar puertos comerciales como Hong Kong y Shanghái— era vergonzoso. Decía no conocer «una guerra más injusta por su origen, más calculada en su intención de cubrir de oprobio permanente este país».[34] No fue tan inflexible con respecto a la Gran Hambruna irlandesa, interpretando que la enfermedad de la patata, que costó la vida a más de un millón de personas, era una señal de la ira divina que había sido enviada por «la mano de la providencia». Tal vez por eso apoyó solo a regañadientes la derogación de las *Corn Laws* o leyes de los cereales, que mantenían el precio de estos alimentos artificialmente alto en Irlanda.[35]

En 1852, ya entrado en la mediana edad, Gladstone pasó de los últimos bancos del Parlamento al centro de la liza política, donde permaneció durante más de cuarenta años, hasta que en 1894 se jubiló. Acaparó la atención como ministro de Hacienda, pero también, a partir de 1867, como líder del recién creado Partido Liberal, un partido producto de la extravagante alianza de los radicales de izquierdas, la facción librecambista del Partido Conservador y lo que quedaba de los aristocráticos *whigs*. Pero, sobre todo, estuvo en el centro de los acontecimientos durante los catorce años, repartidos en cuatro mandatos no consecutivos, en que ocupó el cargo de primer ministro.

Las políticas que defendió Gladstone durante ese tiempo determinaron el liberalismo británico, que combinaba el liberalismo económico de los librecambistas con el liberalismo social de los reformistas. Desde el punto de vista económico, Gladstone es conocido por la flexibilización de las regulaciones comerciales y la reducción de los impuestos que se aplicaban a una amplia gama de productos, desde la alimentación hasta el papel. Desde el punto de vista social, los proyectos en los que puso más interés fueron la mejora de las condiciones laborales en las fábricas, la implantación de una educación primaria gratuita y la reforma electoral. Como heredero de una fortuna considerable, habiendo estudiado en Eton y Oxford, y como despótico moralista religioso, Gladstone era un extraño defensor del pueblo. Sin embargo, muchas de sus decisiones iban encaminadas a mejorar las expectativas, las libertades y el nivel de vida de los trabajadores pobres.

Asombró y desconcertó al Parlamento a partes iguales cuando en 1864 exigió una ampliación significativa del sufragio activo, con el argumento de que «todo hombre que no esté incapacitado por motivos personales o políticos tiene derecho a ser amparado por la Constitución».[36] Apoyó la creación de los sindicatos y habló a favor de los estibadores y los mineros en huelga, afirmando que «en general, el trabajador ha tenido la razón».[37] De hecho, cuando en 1889 se convocó la primera marcha para celebrar el día internacional de los trabajadores, él y su mujer, Catherine, se acercaron a hablar con los manifestantes, para satisfacción general de estos. Medidas y gestos similares le granjearon una gran popularidad, sobre todo entre las clases medias y trabajadoras del norte del país, y le hicieron merecer el apelativo de «el William del pueblo».[38]

Una cuestión que preocupaba especialmente a Gladstone era la situación de Irlanda, el más antiguo y más cercano de los dominios imperiales británicos. A finales del siglo XIX surgió allí un poderoso movimiento de independencia, pues el pueblo irlandés aún lucía la cicatriz de la Gran Hambruna y tenía las esperanzas puestas en la oleada de movimientos populares que recorrían Europa. Gladstone, aunque se había mostrado poco comprensivo con la crisis de la patata, muchos años después llegó al convencimiento de que Irlanda necesitaba un gobierno autónomo. En colaboración con políticos irlandeses, presentó dos proyectos de ley en el Parlamento, en 1886 y 1893, para posibilitar un gobierno independiente, pero ambos fueron desestimados (el primero por la Cámara de los Comunes y el segundo por la de los Lores), y el Partido Liberal terminó dividiéndose inevitablemente en facciones enfrentadas.

La resistencia más tenaz a los proyectos de ley de Gladstone provenía del Partido Conservador, que, además de ser la oposición oficial a los liberales, estaba entregado en cuerpo y alma al mantenimiento del imperio. El líder conservador y gran rival político de Gladstone, Benjamin Disraeli, estableció las prioridades de su partido en 1872 en los siguientes términos: «La primera es conservar las instituciones del país y la segunda, en mi opinión, es mantener el imperio de Inglaterra».[39] Disraeli ridiculizó a Gladstone y a los liberales por intentar «promover la desintegración del imperio» e infundió en el pueblo un entusiasmo tal por el imperio británico que hasta los trabajadores pobres mostraban un aire de superioridad. Pero la postura de Disraeli con relación al imperialismo, la raza y las clases sociales era complicada.[40] Nacido en una familia judía, aunque bautizado en la Iglesia de Inglaterra a los doce años, Disraeli entró en las altas esferas de la sociedad británica como un advenedizo y fue objeto de un violento antisemitismo a lo largo de su vida política. Era en muchos sentidos la antítesis de Gladstone: un inmigrante de segunda generación frente a un señorito que había nacido en el *establishment* inglés; además Disraeli era mundano e ingenioso, mientras que Gladstone era sencillo y adusto; el primero era extravagante, el segundo, muy serio; Disraeli escribía novelas que se vendían mucho, en tanto que Gladstone publicaba soporíferos volúmenes de crítica textual.

Las novelas de Disraeli captan las obsesiones dominantes de su época y en particular la confluencia de la raza, el poder y la historia en que se basaba el relato de la civilización occidental. En su novela de 1847 *Tancred, or The New Crusade*, en la que narra la historia de un joven noble que emprende un épico viaje a Tierra Santa, Disraeli escribió: «La raza lo es todo; no hay ninguna otra verdad». Y en su última e inacabada novela, *Endymion* (1880), afirmó que la raza era «la llave de la historia». La raza, aseguraba, unía más estrechamente a Jesús y a los primitivos cristianos con los judíos que con los europeos modernos, y lamentaba la tendencia de estos a renegar de su herencia cultural judaica. Escribió sarcásticamente contra «aquellas sabias y perspicaces razas nórdicas y occidentales que, corroídas por la malsana envidia del largo predominio de ese entendimiento oriental al que deben su civilización, se han convencido a sí mismas y al mundo de que las tradiciones del Sinaí y el Calvario son fábulas. Hace medio siglo, Europa hizo un violento y en apariencia afortunado esfuerzo por desembarazarse de su fe asiática».[41] Entre aquellos a los que iba dirigida esta crítica se encontraba, tal vez inevitablemente, su gran rival, Gladstone.

Un baluarte contra Oriente

En lo que respecta a la visión de la historia, Gladstone era diametralmente opuesto a Disraeli. Prominente clasicista tanto en el colegio como en la universidad, Gladstone aceptó con entusiasmo el por entonces canónico relato de la civilización occidental y lo fomentó activamente. Para Gladstone, los cimientos de la civilización occidental se encontraban en Grecia y Roma y a ellos se añadió posteriormente el cristianismo:

> En Occidente debemos considerar los extraordinarios dones que la naturaleza humana recibió —individualmente y en sus formas sociales— como algo destinado a cumplir los designios de la Providencia. Ellos proporcionaron los materiales para construir las partes social e intelectual de aquella civilización europea, que obtiene su sustancia espiritual de la fe cristiana.[42]

Siendo «las dos grandes razas del mundo antiguo»,[43] los griegos y los romanos habían dejado a Occidente, en la imaginación de Gladstone, legados ligeramente distintos. Los romanos legaron a Occidente sus estructuras de organización política y «el tejido más compacto y duradero de la ley, el vínculo del hombre social». Por el contrario, los griegos imbuyeron a los occidentales ideas sobre «el desarrollo de la persona». De los dos, Gladstone tenía claro cuál era el mejor regalo: fueron los griegos quienes descubrieron la fuente de la verdadera identidad occidental. Los occidentales conocían instintivamente, aseguraba, la «extraordinaria primacía de los griegos» en la formación de su cultura.[44] Al fin y al cabo, «fue la mentalidad griega, transmitida, sin duda, en algunos aspectos a través de Italia, pero solo transmitida, y aun así griega por su origen y en gran medida por su esencia, la que sirvió para moldear y templar la matriz original de la civilización europea moderna».[45]

Muy canónico todo. Pero Gladstone llevó las cosas un paso más allá al afirmar que la herencia clásica era tal que invalidaba cualquier posible influencia cultural del mundo bíblico de Oriente Próximo. Una década después de que Disraeli se quejara de los europeos que obviaban o negaban los elementos asiáticos presentes en su propia herencia cultural, Gladstone publicó un libro que se proponía precisamente eso. El libro en cuestión se titula *Studies on Homer and the Homeric Age*, tres densos volúmenes repletos de comentarios y comparaciones históricas y etnográficas. El primero (576 páginas), que trata sobre la «etnología de las razas griegas», llega a la conclusión de que los antiguos griegos pertenecían a la raza aria y estaban relacionados con las razas germánicas. El segundo volumen (533 páginas) trata sobre «la religión de la época homérica» y sugiere que los elementos fundamentales de la moralidad y la espiritualidad cristianas ya estaban presentes en las prácticas religiosas de la antigua Grecia. El tercer y último volumen (616 páginas) contiene una extensa comparación etnográfica entre los griegos homéricos y los troyanos homéricos, aduciendo que ambos grupos eran esencialmente diferentes en lo tocante a la raza y la civilización, pues los troyanos eran un claro ejemplo de las características orientales y asiáticas. (Aunque, como vimos en el capítulo 1, recientes estudios sobre la epopeya homérica han desmontado la teoría de Gladstone sobre esta cuestión, y la *Ilíada* está muy lejos de ser la narración de un choque de civilizaciones.)[46]

Pese a estar escrito en un lenguaje técnico y a presentarlo como un estudio de la poesía homérica, Gladstone escribió un libro esencialmente político que pretendía justificar su cosmovisión con no menos atrevimiento que Disraeli en sus novelas románticas. Gladstone describió lo que él consideraba una «lucha de razas» que abarcaba «todo el curso de la historia».[47] Por una parte estaba un pueblo perteneciente a la raza aria, los antepasados culturales y raciales de Occidente, entre cuyos integrantes el Dios cristiano sembró las primeras semillas de la revelación divina.[48] El papel que desempeñó en la historia fue, según Gladstone, impuesto por Dios, de modo que «[deberíamos] considerar que la antigua Grecia ocupa un lugar específico y muy importante en el gobierno providencial del mundo».[49] Si tan solo, reflexionaba Gladstone con nostalgia, «el Mesías se hubiera encarnado en un pueblo que fuese, por su sagacidad política, por su energía marcial, por su intelecto elevado y divino, por su vívida imaginación, por los dones del arte y de la vida civilizada, lo mejor de su tiempo, entonces los orígenes divinos del cristianismo habrían quedado mucho menos claros y diáfanos de lo que lo están ahora».[50]

A diferencia de los antiguos griegos, Gladstone afirmaba que los pueblos de Oriente Próximo ejercieron poca o ninguna influencia cultural en la civilización occidental, a pesar de que el cristianismo hubiese surgido entre ellos. La idea de dos razas diametralmente opuestas —los arios y los semitas— ya era una característica del neorromanticismo alemán de la época, en gran medida gracias a la obra del historiador francés Ernest Renan.[51] Gladstone les aclaró aún más las cosas a sus lectores anglófonos, destacando que los judíos en particular no contribuyeron en nada a la cultura de Occidente: «No han dado a las épocas cristianas leyes e instituciones, artes y ciencias, los principales modelos de grandeza en el talento o en el carácter».[52] El hecho de que los hebreos se creyeran un pueblo elegido fue utilizado para reafirmar ese argumento. «Al reservar para el pueblo judío un objetivo que es el más insondable de todos Sus sabios designios», afirmaba Gladstone, «Él lo apartó, durante el tiempo de su andadura, de la familia de las naciones».[53] Al final llega a la triunfante conclusión de que «a Palestina, en pocas palabras, no le correspondía ninguna de las glorias de nuestra raza; [en cambio] resplandecen en cada página de la historia de Grecia con una grandeza sobrecogedora».[54]

Esa observación, más que aguda, es corrosiva. Su objetivo inmediato y personal podía haber sido su rival político, pero Gladstone se proponía también algo mucho más importante: quería borrar por completo la supuesta influencia de Asia y crear para Occidente un pasado que fuese genuinamente europeo. Los antiguos griegos no solo eran los antepasados del Occidente moderno y los destinatarios de una forma primitiva de revelación precristiana que contrarrestaba cualquier influencia cultural procedente de Oriente Próximo, sino que también constituían el «eficaz baluarte contra el Oriente» que impedía que el influjo oriental y asiático contaminase su inmaculada civilización.[55] Para Gladstone, «la rivalidad entre la raza helena y los (posteriormente denominados) βάρβαροι [bárbaros] de Asia»[56] era indudable, y «el carácter menos beligerante de los troyanos, sus costumbres orientales y su religión —menos multiforme e imaginativa— indican una considerable diferencia en la composición de su gente».[57] Mientras que los antiguos griegos eran viriles y amantes de la libertad, «los troyanos eran más propensos a los vicios de la sensualidad y el engaño [...], ciertas diferencias fundamentales que siempre han sido más o menos observables, entre las razas europea y asiática».[58] Para Gladstone, los míticos troyanos eran esencialmente los mismos que los pueblos asiáticos de su propia época, y en su enfermiza imaginación seguían practicando la poligamia y el libertinaje, en contraste con la devota práctica de la monogamia entre los occidentales,[59] así como lo que él consideraba su «menor capacidad para la organización política» e ideas sobre la autoridad heredada,[60] e incluso dando por sentado que eran menos inteligentes que los pueblos europeos.[61]

Las características que atribuye Gladstone a los míticos troyanos de la epopeya homérica refleja su descripción de los pueblos «no occidentales» del siglo XIX, y en particular de los turcos. En 1876 hizo una apasionada campaña para criticar la crueldad con que los otomanos sofocaron una rebelión en Bulgaria. Utilizó aquello como una oportunidad para desacreditar a Disraeli, sugiriendo que la simpatía de este hacia los turcos era la que lo arrastraba a la inactividad. En cambio, argumentaba, Occidente debería compadecerse de los pequeños «grupos de nuestra raza» que plantan cara «al grueso del ejército turco».[62] Durante aquel episodio, Gladstone recurrió al antisemitismo y la turcofobia por turnos, reservando sus injurias más graves para los otomanos, expresadas en términos más raciales que religiosos:

> No es solo una cuestión de mahometismo, sino de mahometismo combinado con el carácter peculiar de una raza. No son los afables mahometanos de la India, ni los caballerosos sultanes de Siria, ni los cultos moros de España. Eran, sobre todo, desde el primer funesto día en que pisaron Europa, el arquetipo de lo antihumano. Adondequiera que iban, dejaban tras de sí un reguero de sangre, y en sus nuevos dominios la civilización desaparecía. En todas partes representaban el gobierno por la fuerza, que no el gobierno por la ley. Su guía en esta vida era un fatalismo inexorable; su recompensa en la otra, un paraíso sensual.[63]

Gladstone no era el único que sentía aversión por los turcos. Edward Augustus Freeman, por entonces *regius professor* de Historia moderna en la Universidad de Oxford, escribió con tristeza que «en los países en los que nació la civilización europea, los europeos han sido gobernados por los asiáticos, los hombres civilizados, por los bárbaros».[64] Se refería, evidentemente, a Grecia, pues Grecia había formado parte del Imperio otomano hasta hacía relativamente poco tiempo. Las opiniones de Gladstone, algunas de las cuales resultan chocantes en la actualidad, eran bastante corrientes en su época.

Hay pocas personas en la historia de la humanidad que hayan tenido tanto poder como Gladstone, el poder de oprimir o ayudar, de humillar o favorecer, de entristecer o alegrar a millones de personas de todo el mundo. Los historiadores y cronistas de diferentes tendencias harán el balance de sus acciones cada uno desde su punto de vista, pero en este libro yo no quiero convertir a mis protagonistas en héroes o canallas. Lo que me interesa es comprender la cosmovisión que subyace tras sus acciones, así como los relatos históricos en que se inspiraron. El universo de Gladstone era indudablemente el de Occidente y «el resto» del mundo, enzarzados en un interminable choque de civilizaciones cuyo resultado es que el edificio intemporal de la civilización occidental está destinado, por su superioridad inherente, a dominar el mundo.

La idea de que Gran Bretaña era la heredera definitiva de la Antigüedad clásica estaba bastante extendida en la Inglaterra del siglo XIX, no solo en los oscuros escritos de uno de sus primeros ministros más excéntricos. Eran abundantes las comparaciones entre «la Gran Roma y la Gran Bretaña»,[65] equiparando de manera significativa «a Roma con Inglaterra en cuanto potencias conquistadoras, y más concretamente en cuanto gobernadoras de súbditos y provincias».[66] Por el contrario, como vimos en el capítulo 10, Estados Unidos reivindicó el mismo legado partiendo de una base diferente: sus instituciones políticas, su polibiana constitución mixta y su republicanismo de influencia romana. La reivindicación de la Antigüedad clásica tampoco se limitaba a la anglosfera. En 1809, Hegel afirmó que la erudición se basaba en «Grecia y Roma» y que en Alemania «los cimientos de los estudios superiores deben ser siempre en primer lugar la literatura griega y, en segundo, la latina».[67] En el siglo XIX, el grandilocuente relato de la civilización occidental estaba firmemente asentado en diferentes partes de Occidente.

El binomio en sí también empezaba a ganar terreno. Aunque es imposible precisar cuándo se empleó por primera vez el binomio «civilización occidental», en el siglo XIX proliferó en el Reino Unido y los Estados Unidos, en contextos tan dispares como los tratados políticos, los informes educativos y los libros de viajes.[68] El propio Gladstone hace un uso temprano de la expresión, refiriéndose al importante lugar que ocupa la literatura homérica «en toda la esfera de la civilización occidental».[69]

Plenamente convencido de sus ideas sobre la civilización y la historia, Gladstone ilustra a la perfección una tendencia generalizada. Su política y su visión de la historia estaban fuertemente entrelazadas, pues su creencia en la superioridad británica y occidental influía en su visión del pasado y era influida por esta; un pasado cuya silueta se recortaba sobre el fondo de un gran relato que empezaba a conocerse abiertamente como «civilización occidental». Él creía que el origen de su propia cultura se encontraba en las antiguas Grecia y Roma y que por eso su civilización era superior a todas las demás. En la vida y obra de Gladstone, la civilización occidental es el *summum* de la historia universal.

Pero incluso en ese momento, en el apogeo del poder occidental y de su dudosa narración, aún era posible oír otras voces y contar otros relatos. Las comparaciones entre Gran Bretaña y la Antigüedad clásica las hacían también en ocasiones los pueblos colonizados para volverlas contra el imperialismo británico. El intelectual y reformista político indio Bhaskar Pandurang Tarkhadkar apeló a la Antigüedad clásica cuando escribió que «para defender con éxito la causa de la India haría falta la pluma de un "Juvenal" o la elocuencia de un "Demóstenes"». Tarkhadkar argumentaba que, si los romanos hubieran impuesto a las poblaciones sometidas condiciones similares a las que los británicos impusieron a los indios americanos, solo habría servido para acelerar su desaparición. De hecho, incluso el ejemplo del Imperio romano, afirma, demuestra que los pueblos subyugados rara vez se someten de buen grado: «Es indudable que los romanos perdieron la posesión de los pueblos conquistados porque a los autóctonos no les agradaba lo más mínimo que los gobernase otra nación».[70] Otro cronista indio del siglo XIX, que guardaba el anonimato bajo el pseudónimo de «El escritor hindú», publicó minuciosos artículos en los que analizó la naturaleza del dominio romano y llegó a la conclusión de que no había ningún precedente histórico de poblaciones sometidas que se beneficiaran del dominio colonial, y que en realidad todas habían padecido sufrimientos innecesarios.[71]

En Sierra Leona, el médico y nacionalista James Africanus Beale Horton afirmaba que los africanos habían hecho importantes aportaciones a las culturas de Grecia y Roma, y que muchos griegos y romanos viajaron a África en busca de la sabiduría: «Varios vinieron para escuchar las enseñanzas del Euclides africano, que dirigía la escuela matemática más famosa del mundo [...]. El conquistador del gran Aníbal africano hizo del poeta africano Terencio su socio y confidente».[72] Si el cuestionable relato de la civilización occidental pudo ponerse al servicio del imperialismo occidental, también podía usarse para subvertirlo.

Otras ambigüedades se observan incluso en el corazón del imperio. El último volumen de la *Historia de la decadencia y caída del Imperio romano*, de Edward Gibbon, se publicó en 1789, y la obra en su conjunto obtuvo un éxito arrollador en el siglo XIX. Su visión apocalíptica del hundimiento del imperio sacó partido de los temores de los británicos a las extralimitaciones imperialistas, que también se manifestaron en la literatura, como en los dos sonetos de «Ozymandias» publicados en 1818 por Percy Bysshe Shelley y su amigo Horace Smith.

Pero, si por una parte Gran Bretaña era la nueva Roma, destinada a caer como ella, por otra podía presentarse como la nación colonizada por Roma. Reflexionando sobre la muralla de Adriano, el historiador John Collingwood Bruce escribió: «El cetro al que Roma renunció, lo hemos recogido nosotros. Grande es el honor, grande la responsabilidad». Pero en el mismo opúsculo, Bruce supo también valorar a los britanos contra los que Adriano levantó su muralla, comparándolos con los romanos en los siguientes términos: «Aunque eran inferiores en cuanto a disciplina y armamento, no les faltaba valor y energía».[73] El monumental grupo escultórico de Boudica y sus hijas, que ahora se encuentra en Westminster, a orillas del Támesis, fue encargado en 1850 para conmemorar a la reina de los icenos que se rebelaron contra Roma. Otra famosa estatua de bronce, la de Carataco, un caudillo de los catuvelaunos que opusieron resistencia a la conquista romana, la cual se yergue ahora frente a la residencia oficial del alcalde de Londres, fue inaugurada entre grandes aplausos. De hecho, causó tanta sensación que se la menciona en la canción del general en *Los piratas de Penzance*, una de las operetas más populares de Gilbert y Sullivan. El público, como el locuaz general, debía conocer «todos los detalles del uniforme de Carataco»; el chiste consistía en que la estatua representaba al caudillo heroicamente desnudo. Aunque, en el siglo XIX, casi todos los británicos veían a su nación como la heredera de Roma, también había algunas personas que se identificaban con sus súbditos.

No era solo en el contexto del imperio en el que se utilizaba la Antigüedad clásica para desvirtuar el relato dominante. La retórica clásica, los modelos históricos y el aprendizaje se habían usado para abogar por la abolición de la esclavitud,[74] la emancipación de las mujeres[75] y el bienestar de las clases trabajadoras.[76] Las mismas cualidades que unían la Antigüedad clásica a la clase dirigente —su carácter canónico, su asociación con las élites y las clases sociales, y, sobre todo, su condición de antepasada cultural y origen de Occidente— eran también las que facilitaban su apropiación. El grandioso relato de la civilización occidental proporcionó a Occidente una poderosa herramienta para su arsenal ideológico, pero también ofreció a una serie de voces secundarias un poderoso instrumento para la subversión. Originalmente concebido para anclarnos en el pasado, el concepto de civilización occidental estaba siendo utilizado ahora para incitar al cambio radical, desestabilizar y reescribir el futuro.

CAPÍTULO 13

Occidente y sus críticos

Edward Said

El interés por el pasado es una de las estrategias más usadas para interpretar el presente.

EDWARD SAID (1993)[1]

Occidente está siendo atacado. Al menos eso es lo que nos cuentan ahora algunos entendidos y cronistas culturales, a menudo con un tono estridente y aterrado. La amenaza es doble. Desde fuera, Occidente está siendo amenazado por poderosos bloques alternativos que quieren arrebatarle el dominio mundial para quedárselo ellos. Hablaremos de estos rivales de Occidente en el siguiente capítulo. El tema de este, sin embargo, no son esos adversarios exteriores, sino la amenaza interior, los elementos que critican desde dentro el funcionamiento de Occidente y ponen en tela de juicio sus teorías al tiempo que cuestionan su legitimidad.

Últimamente se ha publicado una avalancha de libros que nos previenen contra el «suicidio de Occidente».[2] Estos libros sostienen que el relativo declive del poder político, económico y militar de Occidente se debe a una falta de confianza en las creencias y los principios tradicionales que engrandecieron la cultura occidental. La retórica del declive de Occidente como consecuencia de las críticas internas también ha aparecido en el discurso político dominante durante los últimos años, y un conocido político británico llegó a decir a principios de 2022 que la ideología *woke* era una «peligrosa forma de decadencia».[3] Para algunos esto equivale a una «guerra contra Occidente» en la que está bien visto «demonizar a los blancos».[4]

El miedo a esas amenazas internas no es nada nuevo. Incluso en el apogeo de la supremacía occidental en el siglo XIX (capítulo 12), había quienes —como el crítico de arte John Ruskin— alertaban de su inminente declive por culpa de la degeneración moral, religiosa y racial.[5] Otros escogían a determinadas personas para vilipendiarlas, calificándolas de «el enemigo infiltrado»; como vimos en el capítulo anterior, de Benjamin Disraeli decían a menudo que era un «judío sibilino» que actuaba contra los intereses de Gran Bretaña, el cristianismo y Occidente.[6] Pero el hecho de que se tema a un «enemigo infiltrado» no quiere decir que esa amenaza exista; del mismo modo que la aparición de una teoría conspirativa no siempre presupone la existencia de una auténtica conspiración.

Los guardianes en potencia de Occidente, sin embargo, tienen una cosa clara: no hay duda de que existen elementos críticos que actúan desde dentro. Lo cierto es que desde mediados del siglo XX el número de occidentales que cuestionan las ideologías tradicionales en las que se basa Occidente y que ponen en tela de juicio el sospechoso relato de la civilización occidental ha aumentado de forma considerable. Estos detractores de Occidente tienen objetivos muy diversos. Algunos, como los fundamentalistas islámicos de Daish que han nacido en Occidente, se consideran abiertamente enemigos de la civilización occidental. Otros, como los ultraderechistas y terroristas que pretenden defender a Occidente purgando sus instituciones y atacando a su gente, lo que intentan en realidad es reconstruir Occidente desde cero, limpiándolo de elementos molestos. (Muchas de las voces que alertan más contundentemente contra los ataques a Occidente proceden de ese mismo entorno, el cual también pone en peligro los valores y principios occidentales, cuestión esta sobre la que volveremos al final del libro.) Y otros, como el protagonista de este capítulo, Edward Said, han querido hacer reformas mucho más modestas en Occidente, analizándolo críticamente para llegar a comprenderlo mejor y para comprender también el mundo interconectado del que forma parte.

Si bien las críticas contra Occidente difieren en cuanto a sus propósitos y a sus reproches, todas nacieron del mismo proceso histórico:

el relativo declive del dominio político, económico y militar de Occidente. Los autoproclamados enemigos de Occidente se regocijan con este declive y manifiestan su aversión reavivando el recuerdo de las atrocidades y las injusticias históricas cometidas por los imperialistas. Los presuntos defensores de Occidente lamentan este declive y alimentan su pasión con nostálgicas imágenes de la supremacía perdida. Y los escépticos (categoría en la que me incluyo) intentan moverse por los nuevos espacios del cambiante paisaje mundial, viendo en ellos grandes oportunidades para la transformación.

El desacomodo de Occidente

Dos grandes acontecimientos geopolíticos hicieron que Occidente se viera a sí mismo de otra manera, convirtiendo en obsoleto el modelo decimonónico de la identidad occidental que predominaba en tiempos de Gladstone (capítulo 12).

El primero es la descolonización, que fue acelerándose a medida que la hegemonía de Occidente empezaba a desintegrarse como consecuencia de dos guerras mundiales que desbarataron el viejo orden colonial.[7] El proceso de descolonización ha adoptado formas muy diversas, desde acciones brutales y sanguinarias hasta negociaciones cordiales.[8] También hay lugares en los que la descolonización aún no se ha completado, y en los que los asentamientos poscoloniales han generado interminables divisiones demográficas, injusticias y derramamientos de sangre. Pero la descolonización no es solo un proceso que se desarrolla «en el exterior»; también tiene lugar «en casa». Con la inmigración de los súbditos de las colonias y el desplazamiento forzoso de los esclavos, la estructura demográfica de casi todos los países imperialistas cambió definitivamente. Yo misma soy el resultado de esa situación, pues mis padres proceden de dos excolonias y mi marido también. Estamos aquí, parafraseando al activista y escritor Ambalavaner Sivanandan, en parte porque vosotros estuvisteis allí. La dinámica de este proceso varía de un país a otro. Estoy escribiendo este capítulo en la cocina de mi casa de Viena, una antigua capital imperial con una demografía poscolonial muy diferente de la de Londres, la antigua capital imperial en la que nací.

A partir de mediados del siglo XX, los países occidentales se han ido adaptando de distintas maneras a estos cambios, desde el movimiento estadounidense pro derechos civiles en las décadas de 1950 y 1960 hasta las campañas Black Lives Matter («Las vidas negras importan») y Rhodes Must Fall («Rhodes debe caer») de los últimos años. Pero tanto si somos partidarios, detractores o incómodos observadores de la última campaña o movimiento como si somos descendientes de los colonizadores o descendientes de los colonizados, estas luchas y cambios demográficos han conseguido que Occidente cambie la forma de verse a sí mismo. Hay que señalar que cada vez menos occidentales siguen pensando en Occidente desde una perspectiva principalmente racial, como era el caso de Joseph Warren y Phillis Wheatley en el siglo XVIII, o el de William Gladstone en el XIX. (Hay por supuesto excepciones a esta regla general, de las que hablaremos en la conclusión.)

La antigua definición racializada de Occidente se ha quedado anticuada, en parte porque simplemente ya no funciona, pero también porque va contra los principios que la mayoría de los occidentales consideran esenciales para la actual identidad occidental, principios basados en la igualdad y los derechos humanos, el liberalismo social y la tolerancia. (Insisto en que hay personas en Occidente que no suscriben esos principios, pero dejaremos otra vez el análisis de esta cuestión para el final.)

Estos principios son la esencia de la autodefinición de Occidente, lo cual se debe al segundo acontecimiento geopolítico más importante de la segunda mitad del siglo XX: la guerra fría.[9] Hoy la mayoría de las personas piensan en Occidente en términos políticos y económicos. El elemento económico surgió durante la guerra fría, cuando la retórica de Occidente la presentó como un enfrentamiento entre el capitalismo y el comunismo. Este hecho dio lugar a una ampliación geográfica de Occidente. Aunque su núcleo seguía siendo Estados Unidos y el oeste de Europa, a Occidente se sumaron diversos países de la anglosfera, como Australia y Nueva Zelanda, así como otros países «captados» con diversos métodos, desde el uso del «poder blando» y las apelaciones a una historia común hasta las intervenciones militares y la implantación contra razón y derecho de gobiernos prooccidentales.[10]

Al final de la guerra fría, empero, el capitalismo ya no era válido como rasgo distintivo de Occidente, dadas las diferentes formas de capitalismo que surgieron en antiguos estados comunistas, desde el combativo capitalismo chino hasta el voraz y oligárquico capitalismo ruso (en el siguiente capítulo analizaremos la posición de Rusia y China en cuanto rivales de Estados Unidos). Como consecuencia de ello, la autodefinición de Occidente cambió una vez más, haciendo hincapié en los sistemas políticos y sobre todo en la democracia liberal, que es, desde que soy adulta, su principal justificación para todo. Unas veces la retórica de Occidente como adalid de la democracia ha sido sincera y otras engañosa, pero lo que sí ha sido siempre, durante los últimos treinta años, es constante. El que la democracia liberal sea, desde la perspectiva occidental moderna, la forma ideal de gobierno ha sido puesto en duda por el historiador Francis Fukuyama, quien provocativamente sugirió que el dominio de la democracia liberal en Occidente marcaba el «fin de la historia».[11] (Evidentemente, la historia no terminó a finales del siglo XIX, Occidente no ha «ganado» y no hay un consenso general con respecto a esa forma de democracia, como el propio Fukuyama reconoce.)

La reinvención de Occidente está todavía incompleta, pero comenzó en unos momentos de cambios radicales en la segunda mitad del siglo XX, cuando su situación política y la base de su identidad cambiaron por completo. A lo largo del siglo XX, las definiciones geográfica y racial de Occidente que se habían propuesto en los siglos XVIII y XIX quedaron anticuadas, desfasadas con respecto a las exigencias políticas y a las realidades vividas por Occidente, por lo que ya no representaban la base ideológica de la identidad occidental. Pero la reinvención de Occidente implica también un replanteamiento radical de la historia europea y estadounidense que pone en tela de juicio la veracidad del relato de la civilización occidental.

Fuera de lugar

La vida de Edward Wadie Said abarcó esas décadas turbulentas durante las cuales Occidente (y el resto del mundo) sufrió una transformación de magnitudes considerables. Said —crítico y teórico literario y musical, y activista político— es la persona en la que me he inspirado para escribir este libro y explorar la naturaleza artificial de las identidades culturales y su carácter intrínsecamente político. Said decía que los historiadores, pese a su pretensión de objetividad, son fruto de su tiempo, y que con sus obras aportan su granito de arena a la dinámica del poder. Ejemplo perfecto de su propia argumentación, el pensamiento de Said estuvo ciertamente marcado por su experiencia de la descolonización, el exilio y una sensación casi constante de estar (en sus propias palabras) «fuera de lugar».[12]

Said nació en 1935 en Jerusalén, siendo, por tanto, un súbdito del imperio en el mandato británico de Palestina. Pero al nacer adquirió la nacionalidad estadounidense a través de su padre, quien, pese a proceder de Jerusalén, había vivido y trabajado varios años en Estados Unidos antes de unirse a las fuerzas expedicionarias estadounidenses durante la primera guerra mundial.[13] Su madre era una fervorosa anglófila de Nazaret que decidió llamar a su hijo Edward en honor al entonces príncipe de Gales, y luego eligió nombres también ingleses para sus cuatro hijas. La familia vivía principalmente en El Cairo, donde el padre de Said tenía una empresa de material de oficina, pero pasaba las vacaciones y largas temporadas con sus parientes en Jerusalén. En El Cairo eran una minoría dentro de una minoría, anglicanos en el seno de una comunidad cristiana dominada por la Iglesia ortodoxa oriental, y cristianos que vivían entre dos países predominantemente musulmanes.[14]

De pequeño Said fue a escuelas para las élites en El Cairo y Jerusalén, que se inspiraban en el modelo de las escuelas privadas inglesas, por lo que creció en un entorno tan completamente bilingüe que nunca estuvo seguro, ya de adulto, de cuál era su lengua materna, si el árabe o el inglés. La suya fue una infancia privilegiada, pues Said tenía empleadas domésticas, asistía a conciertos de música clásica y se refugiaba del calor del verano en las piscinas de clubes exclusivos. Said recuerda siempre la dolorosa sensación de sentirse diferente —e inferior a ellos— de los ingleses y americanos blancos de su barrio. «Aquí no pueden entrar los árabes», le decían a veces incluso en los clubes de los que sus padres eran socios,[15] y debía relacionarse obligatoriamente con otros «no blancos», a los que los «sí blancos» llamaban despectivamente *wogs* («morenitos»).[16]

En 1948, Said tenía solo doce años cuando los británicos se retiraron de Palestina, se fundó el Estado de Israel y estalló la guerra entre los ejércitos árabe e israelí. Tras un año de caos y derramamiento de sangre, se trazaron las fronteras que separaban Israel de Cisjordania, los inmigrantes judíos llegaron en tromba a su nueva patria, y cientos de miles de palestinos desplazados huyeron a lo que se conoce como *nakba* o «catástrofe». Entre ellos se encontraba toda la familia de Said, muchos de cuyos miembros acabaron en El Cairo en la más extrema indigencia. El padre de Said dio empleo a todos los refugiados palestinos que pudo, y él recuerda las largas tardes que pasaba con su tía, la cual era una especie de organización benéfica unipersonal: dispensaba asistencia médica gratuita, ayudaba a los niños a encontrar plaza en las escuelas, indicaba a los refugiados cómo sortear los trámites de la burocracia egipcia y ofrecía apoyo económico a quien podía.[17]

El joven Said era consciente de la enorme distancia que había entre los desdichados refugiados palestinos y su propia situación privilegiada, moviéndose como se movía en los círculos cosmopolitas de la élite egipcia, en los que también había armenios, griegos, italianos, judíos, jordanos, saudíes, sirios y turcos. Era un entorno social que Said recordaría posteriormente como «una laberíntica maraña de personalidades, formas de hablar, experiencias, religiones y nacionalidades».[18] Fue probablemente esa desunión, sumada a una facilidad para los estudios que lo llevaba a aburrirse en clase, la que hizo que lo calificaran de «alborotador».[19] Durante esos años la música fue una válvula de escape para su sobreabundancia emocional e intelectual. Con talento para el piano, entabló una estrecha relación con uno de sus profesores, el judío polaco Ignace Tiegerman, quien lo ayudó a servirse de la música para no perder nunca la serenidad.

Pero la música no era suficiente para mantener a Said en el buen camino. Cuando contaba quince años, fue expulsado del colegio británico de El Cairo; y entonces sus padres decidieron enviarlo al país de su nacionalidad para completar su educación. Se matriculó primero en un internado de Massachusetts, un período que Said recordaría más adelante como «probablemente el más desdichado de mi vida». El alumnado era casi exclusivamente blanco y nacido en Estados Unidos, y «no vacilaba a la hora de hacerle ver que pertenecía a una raza inferior que no les gustaba».[20] Pese a la hostilidad de los profesores y los compañeros de clase, Said sobresalió en todas las asignaturas y pudo estudiar después Filología Inglesa y Literatura Comparada en las universidades de Princeton y Harvard.

Durante ese tiempo, Said permaneció relativamente al margen de la política. Volvía a El Cairo con regularidad e iba de vacaciones con sus padres al Líbano como cuando era niño, además de hacer viajes más largos por Europa. Pero al parecer desvinculó toda esta parte de su vida de su vivencia en la universidad. Más tarde recordaría que «Princeton era entonces una universidad apolítica, postinera y despreocupada»,[21] y, aunque Said publicó en el periódico de la universidad un artículo en el que exponía su visión de la guerra del Sinaí, su crónica no suscitó demasiado interés.[22] En Harvard, Said tuvo la sensación de que «Oriente Próximo estaba cada vez más lejos de mis pensamientos», a medida que profundizaba en la tradición filosófica y literaria occidental, empapándose de Heidegger, Sartre y Vico antes de comenzar a preparar una tesis doctoral sobre Joseph Conrad.[23] Cuando era estudiante de doctorado conoció a su primera mujer, Marie Jaanus, otra universitaria que quería doctorarse en Literatura Comparada.[24] Jaanus era estonia, pero su dominio del alemán complementó las inclinaciones francófonas de Said. Juntos exploraron el mundo de la literatura, la filosofía y la teoría social europeas e hicieron sus pinitos en la escritura de narrativa y poesía.

El despertar político de Said llegó más tarde, cuando daba clases en la Universidad de Columbia, en Nueva York. La guerra árabe-israelí duró solo seis días, pero sus consecuencias se prolongaron durante mucho tiempo. Cuando se levantó la polvareda, Israel controló grandes extensiones de nuevos territorios, y muchos más palestinos se encontraron viviendo en un exilio permanente. Para Said aquello fue un punto de inflexión. En aquella época, en Estados Unidos había poderosos movimientos políticos que protestaban contra la guerra de Vietnam y que defendían un movimiento pro derechos humanos para combatir la discriminación racial. Con la esperanza de hacer visible el sufrimiento de los palestinos entre lo que él imaginaba que iban a ser unos lectores comprensivos, Said afiló la pluma.[25]

El ensayo resultante, titulado «El retrato del árabe», contiene muchos de los elementos que luego aparecerían en sus obras más conocidas. En ese ensayo, Said abordó la cuestión de cómo se representaba a los árabes en el periodismo anglófono, rastreando artículos y reportajes en los periódicos y revistas de Estados Unidos y Gran Bretaña (y algunas veces también en publicaciones francesas). Vio que había acusaciones recurrentes, como la estupidez, la degeneración sexual y el salvajismo, lo que significaba que, «si alguien pensaba alguna vez en los árabes, su idea de ellos era negativa».[26] Esos prejuicios no eran inocuos, afirmaba Said, sino que tenían graves consecuencias en la vida real. Tales estereotipos significaban que los occidentales se empeñaban en ver a los árabes como víctimas capaces de sufrir, por lo que los palestinos merecían mucha menos compasión que los israelíes, que eran más blancos y más occidentales.

Ciertamente 1967 supuso un punto de inflexión para Said en lo político y en lo personal. Se separó de Jaanus, que según él nunca había comprendido la devoción que sentía por su familia, y conoció a su futura esposa, Mariam Cortas. Su primer encuentro no fue, a primera vista, muy prometedor. Said estaba todavía casado y bastante afligido (había ido al hospital a ver a su hermana, que se había roto una pierna), y Mariam iba a abandonar pronto Nueva York para regresar a Beirut, tras completar su licenciatura en Economía.[27] Hubieron de transcurrir dos años más y celebrarse una reunión de la familia extensa en Beirut para que por fin formasen una pareja; se casaron en 1970 y tuvieron a su hija, Najla, en 1974.

Durante las tres décadas siguientes, Said compaginó la vida familiar con la docencia y el activismo político. Como profesor, siguió impartiendo clases, investigando y publicando textos sobre literatura comparada. Como activista, pronto se convirtió en un intelectual conocido que escribía en periódicos y revistas y aparecía frecuentemente en la televisión. Su defensa pública de la causa palestina le granjeó la simpatía de sus partidarios y la animadversión de sus detractores; los primeros lo elevaron a la categoría de icono de las víctimas de la opresión colonial, y los segundos lo calificaron de enemigo de Occidente y «maestro del terror». Said fue un personaje polémico y polarizador, pero contribuyó a transformar el discurso público en Occidente hasta el punto de que el apoyo a los palestinos se vio como algo digno de respeto, llegando, en algunos círculos, a ponerse incluso de moda.

Said tuvo una participación política más directa entre 1977 y 1993, años durante los cuales ocupó un cargo electo en el Consejo Nacional

Palestino (CNP), el órgano legislativo del movimiento nacionalista en el exilio. Pero también ahí Said se vio pronto nadando contra corriente. Criticó a los líderes palestinos, incluido Iásir Arafat, pues tenía la impresión de que sus expectativas eran poco realistas y sus exigencias, desmedidas.[28] De manera aún más controvertida, Said se opuso a la firma del Acuerdo de Paz de Oslo en 1993, un convenio que había sido meticulosamente negociado y que la prensa había presentado a bombo y platillo como una solución pacífica al conflicto. Said afirmó que el acuerdo hacía agua por todas partes y que estaba destinado al fracaso; renunció poco después a su puesto en el CNP lleno de ira y frustración. Aunque muchos contemporáneos suyos censuraron su pesimismo, el tiempo ha demostrado, por desgracia, que estaba en lo cierto.

Para entonces a Said ya le habían diagnosticado leucemia. Aunque vivió doce años más, durante los cuales siguió trabajando en proyectos políticos, académicos y musicales, al final sucumbió a la enfermedad en 2003. En su última década, la conciencia objetiva de su propia mortalidad lo llevó a reflexionar sobre su juventud y escribió libros de memorias y ensayos sobre cuestiones como la identidad, el exilio y la patria. También dedicó más tiempo a sus proyectos musicales y, en particular, a la West-Eastern Divan Orchestra (Orquesta del Diván de Oriente y Occidente), una iniciativa multiconfesional impulsada también por el director Daniel Barenboim en 1999. La finalidad de la orquesta era reunir a jóvenes de diferentes países de Oriente Próximo para que compartiesen su pasión por la música. Said siempre había pensado que la música tenía un poder transformador, y él y Barenboim confiaban en que la colaboración cultural triunfaría donde la política había fracasado, fomentando la paz y el entendimiento mutuo.

Quizá Said no tuviera éxito como político, o fracasó en su intento de asegurarles una patria a los palestinos, pero consiguió indudablemente una cosa: demostrarnos que la cultura y la política están íntimamente entrelazadas. Algunas actividades culturales, como la West-Eastern Divan Orchestra, pueden fomentar esa paz y ese entendimiento que Said tanto anhelaba. Otros productos culturales, como los estereotipos denigratorios sobre los árabes que Said identificó y analizó en sus obras, solo sirven para sembrar el odio y la alienación. Al hacer hincapié en esta interrelación entre la política y la cultura, Said sentó las bases para un replanteamiento de la civilización occidental, permitiéndonos verla como lo que realmente es, un constructo social que ha producido nefastas consecuencias en el mundo real, pero que no deja de ser más que eso, un constructo. Tal vez sea ese el mayor legado de Said.

El replanteamiento de la civilización occidental

Ese legado significa que es posible reconsiderar la civilización occidental. Hacia finales del siglo XX, casi todo el mundo pensaba que nuestra civilización era perfecta e inmutable, que nos había sido concedida por la gracia divina. (En realidad, muchas personas siguen pensando lo mismo en la actualidad.) Pero, atendiendo a la vida de los protagonistas de este libro, es evidente que la definición y los límites de las civilizaciones nunca han sido estáticos. Hemos visto que las ideas sobre Occidente y la civilización occidental varían en función de las personas, los lugares y el paso del tiempo. Francis Bacon no concebía Occidente de la misma manera que Joseph Warren porque nacieron en distintos contextos históricos, así como en distintas circunstancias sociales e individuales. Por la misma razón, Safié Sultán y William Gladstone no imaginaban del mismo modo la colaboración cultural. Desde el punto de vista histórico de cada uno de esos personajes, Occidente y su civilización eran diferentes. Por eso los protagonistas de cada una de nuestras biografías observaron y retrataron Occidente de distinta manera.

Algunos meditaban las cosas muy mucho. Decidieron retratar a su manera la identidad de cada civilización, ajustándola a los fines políticos que tenían *in mente*. De las biografías que aparecen en este libro, las de Heródoto, Godofredo de Viterbo y Joseph Warren son las que más se aproximan a ese modelo. Pero no todos manipulaban las ideas de la identidad cultural de manera consciente y deliberada, sino que expresaban las ideas sobre esa identidad de forma que coincidiesen con la época, el lugar y el contexto social en que vivieron. En este último grupo podríamos incluir a Láscaris, Njinga de Angola y Phillis Wheatley, pero para la mayoría la verdad se encontraba entre esos dos extremos.

Pero todos los personajes analizados en este libro forjaron sin duda identidades culturales, aun sin ser conscientes de ello. La creación o promoción de elementos culturales demuestra que cambiaron, modificaron, matizaron o reforzaron determinadas ideas en el conjunto de la sociedad. Las estatuas e inscripciones de Livila, por ejemplo, no solo fueron el resultado del orgullo dinástico de una identidad pluralista, sino que también sirvieron para fomentar la idea de una dinastía intercontinental más amplia. Si bien las poesías de Wheatley le servían para expresar su sentimiento de alienación racial, también reforzaban las diferencias raciales de la sociedad en general. Y cuando al-Kindī empezó a considerar a los árabes como herederos intelectuales de la antigua Grecia, las críticas que se granjeó por parte de los conservadores religiosos dieron lugar a un enconado debate público. Sabemos que el contexto sociocultural determina la cultura, pero debemos reconocer que la cultura determina a su vez el contexto sociopolítico. La relación entre la cultura y la identidad es, por tanto, como un bucle de retroalimentación, pues las variaciones en la una producen cambios en la otra, dando vueltas en un flujo constante y recíproco.

Gracias a Said, así como a otros sociólogos y estudiosos del poscolonialismo de finales del siglo XX, ahora conocemos bien cómo funciona este proceso, y sabemos que las identidades son un constructo social y cultural, que no son naturales, ni automáticas ni primordiales. Esta cuestión que ahora nos parece evidente era peligrosamente controvertida en el último cuarto del siglo XX. Said a menudo llevaba la peor parte en esta controversia. Era una labor que él consideraba su deber, casi su vocación. Said escribió que «el cometido del investigador de la cultura no es, por tanto, aceptar la política de la identidad como algo dado, sino demostrar que todas las representaciones son inventadas, con qué fin, por quién y con qué elementos».[29]

Si bien este principio general podría aplicarse a todas las identidades en todas las épocas, en su labor académica Said decidió aplicarlo a dos grandes identidades de las que él se consideraba parte: el mundo árabe y Occidente. En su innovador libro *Orientalismo*, publicado en 1978, Said reconoció sinceramente hasta qué punto lo personal había influido en lo teórico. «Mi propia experiencia en estas cuestiones es en parte lo que me llevó a escribir este libro», afirmó en la introducción.[30] *Orientalismo* era un detallado estudio de la influencia de los escritos literarios y académicos en aquellas cuestiones relacionadas con Oriente Próximo y el mundo árabe en las lenguas francesa e inglesa a lo largo de los siglos XVIII, XIX y XX. Said afirmaba que esas obras encuadraban Oriente Próximo y el mundo árabe en «Oriente», atribuyéndoles una imagen estereotipada de despotismo, esplendor, sensualidad y crueldad que era al mismo tiempo romántica y daba pábulo a la superioridad occidental. En este sentido «Oriente era casi una invención europea, y había sido desde la Antigüedad un lugar de romanticismo, seres exóticos, recuerdos y paisajes inolvidables, experiencias extraordinarias».[31]

Pero Oriente no era lo único que había sido inventado. El proceso de invención de Oriente, afirma Said, fue un elemento fundamental que también contribuyó a la invención de Occidente, el cual empezó a entenderse a sí mismo en oposición a aquel.

> He comenzado con la hipótesis de que Oriente no es un hecho inerte de la naturaleza. No está simplemente ahí, como tampoco Occidente [...], pues esas dos entidades geográficas y culturales, por no hablar de entidades históricas, esos espacios, regiones, sectores geográficos a los que llamamos «Oriente» y «Occidente» son artificiales. Por lo tanto, en la misma medida que Occidente, Oriente es una idea que tiene una historia y una tradición intelectual, una imaginería y un vocabulario que le han conferido realidad y presencia en y para Occidente. Las dos entidades geográficas se apoyan, por ende, y hasta cierto punto se reflejan la una en la otra.[32]

Ni Oriente ni Occidente tuvieron, por tanto, una base primordial. «Ni el término "Oriente" ni el concepto de "Occidente" tienen estatus ontológico alguno», sostiene Said; «cada uno depende del esfuerzo humano, que es en parte afirmación, en parte identificación del Otro. [...] Estas ficciones se prestan fácilmente a la manipulación y la organización de pasiones colectivas».[33] Pero, claro, que algo sea una ficción no quiere decir que no tenga consecuencias en la vida real. Para Said, el resultado fundamental de la invención de Oriente, así como la extrapolable invención de Occidente, era la justificación ideológica del poder imperial. La idea de Oriente como algo básicamente distinto de Occidente, e inferior a este, hacía que a los occidentales les resultara más fácil, e ideológicamente posible, dominar a los pueblos de Oriente Próximo. Se trataba de una dominación que comenzó con el imperialismo político puro y duro en el siglo XVIII, el XIX y principios del XX, pero que, según Said, siguió desarrollándose cultural e intelectualmente hasta bien entrado el siglo pasado. «El orientalismo puede entenderse y analizarse como la institución encargada de gestionar Oriente, gestionarlo definiéndolo, autorizando esas definiciones, describiéndolo, explicándolo, consolidándolo, gobernándolo: en definitiva, el orientalismo como forma occidental de dominio, reestructuración y autoridad sobre Oriente».[34]

Said se cuidó mucho de no presentar todo esto como el resultado de «una truculenta trama del imperialismo "occidental" para reprimir al mundo "oriental"». Antes bien, innumerables decisiones personales, debidas no solo a circunstancias individuales e intereses privados, sino también al contexto histórico, intervinieron en la creación de esa forma de conocimiento.

La erudición de Said fue casi tan controvertida como su política. Algunos críticos censuraron a Said por lo que ellos consideraban una descripción de Occidente injustamente negativa.[35] Otros, como el prestigioso historiador Bernard Lewis, atacaron a Said por politizar su disciplina académica y distorsionar el islam, que según él seguía enfrascado en un «choque de civilizaciones» con el Occidente cristiano.[36] Y otros le achacaban la estrechez de miras de su *Orientalismo*. Por ejemplo, el libro no mencionaba la tradición orientalista germanófona, que era no solo muy amplia, sino también de enorme importancia e influencia fuera del ámbito germano.[37] De manera similar, el libro no tenía en cuenta las ideas occidentales sobre África, Iberoamérica, y el centro y este de Asia, un error que Said subsanó parcialmente en *Cultura e imperialismo* (1993). Algunos señalaron que esos países ofrecían una perspectiva diferente y más matizada, sobre todo en el caso de Japón, que parece invalidar las definiciones binarias de Said en cuanto a Oriente y Occidente.[38] Y otros pusieron de relieve las inexactitudes históricas del libro, las cuales son abundantes (analizaremos algunas de ellas al final de este capítulo).

Incluso teniendo en cuenta estas críticas, el argumento central de *Orientalismo* sigue siendo difícil de rebatir. El libro no tardó en llamar la atención de los humanistas y sigue siendo un texto clásico para los estudiantes de medio mundo. Fue fundamental en el desarrollo de los estudios poscoloniales en cuanto disciplina y ha impulsado la investigación en nuevas direcciones, como por ejemplo la naturaleza múltiple del occidentalismo en África y Asia.[39] Ello se debe a que, a pesar de sus inexactitudes, omisiones y florituras teóricas, el argumento central del libro es coherente. Los productos culturales, incluidos los textos especializados, están determinados por los contextos históricos y políticos en que surgen, y al mismo tiempo determinan también esos contextos. Tal es el bucle de retroalimentación de la cultura y la identidad.

Aunque Said tuviese razón en algunas cosas, también se equivocaba en otras. Las ideas sobre Occidente se desarrollaron ciertamente en relación con los pueblos y sociedades de Oriente Próximo y en el contexto del imperialismo, pero ya he señalado que en este libro no todo se limita a eso. La invención de Occidente y de la civilización occidental no se debe únicamente al imperialismo europeo. En el mundo anglófono, el imperialismo también tiene su origen en los malabarismos ideológicos necesarios para justificar al mismo tiempo la Revolución estadounidense y las desigualdades de la sociedad estadounidense (capítulos 10 y 11). En Europa también influyó la oposición ideológica entre la orientación ruso-eurasiática y el modelo atlántico (capítulo 12). Hay también un vacío fundamental en el tratamiento que da Said a la historia de Occidente, y en concreto al rimbombante relato de la civilización occidental. Said, aunque argumenta que Occidente es una ficción, tiende a aceptar el relato de la civilización occidental como si se tratara de una genealogía cultural ininterrumpida que va (en términos literarios) «desde Homero hasta Virginia Woolf».[40]

Se invoca a Homero como punto de partida de las actitudes orientalistas de Occidente en determinados momentos, y Said opta inevitablemente por iniciar su análisis del orientalismo occidental citando textos de la Grecia clásica. Said insta a sus lectores a tener en cuenta en primer lugar la línea divisoria entre Oriente y Occidente, que ya parece conspicua en tiempos de la *Ilíada*.[41] Esto, como mencionamos en los capítulos 1 y 12, no es del todo cierto: la *Ilíada* homérica no establece ninguna diferencia significativa —ya sea étnica, cultural o racial— entre las partes beligerantes, y desde luego no habla de ninguna frontera entre Oriente y Occidente.[42] Said analiza a continuación dos tragedias atenienses —*Los persas*, de Esquilo, y *Las bacantes*, de Eurípides— que presentan una visión sintetizada y estereotipada del oriental asiático. Sin embargo, como vimos en el capítulo 1, la literatura ateniense de mediados del siglo v a. C. no capta el espíritu del mundo griego, reflejado en el contexto (cuando no al servicio) de la dominación ateniense sobre otros griegos. Si Said hubiera prestado más atención a Heródoto que a los dramaturgos áticos, tal vez habría sacado una conclusión muy diferente.

Dejando aparte estas cuestiones relativas a la elección de fuentes, a una escala mayor Said se mantiene fiel a la visión de la historia que está presente en el relato de la civilización occidental. Pasa de puntillas sobre Roma tal vez porque la ideología de esta era manifiestamente híbrida y por tanto no resultaba adecuada para su razonamiento dialéctico (como vimos en el capítulo 2). Se detiene un poco más en el cristianismo y la islamofobia medievales, así como en las cruzadas, antes de abordar como de pasada el Renacimiento para luego dedicar el resto del libro a la literatura de finales del siglo XVIII y a la del siglo XIX. En *Orientalismo*, acepta a grandes rasgos el relato de la civilización occidental, utilizando su estructura general como principio organizador de su propia obra. Que incluso Said, con esa sensibilidad para la literatura politizada, se la tomase en sentido literal atestigua el peso y la persistencia de la civilización occidental en cuanto narración. En una época en que era no solo posible sino también necesario reinventar el propio Occidente, da la impresión de que resultaba más difícil reinventar la historia occidental.

El propio Said siempre reconoció la especificidad y los límites de *Orientalismo* y quiso abordar la gran complejidad de las identidades en un nuevo libro, *Cultura e imperialismo*. En él llegó a la conclusión de que la costumbre misma de crear identidades obligaba a trazar fronteras artificiales y a establecer categorías en las que la exclusividad no existía necesaria o naturalmente. En lo referente al imperialismo, Said afirmó lo siguiente:

> [...] su peor regalo, y el más paradójico, fue permitir que los pueblos creyeran que eran sola, principal y exclusivamente blancos o negros u occidentales u orientales. Pero, del mismo modo que los seres humanos tejen su propia historia, así también tejen sus propias culturas e identidades étnicas. Nadie puede negar la persistente continuidad de las longevas tradiciones, los asentamientos duraderos, las lenguas nacionales y las geografías culturales, pero al parecer no hay otra razón que el miedo y los prejuicios para seguir insistiendo en su diferenciación y su carácter distintivo, como si la vida humana consistiera solo en eso.[43]

Pero a Said le resultaba difícil dejar atrás las categorías en las que había crecido y que habían arraigado en él. Hacia el final de su vida, sus reflexiones autobiográficas volvieron a girar en torno a la idea de un abismo insondable e infranqueable entre Occidente y «el resto», entre «nosotros» y «ellos». Como intelectual, había criticado esa oposición, revelando desde el primer momento cómo había surgido esa contraposición, pero, desde una perspectiva más humana, le costaba imaginar el lugar que ocupaba él mismo en el mundo que había más allá de ese antagonismo. En sus últimos textos hay un concepto que se repite una y otra vez: la sensación de estar, en sus propias palabras, siempre e inevitablemente «fuera de lugar». Said se sentía un exiliado permanente, destinado a ser oriental en Occidente y occidental en Oriente, desvinculado de las sociedades en las que vivía. En un ensayo describió de la siguiente manera la condición de exiliado:

> Pensar en el exilio es algo extrañamente irresistible, por mucho que nos duela. Es el insalvable abismo que se abre entre un ser humano y su lugar de nacimiento, entre el yo y su verdadero hogar: su tristeza intrínseca es irremediable. Y, si bien es cierto que la literatura y la historia nos muestran casos heroicos, románticos, gloriosos e incluso triunfales en la vida de un exiliado, esos episodios no son sino intentos de superar la aflicción desgarradora de la alienación. Los logros del exiliado están permanentemente desvirtuados por la pérdida de algo que no recuperará jamás.[44]

Estas palabras tal vez lleguen al corazón de muchas personas, si alguna vez tienen la oportunidad de leerlas; en un mundo en el que abundan los ejemplos de desplazamientos forzados y en el que los refugiados a causa de la guerra y la tiranía son legión, parecen cargadas de una verdad amarga. Pero se basan en un supuesto que no siempre es cierto, la suposición de que todo el mundo procede necesariamente de un solo «lugar de nacimiento». Ser de «aquí» es no ser de «allí», y pertenecer a una categoría humana es no pertenecer a otra. Pero la idea misma de trazar fronteras absolutas entre identidades es lo que combate Said en sus obras, afirmando una y otra vez que los seres humanos «construyen sus propias culturas e identidades étnicas». El contraste entre los sentimientos personales de Said y sus argumentos teóricos es muy marcado. Que una cosa sea un constructo social no significa que no sea real. Que una cosa haya sido inventada no impide que se convierta en una verdad fáctica que determina nuestra vida. Del mismo modo que eso pasaba con las identidades que Said deconstruyó, así también pasa con Occidente.

Vivir con la idea de que tus identidades son artificiales y múltiples es más sencillo en el siglo XXI. El aumento de la movilidad, del birracialismo y de las familias interculturales significa que ahora es más habitual que nunca formar parte de más de un grupo a la vez, sentirse como en casa tanto aquí como allí. Para algunas personas, esta pluralidad de identidades resulta problemática, pues es algo que hay que afrontar, analizar y explicar. Yo me he sentido así en ocasiones. Sin embargo, para una nueva generación esta pluralidad puede ser también un estímulo y un motivo de orgullo. Puede ser, en palabras de Hanan Issa —poeta y artista iraquí-galesa—, «una fuerza que nadie te puede arrebatar».

> MI CUERPO PUEDE ALBERGAR DOS CORAZONES
> Decimos 'qalbain por dos corazones
> bombeando partes a través de un mar carmesí
> atada a la historia de la tierra dividida
> he tratado de encajar
> ansiosamente.
> Una llamarada de sangre combinada,
> obsesiona
> rebobina
> frústrame.

Dí que entre dos taburetes caigo
esas paredes lindantes formadas temprano.
Pero mi cuerpo es suficiente
suavemente fuerte
agonía que se alarga, amor que crece
abrazando
rechazando el patriarcado
sin necesidad de
avergonzar a mis iguales
o de dejar que mis miedos
se me lleven por delante
dos corazones puede contener mi cuerpo
así que moldeo
mi legado
para hacer espacio para todos.
Erguida
me elevo,
respiro libre.
Dos corazones —
una fuerza que nadie puede tomar.
El amor es un lago
y el mundo está sediento.[45]

CAPÍTULO 14

Occidente y sus rivales

Carrie Lam

> Doy mi más sincera bienvenida a todos los visitantes que vienen a Hong Kong desde todas las partes del mundo [...] para sumergirse en la extraordinaria experiencia cultural que engloba lo mejor de Oriente y Occidente.
>
> CARRIE LAM (2021)[1]

Una multitud de impetuosos manifestantes había asaltado la sede del gobierno. Ante la escasa resistencia de la policía, que no sabía muy bien de parte de quién estaba, la muchedumbre ocupó la Cámara Legislativa, rompiendo ventanas, tirando puertas abajo y pintando eslóganes políticos en las paredes. Era la culminación de meses de protestas populares convocadas por un sector de la población que veía peligrar su estilo de vida y su ideología política. El país estaba dividido entre aquellos que aprobaban sus acciones y consideraban legítimas las manifestaciones, y aquellos que calificaban de «turba» a los manifestantes y estaban indignados por la ilegalidad y la violencia de la ocupación. La gente veía con asombro en todas partes las imágenes de los acontecimientos, transmitidas en directo a todo el mundo por los canales de noticias y las redes sociales.

Eso es lo que sucedió el 6 de enero de 2021 en el edificio del Capitolio, la sede del gobierno estadounidense en Washington, cuando unos manifestantes intentaron invalidar los resultados de las recientes elecciones presidenciales y restituir en el poder a su candidato favorito, Donald Trump, a pesar de su derrota electoral. Eso es también lo que sucedió el lunes 1 de julio de 2019 en el Consejo Legislativo de Hong Kong, cuando los manifestantes intentaron evitar la aprobación de un polémico proyecto de ley que defendía las extradiciones políticas a la China continental. Hay diferencias significativas entre los dos sucesos. Una de las más evidentes es el grado de violencia; en el asalto al Capitolio se produjeron cinco muertes, incluida la de un policía que fue apaleado por los alborotadores,[2] mientras que, por el contrario, en el asalto a la asamblea legislativa de Hong Kong no se produjo ninguna muerte. También se observan diferencias en los objetivos políticos de los manifestantes: los de Hong Kong querían más democracia, los de Estados Unidos, menos. Tomados en conjunto, los dos acontecimientos ilustran hasta qué punto están cambiando en Occidente las ideas sobre la política y la identidad civilizacional.

Una de las personas que debieron de estar observando atentamente los acontecimientos del Capitolio el 6 de enero de 2021 fue Carrie Lam, la gobernadora de Hong Kong. En aquel entonces, Lam ocupaba un cargo único y poco envidiable, pues era la encargada de administrar un territorio que tradicionalmente se posicionaba como «lo mejor de Oriente y Occidente» (tal como dijo en 2021, en el discurso citado al comienzo de este capítulo). Hong Kong formó parte del Imperio británico durante más de un siglo y medio, lo cual ha dejado una profunda huella en la cultura de la ciudad y en la mentalidad de sus habitantes. Gran Bretaña renunció al dominio colonial hace relativamente poco tiempo, en 1997, cuando Hong Kong pasó a ser una región administrativa especial de la República Popular China, con un grado de autonomía considerable y su propio sistema de gobierno político y económico. Hong Kong es, como la propia Lam ha reconocido con frecuencia, un lugar en el que las tradiciones culturales, políticas, económicas y sociales de Occidente se solapan con las de China. Al comienzo de su mandato, Lam se enorgullecía de que Hong Kong condensara lo mejor de China y de Occidente. Al terminar su mandato, en junio de 2022, parecía que ese biculturalismo espontáneo había llegado a su fin. El mundo ha cambiado, y con él, las elucubraciones históricas de China y de Occidente.

A medida que avanzamos hacia la mitad del siglo XXI, China es el más notorio de los diversos rivales de Occidente. Mucho se ha escrito sobre los aspectos económicos, políticos y militares de esta rivalidad, y en especial sobre los desacuerdos entre China, por un lado, y Estados Unidos y la anglosfera, por otro.[3] Hay otro aspecto de esta relación, empero, que ha llamado menos la atención. Se trata de la divergencia entre los dos bloques geopolíticos en lo referente a los fantasiosos relatos históricos que ambos hilan y difunden. Cada uno tiene su propia visión general de la historia y su propio modelo para definir las relaciones entre culturas y civilizaciones.

Guerras entre (cosmo)visiones

Occidente ya no goza de la hegemonía indiscutible del mundo, como sucedía en el siglo XIX y comienzos del XX (capítulo 12). Ahora Occidente tiene competidores.

Por «rival» de Occidente no me refiero solo a una persona, organización o Estado que se declara antioccidental. El Occidente del siglo XXI es un enorme bloque de poder supranacional que engloba muchos Estados que no siempre coinciden en sus posiciones y que pueden llegar a ser también competidores, pero que, no obstante, tienen una perspectiva global común y unos rasgos distintivos de los que son conscientes. Un rival de Occidente debe ser por tanto comparable a él; debe ser una agrupación geopolítica lo bastante grande para situarse fuera del sistema internacional dominado por Occidente, con un sistema internacional propio. Por eso determinados estados, como Corea del Norte, que quedan fuera de esa comunidad internacional, no pueden considerarse rivales suyos. Es una cuestión de escala; Corea del Norte es demasiado pequeña para suponer una amenaza, a pesar de sus armas nucleares.

Durante las dos primeras décadas del siglo XXI, una amenaza externa que a menudo ha sido objeto de análisis y discusión en los medios de comunicación occidentales fue el islam militante, y en especial dos organizaciones que se presentaban como enemigas de Occidente: al-Qaeda y el Estado Islámico. La idea del islam militante como posible rival de Estados Unidos y Europa irrumpió bruscamente en la conciencia occidental el 11 de septiembre de 2001. Agentes de al-Qaeda dirigieron ataques terroristas coordinados en Estados Unidos, secuestrando aviones comerciales y estrellándolos contra grandes edificios públicos e importantes complejos gubernamentales. Esos ataques mataron a miles de personas y destrozaron la vida de muchas más, pero tales agresiones, en vez de sembrar el miedo y la desunión y en vez de menoscabar el prestigio de Estados Unidos en la comunidad internacional, consiguieron todo lo contrario.

El entonces presidente de Estados Unidos, George W. Bush, declaró la «guerra al terrorismo»,[4] y, al cabo de un mes, le declaró también la guerra al régimen que había dado cobijo a al-Qaeda, el de los talibanes de Afganistán, y se puso a la cabeza de una amplia coalición internacional. Aquella coalición estuvo formada no solo por muchos países occidentales, sino también por varios países que no siempre se consideran parte de Occidente, como Rusia, Egipto, Jordania, Baréin, los Emiratos Árabes Unidos, Uzbekistán, Japón y la República de Corea. Aunque algunos miembros de la coalición habían ayudado a los talibanes a establecerse en Afganistán como baluarte contra el comunismo, la nueva coalición derrocó el régimen e implantó un nuevo gobierno prooccidental. Pero esta victoria rápida no dio lugar a una paz duradera. La coalición se pasó los veinte años siguientes envuelta en una sangrienta guerra de guerrillas en Afganistán y cuando finalmente el ejército americano se retiró del país en el verano de 2021 lo dejó sumido en la pobreza y el caos, y de nuevo bajo el control de los talibanes. Pese a las voces de protesta procedentes de sus propios países, los líderes occidentales abrieron otro frente en la «guerra al terrorismo» con la invasión de Irak en marzo de 2003, basándose en informaciones (posteriormente desmentidas) según las cuales Irak poseía armas de destrucción masiva capaces de alcanzar objetivos en Occidente a toda velocidad. La guerra de Irak se pareció en muchas cosas a la de Afganistán, con una victoria rápida y la implantación de un gobierno prooccidental, a lo cual siguió un prolongado período de insurrección y guerra civil. En mayo de 2011, al-Qaeda había sido prácticamente neutralizada.

Pero de la guerra civil en Irak surgió otro posible adversario de Occidente, el Estado Islámico de Irak y el Levante, a veces conocido por su acrónimo inglés, ISIS, o por el término Daish, derivado de su acrónimo árabe, que sus detractores dentro del mundo arábigo utilizan de manera peyorativa.[5] En 2014, la organización empezó a hacerse llamar «califato», afirmando que eran un sistema internacional alternativo, independiente de Occidente y opuesto a este en cuanto a ideología. Este sistema no era global (el alcance geográfico del Daish siempre fue limitado), ni estable (el Daish fue derrotado militarmente y sucumbió al cabo de cinco años), ni del todo independiente de Europa y Estados Unidos (para financiarse, el Daish dependía de la exportación de gas, petróleo, fosfatos y cemento).[6] Pero el Estado Islámico presumió, no por mucho tiempo, de ser un rival de Occidente. En su máximo apogeo, el Daish controló la mayor parte de Irak al norte de Bagdad, así como casi toda Siria (salvo las zonas litorales), y amenazó las fronteras de Turquía. También reivindicó diversas «provincias» en la península del Sinaí, Libia, Yemen, Afganistán y Nigeria. Sus partidarios empezaron a llegar de todas partes del mundo, deseosos de luchar por el califato y comenzar una nueva vida en lo que creían que iba a ser una sociedad íntegramente religiosa. El éxito del Daish duró poco. Durante 2016 y 2017 fue repelido por una coalición internacional formada por distintos estados de Europa, África y el centro y oeste de Asia, así como por los combatientes kurdos, que fueron los más numerosos. Al igual que al-Qaeda, el Daish intentó desafiar a Occidente, pero lo único que consiguió fue poner en su contra a países occidentales, africanos y asiáticos. Durante los primeros meses de 2019, los últimos restos de su ejército fueron sitiados y derrotados en Baguz, una localidad situada en la frontera entre Irak y Siria.

Aunque nunca habría sido un rival peligroso para Occidente a escala mundial o a largo plazo, el islamismo militante elaboró sus propios relatos civilizacionales. Adoptó la idea de que la civilización occidental era un *continuum* que se remontaba a las cruzadas y a la Antigüedad grecorromana. En un famoso discurso difundido por la agencia de noticias Al Jazeera el 6 de enero de 2004, el líder de al-Qaeda, Osama bin Laden, pidió a los musulmanes de todo el mundo que se uniesen a la causa islamista para «hacer frente a la nueva Roma» y a las «acometidas de los cruzados sionistas». No deberían parecerse, los exhortó, a la antigua dinastía árabe de los gasánidas, a quienes «Roma los nombraba reyes y altos funcionarios para salvaguardar los intereses de los romanos matando a sus hermanos, los árabes de la península». Bin Laden argumentaba que, por el contrario, «las personas honradas a las que afecta esta situación deberían alejarse de la sombra de estos regímenes opresores y convocar una movilización general con el fin de rechazar los ataques de los romanos».

El Daish también llamaba «romanos» a sus enemigos occidentales, o rumíes, según el uso arábigo medieval, para referirse no solo a los cristianos bizantinos, sino también a los fieles de la Iglesia latina. Uno de los factores que impulsaron el crecimiento inicial y el éxito de la organización fue su gran presencia en internet, que permitió a sus líderes llegar a personas muy alejadas físicamente de sus límites territoriales.[7] El Daish publicó varias revistas electrónicas en diferentes idiomas con el fin de animar a los musulmanes de todo el mundo a cometer actos terroristas. En los artículos se daban instrucciones para fabricar bombas caseras, descifrar mensajes codificados y elegir los vehículos idóneos para los atentados. La revista dirigida a un público anglófono entre 2014 y 2016 se llamaba *Dabiq*, nombre tomado de una profecía de Mahoma y transmitida gracias a uno de los hadices que predice «una batalla apocalíptica entre los musulmanes y los rumíes».[8] En 2016, sin embargo, vio la luz una nueva revista en inglés que se llamaba *Rumiyah* («Roma»), en referencia a una profecía según la cual los musulmanes conquistarían algún día el Imperio romano. Cada tirada comenzaba con el siguiente epígrafe: «Oh, *muwahidín* [creyentes], regocijaos, pues, por Alá, no detendremos nuestra yihad hasta que estemos bajo los olivos de Roma».[9] Estas revistas reflejan el relato de la civilización occidental, pero adoptan un tono hostil, ya que afirman: «El Imperio romano nunca llegó a caer del todo, sino que solo adoptó nuevos nombres».[10]

Esta teoría del «choque de civilizaciones» fue una de las causas de esa política de destrucción y vandalismo en lo referente a los emplazamientos, monumentos y objetos antiguos.[11] Aunque se destrozaron objetos y restos arqueológicos de todas las épocas del «idólatra» pasado preislámico,[12] había un interés especial en destruir las antigüedades grecorromanas a causa de su relación con el nacimiento de la civilización occidental (por supuesto, ello no impidió al Daish obtener en ocasiones beneficios económicos con la venta ilegal de antigüedades).[13] Esta cuestión despertó el interés de la prensa occidental, sobre todo cuando el Daish saqueó la antigua ciudad de Palmira, que fue declarada Patrimonio de la Humanidad por la UNESCO y es una de las ruinas más famosas de la Antigüedad mediterránea. Lo que más indignó a la opinión pública internacional fue la voladura del templo de Bel, del teatro romano y otros edificios históricos, así como el asesinato de Jaled al-Asaad, director arqueológico del lugar.[14]

Las ruinas de Palmira, tras la expulsión del Daish, volvieron a ser un valioso capital político. En la londinense plaza de Trafalgar se erigió una réplica a escala del arco triunfal «como un desafío a los bárbaros».[15] Recientemente se ha iniciado una campaña para reconstruir el templo de Bel, liderada principalmente por el Instituto Arqueológico Alemán, campaña que ha sido descrita como un «desafío cultural» y un «desagravio vindicatorio». Aunque esto pueda parecer deseable en cierto sentido, yo estoy de acuerdo con mi colega vienés, el profesor Andreas Schmidt-Colinet, quien estuvo excavando en Palmira durante décadas y fue amigo personal del difunto Jaled al-Asaad: cualquier ayuda y financiación internacional debería destinarse primero a satisfacer las necesidades de los habitantes de Palmira, a quienes habría que pedir su opinión sobre los planes relativos a la reconstrucción del lugar.[16]

Pero no fueron solo los políticos y los comentaristas occidentales los que consideraron las ruinas de Palmira como un símbolo político. Unos meses después de la expulsión del Daish, la Orquesta Sinfónica Nacional de Rusia dio un concierto, en mayo de 2016, que incluía la proyección de un vídeo en el que Vladímir Putin agradecía a los soldados rusos el «rescate de una antigua cultura» (refiriéndose a las partes de la antigua ciudad que aún seguían en pie), una hazaña que «Occidente no fue capaz de ejecutar».[17] Semejante retórica forma parte del discurso general de Rusia en cuanto rival de Occidente, un discurso que recuerda a la guerra fría del siglo XX, y que en el siglo XXI parece haber tenido una nueva oportunidad.[18]

Todo comenzó en abril de 2005, cuando Putin animó a los rusos a mirar con nostalgia a la Unión Soviética, diciendo que su hundimiento fue «la mayor catástrofe geopolítica del siglo».[19] Desde entonces, el mandatario eslavo ha evocado con frecuencia la era soviética como una época de grandeza, durante la cual Rusia se encontraba en una posición de fuerza con relación a Occidente, y ha manifestado explícitamente su intención de volver a esa situación. Durante los últimos quince años, Putin ha intentado renovar la retórica antioccidental, reavivar el orgullo del pasado soviético y reafirmar la influencia rusa en países que habían formado parte de la Unión Soviética, cuyo caso más notorio ha sido la invasión de Ucrania en 2022. Ya en 2008 algunos comentaristas occidentales pronosticaban que la era Putin marcaba el comienzo de una nueva guerra fría.[20]

Aparte de la rivalidad histórica, económica y militar entre Rusia y Occidente, hay también una contraposición en lo que se refiere a sus respectivos relatos históricos. En julio de 2021, solo unos meses antes de la invasión de Ucrania, Putin publicó en la página web del Kremlin un extenso ensayo histórico —en ruso, ucraniano e inglés— que se titulaba «Sobre la unidad histórica de los rusos y los ucranianos».[21] En ese texto argumenta Putin que los rusos y los ucranianos son en esencia «un mismo pueblo, un todo único».[22] El fundamento de esa unidad, asegura, es una lengua, una religión (la ortodoxa rusa) y una cultura comunes, las cuales dimanan de una larga y gloriosa historia compartida por ambos territorios; y esa historia compartida invalida según él la idea de una nación y una identidad ucranianas. La creencia en una nación ucraniana autónoma, afirma Putin, es la consecuencia de una reescritura politizada de la historia «real». A causa de esa manipulación ideológica por parte de «los creadores occidentales del proyecto antirruso», la gente «se ve obligada no solo a negar sus raíces —generaciones y generaciones de antepasados—, sino también a creer que Rusia es su enemigo». Ahora bien, concluye Putin, Rusia nunca permitirá que Occidente manipule a los ciudadanos de uno de sus «territorios históricos» para que se vuelvan «antirrusos».

En ese ensayo Putin presenta un esbozo de lo que él considera una visión más precisa de la historia, y afirma, entre otras cosas, que «los rusos, los ucranianos y los bielorrusos proceden de la antigua Rus, que era la nación más grande de Europa». La antigua Rus, afirma Putin, englobaba a todos los pueblos eslavos y es anterior al advenimiento del cristianismo. Putin sitúa la antigua Rus casi a la altura de los imperios romano y bizantino, y sugiere que, «al igual que otros países europeos de la época, Rus se vio afectada por la fragmentación y el declive del poder central» durante la Edad Media, aunque «la nobleza y el pueblo llano consideraban Rus como un territorio común, como su patria».

Esto es muy significativo, teniendo en cuenta el resurgimiento de la idea de Rusia como la «tercera Roma», la sucesora de los imperios romano y bizantino. Según este gran relato de la historia, las líneas de la herencia imperial y civilizacional no conducían al oeste, desde Roma hasta la Europa central y occidental (y de ahí al territorio del Atlántico norte y la anglosfera), sino al este, desde la antigua Roma primigenia hasta la segunda Roma de Constantinopla y de allí a la gloriosa tercera Roma de Moscú. La idea de la «tercera Roma» moscovita surgió en el siglo XVI y fue claramente resumida por Filoféi de Pskov, el hegúmeno de un monasterio situado en el noroeste de Rusia, en una carta escrita en 1523 o 1524: «Este es el Imperio ruso: porque dos Romas han caído, pero la tercera sigue en pie y no habrá una cuarta».[23] Desde el principio esa imagen estuvo ligada tanto al imperialismo (entonces la expansión territorial rusa iba en aumento) como a la Iglesia ortodoxa. Cuando en 1589 se creó en Moscú un patriarcado ortodoxo independiente, en el decreto que lo oficializó se hizo una referencia explícita a la «tercera Roma»: «Pues la antigua Roma se hundió a causa de la herejía de Apolinar [es decir, el paganismo]. La segunda Roma, que es Constantinopla, está en manos de los nietos de Agar, los turcos impíos. ¡Piadoso zar! Tu gran Rus, la tercera Roma, es más devota que todas ellas».[24]

La idea de una «tercera Roma» rusa tomó fuerza de nuevo a finales del siglo XIX cuando los ideólogos rusos intentaban adoptar una posición clara con relación al Oriente islámico y asiático, por un lado, y al Occidente católico y protestante, por otro.[25] (De hecho, como vimos en el capítulo 12, fue entonces cuando los escritores rusos empezaron a usar el término Occidente para referirse a la Europa central y occidental.) Es una idea que siguió siendo una constante literaria durante el período modernista (1890-1940), a pesar de los drásticos cambios políticos que sufrió Rusia durante aquella época.[26] Esa idea está resurgiendo, si bien de manera más sutil, en la «era Putin». Fue Putin quien, en 2001, firmó una ley federal para crear un nuevo escudo nacional. Ese escudo de armas representa el águila bicéfala de Bizancio, adoptada por los zares en el primer período de la «tercera Roma», y empezó a aparecer en los rublos en 2016. Y fueron las declaraciones de Putin, reproducidas en un vídeo durante el concierto ruso en el teatro romano de Palmira, las que invistieron implícitamente a Rusia, y no a Occidente, con la dignidad de ser la legítima heredera de la Antigüedad clásica.

El primer rival de Occidente del que hemos hablado en este capítulo, el islamismo militante, aceptó en gran medida el relato histórico de la civilización occidental, dándole la vuelta para atacar de ese modo a Occidente. El segundo rival analizado hasta ahora, Rusia, adopta un planteamiento un poco diferente. La Federación Rusa revisa la genealogía cultural que la civilización occidental se atribuye, y presenta una visión diferente de la forma de la historia, en la cual la cultura y la civilización avanzan en dirección este. Pero es el tercer rival mencionado en este libro, China, el que está desconcertando a algunos politólogos occidentales.[27] Y, en lo relativo a los grandes relatos históricos, China adopta un planteamiento completamente distinto.

Civilizaciones paralelas

A mediados del siglo XX se dio en China un acalorado debate entre historiadores con respecto a la forma general de la historia del mundo. Cuando Marx escribió sobre el «modo asiático de producción» en la década de 1850, ¿quería decir que Asia estaba destinada a permanecer para siempre en un estado estático de desarrollo, evolucionando separadamente de Occidente a lo largo de su propia trayectoria civilizacional paralela? O, como argumentaba Lin Zhichun, un historiador patriota al que llamaban el «profesor rojo», ¿el «modo de producción asiático» se refería en cambio a una etapa de desarrollo económico por la que todas las sociedades han de pasar en algún momento? Según Lin, China y Occidente compartían una sola trayectoria histórica, y toda la historia mundial, incluida la historia que Occidente reclamaba para sí en el relato de la civilización occidental, era relevante dentro de un solo modelo marxista universal.[28]

Con este modelo de una historia mundial común, Lin promovió la investigación de la «historia del mundo antiguo», queriendo abarcar no solo la historia china y asiática de la Antigüedad, sino también la historia grecorromana. En la Universidad Normal del Noreste, situada en la subprovincia de Chángchūn, se creó a principios de la década de 1950 un centro nacional para el estudio de esa disciplina, y durante las décadas siguientes el gran relato de Lin fue haciéndose cada vez más preponderante, sobre todo tras la publicación de su famoso libro de texto, *Esbozo de la historia del mundo antiguo* (1979).[29]

Pero unas décadas después, la Administración china empezó a popularizar otro gran relato de la historia.[30] Atrás había quedado el modelo marxista universal de Lin, según el cual diferentes pueblos y países siguen el mismo curso global, si bien cada uno a su ritmo. Por el contrario, este otro gran relato imagina una humanidad dividida en distintas civilizaciones independientes, cada una de las cuales discurre inalterable, y en paralelo a las demás, desde el pasado lejano hasta el presente. Hoy en día, según la retórica oficial del gobierno, la China moderna no es la heredera de la antigua, sino su continuación inmutable. Ese es, en esencia, un modelo ahistórico de la historia, pues rechaza la transferencia y la transformación y propone en cambio la pureza y el esencialismo de la civilización.

Desde esta perspectiva de la historia, China no es el único Estado-nación que encarna una civilización antigua. En abril de 2017, los ministros de asuntos exteriores de diez países se reunieron en Atenas y firmaron un acuerdo para crear una nueva organización internacional cuyo objetivo fuese usar la diplomacia cultural como una forma de «poder blando e inteligente», así como valerse de la cultura «para incentivar el crecimiento económico».[31] La organización constituyó el Foro de Civilizaciones Antiguas (FCA), una iniciativa propuesta conjuntamente por China y Grecia, al que fueron invitados representantes de ocho estados a los que se consideraba poseedores de «grandes civilizaciones antiguas»: Bolivia, Egipto, la India, Irán, Irak, Italia, México y Perú. Desde su primera reunión en Atenas, el FCA ha celebrado reuniones bienales a las que asiste el ministro de cultura de cada país; una reunión suele celebrarse en Nueva York, paralelamente a una sesión de la Asamblea General de las Naciones Unidas, y la otra, en la capital de uno de los países miembros: La Paz en 2018;[32] Pekín en 2019, cuando Armenia ya se había sumado al grupo;[33] telemáticamente en 2020 y 2021 a causa de la COVID-19, pero bajo la presidencia de Perú;[34] y en Bagdad en 2022.[35]

La declaración firmada en la primera reunión del foro calificó la antigua civilización de cada Estado miembro de «omnipresente» y «trascendental», aseverando que «sigue siendo relevante y significativa en la actualidad». Aunque estas civilizaciones son antiguas, los miembros del foro aseguran, no obstante, que no son cosa del pasado, sino que su existencia ha perdurado de manera ininterrumpida hasta el presente. En su discurso de la reunión correspondiente a 2021, el viceministro de asuntos exteriores armenio, Vahe Gevorgyan, afirmó: «Lo que nos ha reunido hoy aquí y nos cohesiona es la vasta historia, la cultura, las tradiciones y los valores de nuestras antiguas civilizaciones, que hemos ido acumulando a lo largo de los siglos».[36] Según este modelo, las civilizaciones son más atemporales que dinámicas, y la cultura es más acumulativa que cambiante.

Con este modelo no solo no se puede cambiar la cultura, sino que, además, es muy difícil transmitirla. La idea de *translatio*, la transmisión de la cultura entre pueblos en el espacio y en el tiempo, es de vital importancia para la civilización occidental, pero aquí no tiene cabida. Desde la perspectiva de este foro, la relación entre civilizaciones no puede basarse en la genealogía o el linaje, en los que un grupo o población recibe influencias culturales de otro. Más bien, «cada cultura individual»[37] sigue siendo «una entidad distinta y separada». Según el criterio chino, países modernos como Alemania, Gran Bretaña y Estados Unidos no pueden reivindicar la herencia cultural grecorromana, sino que esas antiguas civilizaciones pertenecen exclusivamente a las naciones modernas de Grecia e Italia.

En lugar de transmisión, adopción o herencia cultural, se da prioridad al «diálogo entre civilizaciones», como se subraya en la declaración de Atenas. La palabra «diálogo» implica aquí cierto distanciamiento para evitar la contaminación cruzada entre una civilización y otra. El ministro chino de asuntos exteriores, Wang Yi, resumió este principio en una conversación con los periodistas durante la primera reunión de Atenas: «Deberíamos heredar nuestras culturas tradicionales, tener confianza y respetar y honrar el sistema social y la vía de desarrollo de cada uno de los otros».[38] Dicho de otro modo, ninguna civilización debería salirse de su carril. El FCA, por tanto, ve paralelismos, pero no interrelaciones, entre las distintas culturas. Más que la genealogía cultural, la razón fundamental del grupo es la «analogía» cultural: cada «gran civilización antigua» es un equivalente de las demás, paralela e interiormente impoluta.

Si bien la influencia, la herencia y la transmisión entre civilizaciones están ausentes de este modelo, también lo están los choques y los conflictos. De hecho, en unas declaraciones a la prensa internacional tras la primera reunión del foro, el ministro de asuntos exteriores iraquí, Ibrahim al-Yafarí, declaró que el grupo rechazaba en lo esencial la idea de un «choque de civilizaciones» que algunos intelectuales proponen.[39] El ministro, visiblemente enojado, mencionó incluso al autor del infame *El choque de civilizaciones*: «Samuel Huntington nos vino con lo del choque de civilizaciones [...]. ¿Qué significa eso?». El respeto a la diversidad cultural también está presente en algunos discursos del presidente chino, Xi Jinping, quien ha afirmado que «la diversidad de civilizaciones humanas es la característica fundamental del mundo en que vivimos». Y que: «Diferentes naciones y civilizaciones son ricas en diversidad y tienen sus propios rasgos distintivos. Ninguna es superior o inferior a otra».[40] Los choques entre civilizaciones pueden evitarse, según Xi Jinping y el criterio oficial chino, fomentando los «diálogos» culturales y el «aprendizaje mutuo» a través de canales como el Foro de Civilizaciones Antiguas.

De todos los miembros del foro, China parece estar especialmente interesada en desarrollar la diplomacia cultural con Grecia, los países que, según Nikólaos Kodsiás, el entonces ministro de asuntos exteriores griego, son los «dos motores» del foro.[41] El grado de participación oficial y económica de los dos países se ha intensificado considerablemente durante los últimos años; ambos fijaron el año 2017 para solemnizar el intercambio cultural sino-griego. Los museos de ambos países intercambiaron temporalmente piezas de arte y organizaron exposiciones itinerantes, como *¡EUREKA! Exposición de ciencia, arte y tecnología en la Grecia clásica*, en el Museo de Ciencia y Tecnología Chinas de Pekín (noviembre de 2017-mayo de 2018); la exposición *Ciencia y tecnología en la antigua China*, presentada en el Museo Iraklión de Atenas (septiembre de 2017-abril de 2018); *El pecio de Antiquítera*, en el complejo palaciego de la Ciudad Prohibida de Pekín (septiembre-diciembre de 2018); y *Desde la Ciudad Prohibida: morada imperial de Qianlong*, en el Museo de la Acrópolis de Atenas (septiembre de 2018-febrero de 2019). Varias compañías de teatro colaboraron en la representación bilingüe de obras tradicionales, incluidas una puesta en escena de *El huérfano de Zhao* en Atenas (noviembre de 2018) y otra de *Agamenón* en Pekín (febrero-marzo de 2019).

También han aumentado las investigaciones académicas que establecen paralelismos entre la antigua Grecia y China. El estudio de la Grecia clásica, que a menudo se considera exclusivo de los helenistas occidentales, está aumentando en las universidades chinas.[42] Las conferencias y los congresos han fomentado el estudio del «diálogo» entre la Grecia antigua y la antigua China, como por ejemplo el congreso sobre el «Diálogo espiritual entre las antiguas civilizaciones china y griega», celebrado a bombo y platillo en Pekín en enero de 2022 antes de los Juegos Olímpicos.[43] Las interacciones académicas también están siendo fomentadas por un acuerdo formal de colaboración, firmado en octubre de 2021, cuyo objetivo es facilitar los intercambios entre las universidades chinas y griegas, haciendo especial hincapié en el estudio comparativo de las dos antiguas civilizaciones.[44]

El especial interés en el diálogo que muestran China y Grecia —en cuanto antiguas civilizaciones paralelas— no es fortuito. Cuando en 2021 anunció el acuerdo formal de colaboración entre las universidades griegas y chinas, el ministro de Educación chino subrayó la conveniencia del enlace, teniendo en cuenta que Grecia y China eran las «cunas de la civilización occidental y oriental respectivamente».[45] Durante el congreso sobre el «Diálogo espiritual» celebrado en 2022 se elogiaron las nuevas traducciones de textos griegos clásicos al chino porque permitían a más eruditos profundizar en la «comprensión de la civilización occidental y sus orígenes históricos», proporcionando así «un punto de vista comparativo de la civilización para redescubrir la cultura clásica china».[46] Este paralelismo reviste especial importancia porque la China y la Grecia antiguas representan las «culturas espirituales de Oriente y Occidente».[47]

Este interés en los paralelismos y el diálogo entre Grecia y China, aunque pueda parecer que solo les importa a unos pocos historiadores, lo cierto es que tiene repercusiones tangibles en el mundo real. La diplomacia cultural ha ido acompañada del fortalecimiento de los vínculos políticos y económicos entre los dos países. En 2019, el primer ministro griego, Kyriakos Mitsotakis, visitó una feria de muestras en Shanghái y se llevó consigo a más de sesenta empresarios en busca de oportunidades comerciales. Unos días después, el presidente Xi Jinping le devolvió la visita y tuvo la ocasión de conocer con detenimiento El Pireo y la Acrópolis. Y en mayo de 2022 tuvieron lugar en la embajada china en Atenas una serie de celebraciones para conmemorar los cincuenta años de relaciones diplomáticas entre China y Grecia que culminaron con una conferencia titulada «China y Grecia: desde las antiguas civilizaciones hasta la alianza moderna».[48] Esta alianza moderna se remonta tan solo a 2016, cuando una compañía estatal china compró una participación mayoritaria en el puerto de El Pireo. Como primer puerto importante de la Unión Europea al que los navíos chinos llegan al entrar en el Mediterráneo, El Pireo enseguida se convirtió en una pieza clave de la Nueva Ruta de la Seda, y desde entonces el Estado chino ha prestado mucha atención a la economía griega, acercando a Grecia a su ámbito económico y cultural.[49]

La Nueva Ruta de la Seda se inauguró en 2013 a fin de desarrollar el transporte comercial a través de Eurasia con la intención de resucitar la «esencia de la ruta de la seda» e incrementar las relaciones económicas y culturales con los países participantes en el proyecto. En el momento de escribir estas líneas, se calcula que sus costes ascienden a entre 50 y 100 millones de dólares anuales y que en la empresa intervienen más de ochenta países, con una población conjunta de más de 4.400 millones de personas, lo que equivale al 63 % de la población mundial.[50] Es, sin duda, una manifestación del peligro que representa China para el dominio global de Occidente, una red internacional independiente que ya está empezando a rivalizar con el orden mundial establecido por Estados Unidos.

Aunque el éxito de la Nueva Ruta de la Seda dependerá en última instancia de factores políticos y económicos, la diplomacia cultural —y, en concreto, la retórica de las antiguas civilizaciones paralelas— ha demostrado ser una magnífica herramienta ideológica para justificar por medio de un pasado imaginario las acciones emprendidas en el presente.[51] En la Declaración de Atenas, los miembros del Foro de Civilizaciones Antiguas se comprometieron a «impulsar la Nueva Ruta de la Seda» con el fin de «estimular el crecimiento económico y social de cada socio del FCA». La relación entre el foro y la expansión del poder chino siempre ha sido explícita; el ministro de asuntos exteriores Wang declaró que «el FCA está en consonancia con la construcción de la "Nueva Ruta de la Seda" y puede servir de apoyo cultural e intelectual y de ayuda económica a la construcción de dicho proyecto».[52]

Ningún gran relato de la historia es sincero. Cada uno se sitúa en su propio contexto histórico y social, y cada uno contiene (explícita o implícitamente) una visión política del mundo. El vanidoso relato de la civilización occidental, como hemos visto a lo largo de este libro, surgió del contexto histórico y social de los siglos XVII y XVIII y presenta una visión política acorde con ese contexto. El gran relato de las civilizaciones paralelas que difunde la política oficial china no es muy diferente. Surgió en el contexto político y social de comienzos del siglo XXI y presenta una visión política que supone una alternativa al sistema internacional encabezado por Occidente.

El modelo civilizacional que propone este gran relato afirma que las diferentes civilizaciones deberían interpretarse en función de comparaciones, analogías y paralelismos culturales, y no en función del cambio, la emulación y la transmisión cultural. La retórica oficial, aunque fomente el diálogo entre civilizaciones, las considera puras y eternas, con un núcleo fundamental invariable. Básicamente, cada civilización se ve a sí misma como el coto privado de un grupo poblacional específico e inmutable, anclado en un lugar concreto e inalterable. Es un modelo disconforme con la idea de combinar culturas o de fusionar Oriente con Occidente. Es por tanto un modelo que ofrecía muy poco margen de maniobra a Carrie Lam, la gobernadora de Hong Kong entre 2017 y 2022, cuya visión personal, según vimos en el epígrafe de este capítulo, era la de un Hong Kong que prometía una «extraordinaria experiencia cultural que engloba lo mejor de Oriente y Occidente».[53]

El fatídico 777

Carrie Lam (nombre chino: Lam Cheng Yuet-ngor) ha vivido gran parte de su vida entre dos mundos, inmersa en las tradiciones tanto chinas como occidentales. Lo mismo cabe decir de los miembros de su generación que crecieron en Hong Kong como súbditos del Imperio británico, dando por sentada la particular mezcla de culturas de su ciudad. Es una mezcla que se mantuvo tras el traspaso de Hong Kong a China en 1997, pero que se ha visto sometida a una considerable tensión durante la última década.

Lam nació en Hong Kong en 1957 en el seno de una familia pobre; su padre trabajaba en el puerto para mantener a su mujer y a sus cinco hijos.[54] Lam recuerda que vivían en un apartamento tan pequeño que tenía que hacer los deberes en la cama. No obstante, era una buena alumna en el colegio católico para niñas al que asistía, en el cual recibió una educación occidental que le inspiró fe y disciplina. Al parecer tenía también un espíritu muy competitivo desde el principio. Recuerda haber llorado solo una vez de pequeña, cuando no sacó la nota máxima en un examen. Años más tarde, cuando en una entrevista radiofónica le preguntaron cómo reaccionó ante aquel revés, Lam respondió con la típica confianza en sí misma: «Volví a ser la número 1».[55]

Lam empezó a interesarse por la política en la universidad, donde cambió los estudios de trabajo social por los de sociología porque estos le permitían involucrarse más en la política estudiantil. En esa etapa de su vida, Lam era «antisistema», y llegó a participar en una sentada ante la sede del gobierno y en la organización de un intercambio de estudiantes con la Universidad Tsinghua de Pekín.[56] Evidentemente, esa rebeldía fue solo una etapa pasajera, pues, al licenciarse en 1980, Lam obtuvo un puesto en la Administración pública, y afirmó luego que prefería promover el cambio social desde dentro del sistema.

Dada su eficiencia, antes de dos años, Lam fue enviada a la Universidad de Cambridge para hacer un curso de estudios de desarrollo para funcionarios de alto rango. Allí conoció a su futuro marido, Lam Siu-por, que estaba haciendo el doctorado en Matemáticas. Pocos años después, la pareja regresó a Hong Kong y se casó; Lam Siu-por empezó a impartir clases en la Universidad China de Hong Kong y Lam volvió a la Administración, donde ocupó distintos puestos, algunos de ellos en la Oficina de Finanzas. Las dos décadas siguientes fueron muy intensas para los Lam, pues tuvieron que compaginar su trabajo con el cuidado de sus dos hijos. Al mismo tiempo, vivían en un entorno de tensa incertidumbre que culminó en la transición política de 1997, cuando Hong Kong dejó de ser una colonia británica y fue devuelta a China. Muchos hongkoneses desconfiaban de la política de «un país, dos sistemas» que China les había prometido, lo que originó una oleada de emigración, especialmente a Gran Bretaña y América del Norte. Los Lam, pese a permanecer en la ciudad, tomaron la precaución de adoptar la nacionalidad británica gracias a un programa especialmente diseñado para que a las personas nacidas en la colonia siendo súbditas británicas se les concediera la nacionalidad plena, que incluía el derecho a residir en el Reino Unido.

A pesar de sus temores, todo parecía ir sobre ruedas durante los años inmediatamente posteriores al traspaso, y en el nuevo milenio la carrera profesional de los Lam iba viento en popa.[57] Carrie ocupó una serie de cargos importantes, como por ejemplo los de directora de la Seguridad Social entre 2000 y 2003, secretaria permanente de vivienda, planificación y urbanismo entre 2003 y 2004 y secretaria permanente de asuntos interiores entre 2006 y 2007. Entre 2004 y 2006 estuvo de nuevo en el Reino Unido, donde fue directora general de la Oficina Comercial de Hong Kong en Londres. Teniendo en cuenta este regreso temporal al Reino Unido, el hecho de que sus hijos estudiaban en Cambridge y la nacionalidad británica que poseían todos los miembros de la familia, podríamos concluir que, hasta ese momento, Lam seguía sintiendo que formaba parte de ambos mundos, como la propia Hong Kong, beneficiaria de dos tradiciones culturales. De hecho, los lazos de la familia con Gran Bretaña eran tan estrechos en aquel momento, que Lam Siu-por, cuando se retiró de su puesto en la universidad, decidió pasar parte de su jubilación en Oxford.

Su mujer regresó a Hong Kong, dando un giro radical a su trayectoria profesional, pues tuvo que abandonar la Administración para dedicarse a la política. Puesto que ya no era asesora ni administradora, Lam empezó a desempeñar funciones de gobernación y a tomar decisiones sobre la política pública. Pero su nuevo trabajo tuvo un coste personal para ella. Lam hubo de renunciar a la nacionalidad británica, comprometiéndose por tanto a dedicar todos sus esfuerzos a Hong Kong.

El primer cargo político de Lam fue el de directora del Ministerio de Desarrollo, donde se granjeó fama de «luchadora» que no incumplía ninguna promesa y donde consiguió sacar adelante algunos proyectos bastante polémicos.[58] Pese a sugerir que se retiraría para vivir con su familia en Gran Bretaña al final de esa primera legislatura en 2012, Lam permaneció en Hong Kong y fue nombrada secretaria general de la Administración, el segundo cargo más importante de la ciudad, tras el de gobernador. Ideológicamente se fue acercando cada vez más a Pekín e introdujo una serie de polémicas medidas que suponían una colaboración más estrecha de Hong Kong con la China continental, quebrantando la promesa de «un país, dos sistemas». Lam intentó introducir primero un nuevo plan de estudios, en 2012, denominado *Educación ética y nacional*, pero se encontró con una fuerte oposición por parte de los profesores, los estudiantes y los grupos prodemocráticos, que recelaban de los elementos ideológicos del nuevo programa. La oposición fue tan feroz que Lam tuvo que posponer la aplicación del plan de estudios para centrarse en otra cuestión controvertida, la reforma constitucional.

Debido al complejo sistema electoral de Hong Kong, solo algunos legisladores pueden ser elegidos directamente por los ciudadanos; los demás son seleccionados mediante los votos institucionales que emiten los representantes de diferentes sectores de la economía y los miembros de la Comisión Electoral, un conjunto de personas elegidas a dedo y procedentes del mundo de los negocios, la sociedad civil y las organizaciones religiosas, así como de la propia Administración. Como los grupos prodemocráticos que exigían cambios eran cada vez más escandalosos, entre 2013 y 2015 Lam dirigió un grupo especial de trabajo para coger el toro por los cuernos. Los activistas prodemocráticos se indignaron aún más cuando, en agosto de 2014, Lam anunció un nuevo sistema para el nombramiento del gobernador en el que todos los candidatos tendrían que contar con la aprobación de un comité elegido a dedo.

Las protestas que llenaron las calles culminaron en la ocupación, durante setenta y siete días, de diversos lugares de la ciudad. Conocidas como el «movimiento de los paraguas» por el uso que de estos hacían los manifestantes para protegerse del gas lacrimógeno y los aerosoles de pimienta que utilizaba la policía, estas protestas cautivaron la imaginación popular, no solo en Hong Kong, sino también en Occidente, donde se dio un significativo apoyo a la causa. Pero Lam se mantuvo firme y al final ordenó a la policía que pusiese fin a la ocupación. Sin embargo, a pesar de sus tácticas de «luchadora», Lam no fue capaz de implantar la reforma porque el Consejo Legislativo, consciente de las protestas populares y de la condena internacional, votó en contra de ella.

Como consecuencia de este fracaso, la Administración se mostró implacable en la persecución de los principales agitadores, y los líderes de las protestas fueron condenados a cortas penas de cárcel. Estos manifestantes pertenecían a una nueva e idealista generación, nacida en los años de bonanza posteriores al traspaso, pero que en ese momento se enfrentaba a unos precios inasequibles de la vivienda y a una escasísima oferta de trabajo. Es una generación que se esfuerza por encontrar una identidad hongkonesa y que tiene sentimientos ambiguos respecto a los antiguos lazos con Gran Bretaña y los actuales lazos con la China continental.[59] Muchos integrantes de estos nuevos movimientos eran jovencísimos. Joshua Wong y Agnes Chow, ambos figuras destacadas de su generación, tenían solo quince años cuando fundaron el grupo activista Escolarismo y comenzaron a manifestarse contra la ley de Educación Ética y Nacional, y aún no habían cumplido dieciocho cuando se unieron al movimiento de los paraguas. Wong contaba veintiún años cuando en 2017 cumplió su primera pena de cárcel como consecuencia de esas manifestaciones.[60]

En 2017 se celebraron las elecciones para el cargo de gobernador, y para entonces muchos activistas prodemocráticos ya detestaban a Lam. Pero todavía contaba con el respeto y apoyo de muchos hongkoneses, sobre todo empresarios y miembros del *establishment*, que se sentían con ella en buenas manos. Pese a no poder aprobar la reforma constitucional ni el nuevo plan de estudios, Lam era la candidata favorita de Pekín, y esto supuso probablemente una ventaja adicional para conseguir el cargo más importante. Carrie Lam obtuvo una clara victoria en las elecciones a gobernador de 2017, con un total de 777 votos de los 1.194 posibles. El número de votos provocó enseguida la mofa de sus detractores, pues en cantonés el número 7 se pronuncia *chāt*, que suena muy parecido al inglés vulgar *chat*, palabra que se usa para designar un pene flácido.[61] Aunque debía de estar encantada de ser la nueva gobernadora, el mote que le pusieron seguro que no le gustó tanto: 777.

Su incapacidad de sacar adelante la ley de Educación Ética y Moral o la prevista reforma constitucional debieron de parecer en efecto dos casos de impotencia política, y Lam no estaba dispuesta a hacer honor a su desagradable mote. En marzo de 2019 se produjo una nueva oleada de manifestaciones como reacción a una ley que facilitaba considerablemente la extradición a China de los disidentes políticos. Lam nunca se había enfrentado a semejante tempestad de protestas.

Pero, a pesar de que cientos de miles de personas se manifestaban regularmente en las calles (las estimaciones varían, pero se calcula que más de un millón de personas asistieron a una de las marchas en 2019), Lam se mantuvo en sus trece. La ley no se derogó finalmente hasta octubre, tras diversas sentadas en las universidades y el aeropuerto, y tras el asalto a la Cámara Legislativa el 1 de julio, con el que comenzamos este capítulo. Lam había tenido que ceder por tercera vez.

A principios de 2020, la COVID-19 interrumpió los conflictos políticos de Hong Kong, como tantas otras cosas en todo el mundo. En junio, durante la relativa calma del confinamiento, se aprobó una nueva ley de seguridad nacional que confería al gobierno amplios poderes para condenar a cadena perpetua a todos los acusados de «secesión, subversión, terrorismo y alianza con fuerzas extranjeras», así como a los que se considerase culpables de «despertar el odio al gobierno central y al gobierno regional de Hong Kong». La aplicación de esta ley ha de ser supervisada por funcionarios del continente, en un proceso independiente del sistema judicial hongkonés. Puesto que la ciudad seguía sometida a las estrictas regulaciones de la pandemia, y como los detalles de la nueva ley no se hicieron públicos hasta después de su aprobación, Lam pudo por fin anotarse una victoria. Para colmo de males, aquella no era solo una victoria; era una victoria que dejaba maltrecha a la oposición. El partido prodemocrático Demosistō se disolvió el 30 de junio, el mismo día en que entró en vigor la ley de seguridad nacional, para evitar que sus miembros fuesen juzgados y encarcelados de por vida. Las detenciones se multiplicaron, y muchos enemigos declarados de la Administración fueron llevados ante la justicia. Joshua Wong y Agnes Chow, aún veinteañeros, fueron condenados a trece y diez meses de cárcel respectivamente.

En mayo de 2021 también se aprobó en secreto un proyecto de ley de reforma constitucional que redujo drásticamente el número de legisladores elegidos por votación popular, pues la mitad de ellos serían nombrados por una comisión electoral elegida a dedo. Al mismo tiempo, la proporción de escaños asignados a políticos designados por Pekín ha aumentado, y el proyecto de ley estipula que solo los «patriotas» podrán formar parte del gobierno.[62] Teniendo en cuenta la agitación política que caracterizó su mandato y el descontento general con la gestión de la pandemia, a pocos sorprendió que, en mayo de

2022, Lam anunciara que no se presentaría a un segundo mandato. El 1 de julio de 2022 la sucedió John Lee, un ex agente de policía que fue el único candidato en las elecciones a gobernador y que contaba con el beneplácito de Pekín.

Lam sigue siendo un personaje esquivo. Ha concedido muy pocas entrevistas a los medios de comunicación, y en sus discursos rara vez ha dejado entrever sus emociones. Una notable excepción se produjo en el verano de 2019, cuando tuvo que hacer frente a las manifestaciones más violentas de su carrera política. Durante una alocución televisiva, Carrie rompió a llorar mientras pedía a los manifestantes que abandonaran la lucha.[63] Aunque sus colegas afirmaron que estaba verdaderamente «afectada» por las críticas de que era objeto, sus oponentes la acusaron de verter lágrimas de cocodrilo para ganarse la simpatía de los ciudadanos. Sea como fuere, Lam se volvió aún más rancia desde ese momento. Los periodistas y los diplomáticos destinados en Hong Kong notaron que cada vez era más formal en el trato, en la conversación y en sus declaraciones, las cuales reflejaban cuidadosamente el lenguaje que prefería Pekín.[64] Solo unos días después de su derrumbe en televisión, en agosto de 2019, Lam cometió un lapsus revelador mientras hablaba con los líderes empresariales. Carrie manifestó que «el espacio, el espacio político para la gobernadora, que, por desgracia, tiene que servir a dos amos porque lo manda la constitución, que es el gobierno central del pueblo y de los ciudadanos de Hong Kong, ese espacio político en el que poder maniobrar es muy, muy, pero que muy limitado».[65]

En esta insulsa declaración estaba el meollo del problema. Lam había pertenecido simultáneamente, en lo personal, a dos mundos, el de Oriente y el de Occidente. De hecho, Carrie comenzó su carrera política en un entorno en el que ese pluralismo no era solo posible, sino incluso conveniente. Ella y su familia vivían a caballo entre Gran Bretaña y Hong Kong, en el marco bicultural que más gustaba a sus jefes de la Administración hongkonesa. Esa biculturalidad era también lo que ella deseaba para Hong Kong.

Durante el tiempo en que fue gobernadora, Lam hizo lo posible para convertir a Hong Kong en un punto de encuentro entre las culturas oriental y angloamericana. El epígrafe de este capítulo está sacado del discurso que pronunció Lam con motivo de la inauguración de

M+, un museo de arte visual contemporáneo en el que «los turistas podrían contemplar lo mejor de Oriente y Occidente».[66] M+ está situado en el West Kowloon Cultural District, una propuesta que figuraba en su declaración de principios durante su campaña para gobernadora en 2017, en la que prometía que «se promoverá el desarrollo del West Kowloon Cultural District para subrayar la importancia de Hong Kong en cuanto eje cultural» (párrafo 5.44). Cuando en junio de 2021 se dirigió a la comunidad empresarial para poner de relieve la importancia de Hong Kong en el último plan quinquenal de China, Lam afirmó con satisfacción que Hong Kong estaba destinada a ser «una plataforma para las artes y los intercambios culturales entre China y el resto del mundo».[67] La idea de Hong Kong como punto de encuentro cultural reaparecía en todos los discursos y declaraciones de Lam, pues el arte y la cultura eran según ella el mejor medio para «unir a Oriente con Occidente».[68]

Las esperanzas de Lam de convertir Hong Kong en lo mejor de ambos mundos, un híbrido armonioso entre Oriente y Occidente, estaban condenadas al fracaso. Cuando en abril de 2017 tomó posesión del cargo de gobernadora, la política china y el modelo de civilizaciones paralelas en el que se basaba ya habían sido establecidos. De hecho, casualmente, el primer Foro de Civilizaciones Antiguas había sido organizado unos días antes de la elección de Lam para el puesto de gobernadora. En el verano de 2019 se hizo evidente que Lam no podía estar a caballo entre dos mundos, satisfaciendo al mismo tiempo las exigencias de Pekín y las de los manifestantes prodemocráticos y prooccidentales. Del mismo modo que en el plano personal ella se había visto obligada a elegir entre la nacionalidad británica y la china cuando empezó a formar parte de la Administración, la ciudad de Hong Kong en su conjunto no podía pertenecer simultáneamente a Oriente y Occidente. Según el nuevo modelo civilizacional chino, la ciudad debía pertenecer a una de las dos culturas. La transmisión, el cambio y la fusión culturales simplemente no eran posibles.

China en su conjunto, Hong Kong en particular y Carrie Lam en lo personal forman parte ahora de un gran relato que difiere del de la civilización occidental no solo en su contenido, sino también en lo que a su estructura fundamental se refiere. Allí donde Daish adoptó una imagen especular del gran relato de la civilización occidental, y Rusia pretende reescribirlo, China ha decidido rechazarlo por completo, creando un modelo completamente diferente de la historia de las civilizaciones. En vez de concebir un mundo en el que la civilización se transmite, se hereda o se lega a través de un linaje cultural, China ve un mundo en el que las civilizaciones son paralelas, puras e inmutables. Esta concepción del presente no solo es muy distinta de la que Occidente imaginaba, sino que también constituye un modelo muy distinto de la forma de la historia.

Esto es importante por dos motivos. El primero es que demuestra que es posible imaginar la historia de formas radicalmente distintas. En este libro hemos visto diferentes grandes relatos contados por varias personas en diferentes épocas: el de al-Kindī desde Grecia hasta Bagdad en el siglo IX (capítulo 3); el de Godofredo de Viterbo desde Troya hasta Roma en el siglo XII (capítulo 4); el de Joseph Warren desde Grecia hasta la Europa occidental y América del Norte en el siglo XVIII (capítulo 10); y el de Filoféi de Pskov desde Roma hasta Moscú, pasando por Bizancio, en el siglo XVI. Pero la gran narrativa de las civilizaciones paralelas que propone la retórica estatal china plantea una cuestión completamente diferente, pues ofrece una visión ahistórica de los acontecimientos pasados, dando más importancia a la permanencia que a la transformación, a la acumulación que a la transmisión, y presenta una relación esencial e inalterable entre un grupo de población determinado, un lugar y una civilización. Mientras que la idea de ese esencialismo civilizacional va contra la evidencia histórica (como hemos señalado desde la introducción de este libro, las pruebas objetivas de las interacciones culturales están ampliamente documentadas), la simple posibilidad de esos modelos radicalmente divergentes es un hecho revelador que debería inducirnos a todos, en Occidente y fuera de él, a cuestionar los relatos que habitualmente damos por sentados y a pensar más sinceramente en las narrativas que inventemos en el futuro.

El modelo chino de civilizaciones paralelas también es muy revelador con respecto a la forma de la historia occidental. El gran relato canónico de la civilización occidental es, como hemos visto a lo largo de este libro, falso. Pero tiene algo en común con las otras genealogías civilizacionales, igualmente falsas, que hemos analizado en este volumen. Todas ellas se basan en la transmisibilidad y la movilidad, apoyándose en el trasvase de elementos culturales entre diferentes pueblos y diferentes lugares. Cuando lo comparamos con el gran relato chino de las civilizaciones estables y paralelas, el énfasis habitual en la transmisión civilizacional se hace más evidente. En lugar de estabilidad, lo que hay es cambio; en lugar de acumulación, lo que hay es transmisión; y en lugar de continuidad poblacional y geográfica, lo que hay es variación y movilidad.

La transmisibilidad y la movilidad están por tanto en el centro de todos los grandes relatos de la herencia civilizacional que tienen que ver, en mayor o menor medida, con la idea de Occidente. En todos estos grandes relatos la civilización avanza. Se mueve entre personas, por lo que ningún único pueblo puede reclamar su monopolio. Se mueve entre lugares, por lo que no pertenece en exclusiva a ningún territorio. De hecho, si equiparásemos la civilización occidental con una «pepita de oro» (véase la Introducción), entonces esa pepita equivaldría a los principios de la transmisibilidad y movilidad cultural. En torno a estos principios fundamentales habría que elaborar una nueva visión de la civilización occidental y habría que reescribir el gran relato de su historia.

CONCLUSIÓN

La forma de la historia

La historia no es, en palabras atribuidas al historiador británico Arnold Toynbee, «una simple serie de malditas cosas en hilera». Ciertamente hay un montón de «malditas cosas» en la historia; por supuesto, hechos del pasado que son objetivamente verificables,[1] pero la historia es algo más. Pese a que los hechos individuales deberían ser siempre su fundamento, la manera de elegirlos —cuáles nos parecen importantes y cuáles no— es subjetiva, y la manera de ordenarlos en cadenas causales lo es todavía más. La forma de la historia depende del punto de vista desde el que se mire.

La decisión de «quién» representa la historia de Occidente es ciertamente subjetiva. Los antepasados elegidos por Ainsworth Rand Spofford siguen decorando la Biblioteca del Congreso en Washington, y Francis Bacon determinó qué supuestos antepasados podían estar presentes en su imaginaria galería de Bensalem. He seleccionado las biografías de este libro basándome en mis experiencias e intereses personales. Tal vez, llegado el caso, ustedes elegirían a otros personajes. Este libro es, por tanto, el resultado de mi propia interpretación subjetiva de la historia occidental, y no se centra en «grandes hombres», como los de Spofford y Bacon, sino en personas que a mi entender resumían parte del espíritu de su época. Pero este libro, por muy subjetivo que pueda parecer, también está basado en hechos. En la medida de mis capacidades y a partir de las pruebas disponibles, he recopilado hechos sobre estas catorce vidas y las he presentado intentando evitar en la medida de lo posible la distorsión que los juicios de valor entrañan. He utilizado este conjunto de biografías específicas para bosquejar la base de un relato más rico y diverso de la historia occidental que sea, desde mi punto de vista, coherente con los hechos de que disponemos sobre el pasado, lo cual contrasta con el relato tradicional de la civilización occidental, que ha sido desmentido por los hechos, pero que sigue vivo en la cultura popular y en la retórica política.

Como señalamos en la Introducción, los orígenes importan. El altisonante relato de la civilización occidental sostiene que los orígenes de Occidente se encuentran en el mundo grecorromano, y la retórica política contemporánea ha utilizado hasta la saciedad esos supuestos orígenes. Pero, al examinar la vida y obra de Heródoto, hemos visto que los antiguos griegos creaban identidades civilizacionales complejas y a menudo contradictorias. No se imaginaban predominantemente blancos o europeos ni se consideraban esencialmente distintos de los pueblos de África y Asia: los griegos asiáticos y los griegos africanos eran tan helenos como los que vivían en lo que ahora llamamos Europa. La idea de un abismo civilizacional insalvable era también ajena a Livila y al alto Imperio romano. Como supuestos descendientes de Troya y gobernantes de un imperio que abarcaba tres continentes, los romanos se habrían opuesto a que los encasillasen exclusivamente en el papel de occidentales, pero el espejismo del mundo grecorromano, como si fuese una entidad coherente, sigue estando ahí, geográficamente europeo y racialmente blanco, pese a que esas pamplinas han sido ampliamente rechazadas. Incluso quienes reconocen que esa falacia es casi caricaturesca e imaginan una Antigüedad más diversa, siguen pensando que los mundos griego y romano son diferentes y «clásicos», y les atribuyen una identidad específicamente occidental.

Es el gran relato de la civilización occidental el que sostiene que los orígenes de Occidente se encuentran en un mundo grecorromano culturalmente puro e internamente cohesionado, afirmando también que ese universo grecolatino solo lo había heredado Occidente. Una vez más, se puede demostrar que eso es falso. En tiempos de al-Kindī, el legado de la Antigüedad griega y romana estaba presente en lugares tan alejados entre sí como Gran Bretaña, Afganistán y Sudán. En el corazón del mundo islámico, la Grecia antigua era considerada como un importante antepasado cultural, mientras que los europeos del centro y el oeste del continente reivindicaban su propia Antigüedad romana. Los escritos de Godofredo de Viterbo y Teodoro Láscaris ilustran cómo, en su tiempo, la Antigüedad romana era radicalmente distinta de la griega. Para ellos, la idea de una cristiandad unida sonaba a falso ante las sangrientas y prolongadas disputas confesionales, y el concepto de Europa como una única zona cultural les habría parecido ridículo. Su convencimiento de que la tradición latina era completamente distinta de la griega formaba parte de una perspectiva civilizacional marcadamente diferente de la del Occidente moderno.

La historia convencional de la civilización occidental cuenta luego cómo redescubrió Europa sus raíces clásicas durante el Renacimiento, reviviendo tradiciones que habían permanecido aletargadas. Pero una mirada más atenta nos revela otra cosa. Los pensadores y escritores renacentistas, como Tullia d'Aragona, no revivieron viejas tradiciones, sino que crearon otras nuevas, y no se dejaron influir pasivamente por la Antigüedad, sino que decidieron darle un nuevo uso. Aunque los cimientos de la identidad cultural occidental se pusieran durante el Renacimiento, el gran relato de la civilización occidental aún no había arraigado. Incluso a principios del período moderno seguía siendo posible imaginar configuraciones geopolíticas que alineaban el protestantismo con el islam en oposición a la Europa católica, apelando a una supuesta herencia troyana común que rechazaba la idea de una Antigüedad grecorromana conjunta. Pero la época de Safié Sultán fue probablemente la última en que tales cosas eran posibles. A principios del siglo XVII dio comienzo un nuevo orden mundial (y con él una nueva concepción de la historia del mundo).

Asociamos a Francis Bacon con el aforismo «el conocimiento es poder», y a partir de ese momento Occidente empieza a tomar la forma de una entidad coherente que se mantiene unida no solo gracias al nuevo pensamiento ilustrado, sino también a causa de un conjunto cada vez más asimétrico de relaciones de poder con el resto del mundo. La idea de una identidad occidental anclada en la Antigüedad grecorromana se había consolidado, pero se fue afianzando con la expansión y el imperialismo europeos. Sin embargo, las fronteras de esta identidad occidental siguieron siendo permeables. Para personas como Njinga de Angola, a finales del siglo XVII, todavía era posible adoptar algunos elementos de la identidad occidental mediante la conversión al cristianismo, por lo que algunos cronistas las veían a través de la lente de la Antigüedad grecorromana.

El gran relato de la civilización occidental, aunque había empezado a fraguarse en el siglo XVII, no cristalizó en una forma más sólida hasta mediados del XVIII, cuando se perfeccionó para satisfacer las necesidades ideológicas de la Revolución estadounidense y se popularizó para que pasara a formar parte de la conciencia pública. En los discursos de personajes como Joseph Warren, la idea de Occidente se vinculó estrechamente a los nuevos Estados Unidos de América, cuya independencia podía justificarse en parte con la patraña de que eran la culminación histórica de la civilización occidental. Al mismo tiempo, la racialización de esta sirvió para mantener las desigualdades del antiguo sistema colonial, y en particular las jerarquías sociales que favorecían a las élites blancas, excluyendo del poder tanto a los nativos americanos como a los esclavos africanos y sus descendientes. Por lo tanto, aunque determinadas personas, como Phillis Wheatley, se interesaran por la alta cultura «clásica», el gran relato racializado de la civilización occidental garantizaba que no fuesen percibidas como legítimas herederas del legado grecorromano.

Los escritos de William Gladstone son un ejemplo de cómo se entendía la idea de «civilización occidental» en su apogeo. Es entonces, en el siglo XIX, cuando el fabuloso relato adquiere más fuerza y verosimilitud, y cuando recibe de forma explícita el nombre de «civilización occidental». Esta era en el fondo un linaje cultural puramente europeo y blanco que procedía de Grecia y Roma sin mancha alguna ni contaminación de otras culturas «inferiores», pero que más tarde fue configurado por el cristianismo. En aquella época, habida cuenta del dominio mundial de Occidente, el relato sirvió de mito fundacional y de estatuto para los imperios.

El cuestionamiento del relato oficial no adquirió carta de naturaleza hasta más tarde, durante la segunda mitad del siglo XX. Edward Said fue una figura clave a la hora de afrontar el problema, pues formuló preguntas de difícil respuesta sobre Occidente y puso de manifiesto la naturaleza artificial de su historia. Se trata de un proceso que sigue en marcha en la actualidad y del que este libro forma parte. Los cambios que están teniendo lugar en China demuestran la importancia política de los grandes relatos históricos y la artificialidad de su naturaleza. La actual Administración está desarrollando su propio sistema de geopolítica mundial y, como era de esperar, su propio gran relato de la historia del mundo. China, y también sus socios del Foro de Civilizaciones Antiguas, está dando a conocer un nuevo relato de la historia. Con este discurso de las civilizaciones paralelas, las culturas no pueden combinar, heredar o transmitir los elementos que las componen. Lo que hacen es más bien resistir, sólidas y estables, a lo largo de la historia. Se trata de un modelo estático y ahistórico según el cual el pueblo y la cultura ocupan un lugar fijo y tienen incluso una estructura política invariable: el Estado-nación moderno. Este modelo es esencialmente distinto de las diversas genealogías imaginarias que se exponen en las diferentes visiones históricas de Occidente. En los grandes relatos occidentales, la cultura es transmisible y pasa de un pueblo a otro y de un lugar a otro (si bien, claro está, los detalles de cada pueblo y cada lugar varían en función de las diversas narraciones). En lo esencial, en estos relatos la civilización es móvil y transmisible. Teniendo en cuenta esta incompatibilidad fundamental de los modelos civilizacionales, la visión de Hong Kong como síntesis de Oriente y Occidente (a la que aspiraba Carrie Lam) siempre habría resultado ambigua.

¿Hacia dónde se dirige Occidente? Hay quienes querrían hacernos retroceder, pues trafican con la nostalgia de un tiempo pasado.[2] Esa nostalgia puede resultar peligrosa. El gran relato de la civilización occidental se elaboró y popularizó entre los siglos XVII y XIX porque cumplía una función ideológica concreta. Constituía un mito originario para Occidente, un instrumento ideológico que justificaba la dominación y racionalizaba el sometimiento sobre la base de un pasado excelso y glorioso. Pero esa función ideológica ya no tiene sentido. La mayoría de los occidentales ya no necesitan un mito originario que sirva para sostener la opresión racial o la hegemonía imperial.

Como consecuencia de ello, se han hecho intentos de modificar el relato de la civilización occidental para que se adapte a los principios de la democracia liberal: poniendo de relieve la democracia de la Atenas clásica, el desarrollo de la tolerancia religiosa y la celebración de las libertades individuales como base sobre la que se apoyan los ideales del liberalismo social, por ejemplo. Pero estos intentos han resultado con frecuencia problemáticos, dada la naturaleza del material histórico en el que se basan. La Atenas clásica era en parte democrática, pero también era racista, imperialista y sexista, y en ella se practicaba la esclavitud. La tolerancia religiosa empezó a surgir con la Paz de Westfalia, pero solo después de terribles guerras caracterizadas por la crueldad y el derramamiento de sangre; y aun así no se consiguió poner fin a los conflictos religiosos en Europa. Y las libertades personales de la Ilustración no siempre beneficiaban por igual a todas las personas, pues era evidente la exclusión de muchas por motivos de raza y sexo. Aunque se hayan replanteado gran parte de los elementos y tendencias que lo componen, el gran relato de la civilización occidental en su conjunto no puede satisfacer las exigencias y necesidades del siglo XXI. Ese mito originario fue de vital importancia para Occidente en el pasado, pero ya no tiene ninguna utilidad en el presente.

Hay personas que piensan lo contrario, y algunas de ellas promueven las guerras culturales que mencioné en la Introducción. Aunque antes se pensaba que pertenecían a la extrema derecha, esas personas se han incorporado ya a la corriente política dominante, de la que forman parte destacados politólogos, activistas, políticos e incluso los mandatarios y exmandatarios de algunos estados occidentales. Esas personas preferirían atrasar la hora del reloj de Occidente, deshacer los cambios sociales del siglo pasado y recuperar para Europa y Estados Unidos los supuestos días de gloria de la dominación mundial. Esos autodenominados defensores de Occidente forman parte en realidad de sus agresores. Como han señalado recientes estudios sobre el auge del antiliberalismo en Europa y Estados Unidos,[3] esas personas se oponen a los principios fundamentales del Occidente contemporáneo y proponen unas normas arcaicas y ancladas en el pasado. Y, cuando nos dicen en tono chillón que organicemos la defensa de la civilización occidental, lo que están haciendo, en realidad, es pedirnos que nos movilicemos en defensa de una ficción que está moralmente en bancarrota.

Algunas de esas voces se oyen en los debates actuales sobre mi propio campo de estudio, en el que estamos viviendo nuestra propia versión en miniatura de esas guerras culturales. Si los orígenes importan, entonces la forma de estudiar la Antigüedad grecorromana como si fuese el origen de nuestra civilización influye de manera considerable en la forma de vernos a nosotros mismos. Hay quienes creen que los «clásicos» se circunscriben solamente al estudio de una inmaculada Antigüedad grecolatina, basándose en la idea de que en ellos se encuentran los orígenes de la civilización occidental y de que su cultura y su literatura es la herencia que ha recibido el Occidente moderno.[4] Hay quienes pretenden suprimir la disciplina de Historia, aduciendo que los historiadores han sido y son cómplices de las estructuras que fomentan la opresión, la explotación y la supremacía blanca.

También hay quienes abogan (y yo me encuentro entre ellos) por un replanteamiento de esta disciplina.[5] Reconocemos que la cuestión de los «clásicos» es problemática y aceptamos que quienes trabajamos en este campo de estudio tenemos la responsabilidad de desmantelar los diversos sistemas basados en la discriminación racial, sexual, económica, etc., que todavía existen. Pero, ante todo, estamos decididos a desvelar y comunicar a otras personas lo apasionante, diversa y sugestiva que era realmente la Antigüedad: mucho más que lo que da a entender el pretencioso relato de la civilización occidental. Nuestra apreciación de las epopeyas homéricas se enriquece cuando nos percatamos de que Homero reinventó muchos temas y motivos de la poesía hitita y mesopotámica. Profundizamos en el conocimiento de la religión romana cuando analizamos el complejo sincretismo entre el culto romano y el de la Edad de los Metales en Europa. Y comprendemos mucho mejor la Atenas del siglo v a. C. si tenemos en cuenta que la retórica antipersa era simultánea a la adopción de la cultura material y los estilos artísticos iranios. Como Heródoto, sostenemos que la forma históricamente más precisa (y más interesante) de estudiar el mundo antiguo es abarcándolo en toda su vertiginosa diversidad.

Los debates sobre el «clasicismo» como disciplina académica tienen un significado más amplio a causa del estatus especial de la Antigüedad grecorromana en el pretencioso relato de la civilización occidental en cuanto supuesta cuna y punto de partida de Occidente. Para avanzar, Occidente tiene que descartar el presuntuoso gran relato de la civilización occidental y dejar de pensar que su origen está en la Antigüedad grecorromana. Tiene que elaborar otro relato de la historia occidental, un relato que, a ser posible, sea más fiel a los hechos históricos constatados. Tales hechos apuntan a un gran relato de la historia occidental más complejo y, por tanto, más rico; más diverso y, por tanto, más inclusivo; y sobre todo más dinámico y, por tanto, más capaz de afrontar los cambios. Este nuevo relato, me imagino, se adapta mejor que el de siempre a los valores democráticos, liberales y pluralistas de los que tantísimas personas son partidarias en Occidente.

Este libro no es un ataque a Occidente. Al contrario, yo diría que es un homenaje a Occidente y a sus principios fundacionales. Esos principios sobresalen aún más cuando comparamos las diversas genealogías que hemos explorado en este libro con el modelo de civilizaciones paralelas y ahistóricas que propone el Foro de Civilizaciones Antiguas. Dinamismo, innovación y reinvención creativa del pasado: estas cualidades eran características de la *Historia* de Heródoto y de la filosofía de al-Kindī, de la poesía de Tullia d'Aragona y de los discursos de Joseph Warren. ¿Qué hay más occidental que cuestionar, criticar y poner en tela de juicio los conocimientos recibidos? ¿Qué hay más occidental que entablar un diálogo? Y ¿qué hay más occidental que reinventar la propia historia?

AGRADECIMIENTOS

Este libro ha sido posible gracias al esfuerzo de varias personas a las que me gustaría manifestar aquí mi reconocimiento. Vaya en primer lugar mi agente, Charlotte Merritt, por su paciencia infinita y su infatigable aliento, y mis revisores, Jamie Joseph y Cassidy Sachs, que me ayudaron a transformar mis divagaciones en argumentos coherentes y supieron sobrellevar con calma mis nervios de última hora. Quiero dar las gracias también a los equipos de Andrew Nurnberg Associates, Ebury en el Reino Unido y Dutton en Estados Unidos, en particular a Amanda Waters. Hanan Issa tuvo la amabilidad de dar su permiso para reproducir la poesía «Mi cuerpo puede albergar dos corazones» en el capítulo 13.

Estoy también agradecida (en orden alfabético) a Rosa Andújar, Saiqa Chaudhry, Peter Frankopan, Lawrence Freedman, Rebecca Futo Kennedy, Julia L. Hairston, Jan Heywood, John McLucas, Andrew Merrills, Jana Mokrišová, Cosimo Paravano, Josephine Crawley Quinn, Mira Seo, George Southcombe y Yana Xue. Todas estas personas maravillosas contribuyeron de distintas formas a la publicación de este libro; unas leyeron los borradores de los capítulos o secciones, compartiendo generosamente sus conocimientos con útiles comentarios al texto; otras revisaron o hicieron traducciones, propusieron bibliografía, dieron sabios consejos y pusieron a mi disposición sus investigaciones inéditas o el trabajo en el que estaban inmersas. Este libro sería mucho menos interesante sin todos vosotros. También estoy agradecida a Sharon Gauci Mestre, Mary Harlow, Matthias Hoernes y Yasmin Yasseri por su apoyo y aliento. Este libro no habría visto la luz sin vuestra valiosa, y a menudo instintiva, participación.

Este libro surgió originalmente de una investigación universitaria sobre las genealogías míticas de Troya, investigación que inicié en 2017 siendo becaria del Centro de Estudios Helenísticos de Washington. Estoy agradecida a todo el personal del Centro y especialmente a su director, Gregory Nagy, por haber creado un entorno intelectual tan estimulante. Desde entonces, he podido exponer mis ideas en diversos actos en los que reuní valiosa información. Estoy por tanto agradecida a Michae Okyere Asante y a los organizadores del congreso inaugural de la Asociación Clásica de Ghana, en 2018; a Rebecca Rideal y al equipo de HistFest 2018; a Simon Soon y a los organizadores del seminario de investigación de la Facultad de Historia de la Universiti Malaya, en octubre de 2019; a Daniel Jew y a los organizadores del seminario de investigación de la Facultad de Historia de la Universidad Nacional de Singapur, en 2019; a mis extraordinarios colegas y alumnos de la Universidad de Leicester, que oyeron y comentaron diversos fragmentos del argumento central del libro; y a mis actuales colegas y amigos de la Universidad de Viena, que también atendieron mis peticiones.

A mi tío John Nielsen, gracias por respaldar este proyecto desde el principio, por leer todas y cada una de las palabras (¡a menudo más de una vez!), por comprobar incansablemente los datos y buscar las referencias, por animarme a seguir avanzando en nuevas e inesperadas direcciones y por estar siempre ahí. A mi marido, John Vella, gracias por darme estabilidad cuando me sentía insegura y por dar estabilidad a nuestra familia cuando yo estaba fuera, por las largas charlas durante las largas caminatas que inspiraron (y siguen inspirando) mis mejores ideas, por tu rigor intelectual en el proceso de edición y por cuestionar mis hipótesis y decirme lo que necesitaba (pero no siempre quería) oír. Y, sobre todo, gracias por las dunas de arcilla y por los bosques.

BIBLIOGRAFÍA

Abernethy, David, *The Dynamics of Global Dominance: European Overseas Empires, 1415-1980*, New Haven, Yale University Press, 2002.

Adamson, Peter, «Al-Kindī and the Reception of Greek Philosophy», en Adamson, Peter y Richard C. Taylor, *The Cambridge Companion to Arabic Philosophy*, Cambridge, Cambridge University Press, págs. 32-51, 2004.

—, *Al-Kindi*: *Great Medieval Thinkers*, Oxford, Oxford University Press, 2007.

Adolph, Anthony, *Brutus of Troy: And the Quest for the Ancestry of the British*, Barnsley, Pen & Sword Books, 2015.

Adorno, Theodor W., y Mark Horkheimer, *Dialectic of Enlightenment*, Londres, Verso Books, 1997 (trad. cast.: *Dialéctica de la Ilustración*, Barcelona, Círculo de Lectores, 1999).

Aerts, Willem J., «Troy in Byzantium», en Jorrit M. Kelder, Günay Uslu y Ömer F. Şerifoğlu, *Troy. City, Homer, Turkey*, Zwolle, WBOOKS, 2012, págs. 98-104.

Agbamu, Sam, «Mare Nostrum, Italy and the Mediterranean of Ancient Rome in the Twentieth and Twenty-First Centuries», en *Fascism*, 2019, vol. 8, págs. 250-274.

Ahmad, Aijaz, *Theory: Classes, Nations, Literatures*, Londres, Verso Books, 1992.

Ailes, Marianne, «Charlemagne 'Father of Europe': A European Icon in the Making», en *Reading Medieval Studies*, 2012, vol. 38, págs. 59-76.

Akers, Charles W., «Religion and the American Revolution, Samuel Cooper and the Brattle Street Church», en *William and Mary Quarterly*, 1978, vol. 35, n.° 3, págs. 477-498.

Akrigg, Ben, *Population and Economy in Classical Athens*, Cambridge, Cambridge University Press, 2019.

Aldous, Richard, *The Lion and the Unicorn: Gladstone vs Disraeli*, Nueva York, W. W. Norton, 2007.

Al-Kindī, Ya'qūb Ibn-Isḥāq al-Sabāh, Peter Adamson y Peter E. Pormann, *The Philosophical Works of Al-Kindī*, Oxford, Oxford University Press, 2012.

Al-Khalili, Jim, *The House of Wisdom. How Arabic Science Saved Ancient Knowledge and Gave Us the Renaissance*, Nueva York, Penguin Books, 2011.

Allaire, Gloria, «Tullia d'Aragona's *II Meschino, altramente detto il Guerrino* as Key to a Reappraisal of Her Work», en *Quaderni d'italianistica*, 1995, vol. 16, n.º 1, págs. 33-50.

—, «From Medieval Realism to Modern Fantasy: Guerrino Meschino through the Centuries», en *Modern Retellings of Chivalric Texts*, Londres, Routledge, 1999, págs. 133-146.

Allen, Archibald, *The Fragments of Mimnermus: Text and Commentary*, Stuttgart, Steiner, 1993.

Allen, Robert C., *The British Industrial Revolution in Global Perspective*, Cambridge, Cambridge University Press, 2009.

Allen, Theodore W., *The Invention of the White Race, Vol. 1: Racial Oppression and Social Control*, Londres, Verso Books, 1994.

—, *The Invention of the White Race, Vol. 2: The Origin of Racial Oppression in Anglo-America*, Londres, Verso Books, 1997.

Allison, Graham, *Destined for War: Can America and China Escape Thucydides' Trap?*, Londres, Scribe UK, 2018.

Al-Masūdī, Alī Ibn-al-Ḥusain, C. Barbier de Meynard y Abel Pavet de Courteille, *Maçoudi: Les prairies d'or*, París, Imprimerie impériale, 1861-1917.

Ames, Christine Caldwell, *Medieval Heresies: Christianity, Judaism, and Islam*, Cambridge, Cambridge University Press, 2015.

Andújar, Rosa, Elena Giusti y Jackie Murray (comps.), *The Cambridge Companion to Classics and Race*, Cambridge, Cambridge University Press, de próxima publicación.

Andújar, Rosa, y Konstantinos P. Nikoloutsos, «Staging the European Classical in 'Latin' America, An Introduction», en *Greeks and Romans on the Latin American Stage,* Londres, Bloomsbury, 2020, págs. 1-15.

Angelicoussis, Elizabeth, «The Collection of Classical Sculptures of the Earl of Arundel, "Father of Vertu in England'", en *Journal of the History of Collections*, 2004, vol. 16, n.º 2, págs. 143-159.

Angelov, Dimiter G., «The "Moral Pieces" by Theodore II Laskaris», en *Dumbarton Oaks Papers*, 2011, vol. 65, n.º 6, págs. 237-269.

—, *The Byzantine Hellene. The Life of Emperor Theodore Laskaris and Byzantium in the Thirteenth Century*, Cambridge, Cambridge University Press, 2019.

— y Judith Herrin, «The Christian Imperial Tradition — Greek and Latin», en Peter Fibiger Bang y Dariusz Kołodziejczyk (comps.), *Universal Empire. A Comparative Approach to Imperial Culture and Representation in Eurasian History*, Cambridge, Cambridge University Press, 2012, págs. 149-174.

Angold, Michael, «The Greek Rump States and the Recovery of Byzantium», en Shepard, Jonathan (comp.), *The Cambridge History of the Byzantine Empire c. 500-1492*, Cambridge, Cambridge University Press, 2009, págs. 729-758.

Ansary, Tamim, *Destiny Disrupted. A History of the World through Islamic Eyes*, Nueva York, Public Affairs, 2010 (trad. cast.: *Un destino desbaratado. La historia universal vista por el islam*, Barcelona, RBA, 2011).

Appiah, Kwame Anthony, «There Is No Such Thing as Western Civilisation», *Guardian*, 9 de noviembre de 2016, <https://www.theguardian.com/world/2016/nov/09/western-civilisation-appiah-reith-lecture>.

—, *The Lies That Bind. Rethinking Identity*, Nueva York, Liveright, 2018 (trad. cast.: *Las mentiras que unen. Replanteando la identidad*, Barcelona, Taurus, 2019).

Applebaum, Anne, *Twilight of Democracy. The Seductive Lure of Authoritarianism*, Nueva York, Anchor, 2020 (trad. cast.: *El ocaso de la democracia. la seducción del autoritarismo*, Barcelona, Editorial Debate, 2021).

Arbo, Desiree, «Plato and the Guarani Indians», en *Bulletin of Latin American Research*, 2018, vol. 37, n.º S1, págs. 119-131.

Asheri, David, Alan B. Lloyd, Aldo Corcella, Oswyn Murray y Alfonso Moreno, «General Introduction», en *A Commentary on Herodotus Books I-IV*, Oxford, Oxford University Press, 2007, págs. 1-57.

Atakuman, Çiğdem, «Cradle or Crucible, Anatolia and Archaeology in the Early Years of the Turkish Republic, (1923-1938)», en *Journal of Social Archaeology*, 2008, vol. 8, n.º 2, págs. 214-235.

Aubriet, Damien, «Mylasa et l'identité carienne», en *Publications de l'Institut Français d'Études Anatoliennes*, 2013, vol. 28, n.º 1, págs. 189-208.

Aughterson, Kate, «Strange Things so Probably Told, Gender, Sexual Difference and Knowledge in Bacon's New Atlantis», en Price, Bronwen, *Francis Bacon's New Atlantis*, Mánchester, Manchester University Press, 2002, págs. 156-178.

Baer, Marc, *The Ottomans. Khans, Caesars and Caliphs*, Nueva York, Basic Books, 2021.

Barbier, Brooke, y Alan Taylor, *Boston in the American Revolution. A Town versus an Empire*, Cheltenham, History Press, 2017.

Baritz, Loren, «The Idea of the West», en *American Historical Review*, 1961, vol. 66, n.º 3, págs. 618-640.

Barth, Fredrik, *Ethnic Groups and Boundaries. The Social Organization of Culture Difference*, Bergen, Universitetet i Bergen, 1969.

Bates, Alan, *The Anatomy of Robert Knox. Murder, Mad Science and Medical Regulation in Nineteenth-Century Edinburgh*, Sussex, Sussex Academic Press, 2010.

Beard, Mary, *The Roman Triumph*, Cambridge, Harvard University Press, 2009 (trad. cast.: *El triunfo romano*, Barcelona, Crítica, 2017).

Beasley, Edward, *The Victorian Reinvention of Race. New Racisms and the Problem of Grouping in the Human Sciences*, Nueva York, Routledge, 2010.

Beaton, Roderick, *Greece. Biography of a Modern Nation*, Londres, Penguin, 2019.

—, *The Greeks. A Global History*, Londres, Faber & Faber, 2021.

Beck, Hans, y Peter Funke, *Federalism in Greek Antiquity*, Cambridge, Cambridge University Press, 2015.

Bellemore, Jane, «The Wife of Sejanus», en *Zeitschrift für Papyrologie und Epigraphik*, 1995, vol. 109, págs. 255-266.

Bennison, Amira K., *The Great Caliphs. The Golden Age of the 'Abbasid Empire*, New Haven, Yale University Press, 2009.

Berlin, Andrea M., y J. Andrew Overman (comps.), *The First Jewish Revolt. Archaeology, History and Ideology*, Londres, Routledge, 2003.

Berruecos Frank, Bernardo, «Classical Traditions and Internal Colonialism in Early Eighteenth-Century Mexico, Text, Translation, and Notes on Three of Villerías' Greek Epigrams», en *International Journal of the Classical Tradition*, 2022, vol. 29 n.º 3, págs. 281-306.

Bindman, David, *Ape to Apollo. Aesthetics and the Idea of Race in the 18th Century*, Londres, Reaktion Books, 2002.

Birley, Anthony R., *Hadrian. The Restless Emperor*, Londres, Routledge, 1997 (trad. cast.: *Adriano*, Barcelona, Gredos, 2019).

Bland, Ben, *Generation HK. Seeking Identity in China's Shadow*, Melbourne, Australia, Penguin, 2017.

Boeck, Elena N., *Imagining the Byzantine Past. The Perception of History in the Illustrated Manuscripts of Skylitzes and Manasses*, Cambridge, Cambridge University Press, 2015.

Bonner, Stanley, *Education in Ancient Rome. From the Elder Cato to the Younger Pliny*, Londres, Routledge, 2012 (trad. cast.: *La educación en la antigua Roma. Desde Catón el Viejo a Plinio el Joven*, Barcelona, Herder, 1984).

Bonnett, Alastair, *The Idea of the West. Culture, Politics and History*, Basingstoke, Palgrave Macmillan, 2004.

—, *Multiracism. Rethinking Racism in Global Context*, Cambridge, Polity Books, 2021.

Borgstede, Simone Beate, «All Is Race», en *Benjamin Disraeli on Race, Nation and Empire*, Münster, LIT Verlag, 2011.

Boulègue, Jean, «Un Écho d'Hérodote Dans Les Représentations Cartographiques Africaines», en Gambino Longo, Susanna, *Hérodote à La Renaissance*, Turnhout, Brepols, 2012, págs. 167-174.

Bowersock, Glen Warren, *Roman Arabia*, Cambridge, Harvard University Press, 1994.

Bradley, Mark (comp.), *Classics and Imperialism in the British Empire*, Oxford, Oxford University Press, 2010.

Brashear, William, «Classics in China», en *The Classical Journal*, 1990, vol. 86, págs. 73-78.

Brendon, Piers, *The Decline and Fall of the British Empire*, Londres, Johnathan Cape, 2007.

Brennan, Timothy, *Places of Mind. A Life of Edward Said*, Londres, Bloomsbury, 2021.

Briggs, John Channing, «Chapman's Seaven Bookes of the Iliades, Mirror for Essex», en *Studies in English Literature, 1500-1900*, 1981, vol. 21, n.º 1, págs. 59-73.

Brotton, Jerry, *The Renaissance. A Very Short Introduction*, Oxford, Oxford University Press, 2006.

—, *This Orient Isle. Elizabethan England and the Islamic World*, Londres, Allen Lane, 2016.

Brown, Michelle P., *The Lindisfarne Gospels. Society, Spirituality and the Scribe*, Toronto, University of Toronto Press, 2003.

Brownlee, Kevin, «Dante and the Classical Poets», en Jacoff, Rachel, *The Cambridge Companion to Dante*, Cambridge, Cambridge University Press, 2007, págs. 141-160.

Brucia, Margaret A., «The African-American Poet, Jupiter Hammon, A Home-Born Slave and His Classical Name», en *International Journal of the Classical Tradition*, 2001, vol. 7, n.º 4, pág. 515.

Brusasco, Paolo, «The Assyrian Sculptures in the Mosul Cultural Museum,

A Preliminary Assessment of What Was on Display Before Islamic State's Attack», en *Journal of Near Eastern Studies*, vol. 75, n.º 2, 2016, págs. 205-248.

Bulut, Mehmet, *Ottoman-Dutch Economic Relations in the Early Modern Period 1571-1699*, Hilversum, Uitgeverij Verloren, 2001.

Bumke, Joachim, *Courtly Culture. Literature and Society in the High Middle Ages*, Berkeley, University of California Press, 1991.

Burckhardt, Jacob, *Die Kultur der Renaissance in Italien. Ein Versuch*, Basilea, Schweighauser, 1945 (trad. cast.: *La cultura del Renacimiento en Italia*, Buenos Aires, Losada, 2014).

Burioni, Matteo, «Vasari's Rinascita, History, Anthropology or Art Criticism?», en Lee, Alexander, Pit Péporté y Harry Schnitker (comps.), *Renaissance? Perceptions of Continuity and Discontinuity in Europe, c. 1300-c. 1550*, Leiden, Brill, 2010, págs. 115-127.

Burke, Peter, «Did Europe Exist before 1700?», en *History of European Ideas*, 1980, vol. 1, n.º 1, págs. 21-29.

Burnham, James, *Suicide of the West. An Essay on the Meaning and Destiny of Liberalism*, Nueva York, Encounter Books, 1964.

Butler, Todd, «The Cognitive Politics of Writing in Jacobean England, Bacon, Coke, and the Case of Edmund Peacham», en *Huntington Library Quarterly*, 2015, vol. 78, n.º 1, págs. 21-39.

Buttigieg, E., «A Habsburg Thalassocracy, Habsburgs and Hospitallers in the Early Modern Mediterranean, c. 1690-1750», en Stefan Hanß y Dorothea McEwan (comps.), *The Habsburg Mediterranean 1500-1800*, Viena, Österreichische Akademie der Wissenschaften, 2021, págs. 99-118.

Campbell, Chris, «The Rhetoric of Hobbes's Translation of Thucydides», en *Review of Politics*, 2022, vol. 84, n.º 1, págs. 1-24.

Campbell, Peter B., «The Illicit Antiquities Trade as a Transnational Criminal Network, Characterizing and Anticipating Trafficking of Cultural Heritage», en *International Journal of Cultural Property*, 2013, vol. 20, págs. 113-153.

Carless Unwin, Naomi, *Caria and Crete in Antiquity. Cultural Interaction between Anatolia and the Aegean*, Cambridge, Cambridge University Press, 2017.

Carretta, Vincent, «Who Was Francis Williams?», en *Early American Literature*, 2003, vol. 38, n.º 2, págs. 213-237.

Cartledge, Paul, «Hellenism in the Enlightenment», en Boys-Stones, George, Phiroze Vasunia y Barbara Graziosi, *The Oxford Handbook of Hellenic Studies*, Oxford, Oxford University Press, 2009, págs. 166-172.

Casali, Sergio, «The Development of the Aeneas Legend», en Farrell, Joseph, y Michael C. J. Putnam, *A Companion to Vergil's Aeneid and Its Tradition*, Hoboken, Wiley, 2010, págs. 37-51.

Castriota, D., «Feminizing the Barbarian and Barbarizing the Feminine, Amazons, Trojans, and Persians in the Stoa Poikile», en Barringer, J. M., y J. M. Hurwitt, *Periclean Athens and Its Legacy. Problems and Perspectives*, Austin, University of Texas Press, 2005, págs. 89-102.

Catlos, Brian A., *Kingdoms of Faith. A New History of Islamic Spain*, Oxford, Oxford University Press, 2018 (trad. cast.: *Reinos de fe. Una nueva historia de la España musulmana*, Barcelona, Editorial Pasado y Presente, 2019).

Challis, Debbie, «'The Ablest Race', The Ancient Greeks in Victorian Racial Theory», en Bradley, Mark, *Classics and Imperialism in the British Empire*, Oxford, Oxford University Press, 2010, págs. 94-120.

Chang, Vincent K. L., «China's New Historical Statecraft, Reviving the Second World War for National Rejuvenation», en *International Affairs*, 2022, vol. 98, n.º 3, págs. 1053-1069.

Chen, Xiaomei, *Occidentalism. A Theory of Counter-Discourse in Post-Mao China*, Nueva York y Oxford, Oxford University Press, 1995.

Chiasson, Charles C., «Herodotus' Use of Attic Tragedy in the Lydian Logos», en *Classical Antiquity*, 2003, vol. 22, n.º 1, págs. 5-35.

Ching, Julia, y Willard G. Oxtoby, *Discovering China. European Interpretations in the Enlightenment*, Rochester, University of Rochester Press, 1992.

Chrissis, Nikolaos G., Mike Carr y Christoph Maier, *Contact and Conflict in Frankish Greece and the Aegean, 1204-1453. Crusade, Religion and Trade between Latins, Greeks and Turks*, Farnham, Routledge, 2014.

Cobb, Paul, *The Race for Paradise. An Islamic History of the Crusades*, Oxford, Oxford University Press, 2016.

Cohn, Bernand S., «Representing Authority in Victorian India», en Hobsbawm, Eric, y Terence Ranger (comps.), *The Invention of Tradition*, Cambridge, Cambridge University Press, 2012, págs. 165-210.

Cole, Joshua, y Carol Symes, *Western Civilizations*, Nueva York, W. W. Norton & Company, 2020.

Colvin, Steven, «Greek Dialects in the Archaic and Classical Ages», Bakker, Egbert J., *A Companion to the Ancient Greek Language*, Chichester, Wiley-Blackwell, 2010, págs. 200-212.

Commager, Henry Steele, y Richard B. Morris, *The Spirit of Seventy-Six. The Story of the American Revolution as Told by Participants*, Nueva York, Da Capo Press, 1968.

Conrad, Sebastian, «Enlightenment in Global History, A Historiographical Critique», en *American Historical Review*, 2012, vol. 117, n.º 4, págs. 999-1027.

Cook, Robert Manuel, *Clazomenian sarcophagi. Forschungen zur antiken Keramik*, Maguncia, von Zabern, 1981.

Cook, William W., y James Tatum, *African American Writers and Classical Tradition*, Chicago, University of Chicago Press, 2010.

Creery, Jennifer, «Emotional Leader Carrie Lam Says She 'Sacrificed' for Hong Kong, as Police Use Tear Gas, Rubber Bullets to Clear Protests», *Hong Kong Free Press*, 12 de junio de 2019, <https://hongkongfp.com/2019/06/12/tearful-leader-carrie-lam-says-sacrificed-hong-kong-police-use-tear-gas-rubber-bullets-clear-protests/>.

Cunliffe, Emma, y Luigi Curini, «ISIS and Heritage Destruction, A Sentiment Analysis», en *Antiquity*, 2018, vol. 92, n.º 364, págs. 1094-1111.

D'Aragona, Tullia, John C. McLucas y Julia Hairston, *The Wretch, Otherwise Known as Guerrino, by Tullia D'Aragona*, Toronto, University of Toronto Press, de próxima publicación.

Da Barberino, Andrea, *Guerino detto il Meschino. Storia in cui si tratta delle grandi imprese, e vittorie da lui riportate contro i turchi*, Venecia, Giovanni Battista Negri, 1802.

Dardenay, Alexandra, *Les mythes fondateurs de Rome. Images et politique dans l'Occident romain*, París, Picard, 2010.

De Angelis, Franco (comp.), *A Companion to Greeks Across the Ancient World*, Newark, John Wiley & Sons, 2020, vol. 158.

Delanty, Gerard, *Inventing Europe. Idea, Identity, Reality*, Nueva York, St. Martin's Press, 1995.

Desmond, Marilynn, «Trojan Itineraries and the Matter of Troy», en Copeland, Rita (comp.), *The Oxford History of Classical Reception in English Literature*, Oxford, Oxford University Press, 2016, págs. 251-268.

Disney, A. R., *A History of Portugal and the Portuguese Empire. From Beginnings to 1807*, Cambridge, Cambridge University Press, 2009, vol. 2.

Di Spigna, Christian, *Founding Martyr: The Life and Death of Dr. Joseph Warren, the American Revolution's Lost Hero*, Nueva York, Crown, 2018.

Donnellan, Lieve, «'Greek Colonization' and Mediterranean Networks, Patterns of Mobility and Interaction at Pithekoussai», en *Journal of Greek Archaeology*, 2016, vol. 1, págs. 109-148.

Dorninger, Maria E., *Gottfried von Viterbo. Ein Autor in der Umgebung der frühen Staufer*, Salzburger Beiträge, 1997, vol. 31, Stuttgart, Heinz.

—, «Modern Readers of Godfrey», en Foerster, Thomas (comp.), *Godfrey of*

Viterbo and His Readers. Imperial Tradition and Universal History in Late Medieval Europe, Farnham, Ashgate Publishing, 2015, págs. 13-36.

Doufikar-Aerts, Faustina C. W., «A Hero without Borders, 2 Alexander the Great in the Syriac and Arabic Tradition», en Cupane, Carolina, y Bettina Krönung (comps.), *Fictional Storytelling in the Medieval Eastern Mediterranean and Beyond*, Brill, Leiden, 2016, vol. 1, págs. 190-209.

Dreyer, Edward L., *Zheng He. China and the Oceans in the Early Ming Dynasty, 1405-1433*, Nueva York, Pearson, 2006.

Drogin, Sara S., *Spare Me the Details! A Short History of Western Civilization*, Bloomington, iUniverse, 2008.

Eigen, Sara, y Mark Larrimore (comps.), *The German Invention of Race*, Ithaca, State University of New York Press, 2006.

Engels, Johannes, «Macedonians and Greeks», en Roisman, Joseph, e Ian Worthington (comps.), *A Companion to Ancient Macedonia*, Oxford, Wiley Blackwell, 2010, págs. 81-98.

Erskine, Andrew, *Troy Between Greece and Rome. Local Tradition and Imperial Power*, Oxford, Oxford University Press, 2001.

Evrigenis, Ioannis D., «Hobbes's Thucydides», en *Journal of Military Ethics*, 2006, vol. 5, n.º 4, págs. 303-316.

Fafinski, Mateusz, *Roman Infrastructure in Early Medieval Britain*, Ámsterdam, Amsterdam University Press, 2021.

Falk, Seb, *The Light Ages. The Surprising Story of Medieval Science*, Nueva York, W. W. Norton, 2020.

Fan, Xin, *World History and National Identity in China. The Twentieth Century*, Cambridge, Cambridge University Press, 2021.

Fanon, Franz, *The Wretched of the Earth*, Nueva York, Grove Press, 1963.

Fauvelle, François-Xavier, *The Golden Rhinoceros. Histories of the African Middle Ages*, Princeton, Princeton University Press, 2018.

Feile Tomes, Maya, «News of a Hitherto Unknown Neo-Latin Columbus Epic, Part II, José Manuel Peramás's 'De invento novo orbe inductoque illuc Christi sacrificio' (1777)», en *International Journal of the Classical Tradition*, 2015, vol. 22, n.º 2, págs. 223-257.

Fernández-Götz, Manuel, Dominik Maschek y Nico Roymans, «The Dark Side of the Empire, Roman Expansionism between Object Agency and Predatory Regime», en *Antiquity*, 2020, vol. 94, n.º 378, págs. 1630-1639.

Field, Arthur, *The Origins of the Platonic Academy of Florence*, Princeton, Princeton University Press, 1988.

Fierro, Maribel (comp.), *The Routledge Handbook of Muslim Iberia*, Milton Park, Taylor and Francis, 2020.

Filipec, Ondřej, *The Islamic State. From Terrorism to Totalitarian Insurgency*, Londres, Routledge, 2020.

Finkelstein, J. J., «Mesopotamian Historiography», en *Proceedings of the American Philosophical Society*, 1963, vol. 107, n.º 6, págs. 461-472.

Flood, Finbarr Barry, y Jaś Elsner, «Idol-Breaking as Image-Making in the 'Islamic State'», en *Religion and Society*, 2016, vol. 7, págs. 116-127.

Forman, Samuel A., *Dr. Joseph Warren. The Boston Tea Party, Bunker Hill, and the Birth of American Liberty*, Gretna, Pelican Publishing, 2011.

Fowler, Corinne, *Green Unpleasant Land. Creative Responses to Rural England's Colonial Connections*, Leeds, Peepal Tree, 2021.

Fowler, Robert L., «Genealogical Thinking, Hesiod's Catalogue, and the Creation of the Hellenes», en *Cambridge Classical Journal*, 1999, vol. 44, págs. 1-19.

Frankopan, Peter, *The New Silk Roads. The Present and Future of the World*, Londres, Bloomsbury Publishing, 2019 (trad. cast.: *Las nuevas rutas de la seda. Presente y futuro del mundo*, Barcelona, Crítica, 2019).

Frassetto, M., y D. Blanks (comps.), *Western Views of Islam in Medieval and Early Modern Europe. Perception of Other*, Nueva York, Palgrave Macmillan US, 1999.

Freed, John B., *Frederick Barbarossa. The Prince and the Myth*, New Haven, Yale University Press, 2016.

French, Howard W., *Born in Blackness. Africa, Africans, and the Making of the Modern World, 1471 to the Second World War*, Nueva York, Liveright Publishing, 2021.

Frisch, Peter, *Die Inschriften von Ilion. Inschriften griechischer Städte aus Kleinasien*, Bonn, Habelt, 1975, vol. 3.

Frothingham, Richard, *Life and Times of Joseph Warren*, Boston, Little, Brown, 1865.

Fuchs, Werner, «Die Bildgeschichte der Flucht des Aeneas», en *Aufstieg und Niedergang der römischen Welt*, 1975, vol. 1, n.º 4, págs. 615-632.

Fukuyama, Francis, *Liberalism and Its Discontents*, Nueva York, Farrar, Straus and Giroux, 2022.

Furstenberg, François, *In the Name of the Father. Washington's Legacy, Slavery, and the Making of a Nation*, Penguin Books, 2007.

Futo Kennedy, Rebecca, «On the History of 'Western Civilization', Part 1», en *Classics at the Intersections*, 3 de abril de 2019, <https://rfkclassics.blogspot.com/2019/04/on-history-of-western-civilization-part.html>.

Gagné, Renaud, «What Is the Pride of Halicarnassus?», en *Classical Antiquity*, 2006, vol. 25, n.º 1, págs. 1-33.

Gajda, Alexandra, *The Earl of Essex and Late Elizabethan Political Culture*, Oxford, Oxford University Press, 2012.

Galinsky, Karl, «Herakles Vajrapani, the Companion of Buddha», en Allan, Arlene L., Eva Anagnostou-Laoutides y Emma Stafford (comps.), *Herakles Inside and Outside the Church*, Leiden, Brill, 2020, págs. 315-332.

Gates, Henry Louis Jr., «Phillis Wheatley on Trial», *New Yorker*, 20 de enero de 2003, págs. 82-87.

Giovannozzi, Delfina, «Leone Ebreo in Tullia d'Aragona's Dialogo, Between Varchi's Legacy and Philosophical Autonomy», en *British Journal for the History of Philosophy*, 2019, vol. 27, n.º 4, págs. 702-717.

Gladhill, Bill, «The Poetics of Alliance in Vergil's Aeneid», en *Dictynna. Revue de Poétique Latine*, n.º 6, junio de 2009.

Glassner, Jean-Jacques, 2004. *Mesopotamian Chronicles*, ed. Benjamin R. Foster, Writings from the Ancient World 19, Atlanta, Society of Biblical Literature.

Goertz, Stefan, *Der neue Terrorismus. Neue Akteure, Strategien, Taktiken und Mittel*, Wiesbaden, Springer Fachmedien, 2021.

Goff, Barbara (comp.), *Classics and Colonialism*, Londres, Duckworth, 2005.

Goff, Barbara E., *'Your Secret Language' Classics in the British Colonies of West Africa*, Nueva York, Bloomsbury Academic, 2013.

Gogwilt, Christopher, *The Invention of the West. Joseph Conrad and the Double-Mapping of Europe and Empire*, Stanford, Stanford University Press, 1995.

Goldberg, Jonah, *Suicide of the West. How the Rebirth of Tribalism, Nationalism, and Socialism Is Destroying American Democracy*, Nueva York, Crown Forum, 2018.

Gomez, Michael, *African Dominion. A New History of Empire in Early and Medieval West Africa*, Princeton, Princeton University Press, 2019.

Goodwin, Jason, *Lords of the Horizons. A History of the Ottoman Empire*, Londres, Chatto and Windus, 1999 (trad. cast.: *Los señores del horizonte. Una historia del Imperio Otomano*, Madrid, Alianza Editorial, 2016).

Gordon, Andrew, «'A Fortune of Paper Walls', The Letters of Francis Bacon and the Earl of Essex», en *English Literary Renaissance*, 2007, vol. 37, n.º 3, págs. 319-336.

Gordon, William, *The History of the Rise, Progress, and Establishment, of the Independence of the United States of America*, Nueva York, Hodge, Allen, and Campbell, 1788, vol. 3.

Graeber, David y David Wengrow, *The Dawn of Everything. A New History of Humanity*, Londres, Penguin, 2021 (trad. cast.: *El amanecer de todo. Una nueva historia de la humanidad*, Barcelona, Ariel, 2022).

Graziosi, Barbara, «On Seeing the Poet, Arabic, Italian and Byzantine Portraits of Homer», en *Scandinavian Journal of Byzantine and Modern Greek Studies*, 2015, n.º 1 (junio), págs. 25-47.

Green, Toby, *A Fistful of Shells. West Africa from the Rise of the Slave Trade to the Age of Revolution*, Londres, Allen Lane, 2019.

Greenblatt, Stephen, *The Swerve. How the World Became Modern*, W. W. Norton, 2012 (trad. cast.: *El giro. De cómo un manuscrito olvidado contribuyó a crear el mundo moderno*, Barcelona, Crítica, 2012).

Greenwood, Emily, «Black Odysseys, The Homeric Odyssey in the African Diaspora since 1939», en Hardwick, Lorna, y Carol Gillespie (comps.), *Classics in Post-Colonial Worlds*, Oxford, Oxford University Press, 2007, págs. 192-210.

—, *Afro-Greeks. Dialogues between Anglophone Caribbean Literature and Classics in the Twentieth Century*, Oxford, University Press, 2010.

—, «The Politics of Classicism in the Poetry of Phillis Wheatley», en Alston, Richard, Edith Hall y Justine McConnell (comp.), *Ancient Slavery and Abolition. From Hobbes to Hollywood*, Oxford, Oxford University Press, 2011, págs. 153-180.

Gress, David, *From Plato to NATO. The Idea of the West and Its Opponents*, Nueva York, Free Press, 1998.

Gutas, Dimitri, *Greek Thought, Arabic Culture. The Graeco-Arabic Translation Movement in Baghdad and Early 'Abbāsid Society, (2nd-4th / 8th-10th Centuries)*, Londres, Routledge, 1998.

Hackett, Helen, «A New Image of Elizabeth I, The Three Goddesses Theme in Art and Literature», en *Huntington Library Quarterly*, 2014, vol. 77, n.º 3, págs. 225-256.

Hairston, Julia L., «Introduction», en *The Poems and Letters of Tullia d'Aragona and Others*, Toronto, Iter, 2014.

Hall, Edith, *Inventing the Barbarian. Greek Self-Definition through Tragedy*, Oxford, Clarendon Press, 1989.

—, y Henry Stead, *A People's History of Classics. Class and Greco-Roman Antiquity in Britain and Ireland 1689 to 1939*, Londres, Routledge, 2020.

Hall, Jonathan M., *Ethnic Identity in Greek Antiquity*, Cambridge, Cambridge University Press, 1997.

—, *Hellenicity. Between Ethnicity and Culture*, Chicago, University of Chicago Press, 2002.

Hanink, Johanna, *The Classical Debt. Greek Antiquity in an Era of Austerity*, Cambridge, Harvard University Press, 2017.

Hansen, Mogens Herman, y Thomas Heine Nielsen (comps.), *An Inventory of Archaic and Classical "Poleis". An Investigation Conducted by the Co-*

penhagen Polis Centre for the Danish National Research Foundation, Oxford, Oxford University Press, 2004.

Harloe, Katherine, *Winckelmann and the Invention of Antiquity. History and Aesthetics in the Age of Altertumswissenschaft*, Oxford, Oxford University Press, 2013.

Harris, Jonathan, *Byzantium and the Crusades*, Londres, Bloomsbury, 2003.

—, «The Debate on the Fourth Crusade», en *History Compass*, 2005, vol. 2, n.º 1.

—, *The End of Byzantium*, New Haven, Yale University Press, 2010.

Hartmann, Anna-Maria, «The Strange Antiquity of Francis Bacon's New Atlantis», en *Renaissance Studies*, 2015, vol. 29, n.º 3, págs. 375-393.

Harvey, D., *The French Enlightenment and Its Others. The Mandarin, the Savage, and the Invention of the Human Sciences*, Londres, Springer, 2012.

Hawkins, Mike, *Social Darwinism in European and American Thought, 1860-1945. Nature as Model and Nature as Threat*, Cambridge, Cambridge University Press, 1997.

Hazareesingh, Sudhir, *Black Spartacus. The Epic Life of Toussaint Louverture*, Londres, Allen Lane, 2020.

He, Xiao, «Ancient Civilisations Forum with the Belt and Road Initiative», en *Routledge Handbook of the Belt and Road*, Londres, Routledge, 2019, págs. 430-433.

Healy, Jack, «These Are the 5 People Who Died in the Capitol Riot», *The New York Times*, 11 de enero de 2021, <https://www.nytimes.com/2021/01/11/us/who-died-in-capitol-building-attack.html>.

Heather, Peter J., *The Goths*, Oxford, Blackwell, 1996.

—, *Empires and Barbarians. The Fall of Rome and the Birth of Europe*, Oxford. Oxford University Press, 2009 (trad. cast.: *Emperadores y bárbaros. El primer milenio de la historia de Europa*, Barcelona, Crítica, 2018).

—, *The Restoration of Rome. Barbarian Popes and Imperial Pretenders*, Oxford, Oxford University Press, 2017 (trad. cast.: *La restauración de Roma. Bárbaros, papas y pretendientes al trono*, Barcelona, Crítica, 2013).

Hegel, Georg Wilhelm Friedrich, T. M. Know y Richard Kroner, *Early Theological Writings, G.W.F. Hegel*, Filadelfia, University of Pennsylvania Press, 1975.

Heng, Geraldine, *The Invention of Race in the European Middle Ages*, Cambridge, Cambridge University Press, 2018.

Henrich, Joseph, *The Weirdest People in the World. How the West Became Psychologically Peculiar and Particularly Prosperous*, Londres, Allen Lane, 2020.

Hepple, Leslie W., «'The Museum in the Garden', Displaying Classical Antiquities in Elizabethan and Jacobean England», en *Garden History*, 2001, vol. 29, n.º 2, págs. 109-120.

Hering, K., «Godfrey of Viterbo, Historical Writing and Imperial Legitimacy at the Early Hohenstaufen Court», en Foerster, Thomas, *Godfrey of Viterbo and His Readers. Imperial Tradition and Universal History in Late Medieval Europe*, Farnham, Ashgate Publishing, 2015, págs. 47-66.

Herrin, Judith, *Byzantium. The Surprising Life of a Medieval Empire*, Princeton, Princeton University Press, 2007 (trad. cast.: *Bizancio. El imperio que hizo posible la Europa moderna*, Barcelona, Debate, 2022).

—, *Ravenna. Capital of Empire, Crucible of Europe*, Princeton, Princeton University Press, 2020 (trad. cast.: *Rávena. Capital del imperio, crisol de Europa*, Barcelona, Debate, 2022).

Heywood, Linda M., *Njinga of Angola. Africa's Warrior Queen*, Cambridge, Harvard University Press, 2017.

Hildebrandt, Berit, *Silk. Trade and Exchange along the Silk Roads between Rome and China in Antiquity*, Oxford, Oxbow Books, 2017.

Hill, Lisa, y Prasanna Nidumolu, «The Influence of Classical Stoicism on John Locke's Theory of Self-Ownership», en *History of the Human Sciences*, 2021, vol. 34, n.os 3-4, págs. 3-24.

Hingley, Richard, *Roman Officers and English Gentlemen. The Imperial Origins of Roman Archaeology*, Londres, Routledge, 2001.

—, *Globalizing Roman Culture. Unity, Diversity and Empire*, Londres, Routledge, 2005.

—, «Assessing How Representation of the Roman Past Impacts Public Perceptions of the Province of Britain», en *Public Archaeology*, 2019, vol. 18, n.º 4, págs. 241-260.

Hobson, John M., *The Eastern Origins of Western Civilisation*, Cambridge, Cambridge University Press, 2004 (trad. cast.: *Los orígenes orientales de la civilización de Occidente*, Barcelona, Crítica, 2006).

—, *Multicultural Origins of the Global Economy. Beyond the Western-Centric Frontier*, Cambridge, Cambridge University Press, 2020.

Hobsbawm, Eric J., *Industry and Empire*, Londres, Penguin Books, 1968 (trad. cast.: *Industria e imperio. Historia de Gran Bretaña desde 1750*, Barcelona, Crítica, 2016).

—, y Terence Ranger (comps.), *The Invention of Tradition*, Cambridge, Cambridge University Press, 2012 (trad. cast.: *La invención de la tradición*, Barcelona, Crítica, 2002).

Horsfall, Nicholas, «The Aeneas Legend and the 'Aeneid'», en *Vergilius*, 1986, vol. 32, págs. 8-17.

— (comp.), *A Companion to the Study of Virgil*, Leiden, Brill, 2000.

Hower, Jessica S., *Tudor Empire. The Making of Early Modern Britain and the British Atlantic World, 1485-1603*, Cham, Palgrave Macmillan, 2020.

Hsing, I-Tien, «Heracles in the East, The Diffusion and Transformation of His Image in the Arts of Central Asia, India, and Medieval China», en *Asia Major*, 2005, vol. 18, n.º 2, págs. 103-154.

Hume, David, *Political Essays*, Cambridge, Cambridge University Press, 1994 (trad. cast.: *Ensayos políticos*, Madrid, Tecnos, 2006).

Hunt, Lucy-Anne, «A Deesis Mould in Berlin, Christian-Muslim Cultural Interchange between Iran, Syria and Mesopotamia in the Early Thirteenth Century», en *Islam and Christian-Muslim Relations*, 2011, vol. 22, n.º 2, págs. 127-145.

Huntington, Samuel P., *The Clash of Civilizations and the Remaking of the World Order*, Londres, Free Press, 1996 (trad. cast.: *El choque de civilizaciones y la reconfiguración del orden mundial*, Barcelona, Paidós, 2015).

Huxtable, Sally-Anne, Corinne Fowler, Christo Kefalas y Emma Slocombe, *Interim Report on the Connections between Colonialism and Properties Now in the Care of the National Trust Including Links with Historic Slavery*, Swindon, National Trust, 2020.

Inalcik, Halil, *The Ottoman Empire. The Classical Age 1300-1600*, Londres, Phoenix, 2001.

Innes, Matthew, «Teutons or Trojans? The Carolingians and the Germanic Past», en Hen, Yitzhak, y Matthew Innes, *The Uses of the Past in the Early Middle Ages*, Cambridge, Cambridge University Press, 2000, págs. 227-249.

Irwin, Elizabeth, «To Whom Does Solon Speak? Conceptions of Happiness and Ending Life Well in the Later Fifth Century», en Geus, K., Elizabeth Irwin y Thomas Poiss (comps.), *Herodots Wege des Erzählens. Logos und Topos in den Historien*, Berna, Peter Lang Edition, 2013, págs. 261-321.

Isaac, Benjamin, Miriam Eliav-Feldon y Joseph Ziegler (comps.), *The Origins of Racism in the West*, Cambridge, Cambridge University Press, 2009.

Isaac, Benjamin, y Lynn Meskell, «UNESCO's Project to 'Revive the Spirit of Mosul', Iraqi and Syrian Opinion on Heritage Reconstruction after the Islamic State», en *International Journal of Heritage Studies*, 2019, vol. 25, n.º 11, págs. 1189-1204.

Isba, Anne, «Trouble with Helen, The Gladstone Family Crisis, 1846-1848», en *History*, 2003, vol. 88, n.º 2, 290, págs. 249-261.

Israel, Jonathan Irvine, *Radical Enlightenment. Philosophy and the Making of Modernity, 1650-1750*, Oxford, Oxford University Press, 2001 (trad. cast.: *La Ilustración radical. la filosofía y la construcción de la modernidad, 1650-1750*, Madrid, Fondo de Cultura Económica, 2012).

—, *Enlightenment Contested. Philosophy, Modernity, and the Emancipation of Man, 1670-1752*, Oxford, Oxford University Press, 2006.

—, *Democratic Enlightenment. Philosophy, Revolution, and Human Rights, 1750-1790*, Oxford, Oxford University Press, 2011.

Issa, Hanan, *My Body Can House Two Hearts*, Bristol, Burning Eye Books, 2018.

Jackson, Maurice, y Susan Kozel, *Quakers and Their Allies in the Abolitionist Cause, 1754-1808*, Nueva York, Routledge, 2015.

Jacob, Margaret C., *The Enlightenment. A Brief History with Documents*, Boston, Bedford Books, 2001.

—, *The Secular Enlightenment*, Princeton, Princeton University Press, 2019.

James, C. L. R., *The Black Jacobins. Touissant L'Ouverture and the San Domingo Revolution*, Nueva York, Vintage Books, 1989 (trad. cast.: *Los jacobinos negros. Toussaint L'Ouverture y la Revolución de Haití*, Pamplona, Katakrak, 2022).

Jardine, Lisa, «Gloriana Rules the Waves, Or, the Advantage of Being Excommunicated (and a Woman)», en *Transactions of the Royal Historical Society*, 2004, vol. 14, n.º 14, págs. 209-222.

—, y Alan Stewart, *Hostage to Fortune. The Troubled Life of Francis Bacon (1561-1626)*, Londres, Gollancz, 1998.

Jeffers, Honorée Fanonne, *The Age of Phillis*, Middletown, Wesleyan University Press, 2020.

Jenkins, Roy, *Gladstone*, Londres, Pan Macmillan, 2012.

Johnson, Marguerite, *Boudicca*, Londres, A&C Black, 2012.

Jordan, William Chester, «'Europe' in the Middle Ages», en Pagden, Anthony, (comp.), *The Idea of Europe. From Antiquity to the European Union*, Cambridge, Cambridge University Press, 2002, págs. 72-90.

Kalb, Judith E., *Russia's Rome. Imperial Visions, Messianic Dreams, 1890-1940*, Madison, University of Wisconsin Press, 2008.

Kaldellis, Anthony, *Hellenism in Byzantium. The Transformations of Greek Identity and the Reception of the Classical Tradition*, Cambridge, Cambridge University Press, 2007.

—, *Byzantium Unbound*, Leeds, Arc Humanities Press, 2019a.

—, *Romanland. Ethnicity and Empire in Byzantium*, Cambridge, Belknap Press, 2019b.

Kamil, Jill, *Christianity in the Land of the Pharaohs. The Coptic Orthodox Church*, Milton Park, Taylor and Francis, 2013.

Kammen, Michael, «The Meaning of Colonization in American Revolutionary Thought», en *Journal of the History of Ideas*, 1970, vol. 31, n.º 3, págs. 337-358.

Kant, Immanuel, *Observations on the Feeling of the Beautiful and Sublime and Other Writings*, Cambridge y Nueva York, Cambridge University Press, 2011 (trad. cast.: *Lo bello y lo sublime*, Madrid, Eneida, 2022).

Kanter, Douglas, «Gladstone and the Great Irish Famine», en *Journal of Liberal History*, 2013, vol. 81, págs. 8-14.

Kayaalp, Pinar, *The Empress Nurbanu and Ottoman Politics in the 16th Century. Building the Atik Valide*, Routledge Studies in Middle Eastern History, vol. 19, Milton Park, Routledge, 2018.

Keen, Michael, y Joel Slemrod, *Rebellion, Rascals, and Revenue. Tax Follies and Wisdom through the Ages*, Princeton, Princeton University Press, 2021.

Keevak, Michael, *The Story of a Stele. China's Nestorian Monument and Its Reception in the West, 1625-1916*, Hong Kong, Hong Kong University Press, 2008.

—, *Becoming Yellow. A Short History of Racial Thinking*, Princeton, Princeton University Press, 2011.

Kennedy, Hugh, *Muslim Spain and Portugal. A Political History of al-Andalus*, Londres, Routledge, 1996.

Kidd, Thomas S., *The Great Awakening. The Roots of Evangelical Christianity in Colonial America*, New Haven, Yale University Press, 2009.

—, *George Whitefield. America's Spiritual Founding Father*, New Haven, Yale University Press, 2014.

Kishlansky, Mark, Patrick Geary y Patricia O'Brien, *A Brief History of Western Civilization. The Unfinished Legacy*, vol. 1, Nueva York, Longman Publishing, 2006.

Kleingeld, Pauline, «Kant's Second Thoughts on Race», en *Philosophical Quarterly*, 2007, vol. 57, n.º 229, págs. 573-592.

Koch, Richard, y Chris Smith, *Suicide of the West*, Londres y Nueva York, Continuum, 2006.

Kołodziejczyk, Dariusz, «Khan, Caliph, Tsar and Imperator, The Multiple Identities of the Ottoman Sultan», en Kołodziejczyk, Dariusz, y Peter Fibiger Bang (comps.), *Universal Empire. A Comparative Approach to Imperial Culture and Representation in Eurasian History*, Cambridge, Cambridge University Press, 2012, págs. 175-193.

Laihui, Xie, «The Belt and Road Initiative and the Road Connecting Different Civilisations», en Fang, Cai, y Peter Nolan, *Routledge Handbook of the Belt and Road*, Londres, Routledge, 2019, págs. 165-169.

Laird, Andrew, *The Epic of America. An Introduction to Rafael Landívar and the "Rusticatio Mexicana"*, Londres, Duckworth, 2006.

—, «Latin America», en Kallendord, W. (comp.), *A Companion to the Classical Tradition*, Chichester, John Wiley & Sons, 2007, págs. 222-236.

Łajtar, Adam, y Grzegorz Ochała, «Language Use and Literacy in Late Antique and Medieval Nubia», en Emberling, Geoff, y Bruce Beyer Williams (comps.), *The Oxford Handbook of Ancient Nubia*, Oxford, Oxford University Press, 2021, págs. 786-805.

Lakomy, Miron, *Islamic State's Online Propaganda. A Comparative Analysis*, Nueva York, Routledge, 2021.

Lape, Susan, *Race and Citizen Identity in the Classical Athenian Democracy*, Cambridge, Cambridge University Press, 2010.

Lau, Kenneth, «Lam Bares the 'Bad Records' in Her Life», *The Standard*, 3 de mayo de 2016, pág. 4, <paper.thestandard.com.hk/flipV5.php?product=THESTANDARD&issue=20160503&vol=2016050300&cat=2&token=05b94d94c57401ec&page=4>.

Levine, Philippa, *The British Empire. Sunrise to Sunset*, Londres, Routledge, 2020.

Lewis, Bernard, «The Roots of Muslim Rage», *The Atlantic*, septiembre de 1990, págs. 47-60.

—, y Benjamin Braude (comps.), *Christians & Jews in the Ottoman Empire. The Functioning of a Plural Society*, vol. 2, Nueva York, Holmes & Meier, 1982.

Li, Xue, «Exchanges and Mutual Learning among Civilisations», en Fang, Cai, y Peter Nolan (comps.), *Routledge Handbook of the Belt and Road*, Londres, Routledge, 2019, págs. 272-277.

Lifschitz, Avi, «Rousseu's Imagined Antiquity, An Introduction», en *History of Political Thought*, 2016, vol. 37, págs. 1-7.

Low, Polly, *The Athenian Empire*, Edinburgh Readings on the Ancient World, Edimburgo, Edinburgh University Press, 2008.

Lucas, Edward, *New Cold War. Putin's Russia and the Threat to the West*, Nueva York, St. Martin's Press, 2008.

Lupher, David A., *Romans in a New World. Classical Models in Sixteenth-Century Spanish America*, Ann Arbor, University of Michigan Press, 2002.

Ma, John, Nikolaos Papazarkadas y Robert Parker (comps.), *Interpreting the Athenian Empire*, Londres, Duckworth, 2009.

McConnell, Justine, *Black Odysseys. The Homeric Odyssey in the African Diaspora Since 1939*, Oxford, Oxford University Press, 2013.

McCoskey, Denise (comp.), *A Cultural History of Race*, vol. 1, *Antiquity*, Londres, Bloomsbury Academic, 2021.

MacCulloch, Diarmaid, *A History of Christianity*, Londres, Penguin, 2010 (trad. cast.: *Historia de la cristiandad. Los primeros tres mil años*, Barcelona, Debate, 2012).

McDaniel, Spencer, «Here's What the Costumes and Flags on Display at the Pro-Trump Insurrection Mean», *Tales of Times Forgotten*, 8 de enero de 2021, <https://talesoftimesforgotten.com/2021/01/08/heres-what-the-costumes-and-flags-on-display-at-the-pro-trump-insurrection-mean/>.

McKenzie, Judith S., y Francis Watson, *The Garima Gospels. Early Illuminated Gospel Books from Ethiopia*, Oxford, University of Oxford, 2016.

McLaughlin, M. L., «Humanist Concepts of Renaissance and Middle Ages in the Treand Quattrocento», en *Renaissance Studies*, 1988, vol. 2, n.º 2, págs. 131-142.

McLucas, John C., «Renaissance Carolingian, Tullia d'Aragona's 'Il meschino', altramente detto 'Il guerrino'», en *Olifant*, 2006, vol. 25, n.os 1-2, págs. 313-320.

McNeill, William, *The Rise of the West*, Chicago, University of Chicago Press, 1963.

Mac Sweeney, Naoíse (comp.), *Foundation Myths in Ancient Societies. Dialogues and Discourses*, Filadelfia, University of Pennsylvania Press, 2013.

—, *Troy. Myth, City, Icon*, Londres, Bloomsbury Academic, 2018.

—, «Regional Identities in the Greek World, Myth and Koinon in Ionia», en *Historia. Zeitschrift für alte Geschichte*, 2021a, vol. 70, n.º 2, págs. 268-314.

—, «Race and Ethnicity», en McCoskey, Denise (comp.), *A Cultural History of Race*, vol. 1, *Antiquity*, Londres, Bloomsbury, 2021b, págs. 103-118.

Mahbubani, Kishore, *Has China Won? The Chinese Challenge to American Primacy*, Nueva York, PublicAffairs, 2020.

Mairs, Rachel, *The Hellenistic Far East. Archaeology, Language, and Identity in Greek Central Asia*, Berkeley, University of California Press, 2016.

— (comp.), *The Graeco-Bactrian and Indo-Greek World*, Londres, Routledge, 2020.

Majendie, Adam, Sheridan Prasso, Kevin Hamlin, Miao Han, Faseeh Mangi, Chris Kay, Samuel Gebre y Marcus Bensasson, «China's Empire of Money Is Reshaping Global Trade», *Bloomberg*, 1 de agosto de 2018, <https://www.bloomberg.com/news/features/2018-08-01/china-s-empire-of-money-is-reshaping-lives-across-new-silk-road>.

Malamud, Margaret, *Ancient Rome and Modern America*, Hoboken, Wiley, 2009.

—, «Translatio Imperii, America as the New Rome c. 1900», en Bradley, Mark (comp.), *Classics and Imperialism in the British Empire*, Oxford, Oxford University Press, 2010, págs. 249-283.

—, *African Americans and the Classics. Antiquity, Abolition and Activism*, Londres, I. B. Tauris, 2016.

Malcolm, Noel, *Useful Enemies. Islam and the Ottoman Empire in Western Political Thought, 1450-1750*, Oxford, Oxford University Press, 2019.

Malik, Kenan, *The Meaning of Race. Race, History and Culture in Western Society*, Nueva York, New York University Press, 1996.

—, «Seeing Reason, Jonathan Israel's Radical Vision», *New Humanist*, 21 de junio de 2013, <https://newhumanist.org.uk/articles/4194/seeing-reason-jonathan-israels-radical-vision>.

Malkin, Irad (comp.), *Ancient Perceptions of Greek Ethnicity*, Cambridge, Harvard University Press, 2001.

Marchand, Suzanne L., *Down from Olympus. Archaeology and Philhellenism in Germany, 1750-1970*, Princeton, Princeton University Press, 1996.

—, *German Orientalism in the Age of Empire. Religion, Race, and Scholarship*, Cambridge, Cambridge University Press, 2009.

Marinella, Lucrezia, y Maria Gill Stampino, *Enrico; or, Byzantium Conquered. A Heroic Poem*, Chicago, University of Chicago Press, 2009.

Marshall, Peter, «'Rather with Papists than with Turks', The Battle of Lepanto and the Contours of Elizabethan Christendom», en *Reformation*, 2012, vol. 17, n.º 1, págs. 135-159.

Mason, Rowena, «Tory Party Chairman Says 'Painful Woke Psychodrama' Weakening the West», *The Guardian*, 14 de febrero de 2022, <https://www.theguardian.com/politics/2022/feb/14/oliver-dowden-says-painful-woke-psychodrama-weakening-the-west>.

Mattingly, D. J., *Imperialism, Power, and Identity. Experiencing the Roman Empire*, Princeton, Princeton University Press, 2011.

Mazzotta, Giuseppe, «Italian Renaissance Epic», en Bates, Catherine (comp.), *The Cambridge Companion to the Epic*, Cambridge, Cambridge University Press, 2010, págs. 93-118.

Meiggs, Russell, y David Lewis, *A Selection of Greek Historical Inscriptions. To the End of the Fifth Century B.C.*, Oxford, Clarendon Press, 1969.

Menzies, Gavin, *1421. The Year China Discovered the World*, Londres, William Morrow & Co, 2003 (trad. cast.: *1421, el año en que China descubrió el mundo*, Barcelona, Debolsillo, 2004).

Merrills, Andrew, y Richard Miles, *The Vandals*, Hoboken, Wiley, 2010.

Meserve, Margaret, *Empires of Islam in Renaissance Historical Thought*, Cambridge, Harvard University Press, 2008.

Mitchell, Peter, y Paul J. Lane (comps.), *The Oxford Handbook of African Archaeology*, Oxford, Oxford University Press, 2013.

Mitter, Rana, *China's Good War. How World War II Is Shaping a New Nationalism*, Cambridge, Belknap Press, 2020.

Mokyr, Joel, *The Enlightened Economy. An Economic History of Britain, 1700-1850*, New Haven, Yale University Press, 2009.

Moles, John P., «Herodotus and Athens», en Bakker, Egbert J., Irene J. F. Jong y Hans Wees (comps.), *Brill's Companion to Herodotus*, Leiden, Brill, págs. 33-52, 2002.

Momigliano, Arnaldo, «The Place of Herodotus in the History of Historiography», en *History*, 1958, vol. 43, n.º 147, págs. 1-13.

Monoson, S. Sara, «Recollecting Aristotle, Pro-Slavery Thought in Antebellum America and the Argument of *Politics* Book I», en Alston, Richard, Edith Hall y Justine McConnell (comps.), *Ancient Slavery and Abolition. From Hobbes to Hollywood*, Oxford, Oxford University Press, 2011, págs. 247-278.

Morris, Ian, *Why the West Rules — for Now. The Patterns of History and What They Reveal about the Future*, Londres, Profile Books, 2011 (trad. cast.: *¿Por qué manda Occidente... por ahora? Las pautas del pasado y lo que revelan sobre nuestro futuro*, Barcelona, Ático de los Libros, 2018).

Morton, Nicholas, *Encountering Islam on the First Crusade*, Cambridge, Cambridge University Press, 2016.

Moyer, Ian, Adam Lecznar y Heidi Morse (comps.), *Classicisms in the Black Atlantic*, Oxford, Oxford University Press, 2020.

Munson, Rosaria Vignolo, «Herodotus and Ethnicity», en McInerney, Jeremy (comp.), *A Companion to Ethnicity in the Ancient Mediterranean*, Hoboken, Wiley, 2014, págs. 341-355.

Murray, Douglas, *The Strange Death of Europe. Immigration, Identity, Islam*, Londres, Bloomsbury Continuum, 2017 (trad. cast.: *La extraña muerte de Europa. Identidad, inmigración, islam*, Madrid, Edaf, 2019).

—, *The War on the West. How to Prevail in the Age of Unreason*, Londres, HarperCollins, 2022.

Nakata, Sharilyn, «Egredere o quicumque es, Genealogical Opportunism and Trojan Identity in the Aeneid», en *Phoenix*, 2012, vol. 66, n.ºs 3-4, págs. 335-363, 467.

Ndiaye, Noémie, *Scripts of Blackness. Early Modern Performance Culture and the Making of Race*, Filadelfia, University of Pennsylvania Press, 2022.

Németh, András, *The Excerpta Constantiniana and the Byzantine Appropriation of the Past*, Cambridge, Cambridge University Press, 2018.

Neville, Leonora, *Anna Komnene. The Life and Work of a Medieval Historian*, Oxford, Oxford University Press, 2016.

Ng, Diana Y., y Molly Swetnam-Burland, *Reuse and Renovation in Roman Material Culture. Functions, Aesthetics, Interpretations*, Cambridge, Cambridge University Press, 2018.

Nicol, Donald M., *Byzantium and Venice. A Study in Diplomatic and Cultural Relations*, Cambridge, Cambridge University Press, 1989.

Nishihara, Daisuke, «Said, Orientalism, and Japan», en *Alif. Journal of Comparative Poetics*, 2005, vol. 25, págs. 241-253.

Noble, Thomas F. X., Barry Strauss, Duane Osheim, Kristen Neuschel y Elinor Accampo, *Western Civilization. Beyond Boundaries*, Boston, Cengage Learning, 2013.

Oliver, Peter, *Peter Oliver's Origin & Progress of the American Rebellion. A Tory View*, Stanford, Stanford University Press, 1961.

Olson, Kelly, *Dress and the Roman Woman. Self-Presentation and Society*, Londres, Routledge, 2012.

Osborne, Robin (comp.), *The World of Athens. An Introduction to Classical Athenian Culture*, Cambridge, Cambridge University Press, 2008.

—, «Unity vs. Diversity», en Eidinow, Esther, y Julia Kindt (comps.), *The Oxford Handbook of Ancient Greek Religion*, Oxford, Oxford University Press, 2015, págs. 11-20.

Osborne, Roger, *Civilization. A New History of the Western World*, Nueva York, Pegasus Books, 2008 (trad. cast.: *Civilización. Una historia crítica del mundo occidental*, Barcelona, Crítica, 2007).

Outram, Dorinda, *The Enlightenment*, Cambridge, Cambridge University Press, 2013 (trad. cast.: *Panorama de la Ilustración*, Barcelona, Blume, 2008).

Pagden, Anthony, *Worlds at War. The 2,500-Year Struggle between East and West*, Oxford, Oxford University Press, 2011 (trad. cast.: *Mundos en guerra, 2.500 años de conflicto entre Oriente y Occidente*, Barcelona, RBA, 2011).

Parker, Grant, «Ex Oriente Luxuria, Indian Commodities and Roman Experience», en *Journal of the Economic and Social History of the Orient*, 2002, vol. 45, n.º 1, págs. 40-95.

Parkinson, Robert G., *The Common Cause. Creating Race and Nation in the American Revolution*, Chapel Hill, University of North Carolina Press, 2016.

Patterson, Cynthia, «Athenian Citizenship Law», en Gagarin, Michael (comp.), *The Cambridge Companion to Ancient Greek Law*, Cambridge, Cambridge University Press, 2005, págs. 267-289.

Pedani, Maria Pia, «Safiye's Household and Venetian Diplomacy», en *Turcica*, 2000, vol. 32, págs. 9-32.

Pegg, Mark Gregory, *A Most Holy War. The Albigensian Crusade and the Battle for Christendom*, Oxford, Oxford University Press, 2008.

Peirce, Leslie P. *The Imperial Harem. Women and Sovereignty in the Ottoman Empire*, Nueva York, Oxford University Press, 1993.

Pelling, Christopher, «Tacitus and Germanicus», en Ash, Rhiannon (comp.), *Oxford Readings in Tacitus*, Oxford, Oxford University Press, 2012, págs. 81-313.

—, *Herodotus and the Question Why*, Austin, University of Texas Press, 2019.

Peltonen, Markku (comp.), *The Cambridge Companion to Bacon*, Cambridge, Cambridge University Press, 1996.

Perry, Marvin, Myrna Chase, James Jacob, Margaret Jacob y Jonathan W. Daly, *Western Civilization. Ideas, Politics, and Society*, Nueva York, Cengage Learning, 2015.

Petersohn, Jürgen, «Friedrich Barbarossa und Rom», en Haverkamp, Alfred (comp.), *Friedrich Barbarossa. Handlungsspielräume und Wirkungsweisen*, Stuttgart, Jan Thorbecke Verlag, 1992, págs. 129-146.

—, «Kaiser, Papst und römisches Recht im Hochmittelalter. Friedrich Barbarossa und Innocenz III beim Umgang mit dem Rechtsinstitut der langfristigen Verjährung», Petersohn, Jürgen (comp.), en *Mediaevalia Augiensia. Forschung zur Geschichte des Mittelalters*, Stuttgart, Jan Thorbecke Verlag, 2001, págs. 307-348.

Piersen, William D., *Black Yankees. The Development of an Afro-American Subculture in Eighteenth-Century New England*, Amherst, University of Massachusetts Press, 1988.

Plassmann, Alheydis, *Origo gentis. Identitäts- und Legitimitätsstiftung in früh- und hochmittelalterlichen Herkunftserzählungen*, Berlín, De Gruyter, 2006.

Pohl, Walter, Clemens Gantner, Cinzia Grifoni y Marianne Pollheimer-Mohaupt (comps.), *Transformations of Romanness. Early Medieval Regions and Identities*, Berlín, De Gruyter, 2018.

Porter, Roy S., y Mikuláš Teich (comps.), *The Enlightenment in National Context*, Cambridge, Cambridge University Press, 1981.

Poser, Rachel, «He Wants to Save Classics from Whiteness, Can the Field

Survive?», *The New York Times*, 2 de febrero de 2021, <https://www.nytimes.com/2021/02/02/magazine/classics-greece-rome-whiteness.html>.

Prag, Jonathan, «Tyrannizing Sicily, The Despots Who Cried 'Carthage!'», en Turner, A., F. Vervaet y J. K. On Chong-Gossard (comps.), *Private and Public Lies*, Leiden, Brill, 2010, págs. 51-71.

Price, Bronwen (comp.), *Francis Bacon's New Atlantis. New Interdisciplinary Essays*, Mánchester, Manchester University Press, 2018.

Prins, Yopie, *Ladies' Greek. Victorian Translations of Tragedy*, Princeton, Princeton University Press, 2017.

Prosperi, Valentina, *The Place of the Father. The Reception of Homer in the Renaissance Canon*, Leiden, Brill, 2019.

Quinault, Roland, «Gladstone and Slavery», en *Historical Journal*, 2009, vol. 52, n.º 2, págs. 363-383.

Quinn, Josephine Crawley, *How the World Made the West*, Londres, Bloomsbury, de próxima publicación.

Rady, Martyn, *The Habsburgs*, Londres, Penguin, 2020 (trad. cast.: *Los Habsburgo, soberanos del mundo*, Barcelona, Taurus, 2020).

Reuter, Timothy, *Germany in the Early Middle Ages, c. 800-1056*, Londres, Longman Publishing, 1992.

Rhodes, Peter John, *Athenian Democracy*, Oxford, Oxford University Press, 2004.

Richard, Carl J., *The Founders and the Classics. Greece, Rome, and the American Enlightenment*, Cambridge, Harvard University Press, 1995.

—, «Cicero and the American Founders», en Altman, William H. F., *Brill's Companion to the Reception of Cicero*, Leiden, Brill, 2015, págs. 124-143.

Ricks, Thomas E., *First Principles. What America's Founders Learned from the Greeks and Romans and How That Shaped Our Country*, Nueva York, Harper, 2020.

Rienjang, Wannaporn, y Peter Stewart, *The Global Connections of Gandhāran Art. Proceedings of the Third International Workshop of the Gandhāra Connections Project, University of Oxford, 18th-19th March, 2019*, Oxford, Archaeopress, 2020.

Robinson, William H., «Phillis Wheatley in London», en *CLA Journal*, 1977, vol. 21, n.º 2, págs. 187-201.

Rose, Charles Brian, *Dynastic Commemoration and Imperial Portraiture in the Julio-Claudian Period*, Cambridge, Cambridge University Press, 1997.

—, *The Archaeology of Greek and Roman Troy*, Cambridge, Cambridge University Press, 2013.

Ross, Shawn A., «Barbarophonos, Language and Panhellenism in the Iliad», en *Classical Philology*, 2005, vol. 100, n.º 4, págs. 299-316.

Rothe, Ursula, *The Toga and Roman Identity*, Londres, Bloomsbury Academic, 2019.

Ruffing, Kai, «Gifts for Cyrus, Tribute for Darius», en Harrison, Thomas, y Elizabeth Irwin (comps.), *Interpreting Herodotus*, Oxford, Oxford University Press, 2018, págs. 149-161.

Rukuni, Rugare, «Negus Ezana, Revisiting the Christianisation of Aksum», en *Verbum et Ecclesia*, 2021, vol. 42, n.º 1, págs. 1-11.

Russell, Rinaldina, «Introduction», en Merry, Bruce, y Rinaldina Russell, *Dialogue on the Infinity of Love, by Tullia D'Aragona*, Chicago, University of Chicago Press, 1997, págs. 21-42.

Said, Edward W., «The Arab Portrayed», en Abu-Lughod, Ibrahim, *The Arab-Israeli Confrontation of June 1967. An Arab Perspective*, Evanston, Northwestern University Press, 1970, págs. 1-9.

—, *Orientalism*, Londres, Penguin, 1995 (trad. cast.: *Orientalismo*, Barcelona, Debate, 2016).

—, *Culture and Imperialism*, Londres, Vintage, 1993 (trad. cast.: *Cultura e imperialismo*, Barcelona, Debolsillo, 2019).

—, *Out of Place. A Memoir*, Londres, Granta Books, 1999 (trad. cast.: *Fuera de lugar*, Barcelona, Debolsillo, 2016).

—, *Reflections on Exile: And Other Essays*, Cambridge, Harvard University Press, 2000 (trad. cast.: *Reflexiones sobre el exilio*, Barcelona, Debolsillo, 2013).

Said, Suzanne, «Greeks and Barbarians in Euripides' Tragedies, The End of Differences?», en Harrison, Thomas, *Greeks and Barbarians*, Edimburgo, Edinburgh University Press, 2001, págs. 62-100.

Satia, Priya, *Time's Monster. History, Conscience and Britain's Empire*, Londres, Allen Lane, 2020.

Schein, Seth L., «'Our Debt to Greece and Rome', Canon, Class and Ideology», en Hardwick, Lorna, y Christopher Stray (comps.), *A Companion to Classical Receptions*, Hoboken, Wiley, 2007, págs. 75-85.

Schmidt-Colinet, Andreas, *Kein Tempel in Palmyra! Plädoyer gegen einen Wiederaufbau des Beltempels*, Fráncfort del Meno, Edition Fichter, 2019.

Schneider, Rolf Michael, «The Making of Oriental Rome, Shaping the Trojan Legend», en Fibiger Bang, Peter, y Dariusz Kolodziejczyk, *Universal Empire*, Cambridge, Cambridge University Press, 2012, págs. 76-129.

Seo, J. Mira, «Identifying Authority, Juan Latino, an African Ex-Slave, Professor, and Poet in Sixteenth-Century Granada», en Orrells, Daniel,

Gurminder K. Bhambra y Tessa Roynon (comps.), *African Athena. New Agendas*, Oxford, Oxford University Press, 2011, págs. 258-276.

Shalev, Eran, *Rome Reborn on Western Shores. Historical Imagination and the Creation of the American Republic*, Charlottesville, University of Virginia Press, 2009.

Shepard, Alan, y Stephen D. Powell (comps.), *Fantasies of Troy. Classical Tales and the Social Imaginary in Medieval and Early Modern Europe*, Toronto, Centre for Reformation and Renaissance Studies, 2004.

Sheth, Falguni A., *Toward a Political Philosophy of Race*, Albany, State University of New York Press, 2009.

Shields, John C., y Eric D. Lamore (comps.), *New Essays on Phillis Wheatley*, Knoxville, The University of Tennessee Press, 2011.

Signorini, Maddalena, «Boccaccio as Homer, A Recently Discovered Self-Portrait and the 'Modern' Canon», en Morra, Eloisa (comp.), *Building the Canon through the Classics. Imitation and Variation in Renaissance Italy (1350-1580)*, Leiden, Brill, 2019, págs. 13-26.

Sims-Williams, Nicholas, «The Bactrian Inscription of Jaghori, A Preliminary Reading», en *Bulletin of the Asia Institute*, 2022, vol. 30, págs. 67-74.

Sinclair, Patrick, «Tacitus' Presentation of Livia Julia, Wife of Tiberius' Son Drusus», en *American Journal of Philology*, 1990, vol. 111, n.º 2, págs. 238-256.

Sinisi, Fabrizio, «Royal Imagery on Kushan Coins, Local Tradition and Arsacid Influences», en *Journal of the Economic and Social History of the Orient*, 2017, vol. 60, págs. 818-927.

Skilliter, S. A., «Three Letters from the Ottoman 'Sultana' Safiya to Queen Elizabeth I», en Stern, Samuel M. (comp.), *Documents from Islamic Chanceries*, Columbia, University of South Carolina Press, 1965, págs. 119-157.

Skinner, Quentin, *Hobbes and Republican Liberty*, Cambridge, Cambridge University Press, 2008.

Slane, Kathleen W., *Tombs, Burials, and Commemoration in Corinth's Northern Cemetery*, Princeton, American School of Classical Studies at Athens, 2017.

Smail Salhi, Zahia, *Occidentalism*, Edimburgo, Edinburgh University Press, 2019.

Smarr, Janet L., «A Dialogue of Dialogues, Tullia d'Aragona and Sperone Speroni», en *Modern Language Notes*, 1998, vol. 113, n.º 1, págs. 204-212.

Smil, Vaclav, *Why America Is Not a New Rome*, Cambridge, MIT Press, 2010.

Smith, Justin E. H., *Nature, Human Nature, and Human Difference. Race in Early Modern Philosophy*, Princeton, Princeton University Press, 2015.

Smith, Simon C., «Integration and Disintegration, The Attempted Incorporation of Malta into the United Kingdom in the 1950s», en *Journal of Imperial and Commonwealth History*, 2007, vol. 35, n.º 1, págs. 49-71.

Somma, Thomas P., «American Sculpture and the Library of Congress», en *Library Quarterly*, 2010, vol. 80, n.º 4, págs. 311-335.

Sowerby, Robin, «Chapman's Discovery of Homer», en *Translation and Literature*, 1992, vol. 1, págs. 26-51.

Sperber, Jonathan, *The European Revolutions, 1848-1851*, Cambridge, Cambridge University Press, 2005.

Spielvogel, Jackson J., *Western Civilization. Combined Volume*, Belmont, Cengage Learning, 2005.

Squire, Michael, *The Iliad in a Nutshell. Visualizing Epic on the Tabulae Iliacae*, Oxford, Oxford University Press, 2011.

Stagno, Laura, y Borja Franco Llopis (comps.), *Lepanto and Beyond. Images of Religious Alterity from Genoa and the Christian Mediterranean*, Lovaina, Leuven University Press, 2021.

Stahl, A. M., *Vergil's Aeneid. Augustan Epic and Political Context*, Londres, Duckworth y Classical Press of Wales, 1998.

Stallard, Katie, *Dancing on Bones. History and Power in China, Russia and North Korea*, Oxford, Oxford University Press, 2022.

Starr, S. Frederick, *Lost Enlightenment. Central Asia's Golden Age from the Arab Conquest to Tamerlane*, Princeton, Princeton University Press, 2015.

Stathakopoulos, Dionysios, *A Short History of the Byzantine Empire*, Londres, Bloomsbury, 2014.

Stedman Jones, Gareth, *Karl Marx. Greatness and Illusion*, Cambridge, Harvard University Press, 2016 (trad. cast.: *Karl Marx. Grandeza e ilusión*, Barcelona, Taurus, 2018).

Stock, Markus (comp.), *Alexander the Great in the Middle Ages. Transcultural Perspectives*, Toronto, University of Toronto Press, 2016.

Stoneman, Richard, *The Greek Experience of India. From Alexander to the Indo-Greeks*, Princeton, Princeton University Press, 2019.

Strangio, Sebastian, *In the Dragon's Shadow. Southeast Asia in the Chinese Century*, New Haven, Yale University Press, 2020.

Tatlock, John S. P., «The Siege of Troy in Elizabethan Literature, especially in Shakespeare and Heywood», en *Proceedings of the Modern Language Association*, 1915, vol. 30, n.º 4, págs. 673-770.

Thomas, Lamont Dominick, *Rise to Be a People. A Biography of Paul Cuffe*, Champaign, University of Illinois Press, 1986.

Throop, Susanna A., *The Crusades*, Leeds, Kismet Press, 2018.

Toal, Gerard, *Near Abroad. Putin, the West and the Contest over Ukraine and the Caucasus*, Oxford, Oxford University Press, 2017.

Tong, Elson, «Carrie Lam and the Civil Service Part I. Not a Typical Official», *Hong Kong Free Press*, 2 de abril de 2017, <https://hongkongfp.com/2017/04/02/carrie-lam-civil-service-part-i-not-typical-official/>.

Toohey, Peter, «Politics, Prejudice, and Trojan Genealogies, Varro, Hyginus, and Horace, *Stemmata Quid Faciunt?* Juvenal, Sat. 8:1», en *Arethusa*, 1984, vol. 17, n.º 1, págs. 5-28.

Trautsch, Jasper, «The Invention of the 'West'», en *Bulletin of the German Historical Institute Washington*, otoño de 2013, n.º 53, págs. 89-104.

Trigger, Bruce G., *A History of Archaeological Thought*, Cambridge, Cambridge University Press, 1989 (trad. cast.: *Historia del pensamiento arqueológico*, Barcelona, Crítica, 1992).

Trudell, Scott A., «An Organ for the Seraglio, Thomas Dallam's Artificial Life», en *Renaissance Studies*, 2020, vol. 34, n.º 5, págs. 766-783.

Varner, Eric R., *Mutilation and Transformation. Damnatio Memoriae and Roman Imperial Portraiture*, Leiden, Brill, 2004.

Varotti, Carlo, «La leggenda e la storia, Erodoto nella storiografia tra Quattrocento e primo Cinquecento», en Gambino Longo, Susanna (comp.), *Hérodote à la Renaissance*, Turnhout, Brepols, 2012, págs. 99-125.

Varto, Emily, «Stories Told in Lists, Formulaic Genealogies as Intentional Histories», en *Journal of Ancient History*, 2015, vol. 3, n.º 2, págs. 118-149.

Vasunia, Phiroze, *The Classics and Colonial India*, Oxford, Oxford University Press, 2013.

Villing, Alexandra, Udo Schlotzhauer y British Museum (comps.), *Naukratis. Greek Diversity in Egypt. Studies on East Greek Pottery and Exchange in the Eastern Mediterranean*, Londres, British Museum Press, 2006.

Vlassopoulos, Kostas, *Greeks and Barbarians*, Cambridge, Cambridge University Press, 2013.

Waibel, Paul R., *Western Civilization. A Brief History*, Hoboken, Wiley-Blackwell, 2020.

Wallace-Hadrill, Andrew, *Rome's Cultural Revolution*, Cambridge, Cambridge University Press, 2008.

Ward Fay, Peter, *The Opium War, 1840-1842. Barbarians in the Celestial Empire in the Early Part of the Nineteenth Century and the War by Which*

They Forced Her Gates Ajar, Chapel Hill, University of North Carolina Press, 2000.

Warraq, Ibn, *Defending the West. A Critique of Edward Said's Orientalism*, Amherst, Prometheus Books, 2007.

Waswo, Richard, «Our Ancestors, the Trojans, Inventing Cultural Identity in the Middle Ages», en *Exemplaria*, 1995, vol. 7, n.º 2, págs. 269-290.

Weber, Loren J., «The Historical Importance of Godfrey of Viterbo», en *Viator*, 1994, vol. 25, págs. 153-196.

Westad, Odd Arne, *The Cold War. A World History*, Londres, Allen Lane, 2017 (trad. cast.: *La guerra fría. Una historia mundial*, Barcelona, Galaxia Gutenberg, 2018).

West, Martin L. (comp.), *Greek Lyric Poetry. The Poems and Fragments of the Greek Iambic, Elegiac, and Melic Poets (Excluding Pindar and Bacchylides) down to 450 B.C.*, Oxford, Oxford University Press, 2008.

Wheatley, Phillis, *Poems on Various Subjects Religious and Moral*, Londres, A. Bell, 1773.

—, y Vincent Carretta, *The Writings of Phillis Wheatley*, Oxford, Oxford University Press, 2019.

Wiencek, Henry, *An Imperfect God. George Washington, His Slaves, and the Creation of America*, Nueva York, Farrar, Straus and Giroux, 2003.

Wignell, Peter, Sabine Tan, Kay L. O'Halloran y Rebecca Lange, «A Mixed Methods Empirical Examination of Changes in Emphasis and Style in the Extremist Magazines *Dabiq* and *Rumiyah*», en *Perspectives on Terrorism*, 2017, vol. 11, n.º 2, págs. 2-20.

Wijma, Sara M., *Embracing the Immigrant. The Participation of Metics in Athenian Polis Religion (5th-4th Century BC)*, Stuttgart, Franz Steiner Verlag, 2014.

Willis, Patricia, «Phillis Wheatley, George Whitefield, and the Countess of Huntingdon in the Beinecke Library», en *Yale University Library Gazette*, 2006, vol. 80, n.ºs 3-4, págs. 161-176.

Wilson, Peter H., *The Holy Roman Empire. A Thousand Years of Europe's History*, Londres, Penguin, 2016 (trad. cast.: *El sacro imperio romano germánico. Mil años de historia de Europa*, Madrid, Desperta Ferro Ediciones, 2020).

Winckelmann, Johann Joachim, *History of the Art of Antiquity*, Los Ángeles, Getty Publications, 2006 (trad. cast.: *Historia del arte en la antigüedad*, Barcelona, Folio, 2022).

Winterer, Caroline, *The Culture of Classicism. Ancient Greece and Rome in American Intellectual Life, 1780-1910*, Baltimore, Johns Hopkins University Press, 2004.

Wiseman, T. P., *Remus. A Roman Myth*, Cambridge, Cambridge University Press, 1995.

—, *The Myths of Rome*, Exeter, University of Exeter Press, 2004.

Wolfe, Michael, *The Conversion of Henri IV. Politics, Power, and Religious Belief in Early Modern France*, Cambridge, Harvard University Press, 1993.

Wong, Joshua, Jason Y. Ng y Ai Weiwei, *Unfree Speech. The Threat to Global Democracy and Why We Must Act, Now*, Londres, Penguin Books, 2020 (trad. cast.: *Somos la revolución. Qué amenaza a la democracia y por qué debemos actuar ahora*, Barcelona, Roca Editorial, 2020).

Wood, Ian N., *The Modern Origins of the Early Middle Ages*, Oxford, Oxford University Press, 2013.

Wood, Jennifer Linhart, «An Organ's Metamorphosis, Thomas Dallam's Sonic Transformations in the Ottoman Empire», en *Journal for Early Modern Cultural Studies*, 2015, vol. 15, n.º 4, págs. 81-105.

Wood, Susan, *Imperial Women. A Study in Public Images, 40 B.C.-A.D. 68*, Leiden, Brill, 2001.

Woods, Hannah Rose, *Rule, Nostalgia*, Londres, Penguin, 2022.

Woolf, Greg, *Becoming Roman. The Origins of Provincial Civilization in Gaul.*, Cambridge, Cambridge University Press, 1998.

Wright, Elizabeth R., *The Epic of Juan Latino. Dilemmas of Race and Religion in Renaissance Spain*, Toronto, University of Toronto Press, 2016.

Wrigley, Chris, «Gladstone and Labour», en Quinault, Roland, Roger Swift y Ruth Clayton Windscheffel (comps.), *William Gladstone. New Studies and Perspectives*, Londres, Routledge, 2012, págs. 51-71.

Young, Alfred F., y Gregory Nobles, *Whose American Revolution Was It? Historians Interpret the Founding*, Nueva York, New York University Press, 2011.

Zagorin, Pérez, *Francis Bacon*, Princeton, Princeton University Press, 2020.

Zanker, Paul, *Augustus und die Macht der Bilder*, Munich, Beck, 1997 (trad. cast.: *Augusto y el poder de las imágenes*, Madrid, Alianza Editorial, 1992).

Ženka, Josef, «A Manuscript of the Last Sultan of Al-Andalus and the Fate of the Royal Library of the Nasrid Sultans at the Alhambra», en *Journal of Islamic Manuscripts*, 2018, vol. 9, n.º 2-3, págs. 341-376.

Zimmermann, Reinhard, *Roman Law, Contemporary Law, European Law. The Civilian Tradition Today*, Oxford, Oxford University Press, 2001 (trad. cast.: *Derecho romano, derecho contemporáneo, derecho europeo. La tradición del derecho civil en la actualidad*, Bogotá, Universidad Externado de Colombia, 2010).

LECTURAS RECOMENDADAS

En esta sección recomiendo solo libros escritos originalmente en inglés, pues esa es también la lengua en la que se escribió originalmente este texto. Para el desarrollo histórico de Occidente y su relación con otras partes del mundo, recomendaría el libro de Josephine Crawley Quinn *How the World Made the West.* Otros análisis de la historia mundial que van más allá del binarismo conceptual de la oposición este-oeste son *El corazón del mundo. Una nueva historia universal* (2016), de Peter Frankopan y *¿Por qué manda Occidente... por ahora?* (2018), de Ian Morris.

Para Heródoto, échese un vistazo a *Herodotus and the Question Why* (2019), de Christopher Pelling; y, para una buena introducción a la Grecia clásica, véase *Greek History. The Basics* (2014), de Robin Osborne. También es una delicia sumergirse en su propia *Historia.* Hay pocos textos dedicados específicamente a Livila, pero *The First Ladies of Rome. The Women Behind the Caesars* (2010), de Anneliese Freisenbruch, presenta una buena descripción de la vida de las mujeres imperiales en Roma. Para una historia general del Imperio romano, recomendaría *Rome. An Empire's Story* (2012), de Greg Woolf.

El *Al-Kindī* (2007), de Peter Adamson, ofrece una excelente descripción de la persona, pero quien desee profundizar en la edad de oro del islam debería leer *The Great Caliphs. The Golden Age of the 'Abbasid Empire* (2009), de Amira Bennison. En *Godfrey of Viterbo and His Readers. Imperial Tradition and Universal History in Late Me-*

dieval Europe (2015), editado por Thomas Foerster, encontramos una selección de ensayos sobre diversos aspectos de la vida de Godofredo de Viterbo, pero para una historia general del Sacro Imperio Romano Germánico me ha resultado muy útil el libro de Peter H. Wilson *El sacro imperio romano germánico. Mil años de historia de Europa* (2020). Encontré mucha información sobre Teodoro II Láscaris en el brillante libro de Dimiter Angelov *The Byzantine Hellene. The Life of Emperor Theodore Laskaris and Byzantium in the Thirteenth Century* (2019); sin embargo, para una interpretación estimulante y esclarecedora de Bizancio en su conjunto, yo recomendaría el libro de Anthony Kaldellis *Byzantium Unbound* (2019).

La mejor forma de informarse sobre Tullia d'Aragona y su poesía es leyendo el libro de Julia L. Hairston *The Poems and Letters of Tullia d'Aragona and Others* (2014), aunque ya hay en preparación una nueva traducción de *El mezquino*. Para el Renacimiento en general me resultó muy útil el libro de Jerry Brotton *The Renaissance. A Very Short Introduction.* Recomponer la intensa vida de Safié Sultán es bastante difícil, pero el libro de Margaret Meserve *Empires of Islam in Renaissance Historical Thought* (2008) me hizo ver de otra manera las relaciones entre el Imperio turco y los estados cristianos de Europa. De los muchos libros que se pueden consultar sobre la historia otomana, yo recomendaría el de Halil Inalcik, *The Ottoman Empire. The Classical Age 1300-1600* (2001).

Mucho se ha escrito sobre Francis Bacon, pero a mí me ha sido especialmente útil el libro de Lisa Jardine y Alan Stewart *Hostage to Fortune. The Troubled Life of Francis Bacon, 1561-1626* (1998). Hay aún más libros sobre la Ilustración, pero yo utilicé el de Margaret C. Jacob, *The Enlightenment. A Brief History with Documents* (2001). El excelente *Njinga of Angola. Africa's Warrior Queen* (2017), de Linda Heywood, me sirvió de guía para la vida de Njinga de Angola, mas, para una perspectiva más amplia del contexto histórico, el libro *A Fistful of Shells. West Africa from the Rise of the Slave Trade to the Age of Revolution* (2019), de Toby Green, me pareció sorprendente y esclarecedor.

Para la vida de Joseph Warren yo recomendaría *The Life and Death of Dr. Joseph Warren, the American Revolution's Lost Hero* (2018), de Christian di Spigna, pero, para el clasicismo politizado de los «padres fundadores», utilicé *First Principles. What America's Founders Learned from the Greeks and Romans and How That Shaped Our Country* (2020), de Thomas E. Ricks. Hay ahora una extensa bibliografía de Phillis Wheatley, pero tal vez el primer libro que elegiría sería la nueva edición crítica de su poesía, editada por Vincent Caretta y publicada en 2019 con el título de *The Writings of Phillis Wheatley*. Sobre la cuestionable política de la Revolución de las Trece Colonias hay un libro que me abrió los ojos, *Whose American Revolution Was It? Historians Interpret the Founding* (2011), de Alfred F. Young y Gregory Nobles. De las muchas biografías que hay sobre William Gladstone, la que más me gustó fue *The Lion and the Unicorn. Gladstone vs Disraeli* (2009), de Richard Aldous; y, de los muchos libros que se han escrito sobre el Imperio británico, yo recomendaría *Time's Monster. History, Conscience and Britain's Empire* (2020), de Priya Satia.

La excelente nueva biografía de Edward Said, escrita por Timothy Brennan, *Places of Mind. A Life of Edward Said* (2021), es una lectura interesantísima, y *Las mentiras que unen. Replanteando la identidad* (2019), de Kwame Anthony Appiah, es un accesible y brillante replanteamiento de la cultura y la identidad en el mundo moderno, basado en un pensamiento poscolonial como el de Said. Es demasiado pronto para saber si habrá biografías de Carrie Lam, pero, entre los libros que me hicieron pensar seriamente en China y en el equilibrio mundial del poder, se encuentran *Las nuevas rutas de la seda* (2019), de Peter Frankopan, y *Has China Won? The Chinese Challenge to American Primacy* (2020), de Kishore Mahbubani.

NOTAS

Introducción. La importancia de los orígenes

1. Con respecto a la afirmación de que los occidentales están psicológicamente condicionados para pensar de una forma determinada, véase Henrich 2020.

2. «De Platón a la OTAN» fue una expresión de moda para describir una serie de cursos de cultura general impartidos sobre todo en Estados Unidos y que aspiraban a dar una visión de conjunto de la civilización occidental. También es el título de un popular libro de David Gress sobre la historia de Occidente.

3. Si lo que se busca es un libro que aborde de manera inteligente el auge de Occidente como proceso polifacético, recomiendo Morris 2011. En Trautsch 2013, encontramos una lista de libros que abordan esta cuestión, casi siempre desde una perspectiva triunfalista.

4. Véase Somma 2010, págs. 321-323, para un análisis de las esculturas de la Biblioteca del Congreso. Según Somma, la sala de lectura es «la ubicación principal de la transmisión del conocimiento, el punto de intersección entre pasado, presente y futuro. Aquí es donde el visitante moderno accede directamente al registro impreso de la civilización humana, a la materia prima intelectual que necesitamos para mantener el progreso sostenido de la cultura occidental» (págs. 321-322).

5. Noble *et al.* 2013, pág. xxiii. Entre los libros de texto y las obras de divulgación histórica que tienen la misma estructura básica se encuentran Cole y Symes 2020; Waibel 2020; Perry *et al.* 2015; Spielvogel 2005; Drogin 2008; Roger Osborne 2008; Kishlansky, Geary y O'Brien 2006; Gress 1998.

6. Para «legado», véanse Roger Osborne 2008; «evolución», Gress 1998; «abolengo», Perry *et al.* 2015, págs. 9 (en cuanto a los hebreos y los griegos como antepasados espirituales de Occidente) y 32 (en cuanto a Egipto y Mesopotamia como pueblos que no fueron sus antepasados espirituales).

7. Roger Osborne, 2008.

8. Me refiero, naturalmente, a las apasionantes aventuras de Percy Jackson que escribió Rick Riordan. Este pasaje sobre la civilización occidental aparece en el primer libro de la serie, *Percy Jackson y los olímpicos: El ladrón del rayo*, publicado en 2005 y llevado al cine con el título *Percy Jackson y el ladrón del rayo*.

9. Como queda reflejado en McDaniel 2021. Los alborotadores también portaban banderas confederadas y banderas con cruces de órdenes militares, y vestían indumentaria que recordaba a los antiguos guerreros germanos. La frase favorita de los alborotadores era *molon labe*, que en griego antiguo significa «venid y cogedlas». Esa es la respuesta que supuestamente dio Leónidas a los persas cuando estos le exigieron que rindiese las armas en la batalla de las Termópilas, en 480 a. C. Aunque es poco probable que Leónidas dijese tal cosa, la frase ha sido adoptada recientemente por los grupos de presión que están a favor de la posesión de armas en Estados Unidos.

10. Este nombre fue muy controvertido en su momento; véase Agbamu 2019.

11. Extracto de una grabación de Osama bin Laden, emitida por la cadena de televisión Al Jazeera el 6 de enero de 2004.

12. Para la arquitectura colonial, véase Vasunia 2013, págs. 157-192.

13. La cuestión se ha planteado tanto en los estudios poscoloniales como en la filosofía: por ejemplo, Appiah 2016; Appiah 2018, capítulo 6 para la idea de la «pepita de oro»; Ahmad 1992, pág. 166; pero también en la filología clásica, tan relevante para este discurso: por ejemplo, Futo Kennedy 2019; 2022; Greenwood 2010, Introducción.

14. Una perspectiva muy reciente de esta cuestión nos la ofrece Quinn 2023. McNeill, en *The Rise of the West* (1963), también reconoce este argumento. Véase también Hobson 2004, 2020.

15. La Atenas clásica no era, como veremos en el capítulo 1, una verdadera democracia, pues excluía de la participación política a las mujeres y a los esclavos, así como a quien no pudiera demostrar la pureza de su linaje ateniense.

16. El Imperio romano abarcaba grandes zonas no solo de Europa, sino también del norte de África y del oeste de Asia, y los habitantes de

todas las partes de ese imperio tenían el mismo estatus legal que los romanos, como veremos en el capítulo 2.

17. Muchas cruzadas fueron dirigidas contra los paganos europeos, y también contra los cristianos «descarriados», como analizaremos en el capítulo 5.

18. Bonnett 2004 argumenta que el concepto de «Occidente» se inventó y se perpetuó debido a su utilidad política.

19. Al menos eso es lo que cuenta Estrabón 9:1:10 cuando escribe sobre el Catálogo de las naves (*Ilíada* 2:558).

20. Atakuman 2008.

21. Mitter 2020. Stallard ve en esto un motivo de preocupación, mien tras que Chang lo considera un motivo de orgullo.

22. Huxtable *et al.* 2020. Este informe se basó en gran medida en la investigación llevada a cabo por Corinne Fowler (véase Fowler 2021). Para un ameno y excelente análisis de la historia del Reino Unido y la percepción que tiene de sí mismo, véase Woods 2022.

1. El rechazo de la pureza: Heródoto

1. Heródoto, *Historia* 4:45.

2. Por ejemplo, durante los últimos veinticinco años se han publicado siete ediciones nuevas de Heródoto en inglés, lo que equivale a una nueva edición cada tres o cuatro años. Hay que citar a Peter Frankopan, con traducción de Robin Waterfield (2020), a James Romm, con traducción de Pamela Mensch (2014), a Paul Cartledge, con traducción de Tom Holland (2014), a Robert Strassler, con traducción de Andrea Purvis (2009), a Carolyn Dewald, con traducción de Robin Waterfield (2008), a John Marincola, con traducción de Aubrey de Selincourt (2003), y a Rosalind Thomas, con traducción de George Rawlinson (1997).

3. Huntington 1996, pág. 42.

4. Pagden 2011.

5. Cicerón, *De legibus* 1:5.

6. Para las crónicas mesopotámicas, véase Glassner 2004, y para la historiografía mesopotámica en general, Finkelstein 1963. Para la primera poesía griega véase, por ejemplo, la *Esmirneida* de Mimnermo (Allen 1993; West 2008).

7. Pelling 2019.

8. Heródoto 4:71.

9. Heródoto 3:80-83.

10. Heródoto 2:25-27.

11. Heródoto 5:35.

12. Este sobrenombre proviene en última instancia de una obra del propio Plutarco: *Sobre la malicia de Heródoto* (*Moralia* 854). Véase Momigliano 1958.

13. Hormigas buscadoras de oro (Hdt 3:102); personas con cabeza de perro (Hdt 4:191).

14. Flautas de hueso en la vagina de las yeguas (Hdt 4:2); prostitutas del templo (Hdt 1:199).

15. En su locura, Cambises acuchilló al toro sagrado de Apis en Egipto, desangrándolo hasta morir (Hdt 3:29). Jerjes, enfurecido porque una tormenta había roto los puentes, mandó azotar las aguas como castigo.

16. Aristágoras inició la revuelta jonia porque no quería pagar una deuda y perder su categoría en Mileto (Hdt 5:35). Temístocles se valió de su posición para extorsionar a los habitantes griegos de las islas.

17. Para el mestizaje cultural de estos territorios, véase Mac Sweeney 2013. Para Halicarnaso en particular, véase Gagné 2006 y Carless Unwin 2017.

18. *Suda*, s. v. «Heródoto» y «Paníasis». Esta mezcla de nombres griegos y carios dentro de una sola familia era muy habitual y ha quedado reflejada en numerosas inscripciones (véase Meiggs y Lewis 1969, 32; Aubriet 2013). Se dice que Paníasis fue tío de Heródoto.

19. Las fuentes griegas llaman *týrannos* a ese tipo de gobernante, aunque hoy en día la palabra «tirano» tiene connotaciones más negativas.

20. Sobre la cuestión de los viajes de Heródoto, véase Asheri *et al.* 2007, págs. 6-7.

21. Para Atenas en el siglo v, véase Robin Osborne 2008.

22. Hay una serie de notables semejanzas entre la *Historia* de Heródoto y la *Antígona* de Sófocles, lo que sugiere que ambos hombres leyeron sus respectivas obras y tal vez buscaron la inspiración en las mismas fuentes. Sófocles escribió más tarde un canto en honor de su amigo el historiador, lo que da a entender que su relación no fue solo profesional. Compárese, por ejemplo, *Antígona* 903 y ss. con *Historia* 3:119. Entre las referencias antiguas a su amistad se encuentra *Anthologia Lyrica Graeca* I3 y Plutarco *Mor.* 785b. Véase también Chiasson 2003.

23. Lecturas públicas de la obra de Heródoto: Eusebio de Cesarea *Crónica* 83; Diulo *Historia universal* 73 F3. Para el valor de un talento en el siglo v a. C., véase Tucídides 6:8.

24. Para esta historia, véase Beaton 2019.

25. Para comprender la enorme diferencia ideológica, véase Hanink 2017.

26. Podemos ver una lista en Hansen y Nielsen 2004.

27. Beck y Funke 2015; Mac Sweeney 2021a.

28. Engels 2010.

29. Para este extenso mundo griego, véase De Angelis 2020. Para una historia de la idea cambiante de lo griego desde la Antigüedad hasta el presente, véase Beaton 2021.

30. Para las opiniones antiguas sobre la etnicidad macedonia, véase Engels 2010. Para las opiniones de Heródoto sobre la etnicidad y lo griego, véase Munson 2014.

31. Para las genealogías del mundo griego, véase Fowler 1999 y Varto 2015.

32. Hall 1997, 2002; Malkin 2001; Vlassopoulos 2013; Mac Sweeney 2013.

33. Esta definición de helenismo es cuestionable, pues no es Heródoto quien la elabora. Esas palabras las pronuncian políticos atenienses en su intento de convencer a los espartanos de que no se pasen al bando de los persas en la guerra. Por lo tanto, no podemos estar seguros de que Heródoto definiera el helenismo en esos términos, pues a lo mejor solo estaba describiendo a los atenienses.

34. Para las variaciones dialectales y ortográficas, véase Colvin 2010. Para las diferencias relativas al culto religioso, véase Osborne 2015.

35. Para los sarcófagos clazomenios, véase Cook 1981; para las cámaras mortuorias de los corintios, véase Slane 2017.

36. La cuestión de los testículos de toro es objeto de debate. Algunos investigadores creen que a Artemisa se la representaba con muchos senos.

37. Donnellan 2016.

38. Villing *et al.* 2006.

39. Aristóteles, *Política* 1327b.

40. Para la demografía de Atenas y el Ática en aquella época, véase Akrigg 2019.

41. Para la liga de Delos y el imperio ateniense, véanse Ma *et al.* 2009; Low 2008.

42. Tucídides 5:84-116. El pasaje de Tucídides en el que este narra el debate que condujo a este acontecimiento se conoce como «diálogo de los melios» y ha sido considerado como una obra fundacional de la teoría política.

43. Aristóteles, *Política* 26:4; Plutarco, *Pericles* 37:3. Para las implicaciones de las nuevas leyes de Pericles, véase Lape 2010. Para las leyes de ciudadanía en general, véase Patterson 2005.

44. Para las funciones que desempeñaban los metecos en la religión ateniense, véase Wijma 2014.

45. El proceso que se desarrolló en el siglo V a. C. está bien documentado y se conoce como la «invención de los bárbaros»; véase Hall 2002; Hall 1989.

46. Para los estereotipos sobre los persas, véase Castriota 2005.

47. Hanink 2017 dice que Atenas «creó su propia marca».

48. Sobre Heródoto y su relación con el imperio ateniense, véase Moles 2002.

49. Heródoto, *Historia*, proemio.

50. Heródoto prosigue con un episodio etnográfico en el que detalla la historia y cultura de los lidios (Hdt 1:6-94).

51. Véase Tucídides 1:96:2 para la invención de este término. Sobre la resonancia de la palabra *phóros* en Heródoto, véase Irwin 2013, págs. 275-276; Ruffin 2018.

52. Para el generoso faraón Amosis: Heródoto 5:172-179; para la heroica reina escita Tomiris: Heródoto 1:205-214; para los ingenieros y agricultores babilonios: Heródoto 1:192-193; para los etíopes como los hombres más apuestos del mundo: Heródoto 3:144.

53. Sin embargo, el color de la piel ha desempeñado un papel importante en los discursos sobre el helenismo clásico, pues muchos profesores modernos piensan que a los antiguos griegos hay que «racializarlos» como blancos. Para un excelente análisis de este fenómeno, así como con la tolerancia que se observa en la Antigüedad griega con respecto al color de la piel, véase Derbew 2022. Para la raza en la Antigüedad en general, véase McCoskey 2021. Para las diferencias entre raza y etnia en la Antigüedad mediterránea, véase Mac Sweeney 2021b.

54. Pero no fueron los atenienses quienes usaron esa ideología con fines políticos. Entre las polis griegas de Sicilia, los tiranos deinoménidas de Siracusa utilizaron la retórica de la unidad helénica contra la barbarie fenicia y cartaginense para justificar la dominación de las ciudades griegas vecinas. Véase Prag 2010.

55. Mac Sweeney 2018; Vlassopoulos 2013; Ross 2005.

56. Said 2001.

57. Tucídides 1:2-3.

2. Los europeos asiáticos: Livila

1. Frisch 1975, núm. 88 = IGRRIV.20.

2. Para otras semblanzas de Livila, véanse Wood 2001, págs. 180-184, y Sinclair 1990.

3. Para la arqueología de Troya, véanse Rose 2013 y Mac Sweeney 2018.

4. Erskine 2001; Wiseman 1995, 2004.

5. Erskine 2001 (págs. 6-10) examina la historia de este error tan extendido.

6. Flavio Bartolucci en *Il Primato Nazionale*, 29 de enero de 2019.

7. Wiseman 2004.

8. Para el emperador Adriano, véase Birley 1997. Para la educación en Roma, véase Bonner 1977.

9. Para la cultura mixta de los primeros tiempos de la Roma imperial, véase Wallace-Hadrill 2008.

10. Para la seda importada de China, véase Hildebrandt 2017; para la moda de teñirse el pelo, véase Olson 2012.

11. De Hispania: Trajano, Adriano; de Libia: Septimio Severo, Caracalla; de Arabia: Filipo; de Siria: Heliogábalo; de Tracia (Bulgaria): Maximino el Tracio, Galerio; de Iliria (Croacia y Albania): Diocleciano, Aureliano, Constantino.

12. Para un enfoque ascendente del Imperio romano desde la perspectiva de los pueblos y las provincias conquistados, véanse Woolf 1998; Hingley 2005; Mattingly 2011.

13. Johnson 2012.

14. Berlin y Overman 2003.

15. Los estudios más recientes, por ejemplo el de Fernández-Götz *et al.* 2020, han puesto de relieve la brutalidad del Imperio romano.

16. Para el uso de los mitos al servicio de la expansión imperial, véase Horsfall 1986. Para la *Eneida* en su contexto político romano, véase Stahl 1998.

17. Schneider 2012.

18. Erskine 2001, págs. 19-20. La estrategia de César fue muy comentada incluso en su época (Suetonio, *Julio César* 6:1).

19. Toohey 1984.

20. Erskine 2001, pág. 19. Augusto difundió por todas partes la idea de su propia ascendencia troyana. Horacio, *Sátiras* 2:5:63 y *Canciones* 4:15-21-32 y *Carmen saeculare* 50.

21. Para la reproducción de esta imagen típica, véanse Fuchs 1975; Dardenay 2010, págs. 43-51; y Zanker 1997. Véanse Erskine 2001, págs. 15-23, y Squire 2011 para la ubicuidad de la historia de Eneas.

22. Casali 2010; Horsfall 2000.

23. Gladhill 2009. Parte de esta ambigüedad creativa se pone en boca de los personajes del poema, que practican un «oportunismo genealógico» para reescribir sus propias genealogías; véase Nakata 2012.

24. Rose 2013, págs. 223-227.

25. Tácito, *Anales* 4:3.

26. Un decreto posterior del Senado encomia a Livila y menciona explícitamente la gran estima en que la tenían tanto Livia como Tiberio (*Senatus Consultum de Gn. Pisonem Patre* 142-145).

27. Zonaras 10:36.

28. Dion Casio 55:10:18.

29. Para Arabia, véanse Plinio *Hist. Nat.* 6:32; Bowersock 1994, pág. 56. Para Mesopotamia, véase Veleyo Patérculo 2:101. Para la herida y la muerte de Cayo César, véanse Dion Casio 55:10a.8; Veleyo Patérculo 2:102.

30. Dion Casio 57:13:1; Dion Casio 57:14:7.

31. Julia, la hija de Livila, estuvo enferma durante su infancia. Se dice que el emperador Augusto, en su lecho de muerte, preguntó por la salud de la niña y le deseó una pronta recuperación (Suetonio, *Augusto* 99).

32. Tácito refleja en sus escritos la intensidad del apoyo popular a Germánico y Agripina, calificándolo de «asombroso» (*mirus*: Tácito, *Anales* 1:7).

33. Para el espectacular triunfo de Germánico, escenificado en Roma como la celebración de sus victorias en el norte, véase Beard 2009, págs. 107-109, y Estrabón 7:1:4. Para su escaso éxito, véase Tácito, *Anales* 1:55. Para la figura de Germánico en los escritos de Tácito, véase Pelling 2012.

34. Tácito, *Anales* 2:43.

35. Tácito, *Anales* 2:62-63.

36. Tácito sugiere que fue Sejano quien sedujo a Livila, en busca de un ascenso personal y político y por la inquina que le tenía a su marido (Tácito, *Anales* 4:3). Sin embargo, Tácito atribuye muy poco poder a las nobles de las que habla, y la severidad con que Livila fue tratada posteriormente indica que esta desempeñó un papel más activo de lo que se suponía en el *affaire* y en la política.

37. Tiberio llegó a describir a Sejano cariñosamente como su «compañero de fatigas» (*socium laborum*; Tácito, *Anales* 4:2).

38. Suetonio, *Tiberio* 62:3.

39. Tácito, *Anales* 2:84.

40. Roma: BMC 95 (Tiberio), Cohen 1 (Druso), RIC 42 (Tiberio). Corinto: RPC 1171. Cirenaica: RPC 946.

41. Salamina: IGRR 3:997. Éfeso: *Forsch. Eph.* 7:2:4773 = *IvEph* 4337.

42. Tácito, *Anales* 2:71-73.

43. Dion Casio 57:22:1-2; Tácito, *Anales* 4:8; Tácito, *Anales* 4:10-11.

44. Tácito, *Anales* 4:39; Sinclair 1990, págs. 250-253.

45. Las fuentes son poco claras respecto a la identidad de la prometi-

da de Sejano, pero lo más probable es que se tratase de Livila. Véase Bellemore 1995, págs. 259-260.

46. Podemos ver ejemplos en el Museo Británico R.4456 y en el Berlin Münzkabinett 18237641.

47. Véase Wood 2001, pág. 220, para un análisis de los tipos de estatua de Agripina. El tipo de estatua estándar, esculpido en vida de ella, muestra a Agripina con unos rizos vaporosos. Los tipos posteriores la representan de manera más sencilla.

48. Wood 2001, págs. 190-200; Varner 2004, págs. 94-95.

49. Véase Tácito, *Anales* 4:12, para la guerra fría entre las dos mujeres.

50. Tácito, *Anales* 2:43; Suetonio, *Calígula* 1.

51. Rose 1997, pág. 29, advierte esta ausencia.

52. Dion Casio 58:11:7.

53. Suetonio, *Tiberio* 53.

54. Hingley 2019; Moyer *et al.* 2020, pág. 24.

55. Para la circulación de personas entre África y el Reino Unido durante el período romano, en función del análisis isotópico de restos óseos, véase Chenery *et al.* 2011; Eckhardt *et al.* 2016; Leach 2009.

56. Agbamu 2019.

57. Por ejemplo, un tuit de Kelli Ward, entonces presidenta del Partido Republicano en Arizona, fue compartido por el general retirado Michael Flynn el 20 de diciembre de 2020.

3. Los herederos globales de la Antigüedad: Al Kindī

1. Al-Kindī, *On First Philosophy* II.4. Traducción de Adamson 2007, pág. 23.

2. Para una introducción asequible a Bizancio en inglés, véase Herrin 2007 o Stathakopoulos 2014.

3. Esta expresión sirvió de título al primer episodio de la serie de televisión británica *Civilisation: A Personal View* (1969), escrita y presentada por Kenneth Clark.

4. Falk 2020.

5. Para un análisis de esta cuestión, véase Falk 2020, págs. 2-5.

6. Huntington 1996, pág. 70.

7. Para el uso limitado (y el escaso mantenimiento) de las vías romanas en la Alta Edad Media, véase Fafinski 2021.

8. Para la influencia del Derecho romano en los ordenamientos jurídicos actuales, véase Zimmerman 2001.

9. Sulpicio Severo, *Vita Martini* 12-15.

10. Este era el argumento de Edward Gibbon a finales del siglo XVIII, que, pese a haber sido categóricamente refutado, se sigue repitiendo a menudo.

11. Para los diversos reinos candidatos a suceder al Imperio romano de Occidente, véase Heather 2009. Para el reino de Italia, con centro en Rávena, véase Herrin 2020; para los godos, véase Heather 1998; para los vándalos, véase Merrills y Miles 2010.

12. Para las glosas de Alfredo en los Evangelios de Lindisfarne, véase Brown 2003, págs. 90-204.

13. Para la transformación y reutilización de los edificios públicos romanos en la Alta Edad Media en el oeste de Europa, véase Ng y Swetnam-Burland 2018.

14. Heather 2017, cap. 7.

15. Kaldellis 2019b.

16. Para Ana Comneno, véase Neville 2016.

17. Németh 2018.

18. Según Kaldellis, «no hacía falta considerar peligrosa o subversiva una obra para salvarla de la quema. Bastaba con que fuera superflua o poco interesante».

19. Para los reinos indo-griegos en general, véanse Mairs 2016 y Mairs 2020. Para el intercambio intelectual y especialmente filosófico entre Bactriana y el Mediterráneo, véase Stoneman 2019.

20. Parker 2002.

21. En el *Periplo del mar Eritreo*, para Barígaza, véase sec. 49; para Muziris, véase sec. 56.

22. Para el arte de Gandhara, véase Rienjang y Stewart 2020.

23. Sinisi 2017.

24. Sims-Williams 2002.

25. Galinksy 2009.

26. Hsing 2005.

27. McKenzie y Watson 2016. Agradezco a la doctora Mai Musié que me haya proporcionado esta información.

28. Łajtar y Ochała 2021.

29. Para una descripción de Bagdad en aquella época, así como de su fundación, véase Bennison 2009, págs. 69-71. Para el cálculo de la población, véase al-Khalili 2011, pág. 7.

30. Para los musulmanes de España y Portugal, véase Kennedy 1996, Catlos 2018 y Fierro 2020. Para la participación de Asia central en la edad de oro islámica, véase Starr 2015. Para una apasionante nueva visión de los imperios del África occidental, véase Gomez 2019.

31. Para una introducción general al Califato abasí, véase Bennison 2009. Para una visión más amplia de la historia mundial desde la perspectiva islámica, véase Ansary 2010.

32. Para el comercio en el Califato abasí, véase Bennison 2009, cap. 4.

33. Para los detalles de la vida y obra de al-Kindī, me baso en gran medida en Adamson 2007.

34. Ibn Abī Uṣaibi'ah, *The Best Accounts of the Classes of Physicians*, 10:1:1-4. Véase también Adamson 2007, pág. 4.

35. Para la fundación y las actividades de la Casa de la Sabiduría, véanse al-Khalili 2011, cap. 5; y Ansary 2010, cap. 7.

36. Para una visión general de los progresos intelectuales y los descubrimientos de aquella época, véase al-Khalili 2011, cap. 5, y Ansary 2020, cap. 7.

37. Para el movimiento de traducción abasí, véanse Bennison 2009, cap. 5; Gutas 1998; y al-Khalili 2011.

38. Adamson 2007, págs. 6-12.

39. *On First Philosophy* II.5.

40. Adamson 2007, pág. 18.

41. Ibn al-Qiftí, *Historia de los filósofos* 1-6.

42. Ibn Abī Uaibi'a, *Best Accounts* 16:10.1.12. Traducción procedente de Adamson y Pormann 2012, lxix-lxx.

43. Adamson 2007, págs. 4-5.

44. Ibn Abī Uaibi'ah, Best Accounts 15:40:3. *Best Accounts* 15:40:3.

45. Al-Yāhis, *El libro de los avaros* 71-78.

46. No se sabe con certeza si esta anécdota se refería al filósofo al-Kindī o a otra persona con el mismo nombre, aunque al-Yāhis escribe ciertamente sobre el filósofo en otro lugar del *Libro de los avaros* (Adamson 2007, págs. 17-18). Muchos historiadores creen que esa carta no es auténtica, sino una creación literaria de al-Yāhis con fines cómicos. Mas, para que el relato fuese gracioso, al-Yāhis tenía que ridiculizar algunos aspectos bien conocidos de la personalidad de al-Kindī, y la historia debía contener elementos que parecieran ciertos (Adamson y Pormann 2012, pág. xxi).

47. Para la cultura competitiva de los círculos intelectuales abasíes, véase Bennison 2009, pág. 178.

48. Ibn Abī Uṣaibi'a, *Best Accounts* 10:1:7.

49. Al-Yāhis, *El libro de los animales* (traducción de al-Khalili 2011).

50. Al-Khalili 2011.

51. Al-Kindī, *On First Philosophy* II.4 (traducción de Adamson y Pormann 2012).

52. Al-Kindī, *On First Philosophy* II.3 (traducción de Adamson y Pormann 2012).
53. Adamson, 2004.
54. Gutas 1998, pág. 88. *Al-Masūdi, Muruj a-ahab wa-Ma'adin al-Jawhar* (Mas'ūdī, edición de Barbier de Meynard y Pavet de Courteill, 1861-1917, vol. 2, sec. 25, pág. 243). (Mas'ūdī, edición de Barbier de Meynard y Pavet de Courteill, 1861-1917, vol. 2, sec. 25, pág. 243).
55. Gutas 1998, pág. 87.
56. Gutas 1998, págs. 90-93.
57. Gutas 1998, págs. 83-95.
58. Stock 2016; Doufikar-Aerts 2016.
59. Al-Kindī, *On First Philosophy* III.1-2 (traducción de Adamson y Pormann 2012).
60. Ibn Abī Uṣaibi'a, *Best Accounts* 10:1:6.
61. Adamson 2007, pág. 5.

4. Otra vez los europeos asiáticos: Godofredo de Viterbo

1. Godofredo de Viterbo, *Speculum Regum:* prólogo, págs. 22-23.
2. Este apodo no lo usaron sus contemporáneos, sino que se inventó en el siglo XIII para distinguirlo de su nieto, Federico II (Freed 2016, pág. xviii).
3. Godofredo de Viterbo, *Memoria saeculorum* 22:105:24-36. Traducción citada en Weber 1994, pág. 175.
4. Para la historia del Sacro Imperio Romano Germánico, véase P. H. Wilson 2016.
5. Para la vida de Barbarroja, véase Freed 2016.
6. Para las tensas relaciones entre los Hohenstaufen y el papado, véase P. H. Wilson 2016, págs. 62-67.
7. MacCulloch 2009, pág. 350. Para un análisis de cómo se reinventó el concepto de romanidad en la Edad Media, véase Pohl *et al.* 2018.
8. Carlomagno renunció silenciosamente al título para evitar roces con el Imperio bizantino. Para Carlomagno como sucesor del antiguo Imperio romano, véase Heather 2017.
9. Petersohn 1992, 2001.
10. Era también una idea que estaba ganando especial aceptación en el siglo XII; véase Reuter 1992.
11. P. H. Wilson 2016, pág. 37.
12. Kaldellis 2019b.
13. MacCulloch 2010, pág. 374. Para el desarrollo de las iglesias latina

y bizantina, véase MacCulloch 2010, pt. IV (Iglesia latina) y pt. V (Iglesia bizantina).

14. P. H. Wilson 2016, pág. 143; Burke 1980 señala que en ese momento el término «Europa» se usa para poner de relieve la diferencia entre el Occidente latino y el Oriente ortodoxo.

15. Delanty 1995, pág. 28; Jordan 2002; Ailes 2012.

16. *Karolus magnus et Leo papa* II.529.

17. Sedulio: *Seduli Scotti carmina* ii.14:8. Notkero: *Notkeri Balbuli Gesta Karoli Magni imperatis*, en MGH, *Scriptores rerum Germanicum* vol. 12, lb. 1, 40.

18. Angelov y Herrin 2012.

19. Para la rivalidad entre los dos imperios, véase P. H. Wilson 2016, págs. 138-143.

20. Véase Dorninger 2015, págs. 16-17; y Dorninger 1997, págs. 33-36, para la historia familiar y la infancia de Godofredo.

21. Weber 1994.

22. Para la cancillería imperial, véase Freed 2016, págs. 107-110.

23. Freed 2016. La identificación de Godofredo con el escribano conocido como Arnold II.C ha sido objeto de debate (véase Weber 1994), pero sigue siendo ampliamente aceptada.

24. Godofredo de Viterbo, *The Deeds of Frederick*: MGH SS 22:321:37-323:27.

25. Godofredo de Viterbo, *The Deeds of Frederick*: MGH SS 22:326:33-35.

26. Godofredo de Viterbo, *Memoria saeculorum*: MGH 22:105:24-36. Traducción tomada de Bumke 1991, págs. 460-461.

27. Este el argumento central de Weber 1994.

28. Godofredo de Viterbo, *Pantheon*: MGH SS 22:271:43-45.

29. Weber 1994, pág. 165 n71.

30. Weber 1994, pág. 164.

31. Godofredo, *Speculum Regum*: 22:21:3-7.

32. Godofredo, *Speculum Regum*: 22:31:26.

33. Waswo 1995; Innes 2000; Shepard y Powell 2004; Desmond 2016; Mac Sweeney 2018. Para un estudio detallado de las etnogenealogías altomedievales que sitúa las genealogías troyanas en un contexto más amplio, véase Plassmann 2006.

34. Snorri Sturluson, *Edda prosaica*, prólogo 3.

35. Enrique de Huntingdon, *History of the English* 7:38.

36. Boeck 2015, pág. 264. Para este fenómeno en general, véanse Aerts 2012 y Desmond 2016.

37. Godofredo, *Speculum Regum*: MGH SS 22:45:47ss.
38. Godofredo, *Speculum Regum*: MGH SS 22:62:40ss.
39. Godofredo, *Speculum Regum*: MGH SS 22:62:4-6.
40. Godofredo, *Speculum Regum*: 22:66:5-10.
41. Godofredo, *Speculum Regum*: MGH SS 22:93:4-9.
42. Wood 2013 identifica una tendencia posterior, entre los investigadores de este período, a poner de relieve los mitos de origen germánico o romano. Agradezco a Andy Merrills esta observación.
43. Como sugiere Weber 1994.
44. Godofredo, *Pantheon*: MGH SS 22:203:7-9.

5. El espejismo de la cristiandad: Teodoro Láscaris

1. Teodoro Láscaris, *Epístola* 125:25
2. Para una buena introducción a las cruzadas, véase Throop 2018. Para un relato de las cruzadas desde la perspectiva musulmana, véase Cobb 2016.
3. Thomas Jefferson, carta a George Wythe, 13 de agosto de 1786, Founders Online, National Archives, Founders Online, National Archives, <https://founders.archives.gov/documents/Jefferson/01-10-02-0162#:~:text=Your%20wishes%2C%20which%20are%20laws,proposed%20to%20treat>
4. Ames 2015 explora la idea de las herejías medievales de manera más general, analizando también los movimientos heréticos que se produjeron en el judaísmo y el islam.
5. Pegg 2008.
6. Mackenzie y Watson 2016; Rukuni 2021.
7. Para la Iglesia copta, véase Kamil 2013; para los cristianos de Siria, Mesopotamia e Irán en la Edad Media, véase Hunt 2011.
8. Keevak 2008.
9. *Itinerarium fratris Willielmi de Rubruquis de ordine fratrum minorum, galli, anno gratiae 1253 ad partes orientales* 14.
10. Por ejemplo, el por lo general excelente MacCulloch 2010 dedica apenas cinco páginas a la Iglesia etíope, y nueve a diversas iglesias orientales, de un total de 1.016 páginas de texto. De hecho, ese libro está tan condicionado por el relato de la civilización occidental que la historia del cristianismo comienza en la antigua Grecia, explicando que el pensamiento griego aportó gran parte de los fundamentos intelectuales en que luego se basó el pensamiento cristiano.

11. Para una perspectiva general de los altibajos en las relaciones entre el Imperio bizantino y Venecia, véase Nicol 1989.

12. Para la cuarta cruzada, véanse Throop 2018, cap. 4; Nicol 1989, cap. 8; y Harris 2003, caps. 10 y 11. La cuarta cruzada ha suscitado controversias académicas; véase un análisis de estas en Harris 2005.

13. Nicol 1989, cap. 9.

14. Para la Francocracia, véase Chrissis, Carr y Maier 2014.

15. Angold 2009.

16. Angold 2009, pág. 731.

17. Es posible que Láscaris entrase en la ciudad para negociar un tratado de paz en 1241 tras sitiarla durante varios meses, pero no hay pruebas concluyentes de fuese así. Las negociaciones podrían haberse desarrollado igualmente extramuros de Constantinopla. Véase Angelov 2019, pág. 92.

18. Para la historia de la Grecia moderna y de las nuevas ideas sobre el helenismo, véase Beaton 2019.

19. Véase el excelente y muy recomendable Angelov 2019 para la vida y la época de los Láscaris.

20. Para «querida tierra», véase la Epístola 111:16-17. Para «madre Anatolia», véase el apéndice a la Epístola 281:84. Se han conservado más de doscientas cartas de Láscaris, pero es de suponer que escribió muchas más. Hay una recopilación de sus obras en Angelov 2019, apéndice 1.

21. Angelov 2019, pág. 33. Juan Vatátsês era también, por consanguinidad, tío de Irene Lascarina.

22. Angold 2009.

23. Angelov 2019, pág. 109, habla de la «joven cultura» de la corte y pone de relieve el contraste entre la generación de Láscaris y la «traumática perspectiva» de la «generación humillada».

24. Angelov 2019, pág. 69.

25. Para Láscaris como filósofo, véase Angelov 2019, págs. 181-201.

26. Angelov 2019, pág. 76.

27. Angelov 2019, págs. 72-74.

28. Para la relación entre Teodoro y Elena, véase Angelov 2019, págs. 129-132.

29. Angelov 2019, pág. 61.

30. Angelov 2019, págs. 105-108.

31. Angelov 2011; Angelov 2019, pág. 149. Kaikaus II recuperó el sultanato, pero fue derrocado otra vez. Pasó los últimos años de su vida en la corte mongola.

32. Angelov 2019, págs. 169-171.

33. Angelov 2019, págs. 152-165.

34. Heather 2017 analiza esta «caída del imperio occidental», así como los sucesivos intentos de restaurarlo. Véanse Kaldellis 2019a y 2019b para la tendencia de los comentaristas occidentales a pasar por alto la identidad romana de los bizantinos.

35. Kaldellis 2019a, pág. 35.

36. Para Láscaris en cuanto partidario del helenismo como identidad política, véanse Kaldellis 2007, 327-329; y Angelov 2019, cap. 10.

37. Por ejemplo, Epístolas 30:13; 52:40; 89:10; y 217:61.

38. Epístola 51.

39. Epístola 59.

40. Epístola 204:59-60, 129.

41. Epístola 214:34-35.

42. Láscaris siguió llamando «romano» a su reino y «romanos» a sus súbditos; véanse las epístolas 27:39; 214:30.

43. Láscaris también usa los adjetivos «griego» o «heleno», véanse las epístolas 5:14; 40:19; 40:28; 51:30; 109:48; 125:24.

44. Epístola 77:40.

45. Epístola 125:52; traducción de Angelov 2019, pág. 213.

46. Epístola 118:24.

47. Para un análisis de esta cuestión, véase Angelov 2019, págs. 213-215.

48. *Segunda oración contra los latinos* 4.

49. Angelov 2019, págs. 206-207.

50. *Segunda oración contra los latinos* 10.

51. Epístola 125:24.

52. Para la compleja retórica de la otredad durante la primera cruzada, véase Morton 2016.

53. Angelov 2019, cap. 3.

54. Prosperi 2019.

6. Lo que queda de la Antigüedad: Tullia d'Aragona

1. Tullia d'Aragona, *Il meschino* 12:69. Traducción citada de *D'Aragona*, McLucas y Hairston, de próxima publicación.

2. Abundan los tratados y ensayos sobre el Renacimiento. Me parece que Brotton 2006 y Greenblatt 2012 son un buen punto de arranque.

3. Agradezco a Julia Hairston esta puntualización.

4. Burckhardt 1860 [1945 edición inglesa], pág. 292.

5. Burckhardt 1860 [1945 edición inglesa], pág. 89.

6. Burckhardt 1860 [1945 edición inglesa], págs. 91-92.

7. Burioni 2010; McLaughlin 1988.

8. Heather 2017.

9. Brownlee 2007.

10. Signorini 2019; Graziosi 2015.

11. Field 1988.

12. MacCulloch 2010, págs. 492-493.

13. Para la conquista otomana de Constantinopla, véanse Goodwin 1999, cap. 4; y Baer 2021, cap. 4.

14. Para al-Ándalus, véanse Kennedy 1996; Catlos 2018; y Fierro 2020 (especialmente el excelente capítulo de Carvajal López sobre la cultura material).

15. Para Argirópulos y las sandías, véase Harris 2010. Para los eruditos bizantinos en Italia, véase Wilson 2016.

16. Ženka 2018.

17. «Un alma casta y sabia» es la descripción que de d'Aragona hace Alessandro Arrighi, según figura en *Rime* 53.

18. Por la información sobre la vida de d'Aragona, estoy en deuda con Julia Hairston por su introducción a una edición de las *Rime* (2014). Deseo mostrar mi agradecimiento a los profesores Hairston y McLucas por haber compartido su manuscrito conmigo, por su generoso apoyo y también por haber leído los primeros borradores de este capítulo.

19. Hairston 2014, pág. 10.

20. Hairston 2014, págs. 11-14.

21. Hairston 2014, págs. 14-15.

22. Battista Stambellino, informe enviado a Isabella d'Este, según se cita en Hairston 2012, pág. 18.

23. Russell 1997, pág. 22.

24. Hairston 2012, pág. 37.

25. Hairston 2012, pág. 17.

26. Hairston 2012, págs. 25-26.

27. Hairston 2012, pág. 24.

28. Hairston 2012, págs. 27-29.

29. Giovannozzi 2019. Agradezco a Julia Hairston y a John McLucas la amplitud de miras con que me han hecho ver a los contemporáneos de d'Aragona y su influencia literaria.

30. La interacción intertextual de estos dos diálogos se analiza en Smarr 1998. En su propio diálogo, d'Aragona se muestra como un personaje más intelectual y completo, mientras que Speroni la reduce a la caricatura de una cortesana y de una mujer sobrepasada por las emociones. Es

posible que d'Aragona escribiese su diálogo para rebatir los argumentos de Speroni, su retrato de las mujeres y de ella en particular.

31. Russell 1997, pág. 37.

32. Russell 1997, pág. 39.

33. Allaire 1995; d'Aragona, McLucas y Hairston, de próxima publicación.

34. Para la relación entre la versión que hizo d'Aragona de *Il meschino* y sus diversas fuentes textuales, véase d'Aragona, McLucas y Hairston, de próxima publicación. Para las diversas versiones de la novela por parte de otros autores, véase Allaire 1999.

35. Véase McLucas 2006 para un resumen del poema.

36. La mitología que rodea al preste Juan es variopinta. Hallándose unas veces en África y otras en la India, diversos textos medievales y renacentistas lo muestran como el monarca cristiano ideal.

37. Mazzotta 2010.

38. Allaire 1998.

39. D'Aragona, McLucas y Hairston, de próxima publicación.

40. Todas las traducciones de *Il meschino* están tomadas de d'Aragona, McLucas y Hairston, de próxima publicación.

41. Uno de mis episodios favoritos es el de las personas con un solo ojo, situado en el pecho (*Meschino* 11:40), que recuerda la fantástica historia de los acéfalos que narra Heródoto (Hdt 4:191).

42. Para el sentimiento antiislámico presente en *Il meschino*, véase d'Aragona, McLucas y Hairston, de próxima publicación.

43. Véase Meserve 2008, así como Frassetto y Blanks 1999.

44. Para la vida y obra de Lucrezia Marinella, véase la introducción de Marinella y Stampino 2009.

45. Vasari, *Las vidas de los más excelentes arquitectos, pintores y escultores italianos*, prólogo.

7. La senda sin hollar: Safié Sultán

1. Safié Sultán, *Carta a Isabel I de Inglaterra*. Skilliter 1965, 131: Documento 1 (traducción de Skilliter).

2. Para esta embajada de Isabel I a Mehmet III y Safié Sultán, véase Jardine 2004 y Brotton 2016, págs. 226-232.

3. Véanse Wood 2015 y Trudell 2020 para el extraordinario órgano que envió Isabel I a Mehmet III, y también para Thomas Dallam.

4. Para la Reforma, véase MacCulloch 2010, cap. 18.

5. Para la Contrarreforma, véase MacCulloch 2010, cap. 18.

6. Wolfe 1993.

7. Bulut 2001, págs. 111-112.

8. Aunque los textos clásicos otomanos usaban el término «osmanlí» para referirse a la clase gobernante otomana y solo empleaban el término «turco» de manera peyorativa, los escritores cristianos de la época utilizaban indistintamente «turco» y «otomano». Véase Meserve 2008, «Nota sobre la nomenclatura».

9. Brotton 2016, pág. 157.

10. Brotton 2016, págs. 10, 23; Malcolm 2019, pág. 96.

11. Brotton 2016, pág. 75.

12. Malcolm 2019, pág. 83.

13. Brotton 2016, pág. 14.

14. Marshall 2012 recoge ejemplos del sentimiento antiotomano en la Inglaterra protestante.

15. Sobre esta cuestión, véanse Meserve 2008, Brotton 2016 y Malcolm 2019.

16. Para historias de los otomanos, véanse Baer 2021, Goodwin 2011 e Inalcik 2001.

17. Lewis y Braude 1982.

18. Malcolm 2019, págs. 105-106.

19. Para la alianza franco-otomana, véase Malcolm 2019, págs. 110-118.

20. Para los Habsburgo, véase Rady 2020.

21. Véase también P. H. Wilson 2016 para la historia del Sacro Imperio Romano Germánico.

22. Para la rivalidad entre los otomanos y los austrohúngaros, véase Malcolm 2019, págs. 57 y ss.

23. Para la relación entre los Habsburgo y los caballeros hospitalarios de Malta, véase Buttigieg 2021.

24. Inalcik 2001, cap. 7.

25. Para el texto completo de esta carta, véase Brotton 2016, pág. 78.

26. Para los orígenes y la infancia de Safié Sultán, véanse Skilliter 1965, pág. 145; y Peirce 1993, pág. 308 n2. Para los relatos de los embajadores venecianos, véase Pedani 2000.

27. Según refiere el cortesano turco Salomón Usque, un judío portugués cuya familia huyó de Portugal y pasó por Italia antes de establecerse en Estambul (Skilliter 1965, pág. 145).

28. Al parecer, Nurbanu mantuvo en secreto la muerte del padre de Murad hasta que este pudo presentarse en Estambul en persona, evitando

así que alguno de sus hermanos menores reivindicara el trono en su ausencia (Kayaalp 2018; Peirce 1993, pág. 261).

29. Para las actividades políticas de Nurbanu como *validé sultán*, véanse Kayaalp 2018; Peirce 1993.

30. Para los detalles de la rivalidad entre Safié y Nurbanu, véase Kayaalp 2018, págs. 31 y ss.

31. Para este episodio, véanse Kayaalp 2018, págs. 34-26; Peirce 1993, pág. 94.

32. Para la muerte de Nurbanu y cómo afectó a Murad, véase Peirce 1993, pág. 238.

33. Para los orígenes de Nurbanu, véase Kayaalp 2018.

34. Para las quejas del enviado francés, Jacques de Germigny, véase Kayaalp 2018, pág. 30. Para los repetidos fracasos del enviado inglés, William Harborne, véase Brotton 2016, pág. 99.

35. Para el apoyo de Safié a los ingleses, véase Peirce 1993, pág. 224. Para la apertura de una embajada inglesas tras años de tensas relaciones diplomáticas, véase Brotton 2016, pág. 121.

36. Brotton 2016, pág. 145.

37. Peirce 1993, pág. 97.

38. Brotton 2016, pág. 186.

39. Para una descripción, traducción y comentario, véase Skilliter 1965.

40. Skilliter 1965, documento 1 (traducción de Skilliter).

41. Skilliter 1965, documento 2.

42. Baer 2021, págs. 220-223.

43. Skilliter 1965, pág. 143 (traducción de Skilliter).

44. Malcolm 2019, págs. 67-68.

45. Kołodziejczk 2021.

46. Inalcik 2001, cap. 6 (traducción de Inalcik).

47. Fredegario, *Crónica* 4:45-46. Para las genealogías troyanas que los textos medievales atribuyen a pueblos de lengua túrcica, véanse Malcolm 2019, págs. 25-29; Mac Sweeney 2018, págs. 122-125; Meserve 2008, págs. 22-64.

48. Florentius Liquenaius de Tours; traducción de Meserve 2008, pág. 40.

49. Giovanni Mario Filelfo; traducción de Meserve 2008, pág. 42.

50. Cristóbulos; traducción de Meserve 2008, pág. 43.

51. Para el comienzo del Renacimiento, véase Greenblatt 2021.

52. Adolph 2015; Shepard y Powell 2004. Según un historiador moderno: «La historia más popular en la época isabelina era la del sitio de Troya» (Tatlock 1915, pág. 673).

53. Hackett 2014. Véanse *Elizabeth I and the Three Goddesses*, 1569 (Londres, Royal Collection, RCIN 403446); *Elizabeth I and the Three Goddesses*, *c.* 1590 (Londres, National Portrait Gallery, NPG 6947). Véase también el drama de George Peel *The Araygement of Paris*.

54. Para las repercusiones políticas de esta traducción, véase Briggs 1981; Sowerby 1992.

55. Coke, 3 *Reports* 4 (1602), prólogo viii a.

56. Skilliter 1965, 131: Documento 1 (traducción de Skilliter).

57. Skilliter 1965, 132: Documento 1 (traducción de Skilliter).

58. Skilliter 1965, 133: Documento 1 (traducción de Skilliter).

59. Malcolm 2019, págs. 59-63.

60. Stagno y Franco Llopis 2021 presentan un compendio de la voluminosa bibliografía sobre las representaciones artísticas de Lepanto, que rápidamente adquirió la categoría de mito.

61. Para Juan Latino, su obra y la cuestión de la raza y la literatura en la España naciente, véanse Seo 2011 y Wright 2016.

62. Baer 2021, pág. 177.

8. Occidente y el conocimiento: Francis Bacon

1. Agradezco a John Nielsen que me haya animado a considerar a Bacon como un personaje histórico y que me haya guiado por el camino de la Ilustración.

2. Jacobs 2019.

3. Se han escrito muchísimos libros sobre la Ilustración, pero creo que un buen punto de partida es Jacobs 2001.

4. Para Hobbes y Tucídides, véanse Evrigenis 2006; Campbell 2022. Para Locke y los estoicos, véase Hill y Nidumolu 2021.

5. Lifschitz 2016, pág. 1.

6. Skinner 2008.

7. Hobbes, «De la libertad de los súbditos», en *Leviatán o La materia, forma y poder de una república eclesiástica y civil* (1651). Agradezco a George Southcombe que me haya hecho notar esta cuestión y esta cita.

8. McNeill 1963, pág. 599.

9. Esta es una paráfrasis de la famosa afirmación de Kant, «*Aufklärung ist der Ausgang des Menschen aus seiner selbst verschuldeten Unmündigkeit*», en un artículo de 1784: «*Beantwortung der Frage: Was ist Aufklärung?*» (publicado en *Berlinischer Monatsschrift*). Adorno y Horkheimer criticaron ese punto de vista aduciendo que las ideas de la Ilustra-

ción también contribuyeron a los horrores del régimen nazi y del estalinismo (Adorno y Horkheimer [1972] 1997).

10. Outram 2013.

11. Véase el debate académico que ha suscitado la opinión de Jonathan Israel sobre la Ilustración (Israel 2001, 2006, 2009 y 2011; para una entrevista con Israel sobre esta cuestión, véase Malik 2013).

12. Véase Porter y Teich 1981 para los diferentes perfiles nacionales de la Ilustración.

13. Conrad 2012. El historiador de la filosofía Justin Smith lo expone con claridad: «No podemos comprender la filosofía natural y la historia natural tal como se han desarrollado en Europa si no las consideramos como una inflexión territorial del progreso universal».

14. Para el influjo de la ciencia y la tecnología chinas en la Revolución Industrial, véase Hobson 2004, págs. 190-218.

15. Ching y Oxtoby 1992.

16. Esto es lo que sugieren Graeber y Wengrow 2021, pero la cuestión es muy controvertida porque se basa en una interpretación positiva del texto que no deja lugar a las licencias literarias.

17. Por ejemplo, Francis Bacon no reconoció los logros de intelectuales islámicos como al-Kindī.

18. Como señalo en la introducción, recomiendo la lectura de Morris 2011 para esta cuestión.

19. Para Bacon como científico, véanse los capítulos de Rossi, Kusukawa y Malherbe en Peltonen 1996. Para una perspectiva más amplia del pensamiento de Bacon y de su influencia posterior, véase Zagorin 2020.

20. Abraham Cowley, citado en Jardine y Stewart 1998.

21. Para los detalles biográficos de Bacon, véase Jardine y Stewart 1998.

22. Para Bacon en Cambridge, véase Jardine y Stewart 1998, págs. 34-37.

23. Para estos viajes de juventud, véase Jardine y Stewart 1998, págs. 39-66.

24. Nicholas Hilliard, *Francis Bacon, 1st Viscount St Alban*, National Portrait Gallery, NPG 6761.

25. Jardine y Stewart 1998, pág. 95.

26. Para la relación entre los Bacon y Essex, véase Jardine y Stewart 1998, pág. 121; Gordon 2007; Gajda 2021.

27. Para un análisis detallado de la sublevación de Essex y de los argumentos ideológicos que esgrimieron la defensa y la acusación, véase Gajda 2012, págs. 27-66. Para la intervención de Bacon en el juicio, véase Jardine y Stewart 1998, págs. 240-247.

28. Jardine y Stewart 1998, págs. 245-247.

29. Para Bacon y Coke, véase Jardine y Stewart 1998, págs. 151, 253, 340; Zagorin 2020, págs. 163-164, 196.

30. Butler 2015.

31. Jardine y Stewart 1998, pág. 190.

32. Jardine y Stewart 1998, pág. 290.

33. Jardine y Stewart 1998, págs. 450-462.

34. Jardine y Stewart 1998, págs. 464-466.

35. Para estos últimos años de su vida, véase Jardine y Stewart 1998, págs. 473-478.

36. Para un análisis sesudo de *La nueva Atlántida*, véase Price 2018.

37. Aughterson 2013.

38. En *Meditationes sacrae* (1597).

39. Bacon, *La nueva Atlántida*.

40. El título de este libro, *Novum organum*, o el «Nuevo órganon», es una referencia a una obra de Aristóteles sobre lógica, titulada *Órganon*. Es interesante que Bacon se refiera a la deuda intelectual que él mismo tiene con la Antigüedad en un libro al que ha puesto explícitamente el título de una obra antigua.

41. Bacon, *Novum organum* 79.

42. Bacon, *Novum organum* 71.

43. Véase Hartmann 2015 para las complejas referencias de Bacon a Platón a la hora de estructurar el conocimiento histórico en *La nueva Atlántida*.

44. Bacon, *Novum organum* 72.

45. Hepple 2001, pág. 109. Para la colección de Arundel, véase Angelicoussis 2004. La colección de Arundel constituyó la base de la colección de esculturas grecorromanas del Museo Ashmolean de Oxford.

46. Para los puntos de vista de la Ilustración sobre los antiguos griegos, véase Cartledge 2009.

9. Occidente y el imperio: Njinga de Angola

1. Cita recogida por Giovanni Antonio Cavazzi en *Missione Evangelica*, lib. 2, 24

2. La formulación clásica de esta teoría antropológica está en Barth 1969. Para una formulación moderna más extensa y accesible, véase Appiah 2018.

3. Para el imperialismo inglés durante el reinado de los Tudor, véase Hower 2020.

4. Abundan los libros sobre el Imperio británico, pero yo recomendaría la lectura de Levine 2020 para una introducción general y Satia 2020 para un análisis de cómo el Imperio británico ha influido en la forma que tienen los norteamericanos de entender la historia (y viceversa).

5. Hay muchísimos libros para informarse sobre el imperialismo europeo, pero yo empezaría por Albany 2000 como introducción general.

6. Por esta definición de la creación y el concepto de raza, estoy en deuda con Ndiaye 2022 y Heng 2018. También estoy agradecida a aquellos que participaron en *The Cambridge Companion to Classics and Race* (Andújar *et al.*, de próxima publicación), con quienes leí y analicé numerosas obras sobre esta cuestión como parte de un grupo de lectura en línea.

7. A lo largo de la Historia (Isaac *et al.* 2009) ha habido diferentes enfoques de la raza y la racialización, incluidos el de la Europa medieval (Heng 2018), el de principios de la era moderna (Ndiaye 2022) y el de la Antigüedad clásica (McCoskey 2021; Andújar *et al.*, de próxima publicación). Para un análisis del racismo y la racialización en diversas partes del mundo en la actualidad, véase Bonnett 2021.

8. Keevak 2011, pág. 29.

9. Ndiaye 2022, pág. 6. En este libro Ndiaye desarrolla la idea de que la raza es como una matriz en la que diversos factores influyen de manera diferente en función de la época.

10. Sheth 2009, pág. 22. En este libro Sheth argumenta que tal vez deberíamos preocuparnos menos de qué es la raza y más de qué efectos tiene, para lo cual se basa en el pensamiento heideggeriano y foucaultiano con el fin de concebir la raza como un instrumento social.

11. Entre los libros recientes que nos muestran la riqueza y complejidad de la historia de África se encuentran French 2021; Green 2019, Gomez 2019 y Fauvelle 2018. Para la arqueología africana, véase Mitchell y Lane 2013.

12. Green 2019, pág. 39, y, para el Imperio maliense en concreto, págs. 45-67.

13. Para esta etapa de la expansión portuguesa, véase Disney 2009, cap. 16.

14. Para los viajes del almirante chino Zheng He, véanse el entretenido Menzies 2003 y el más riguroso Dreyer 2006.

15. Para el Reino del Kongo y sus relaciones con Portugal, véanse Heywood 2017, págs. 3-8, y Green 2019, cap. 5.

16. Green 2019 analiza la compleja economía de la esclavización en el África occidental.

17. Heywood 2017, pág. 19.
18. Heywood 2017, pág. 24.
19. Heywood 2017, pág. 27.
20. Heywood 2017, pág. 31.
21. Heywood 2017, pág. 29.
22. Para los detalles de la vida de Njinga, me baso en el excelente Heywood 2017, libro que recomiendo encarecidamente a quienes se interesen por su biografía.
23. Heywood 2017, págs. 15, 45.
24. Heywood 2017, pág. 59.
25. Heywood 2017, pág. 11.
26. Heywood 2017, pág. 50
27. Heywood 2017, págs. 63-64.
28. Citado por el padre Cavazz; véase Heywood 2017, pág. 51.
29. Heywood 2017, pág. 75.
30. Heywood 2017, pág. 64.
31. Heywood 2017, pág. 65.
32. Heywood 2017, cap. 4.
33. Heywood 2017, pág. 117.
34. Heywood 2017, pág. 121.
35. Heywood 2017, pág. 130.
36. Heywood 2017, págs. 143-144.
37. Heywood 2017, pág. 210.
38. Según el padre Gaeta; véase Heywood 2017, págs. 188-189.
39. Heywood 2017, pág. 236.
40. Para la posteridad de Njinga, véase Heywood 2017, epílogo.
41. Cavazzi, lib. 1, cap. 1:5. Para el texto de Cavazzi, así como para las notas del manuscrito, véase el libro de John Thornton en «John Thornton's African Texts», African American Studies, Boston University, <www.bu.edu/afam/people/faculty/john-thornton/john-thorntons-african-texts>.
42. Cavazzi, lib. 1, cap. 1:3.
43. Cavazzi, lib. 2, cap. 8:91.
44. Heródoto en los primeros libros de viajes modernos: Boulègue 2012 y Varotti 2012.
45. Lupher 2003.
46. Cavazzi, lib. II, cap. 1:1.
47. Smith 2015, cap. 6.
48. Keevak 2011.

10. Occidente y la política: Joseph Warren

1. Joseph Warren, *Boston Massacre Oration*.

2. Con algunas notables excepciones, la bibliografía sobre Warren no es tan abundante como en el caso de otras figuras destacadas del movimiento revolucionario estadounidense. Entre las obras más importantes se encuentran Frothingham 1865, Forman 2011 y Di Spigna 2018. En este capítulo, me he basado principalmente en Di Spigna 2018 para los detalles biográficos de la vida de Warren.

3. Esta frase puede encontrarse en una carta escrita por Francis Rawdon-Hastings el 20 de junio de 1776, entonces teniente del quinto regimiento de granaderos, y que iba dirigida a su tío, el conde de Huntingdon (Commager y Morris 1968, págs. 130-131).

4. Allen 1993, vol. 1.

5. George Washington, carta al teniente coronel Joseph Reed, 10 de febrero de 1776.

6. Resoluciones de Fairfax, art. 5: «Esta junta es de la opinión de que, en las dificultades y la penuria en que nos encontramos, es necesario prohibir la importación de esclavos en todas las colonias británicas de este continente, y de que debemos aprovechar esta oportunidad para declarar nuestro sincero deseo de poner fin definitivamente a un comercio tan perverso, cruel y antinatural».

7. Thomas Nelson, carta dirigida a Thomas Jefferson, 2 de enero de 1777.

8. George Washington, carta dirigida a John Hancock, 18 de marzo de 1777.

9. Resoluciones de Fairfax, art. 17. Para George Washington y la esclavización, véanse Furstenberg 2007 y Wieneck 2003.

10. Kammen 1970.

11. Discurso de Newburgh, una alocución dirigida a los oficiales del ejército el 15 de mayo de 1783. Tomado de <https://www.mountvernon.org/education/primary-source-collections/primary-source-collections/article/newburgh-address-george-washington-to-officers-of-the-army-march-15-1783/> (último acceso octubre de 2022).

12. General Orders, 18 de abril de 1783.

13. Young y Nobles 2011, págs. 144-172; Parkinson 2016.

14. Young y Nobles 2011, págs. 172-192.

15. Véase el folleto de Johnson, *Taxation No Tyranny* (1775).

16. *African Slavery in America* (1775). Al año siguiente Paine publicó otro folleto en defensa de la Revolución estadounidense con el título de *El sentido común* (1776).

17. Esta descripción procede de un «lealista» probritánico (Oliver [1781] 1967, pág. 128).

18. Pero, durante aquel tiempo en la universidad, Warren intentó granjearse la amistad de aquellos que se consideraban superiores a él; sus compañeros de habitación ocupaban los lugares sexto y octavo en el sistema oficial de clases. Para la estancia de Warren en Harvard, véase Di Spigna 2018, págs. 31-50.

19. William Gordon, un pastor protestante de Jamaica Plain (ahora un distrito de Boston, pero entonces una zona agrícola en las afueras de la ciudad), hizo ese comentario en su apología de Warren, que se publicó en su crónica de la guerra de la Independencia estadounidense (Gordon 1788, vol. 2, pág. 50).

20. John Adams, carta a Abigail Smith, 13 de abril de 1764. Para la etapa en que Warren ejerció la medicina, véase Di Spigna 2018, págs. 51-66.

21. Anales de la ciudad de Boston, 1764.

22. Para el matrimonio de Warren con Elizabeth Hooton, véase Di Spigna 2018, págs. 74-89.

23. Para las actividades revolucionarias de Warren en aquella época, véase Di Spigna, 2018, págs. 74-89.

24. *Boston Gazette*, 7 de octubre de 1765.

25. Sabemos que Warren tuvo al menos un esclavo a lo largo de su vida. Una escritura de compraventa, firmada el 28 de junio de 1770, atestigua que Warren le compró un «chico negro» a un tal Joshua Green a cambio de un desembolso en efectivo y algunos objetos de cerámica.

26. Por ejemplo, en «Vuestra incompetencia será más visible que vuestra maldad» Warren escribió: «Su Excelencia (lo digo con pesar) ha sacrificado deliberadamente la felicidad de estas tierras en el altar de sus estúpidas pasiones». *Boston Gazette*, 6 de junio de 1766.

27. El 13 de febrero de 1770, «La canción de la libertad del Nuevo Massachusetts» se estrenó en la sala de conciertos de Boston. Tomó prestada la melodía de «Los granaderos británicos» (una de las marchas favoritas de los ingleses), pero la nueva letra —obra sin duda de Warren— la convirtió en un himno político radical.

28. John Adams, *Diary and Autobiography*, entrada correspondiente al 6 de septiembre de 1769.

29. Pese a su anunciada brevedad, el folleto tiene más de 81 páginas.

30. Di Spigna 2018, págs. 110-113.

31. Es en cierto modo irónico que el motín del té fuese la respuesta a una reducción de impuestos y no a una subida, pero este hecho se distor-

siona con frecuencia. Para la verdadera historia del motín del té, véase Keen y Slemrod 2021.

32. Di Spigna 2018, págs. 130-139.

33. Di Spigna 2018, págs. 151-153.

34. Warren permaneció en Boston para supervisar los progresos del movimiento en octubre, cuando John y Samuel Adams viajaron a Filadelfia para asistir al primer Congreso Continental. Di Spigna 2018, págs. 163-167.

35. Di Spigna 2018, págs. 167-171.

36. *Boston Gazette*, 17 de mayo de 1777, pág. 290. Los tres asteriscos del título de esta poesía representan las tres letras que faltan en el apellido de Elizabeth Warren. Probablemente así se pretendía dar cierto anonimato a la familia Warren, que de todas formas no habría sido muy útil en el caso de quienes la conocían bien.

37. Para el uso de pseudónimos por parte de Warren, véase Forman 2011, pág. 454.

38. Di Spigna 2018, pág. 47.

39. Este fenómeno se analiza detalladamente en Richard 1995, Shalev 2009 y Ricks 2020. Para la presencia de Roma en el actual discurso político estadounidense, véase Malamud 2009.

40. Por ejemplo, el uso del pseudónimo «Publius» por parte del escritor y político Alexander Hamilton (Winterer 2004).

41. Jefferson fue una excepción, pues prefería los modelos griegos; véase Ricks 2020.

42. Rhodes 2004.

43. Las apelaciones retóricas a la antigua Grecia y en particular a la obra de Aristóteles se hicieron más frecuentes posteriormente entre los partidarios de mantener la esclavitud. La teoría aristotélica de la esclavitud natural resultaba especialmente útil para justificar la continua esclavización de los africanos y sus descendientes; véase Monoson 2011.

44. Shalev 2009, pág. 230.

45. Para el lugar que ocupó Cicerón en el discurso revolucionario angloamericano, véase Richard 2015.

46. Commonplace Book of Benjamin Franklin the Elder, American Antiquarian Society.

47. Ames, *Almanack*, 1758.

48. La fecha exacta de esta afirmación es incierta, pero parece haber sido escrita antes del 17 de enero de 1769. El médico escocés Alexander Small, amigo de Franklin, empleó términos similares cuando le comunicó por carta que «hemos dejado que vuestro mundo occidental sea casi inde-

pendiente, y ahora nos produce más temor que cualquier otra cosa el hecho de que queráis deshaceros de nosotros». Small, carta a Franklin, 1 de diciembre de 1764. Véase también Baritz 1961 para el uso primitivo de los términos «Occidente» u «Oeste» y «occidental» en referencia a Estados Unidos.

49. Benjamin Franklin, carta a Thomas Cushing, 5 de enero de 1773.

50. George Washington, carta a Peter Hogg, 21 de marzo de 1774.

51. John Hancock, conferencia, Filadelfia, 28 de julio de 1775.

52. Mercy Otis Warren, carta a John Adams, octubre de 1775, Founders Online, National Archives, octubre de 2022, <https://founders.archives.gov/documents/Adams/06-03-02-0142>.

53. Philip Schuyler, carta a George Washington, 17 de julio de 1776.

54. Malamud 2010.

55. Por ejemplo, Malamud 2009; Smil 2010.

56. Para ese instante, y para el uso de la toga entre los revolucionarios angloamericanos, véase Shalev 2009, págs. 114 y ss.

57. Para la toga en el ámbito romano, véase Rothe 2019.

58. Como vimos en los capítulos 4 y 7, los Habsburgo justificaban su legitimidad basándose en el legado de Roma, aunque en la época de los revolucionarios angloamericanos, a mediados del siglo XVIII, los Habsburgo ya habían sido sustituidos en el trono de España por los Borbones (el primer rey de la casa de Borbón en España, Felipe V, subió al trono en 1700).

59. Andújar y Nikoloutos 2020, pág. 4; Lupher 2002.

60. Berruecos Frank 2022.

61. Laird 2006.

62. Feile Tomes 2015; Arbo 2018.

63. Laird 2007, págs. 222-223.

64. Para la compleja relación con el pasado grecorromano en contextos coloniales y poscoloniales en el Caribe, especialmente durante el siglo XX, véanse Greenwood 2007 y 2010 para el Caribe anglófono y McConnell 2013 para el Caribe francófono.

65. Para la apasionante aunque trágica historia de Louverture, véase James y Hazareesingh 2020.

66. Andújar 2018, págs. 176-177.

11. Occidente y la raza: Phillis Wheatley

1. *Niobe*, Wheatley 1773.

2. Wheatley 1773, pág. vii.

3. Véase Gates 2003 para un análisis completo.

4. Wheatley 1773, pág. 124.

5. Wheatley 1773, pág. vii.

6. Véanse Smith para un análisis más extenso de este proceso; Eigen y Larrimore 2008 para el desarrollo del racismo científico entre los ilustrados alemanes; y Bindman 2002 para su desarrollo entre los escritores y pensadores anglófonos.

7. Hume 1748, *On National Characters*, reimpresión en Hume 1994; *Lo bello y lo sublime*, reimpresión en Kant 1957 (traducción de A. Sánchez Rivero y F. Rivera Pastor). Kant, sin embargo, sí que revisó sus ideas sobre la raza; véase Kleingeld 2007.

8. Allen desarrolló su teoría en Allen 1994 y 1997.

9. Allen 1997, vol. 2, págs. 239-253.

10. Allen 1997, vol. 2, pág. 242.

11. Jefferson 1825, *Notes on the State of Virginia, Philadelphia: H. C. Carey and I. Lea* (el tratado se publicó primero en una edición privada, en 1784).

12. Malamud 2016, pág. 10.

13. Esta fue la época del «segundo gran despertar», durante el cual las congregaciones evangélicas se multiplicaron rápidamente por todos los estados.

14. Como John y Sarah Woolman; véase Jackson y Kozel 2015.

15. Para la vida de Paul Cuffe, véase Thomas 1986.

16. Para la historia de Amo, véase Appiah 2018; y para profundizar en ella, Smith 2015.

17. Véase Carretta 2003 para la vida de Francis Williams. Pese al prestigio alcanzado por Williams, casi dos décadas más tarde un nuevo gobernador de Jamaica, Edward Long, afirmó en su *Historia de Jamaica* (1774) que los negros y los blancos pertenecían a dos especies completamente distintas.

18. Durante las décadas siguientes, más escritores y activistas negros publicaron obras destacables. Véase, por ejemplo, Olaudah Equiano y Ottobah Cugoano. Este último publicó en 1787 *Thoughts and Sentiments on the Evil and Wicked Traffic of the Slavery and Commerce of the Human Species*, y Equiano dio a la estampa en 1789 el libro titulado *Narración de la vida de Olaudah Equiano, El Africano, escrita por él mismo: autobiografía de un esclavo liberto del siglo* XVIII. Conviene resaltar que Equiano y Cugoano vivían en Gran Bretaña cuando escribieron sus obras más explícitamente políticas. Por el contrario, la poesía clasicista de Wheatley y de Williams se escribió en América.

19. Para la vida y obra de Phillis Wheatley, véase Gates 2003, ensayos en Shields *et al.* 2011, la introducción de Wheatley y Carretta 2019 y Jeffers 2020.

20. Contra todo pronóstico, aquellos primeros afroamericanos crearon una inconfundible cultura propia en Nueva Inglaterra, para la cual véase Piersen 1988.

21. Wheatley 1773, pág. 68. La poesía continúa hasta la pág. 71.

22. Para el *gran despertar,* véase Kidd 2009.

23. Kidd 2014, pág. 123.

24. Los funerales de los hombres asesinados reunieron a miles de bostonianos descontentos, entre los que probablemente se encontraban Wheatley y sus amos; véase Willis 2006, pág. 165.

25. Kidd 2014, pág. 250.

26. Para la compleja historia de la publicación de esta elegía, véase Willis 2006.

27. Véase Greenwood 2011; Cook y Tatum 2010, págs. 7-48.

28. Wheatley 1773, pág. 46.

29. Wheatley 1773, pág. 51.

30. Wheatley 1773, pág. 65.

31. Véase Greenwood 2011 para una refutación de los comentaristas que ha puesto en duda su autoría.

32. Para la visita de Wheatley a Londres, véase Robinson 1977.

33. Para la importancia de Boston en el movimiento revolucionario, véase Barbier y Taylor 2017.

34. Extracto de «A su gloriosa majestad el rey» (1768), también publicado en Wheatley 1773, pág. 17.

35. Extracto de «A su excelencia el distinguido señor William Legge, conde de Dartmouth (1772), también publicado en Wheatley 1773, págs. 73-75.

36. Extracto de «A su excelencia el distinguido señor William Legge».

37. *The Connecticut Gazette*, 11 de marzo de 1774.

38. «Su excelencia el general Washington» (1775).

39. Ricks 2020.

40. Extracto de «A la muerte del general Wooster» (1778).

41. Para Samuel Cooper y el papel que desempeñó en el movimiento revolucionario, véase Akers 1978.

42. Extracto de «A Mecenas», en Wheatley 1773, págs. 9-12.

43. Wheatley 1773, págs. 15-16.

44. Para la historia del concepto de «clasicismo», véase Schein 2007.

45. Para la vida e influencia de Winckelmann, véase Harloe 2013, par-

te 1. Winckelmann representa también el punto de partida para Marchand 1996, que investiga el surgimiento de la tradición alemana de los estudios clásicos. Curiosamente, las ideas de Winckelmann sobre el arte clásico también fundamentan las teorías raciales del siglo XIX; véase Challis 2010.

46. Harloe 2013, págs. 107-115.

47. Winckelmann (1764) 2011, parte 2, II.a (traducción de Joaquín Chamorro Mielke).

48. Winckelmann (1764) 2011, parte 2, III.a (traducción de Joaquín Chamorro Mielke).

12. Occidente y la modernidad: William Ewart Gladstone

1. William Gladstone, *Bulgarian Horrors and the Question of the East* (Londres: J. Murray, 1876).

2. Hay literalmente cientos de libros de historia sobre el Imperio británico, pero yo recurrí a Levine 2020 para una introducción básica. Para una reflexión sobre el papel de la historiografía en el imperio, véase Satia 2020.

3. En el caso de la Revolución Industrial, véase Allen 2009 para un análisis económico y Mokyr 2009 para un análisis cultural. Un clásico sobre Gran Bretaña en este período es Hobsbawm 1968.

4. Trautsch 2013, págs. 90-93.

5. Véase, por ejemplo, el libro publicado por el viajero escocés Hugh Forbes en 1863, *Poland and the Interests and Duties of Western Civilization*, en el que se advertía de la amenaza rusa y eslava.

6. Trautsch 2013, págs. 94-95.

7. Thomas Babington Macaulay, *Minute on Indian Education* (1835). Véase Gogwilt 1995, págs. 221-222.

8. Citado en Bonnett 2004, págs. 24-25.

9. Nassau William Senior, *A Journal Kept in Turkey and Greece in the Autumn of 1857 and the Beginning of 1858* (Londres: Longman Brown, Green, Longmans, and Roberts, 1859), págs. 226-227.

10. Senior, *A Journal Kept in Turkey and Greece*, 227.

11. Rudyard Kipling, primera estrofa de «La carga del hombre blanco» (1899).

12. Esto se analiza con más cuidado en Bonnett 2004, cap. 1.

13. Johann Gaspar Spurzheim, *Outlines of the Physiognomical System* (Londres: Baldwin, Craddock and Joy, 1815), pág. 58 (también citado en Malik 1996, pág. 88).

14. Para Knox, véase Bates 2010.

15. Robert Knox, *The Races of Men* (Filadelfia: Lea and Blanchard, 1850), pág. 8.

16. Josiah Clark Nott y George R. Giddon, *Types of Mankind* (Filadelfia: J. B. Lippincott, 1854), pág. 79.

17. Hawkins 1997, págs. 61-81.

18. *Saturday Review*, 16 de enero de 1864.

19. Sperber 2005.

20. Para Marx, véase Stedman Jones 2016.

21. Hobsbawm y Ranger 2012.

22. Cohn 2012.

23. Para el desarrollo de la arqueología como disciplina, véase Trigger 1989.

24. Para muchos de los detalles biográficos de Gladstone me he basado en Jenkins 2012, aunque esta biografía se centra principalmente en los aspectos religiosos y personales de su vida. Para la infancia y la familia de Gladstone, véase Jenkins 2012, cap. 1. Para el pasado esclavista de su padre, véase Quinault 2009.

25. Gladstone, *Diaries* 1, pág. 290.

26. Quinault 2009, pág. 366.

27. *Thoughts and Sentiments on the Evil and Wicked Traffic of the Slavery and Commerce of the Human Species*, de Cugoano, se publicó en Londres en 1787; y *Narración de la vida de Olaudah Equiano, el Africano, escrita por él mismo*, de Equiano, se publicó en 1789.

28. Quinault 2009, pág. 367.

29. Quinault 2009, pág. 369.

30. Quinault 2009, pág. 386.

31. Para los primeros desafortunados romances de Gladstone, véase Jenkins 2012, cap. 3; para su matrimonio con Catherine, véase el cap. 4.

32. Para los impulsos sexuales de Gladstone, véanse Aldous 2007, págs. 52-56; Jenkins 2012, cap. 7.

33. Isba 2003.

34. Ward Fay 2000, págs. 203-206.

35. Kanter 2013, pág. 14.

36. Aldous 2007, pág. 157.

37. Wrigley 2012, pág. 68.

38. Aldous 2007, págs. 142-151; Jenkins 2012, cap. 15.

39. Disraeli, discurso pronunciado en el Crystal Palace el 24 de junio de 1872. Para la rivalidad entre Gladstone y Disraeli, véase Aldous 2007.

40. Borgstede 2011.

41. Benjamin Disraeli, *Tancred, or The New Crusade* (Londres: Henry Colburn, 1847).

42. Gladstone, *Studies on Homer and the Homeric Age* (Cambridge: Cambridge University Press, 2010 [1858]), vol. 2, pág. 523.

43. Gladstone, *Address on the Place of Ancient Greece in the Providential Order of the World* (Londres, Gilbert Murray, 1865), pág. 10.

44. Gladstone, *Address on the Place of Ancient Greece*, pág. 64.

45. Gladstone, *Studies on Homer*, vol. 1, pág. 5.

46. Mac Sweeney 2018; Vlassopoulos 2013, pág. 172; Ross 2005.

47. Gladstone, *Studies in Homer*, vol. 1, pág. 548.

48. Gladstone, *Studies in Homer*, vol. 2, pág. 537.

49. Gladstone, *Address on the Place of Ancient Greece*, pág. 4.

50. Gladstone, *Studies on Homer*, vol. 2, pág. 532.

51. Marchand 2009, págs. 293-300.

52. Gladstone, *Studies on Homer*, vol. 2, pág. 530.

53. Gladstone, *Studies on Homer*, vol. 2, pág. 525.

54. Gladstone, *Address on the Place of Ancient Greece*, pág. 57.

55. Gladstone, *Studies on Homer*, vol. 3, pág. 2.

56. Gladstone, *Studies on Homer*, vol. 1, pág. 67.

57. Gladstone, *Studies on Homer*, vol. 1, pág. 499.

58. Gladstone, *Studies on Homer*, vol. 3, pág. 207.

59. Gladstone, *Studies on Homer*, vol. 2, pág. 483.

60. Gladstone, *Studies on Homer*, vol. 3, pág. 217.

61. Gladstone, *Studies on Homer*, vol. 3, pág. 244.

62. Gladstone, *Bulgarian Horrors*, págs. 11-12.

63. Gladstone, *Bulgarian Horrors*, pág. 10.

64. Edward Augustus Freeman, *Ottoman Power in Europe: Its Nature, its Growth, and its Decline* (Londres: MacMillan and Co., 1877).

65. Véase Bradley 2010 y también Hingley 2001.

66. «Our Feudatories», *Friend of India* (1861). Cita tomada de Vasunia 2013, pág. 121.

67. Hegel, *On Classical Studies*, conferencia pronunciada en 1809, publicada en una reciente edición en Hegel y Knox 1975.

68. Rebecca Futo Kennedy ha rastreado las primeras apariciones de la expresión «civilización occidental»; se encuentra, por ejemplo, en un informe para la Society for the Promotion of Collegiate and Theological Education de Estados Unidos, fechado en 1844, y en la reseña de un libro de viajes publicado en 1846. Agradezco su ayuda en esta cuestión. Véase Futo Kennedy 2019.

69. Gladstone, *Studies on Homer*, vol. 1, pág. 513.

70. Bhaskar Pandurang Tarkhadkar, carta publicada en la *Bombay Gazette*, 28 de julio de 1841. Cita tomada de Vasunia 2013, pág. 122.

71. Vasunia 2013, págs. 124-125.

72. Cita tomada de Goff 2013, pág. 71.

73. John Collingwood Bruce, *The Roman Wall: A Description of the Mural Barrier of the North of England* (Londres: Longmans, Green, Reader and Dyer, 1851).

74. Malamud 2016.

75. Prins 2017.

76. Hall y Stead 2020.

13. Occidente y sus críticos: Edward Said

1. Said 1993, pág. 1.

2. Por ejemplo, *El suicidio de Occidente* es el título elegido por Goldberg 2018 y Koch y Smith 2006, haciéndose eco de Burnham 1964. Murray 2022 acusa a los «teóricos deshonestos» de cometer un «fraude intelectual» al llevar por mal camino a muchas personas —tan bienintencionadas como necias—, animándolas a criticar a Occidente. Murray 2017 adopta una visión eurocentrista.

3. Mason 2022, en referencia a un discurso pronunciado por Oliver Dowden, el presidente del Partido Conservador.

4. *La guerra contra Occidente* es un libro recientemente publicado por el politólogo Douglas Murray (2022). La cita figura en la página 13 de ese libro.

5. Para un análisis de las ideas de Ruskin, véase Said 1993.

6. Borgstede 2011, págs. 10-17.

7. Para el final del Imperio británico en concreto, véase Brendon 2007.

8. En Argelia, la guerra de independencia (1956-1962) fue un conflicto tan brutal y sangriento cuyo recuerdo daba tanta vergüenza que el gobierno francés ocultó durante décadas todos los documentos relativos a él; véase Fanon 1963, «Sobre la violencia». En el otro extremo del espectro, cuando Malta obtuvo la independencia de Gran Bretaña en 1964, lo hizo de mutuo acuerdo mediante un proceso completamente pacífico; véase Smith 2007.

9. Para la guerra fría, véase Westad 2017.

10. Para los alineamientos producidos durante la guerra fría, aparte del enfrentamiento entre Estados Unidos y la Unión Soviética, véase Westad 2017.

11. Esta frase está sacada del libro de Fukuyama *El fin de la historia y el último hombre* (1992), que, contrariamente a lo que sugiere el título, no auguraba que ya no habría ningún gran cambio o acontecimiento en la historia del mundo.

12. *Fuera de lugar* es el título de la autobiografía de Said, escrita después de que le diagnosticaran leucemia y publicada en 1999.

13. He sacado los detalles biográficos de Said de sus propios escritos, en particular de Said 1999, pero también del excelente y prolijo Brennan 2021.

14. Para la infancia de Said, véase Brennan 2021, cap. 1.

15. Said 1999, pág. 44.

16. Said 1999, pág. 183.

17. Said 1999, págs. 118-121.

18. Said 1999, pág. 190.

19. Said 2000, pág. 558.

20. Said 2000, pág. 559. Para esta parte de la vida de Said, véase Brennan 2021, cap. 2.

21. Said 1999, pág. 278. Para los años estudiantiles de Said, véase Brennan 2021, cap. 3.

22. Said 1999, pág. 279.

23. Said 1999, pág. 290.

24. Para el matrimonio de Said y Jaanus, véase Brennan 2021, cap. 4.

25. Brennan 2021 señala que Said, durante sus años de estudiante, era menos apolítico de lo que su autobiografía sugiere, pues se mantenía en contacto con políticos de Oriente Próximo.

26. Said 1970.

27. Said 2019; Brennan 2021, cap. 6.

28. Brennan 2021.

29. Said 1993, pág. 380.

30. Said (1978) 1995, pág. 26.

31. Said (1978) 1995, pág. 1.

32. Said (1978) 1995, pág. 3.

33. Said (1978) 2003, prólogo al vigesimoquinto aniversario de su publicación.

34. Said (1978) 1995, pág. 2.

35. Warraq 2007.

36. Lewis 1990. A Lewis se le atribuye también la acuñación de la expresión «choque de civilizaciones», que más tarde fue usada por Samuel Huntington para el título de su polémico libro.

37. Para esta importante cuestión, véase Marchand 2009.

38. Nishihara 2005.
39. Para Asia, véase Chen 1995; para África, véase Smail Salhi 2019.
40. Said (1978), 1995, pág. xix.
41. Said (1978), 1995, pág. 55.
42. Mac Sweeney 2018; Vlassopoulos 2013, pág. 172; Ross 2005.
43. Said 1993, págs. 407-408.
44. Said 2000, pág. 173.
45. Issa 2018. Poesía reproducida por gentileza de Hanan Issa.

14. Occidente y sus rivales: Carrie Lam

1. Discurso pronunciado con motivo de la inauguración del centro M+ en el West Kowloon Cultural District el 11 de noviembre de 2021.
2. Healy 2021.
3. Mahbubani 2020; Strangio 2020; Frankopan 2018.
4. Discurso dirigido a una sesión conjunta del Congreso y el pueblo estadounidense, 20 de septiembre de 2001, <https://georgewbush-whitehouse.archives.gov/news/releases/2001/09/20010920-8.html>.
5. Para el Estado Islámico, véase Filipec 2020.
6. Para la economía del Daish, véase Filipec 2020, págs. 165-183.
7. En Goertz 2021, págs. 123-168, se analizan estas técnicas; Lakomy 2021.
8. Sahih Muslim, lib. 041, hadiz 6.294.
9. Para un análisis de las revistas *Dabiq* y *Rumiyah*, véase Wignell *et al.* 2017; Lakomy 2021, págs. 125-206.
10. «Conoce a tu enemigo: ¿quiénes fueron los safávidas?» *Dabiq*, n.º 13 (2016): pág. 12.
11. Flood y Elsner 2016 profundiza en esta cuestión.
12. En febrero de 2015 se difundió por internet un ignominioso vídeo en el que se veía cómo los islamistas destrozaban las piezas y estatuas del museo de Mosul, cebándose especialmente en las galerías asiria y hatrea. Brusaco 2016 hace una valoración inicial de los daños causados, e Isakhan y Meskell 2019 analiza el plan de la UNESCO para la reconstrucción y restauración del museo tras la caída del Daish.
13. Campell 2013.
14. Cunliffe y Curini (2018) han llevado a cabo un análisis de opiniones sobre el uso de las redes sociales como forma de valorar la respuesta internacional a estos acontecimientos.
15. Cita de un discurso de Boris Johnson, reproducido por la BBC el

19 de abril de 2016, al que accedí el 26 de febrero de 2022 en <www.bbc.com/news/uk-36070721>.

16. Schmidt-Colinet 2019.

17. Schmidt-Colinet 2019, pág. 42.

18. Plokhy 2017, cap. 19.

19. Para el uso de esas palabras, véase Toal 2017, cap. 2.

20. Lucas 2008.

21. El texto de este ensayo puede encontrarse en la página web del Kremlin (no en castellano): <http://en.kremlin.ru/events/president/news/66181>.

22. Para un análisis del desarrollo histórico de la identidad rusa y de la importancia que para ella tiene Ucrania, véase Plokhy 2017, cap. 7; también Toal 2017.

23. Traducción de Poe 2001.

24. Traducción de Plokhy 2017, cap. 2.

25. Poe 2001; Kolb 2008, págs. 17-18; Trautsch 2013.

26. Kolb 2008, pág. 195.

27. Por ejemplo, Allison 2018.

28. Para este debate entre los historiadores chinos de mediados del siglo XX, véase Fan 2021.

29. Para las actividades de Lin Zhichun en general, véase Fan 2021, pág. 87, y para el libro de texto en particular Fan 2021, pág. 159. Para la asignatura de «clásicas» (el estudio del mundo grecorromano) en China, véase Brashear 1990.

30. Para el pensamiento histórico chino desde una perspectiva occidental, véase Stallard 2022.

31. «Declaración de Atenas sobre la creación del Foro de Civilizaciones Antiguas», Ministerio de Asuntos Exteriores de la República Popular China, 24 de abril de 2017, <www.fmprc.gov.cn/mfa_eng/wjdt_665385/2649_665393/201704/t20170428_679494.html>.

32. «Kotzias in Bolivia for Ancient Civilizations Forum», *Kathimerini*, 14 de julio de 2018, <www.ekathimerini.com/news/230701/kotzias-in-bolivia-for-ancient-civilizations-forum>.

33. Wang Kaihao, «Ancient Civilizations Forum Meets in Beijing», 3 de diciembre de 2019, <www.chinadaily.com.cn/a/201912/03/WS5de5aed1a310cf3e3557b79c.html>.

34. «Lima Declaration, Ancient Civilizations Forum, Fourth Ministerial Meeting, 15th of December of 2020, Lima, Republic of Peru», <http://www.peruthai.or.th/news.php>.

35. Media3, «Acting Head of Department of International Organiza-

tions and Conferences Participates in the Fourth Ministerial Meeting of Forum of Ancient Civilizations», Republic of Iraq, Ministry of Foreign Affairs, 20-12-2020, <www.mofa.gov.iq/2020/12/?p=19956>.

36. «Statement by Vahe Gevorgyan, Deputy-Minister of Foreign Affairs of Armenia, at the 5th Ministerial Meeting of the Ancient Civilizations Forum», Ministerio de Asuntos Exteriores de la República de Armenia, 17 de diciembre de 2021, <www.mfa.am/en/speeches/2021/12/17/dfm-ancient_civilization_speech/11245>.

37. «Athens Declaration on the Establishment of the Ancient Civilizations Forum», Ministerio de Asuntos Exteriores de la República Popular China, 14 de abril de 2017, <www.fmprc.gov.cn/mfa_eng/wjdt_665385/2649_665393/201704/t20170428_679494.html>.

38. «Spotlight: Countries Turn to Cement Cultural, Economic Ties as Ancient Civilization Forum Opens», Xinhua, New China, 25 de abril de 2017, <www.xinhuanet.com//english/2017-04/25/c_136232938.htm>.

39. AFP, «'Ancient Civilizations' Team Up to Protect Heritage from Terrorism», *Times of Israel*, 24 de abril de 2017, <www.timesofisrael.com/ancient-civilizations-team-up-to-protect-heritage-from-terrorism>.

40. Li 2019.

41. He 2019.

42. Entre las universidades chinas que sobresalen por la calidad de los estudios grecorromanos se encuentran las de Renmin, Fudan, Nankín, Pekín, Normal de Shanghái, Normal del Noreste y Normal de Pekín. Véase Brashear 1990.

43. Según la página web de la Universidad Renmin: «Se celebra en Pekín el "Congreso sobre el diálogo espiritual entre China y Grecia"», Universidad Renmin, 27 de enero de 2022, <www.ruc.edu.cn/archives/34651>.

44. «New Academic Era with the Establishment of Sino-Greek Cooperation Programme», Study in Greece, 22 de octubre 2021, <www.studyingreece.edu.gr/new-academic-era-with-the-establishment-of-sino-greek-cooperation-programme>.

45. «New Academic Era».

46. «The Conference on Spiritual Dialogue between China and Greece Was Held in Beijing».

47. He 2019, pág. 432.

48. La página web de la conferencia está disponible en la Fundación Ekaterini Laskaridu, <www.laskaridisfoundation.org/en/china-and-greece-from-ancient-civilizations-to-modern-partnerships/#:~:text=The%20Symposium%20%E2%80%9CChina%20and%20Greece,diplomatic%20relations%20between%20China%20and>.

49. Majende *et al.* 2018. He 2019 pone de relieve el papel de la diplomacia cultural, basada en la analogía entre la China antigua y la antigua Grecia.

50. Frankopan 2018.

51. He 2019; Laihui 2019; Li 2019.

52. Wang Yi, «Revitalizing the Ancient Civilization and Jointly Constructing a Community of Shared Future for Mankind», discurso pronunciado durante el Primer Foro de Civilizaciones Antiguas, Ministerio de Asuntos Exteriores de la República Popular China, <www.mfa.gov.cn/ce/ceno/eng/zgwj_1/t1456650.htm>. Este reconocimiento explícito de la historia en cuanto instrumento político no es un fenómeno reciente en China y tampoco está ligado exclusivamente a la «Nueva Ruta de la Seda». Al fin y al cabo, es sabido que el propio Mao Tse Tung buscaba proyectos que pusieran «el pasado al servicio del presente» (véase Fan 2021, pág. 161).

53. Discurso pronunciado en la inauguración del centro M+, en el West Kowloon Cultural District, 11 de noviembre de 2021.

54. Los siguientes detalles sobre la infancia de Lam se pueden leer en diversos artículos y entrevistas; el más fácil de encontrar es «Hong Kong Protests: 8 Things You Might Not Know About Carrie Lam, Hong Kong's Chief Secretary», *Straits Times*, 3 de octubre de 2014, <www.straitstimes.com/asia/east-asia/hong-kong-protests-8-things-you-might-not-know-about-carrie-lam-hong-kongs-chief>.

55. Lau 2016.

56. Lau 2016.

57. «Hong Kong Protests: 8 Things You Might Not Know».

58. Tong 2017.

59. Bland 2017.

60. Su evolución política se describe en Wong 2020.

61. «New Hong Kong Leader's Rude Nickname Portends Challenges Ahead», *Business Times*, 27 de marzo de 2017, <www.businesstimes.com.sg/governmenteconomy/new-hong-kong-leaders-rude-nickname-portends-challenges-ahead>.

62. Para esta insistencia en los patriotas, véase «Xi Focus: Xi Stresses 'Patriots Governing Hong Kong' When Hearing Carrie Lam's Work Report», Xinhua, 27 de enero de 2021, <www.xinhuanet.com/english/2021-01/27/c_139702049.htm>.

63. Creery 2019.

64. Anne Marie Roantree y James Pomfret, «Beholden to Beijing», Reuters, 28 de diciembre de 2020, <www.reuters.com/investigates/special-report/hongkong-security-lam>.

65. Charla pronunciada por Carrie Lam en agosto de 2019 ante los líderes empresariales, aquí transcrita: Reuters Staff, «Exclusive: The Chief Executive 'Has to Serve Two Masters' – HK Leader Carrie Lam – Full Transcript», Reuters, 12 de septiembre de 2019, <www.reuters.com/article/us-hongkong-protests-lam-transcript-excl-idUSKCN1VX0P7>.

66. Discurso pronunciado durante la inauguración del Centro M+ en el West Kowloon Cultural District, 11 de noviembre de 2012.

67. «CE Addresses Business Sector on Opportunities Brought About by 14th Five-Year Plan», nota de prensa, 3 de junio de 2021, <www.info.gov.hk/gia/general/202106/03/P2021060300736.htm>.

68. «Speech by CE at Bauhinia Culture International Forum», nota de prensa, 16 de junio de 2022, <www.info.gov.hk/gia/general/202206/16/P2022061600318.htm>.

Conclusión. La forma de la historia

1. Agradezco a mi colega el doctor Matthias Hoernes sus ideas y análisis sobre la cuestión de la historicidad y de la naturaleza de los hechos.

2. Véase el excelente Woods 2022 sobre el tinte político de la nostalgia en Gran Bretaña a lo largo de los siglos.

3. Véase Applebaum 2020 y Fukuyama 2022.

4. Entre estos se encuentran varios destacados clasicistas anglófonos de la generación anterior. Véase como ejemplo el libro de Victor Davis Hanson *Why the West Has Won* (Londres, Faber & Faber, 2001).

5. Probablemente el más censurable de los clasicistas que esgrimen abiertamente este argumento sea «Dan-el» Padilla Peralta; véase Poser 2021. Para hacerse una idea de las discrepancias entre clasicistas yo recomendaría el trabajo de Rebecca Futo Kennedy, disponible en línea en su blog: *Classics at the Intersections* (<http://rfkclassics.blogspot.com>). Para un análisis inteligente de los estudios clásicos, su evolución y su complicidad en el imperialismo y el colonialismo occidentales, véanse los diversos comentarios hechos en este libro, pero también especialmente: Goff 2013; Bradley 2010; Goff 2005.

ÍNDICE ONOMÁSTICO Y DE MATERIAS